文學研究叢書・古典詩學叢刊

黃仲則詩歌佛禪書寫研究

陳宣諭 著

自序

　　本書的完成，背後有著奇妙的因緣，感謝人間菩薩的提攜，使我得以悠遊於佛學與文學之間！感謝生命中的貴人助緣才得圓滿！「天下幾人學太白，黃子仲則今仙才」清代黃仲則太白樓即興題詩後，被譽為「詩仙」復生，名滿天下。黃仲則的詩歌百看不厭，每看必哭，詩歌中有著生命沈痛、貧病困苦的氛圍，但也流露強烈的求生意志。「乞食江湖客」困窘寄宿佛寺，療癒痼疾前往佛寺養病，佛禪為仲則開啟靈性學習一扇窗，從求生存至回歸生命本身的探索，面對複雜的生命課題，帶著「覺」、「知」去思考人性，在「提心一趺坐」中發現高維度世界的存在。在物質匱乏、病魔纏身的歲月中，佛禪豐富了仲則的心靈、孕育了生活智慧，「持登天都最高頂，亂剪白雲鋪絮袍，無聲無響空中拋，被遍寒士無寒號」他的佛禪詩歌將愛與光明播散出去，照亮世間，溫暖那寒冷孤苦無依的心！

　　本書是國內外首部研究黃仲則詩歌中的佛禪書寫，跳脫歷來的研究範疇，是一個全新的視角，是一種創新的力量與希望！面對生存困境的「態度」可美可醜，可堅定頑強，也可軟弱無力，「轉念林泉佳」。人最強大的時候，不是堅持的時候，而是放下的時候，「雲煙付生滅」。以禪療心，療癒負面心念情緒，在心的最深處，所有的苦痛，不過是心靈的幻影，當遇到悲傷、痛苦、憤怒之時，不放過與禪交心的機會。仲則在神聖空間中，心靈得以昇華，但回歸現實人生，仍無法逃避自身肩負的重擔，「一身未了地上事，親在詎敢逃空虛」以致「大千煩惱意，合眼未能忘」。天妒英才，黃仲則詩歌佛禪書寫

分享生命探索的豐富旅程，從中見其動人真情，對生命的悲憫與尊重，對所有生命的愛與慈悲，「有情來下種，因地果還生；無情既無種，無性亦無生。」這世間沒有過不去的坎，只有放不下的自己，回到自己內在最深處，自性清淨，開展佛性，開展成佛的潛能，我們都是佛，只是沒有認出來！

目次

自序 …………………………………………………………… 1

第一章　緒論 …………………………………………………… 1

第一節　研究動機…………………………………………… 1
第二節　研究範圍…………………………………………… 5
第三節　文獻探討…………………………………………… 11
　一　關於「黃仲則」作品、年譜之文獻古籍考察…… 11
　二　關於「黃仲則」、「黃仲則詩歌」前人研究述評…… 12
　三　關於「清詩」、「佛禪」相關研究………………… 28
第四節　研究方法…………………………………………… 82

第二章　盛世寒士淒涼一生 …………………………………… 87

第一節　家世生平…………………………………………… 87
第二節　時代背景…………………………………………… 93
第三節　毗陵文人性格……………………………………… 100
第四節　佛禪的影響………………………………………… 106
　一　《金剛經》………………………………………… 109
　二　《六祖壇經》……………………………………… 109
　三　《維摩詰經》……………………………………… 111
　四　《華嚴經》………………………………………… 112

五　《般若心經》⋯⋯⋯⋯⋯⋯⋯⋯⋯⋯⋯⋯⋯⋯⋯⋯⋯⋯113

第三章　黃仲則詩歌佛禪書寫類型⋯⋯⋯⋯⋯⋯⋯⋯⋯⋯115

　　第一節　禪跡詩⋯⋯⋯⋯⋯⋯⋯⋯⋯⋯⋯⋯⋯⋯⋯⋯⋯⋯119
　　　一　快哉今日觀⋯⋯⋯⋯⋯⋯⋯⋯⋯⋯⋯⋯⋯⋯⋯⋯⋯120
　　　二　聽沈山磬涼⋯⋯⋯⋯⋯⋯⋯⋯⋯⋯⋯⋯⋯⋯⋯⋯⋯125
　　　三　不及山僧有送迎⋯⋯⋯⋯⋯⋯⋯⋯⋯⋯⋯⋯⋯⋯⋯127
　　　四　相失名山去⋯⋯⋯⋯⋯⋯⋯⋯⋯⋯⋯⋯⋯⋯⋯⋯⋯128
　　　五　陰陰藏淨域⋯⋯⋯⋯⋯⋯⋯⋯⋯⋯⋯⋯⋯⋯⋯⋯⋯130
　　　六　每坐不忍移⋯⋯⋯⋯⋯⋯⋯⋯⋯⋯⋯⋯⋯⋯⋯⋯⋯134
　　　七　佳處吞八九⋯⋯⋯⋯⋯⋯⋯⋯⋯⋯⋯⋯⋯⋯⋯⋯⋯136
　　第二節　禪典詩⋯⋯⋯⋯⋯⋯⋯⋯⋯⋯⋯⋯⋯⋯⋯⋯⋯⋯141
　　　一　不禮金仙禮玉晨⋯⋯⋯⋯⋯⋯⋯⋯⋯⋯⋯⋯⋯⋯⋯142
　　　二　恍見天女空中拈⋯⋯⋯⋯⋯⋯⋯⋯⋯⋯⋯⋯⋯⋯⋯144
　　　三　天然金粟裝⋯⋯⋯⋯⋯⋯⋯⋯⋯⋯⋯⋯⋯⋯⋯⋯⋯156
　　　四　人間除是法王知⋯⋯⋯⋯⋯⋯⋯⋯⋯⋯⋯⋯⋯⋯⋯158
　　　五　慧公如可作⋯⋯⋯⋯⋯⋯⋯⋯⋯⋯⋯⋯⋯⋯⋯⋯⋯162
　　　六　遣化西方丈六仙⋯⋯⋯⋯⋯⋯⋯⋯⋯⋯⋯⋯⋯⋯⋯167
　　　七　龍象一帖然⋯⋯⋯⋯⋯⋯⋯⋯⋯⋯⋯⋯⋯⋯⋯⋯⋯175
　　　八　分明金粟全身現⋯⋯⋯⋯⋯⋯⋯⋯⋯⋯⋯⋯⋯⋯⋯177
　　第三節　禪理詩⋯⋯⋯⋯⋯⋯⋯⋯⋯⋯⋯⋯⋯⋯⋯⋯⋯⋯179
　　　一　暫就古佛同跏趺⋯⋯⋯⋯⋯⋯⋯⋯⋯⋯⋯⋯⋯⋯⋯180
　　　二　提心一趺坐⋯⋯⋯⋯⋯⋯⋯⋯⋯⋯⋯⋯⋯⋯⋯⋯⋯187
　　　三　雲煙付生滅⋯⋯⋯⋯⋯⋯⋯⋯⋯⋯⋯⋯⋯⋯⋯⋯⋯195
　　　四　優鉢香中共佛燈⋯⋯⋯⋯⋯⋯⋯⋯⋯⋯⋯⋯⋯⋯⋯198
　　　五　趺坐每生溫⋯⋯⋯⋯⋯⋯⋯⋯⋯⋯⋯⋯⋯⋯⋯⋯⋯203

六　寥寥此夜禪⋯⋯⋯⋯⋯⋯⋯⋯⋯⋯⋯⋯⋯ 205
　　七　明歲水生無我住⋯⋯⋯⋯⋯⋯⋯⋯⋯⋯ 207
　　八　酣眠即道心⋯⋯⋯⋯⋯⋯⋯⋯⋯⋯⋯⋯ 215
　第四節　禪趣詩⋯⋯⋯⋯⋯⋯⋯⋯⋯⋯⋯⋯⋯⋯ 219
　　一　一聲何寺鐘⋯⋯⋯⋯⋯⋯⋯⋯⋯⋯⋯⋯ 226
　　二　鐘聲滿翠微⋯⋯⋯⋯⋯⋯⋯⋯⋯⋯⋯⋯ 229
　　三　嘹嘹雁相語⋯⋯⋯⋯⋯⋯⋯⋯⋯⋯⋯⋯ 231
　　四　千花真有藏⋯⋯⋯⋯⋯⋯⋯⋯⋯⋯⋯⋯ 235
　　五　試聽十二芙蓉漏⋯⋯⋯⋯⋯⋯⋯⋯⋯⋯ 238
　　六　頓鐘林外寺⋯⋯⋯⋯⋯⋯⋯⋯⋯⋯⋯⋯ 240
　　七　飽聽鐘磬聲⋯⋯⋯⋯⋯⋯⋯⋯⋯⋯⋯⋯ 241

第四章　黃仲則詩歌佛禪書寫的主題精神⋯⋯⋯⋯ 249

　第一節　詩人主體參與⋯⋯⋯⋯⋯⋯⋯⋯⋯⋯⋯ 249
　　一　寺中養病⋯⋯⋯⋯⋯⋯⋯⋯⋯⋯⋯⋯⋯ 249
　　二　困窘旅宿佛寺⋯⋯⋯⋯⋯⋯⋯⋯⋯⋯⋯ 270
　　三　遊歷名山佛寺⋯⋯⋯⋯⋯⋯⋯⋯⋯⋯⋯ 298
　　四　結緣佛寺高僧⋯⋯⋯⋯⋯⋯⋯⋯⋯⋯⋯ 305
　第二節　人性化關懷⋯⋯⋯⋯⋯⋯⋯⋯⋯⋯⋯⋯ 316
　第三節　自我實現心靈空間⋯⋯⋯⋯⋯⋯⋯⋯⋯ 336
　　一　相對我亦忘⋯⋯⋯⋯⋯⋯⋯⋯⋯⋯⋯⋯ 339
　　二　欲叩無生偈⋯⋯⋯⋯⋯⋯⋯⋯⋯⋯⋯⋯ 345
　第四節　聖俗對立強化天才之悲⋯⋯⋯⋯⋯⋯⋯ 349
　　一　鐘聲不破迷⋯⋯⋯⋯⋯⋯⋯⋯⋯⋯⋯⋯ 354
　　二　怕聽歌板聽禪板⋯⋯⋯⋯⋯⋯⋯⋯⋯⋯ 359

第五章　結論 ····· 365

　　一　綜覽歷來「黃仲則」、「佛禪與詩學」研究方式與成果·366
　　二　明晰盛世寒士淒涼一生 ····· 367
　　三　探究黃仲則詩歌佛禪書寫之類型 ····· 368
　　四　確立黃仲則詩歌佛禪書寫之主題精神 ····· 374

參考文獻 ····· 377

　　一　傳統文獻 ····· 377
　　二　近人論著 ····· 385
　　三　網路資源 ····· 391

第一章
緒論

第一節　研究動機

　　清代詩壇，作家如林，近人徐世昌輯《晚晴簃詩匯》著錄清朝詩人多達六千一百多家，人數比《全唐詩》二千餘家高出三倍，足見清詩繁榮，如此龐大數字，使得清詩在中國詩歌史上有著不容忽視的地位。然而學界對於清詩研究始終遠不如唐詩研究，但在近二十年來清詩研究有了很大進展，清代詩人、詩學、詩史等引起學界重視，開展出研究趨勢多聚焦於風雲激盪的明末清初的遺民詩歌，如顧炎武、王夫之詩歌，清初的錢謙益、吳偉業等研究；或聚焦於晚清詩歌，如龔自珍、鄭燮或詩界革命等研究；對乾嘉詩壇，多關注於沈德潛格調、王士禎神韻、袁枚性靈、翁方綱肌理等四大詩學，然而最能看出清代由盛而衰的乾嘉詩歌，並非是大家的詩人，如常州黃仲則，因此對於清詩研究還有許多需要深入探究之處。黃仲則生於清朝盛世乾隆時期，有「乾隆六十年間，論詩者推為第一」[1]的讚譽。郁達夫對黃仲則詩尤為讚賞，「要想在乾嘉兩代的詩人中，求一些語語沈痛、字字

---

[1]　（清）包世臣《齊民四術・卷六・禮三・黃徵君傳》曰：「君諱乙生，姓黃氏，江蘇陽湖人。父景仁，字仲則。性豪宕，不拘小節。既博通載籍，慨然有用世之志，而見時流齷齪猥瑣，輒使酒恣聲色，譏笑訕侮，一發於詩。而詩顧深穩，讀者雖歎賞，而不詳其意之所屬。聲稱噪一時，乾隆六十年間，論詩者推為第一。」見（清）包世臣撰，李星點校：《包世臣全集》（合肥市：黃山書社，1997年），頁341-342。此為包世臣為黃仲則其子所作傳記開首之語。收入黃葆樹、陳弼、章谷編：《黃仲則研究資料》（上海市：上海古籍出版社，1986年），頁203。

辛酸的真正有詩人氣質的詩，自然非黃仲則莫屬了」[2]。洪亮吉〈國子監生武英殿書簽官候選縣丞黃君行狀〉曰：「自湖南歸，詩益奇肆，見者以為謫仙人復出也。」[3]，吳蘭修〈黃仲則小傳〉言：「詩學太白，出入嘉州、昌谷，如子晉之笙，湘靈之瑟，清越蒼涼，既於幽怨」[4]，左輔〈黃縣丞狀〉曰：「詩天才超逸似太白，而靈氣幽光，窈渺無極」[5]，吳蘭雪云：「天下幾人學太白，黃子仲則今仙才」[6]，延壽曰：「君才真逼李青蓮」[7]，可見李白對黃仲則影響極大。黃仲則也在〈太白墓〉：「終嫌此老太憤激，我所師者非公誰」[8]，表示對李白的仰慕之情。本書以「清代黃仲則詩歌」為研究對象，其《兩當軒集》二十二卷，收詩一千一百八十首，歷來論者多稱黃仲則詩學李白，也有稱其轉益多師。細究其詩，覺其於李白、杜甫、韓愈、李商隱、黃庭堅、李賀等人，確有拾其芳草之處，但僅取其「形」而非「神」，自成一家，故黃仲則是一個很值得研究仍待深入發掘的作家。

　　翁方綱〈悔存詩鈔序〉評黃仲則詩曰：「沈鬱清壯」[9]；吳蘭修〈黃仲則小傳〉評其詩曰：「清越蒼涼」；洪亮吉評黃二尹景仁詩如「咽露秋蟲，舞鳳病鶴」[10]，此皆與李白雄奇飄逸詩風有很大不同，黃仲則

2　郁達夫〈關於黃仲則〉一文，收入黃葆樹、陳弼、章谷編：《黃仲則研究資料》（上海市：上海古籍出版社，1986年），頁259。
3　（清）黃景仁著，李國章標點：《兩當軒集》（上海市：上海古籍出版社，1983年），頁605。
4　（清）黃景仁：《兩當軒集》，頁611。
5　（清）黃景仁：《兩當軒集》，頁607。
6　（清）吳嵩梁：〈讀黃仲則詩書後〉，見（清）黃景仁：《兩當軒集》，頁675。
7　（清）延壽：〈題兩當軒詩後〉，見（清）黃景仁：《兩當軒集》，頁676。
8　（清）黃景仁：《兩當軒集》，卷2，頁77。
9　（清）翁方綱：〈悔存詩鈔序〉，（清）黃景仁：《悔存詩鈔》，《四庫未收書輯刊》（北京市：北京出版社，2000年），10輯，冊29，頁226。
10　（清）洪亮吉：《洪北江詩話》（上海市：掃葉山房石印本，1925年）卷1，頁3。

並無刻意學李白，詩歌相近乃性情相近所致，然兩人境遇不同，黃仲則貧病交加，悲士不遇，詩歌在飄逸中有著淒苦與蒼涼，如〈元夜獨坐天橋酒樓醉歌〉：「天公謂我近日作詩少，滿放今宵月輪好。天公憐我近日飲不狂，為造酒樓官道旁。」[11]其詩除了有李白痕跡外，細究還有李賀的怪誕，如〈古柏行〉：「夜深冷院蕭無人，飛起空中醹雌霓。歸來爪牙青血痕，四顧猶攝狐狸魂」[12]。筆者思索如此悲苦處境，歷來學者皆針對詩歌內容探究「貧」、「病」、「悲」、「苦」，多以「秋」、「夜暮」、「月」、「詠懷」為主題，多關注其悲淒哀怨一面，或探討幽苦成因、人格弱點、懷才不遇，過度集中研究其不幸孤獨感，認為黃仲則整日於悲苦中咀嚼生命沈痛。故相戒避諱其詩，如陳衍（1856-1937）曾勸年輕時的錢鍾書（1910-1998），勿學黃詩[13]。但筆者從一個新的角度來思考，既然其詩歌與李白、李賀近，一定有著大膽想像、新奇創新的思維，加上其貧病悲苦生活，人無助會求神拜佛、問天的心理，其詩歌內容必然有涉及「神」、「仙」、「禪」、「佛」等，果不期然，筆者全面檢視《兩當軒集》一千一百八十首詩歌，發現神仙名稱、居地，如：「羲和」、「赤松子」、「西王母」、「麻姑」、「葛洪」、「女媧」、「媧皇」、「精衛」、「神女」、「蓬萊」、「祝融」、「姮娥」、「東皇」、「扶桑」、「湘娥」、「軒皇」、「安期島」、「玉京」等，約一百二十五首與神仙道教相關詞彙。而全面檢視《兩當軒集》一千一百八十首詩中出現「禪」、「佛」、「僧」、「寺」、「梵」、「法雲」、「甘露」、「大

---

11 （清）黃景仁：《兩當軒集》，卷14，頁341。
12 （清）黃景仁：《兩當軒集》，卷4，頁110。
13 錢鍾書〈石遺先生輓詩〉：「幾副卿謀淚，懸河決溜時。百身難命贖，一老不天遺。竹垞弘通學，桐江瘦淡詩。重因風雅惜，匪特痛吾私……未敢門墻列，酬知祇愴神。」首句「幾副卿謀淚」註說：「先生《續詩話》評余二十歲時詩，以湯卿謀、黃仲則為戒。卿謀《湘中草》卷六《閒餘筆話》云：『人生不可不儲三副痛淚。』」見錢鍾書：《魂聚詩存》（北京市：生活・讀書・新知三聯書店，2001年），頁15。

乘」、「菩薩」、「法王」、「趺坐」、「袈裟」、「維摩」、「彌勒」、「蘭若」、「精舍」、「闍黎」、「龍象」、「菩提」、「金粟」、「天女散花」等佛家語等詞彙約有一百四十四首。

　　神佛是宗教性的思維，是人們對於未知世界的幻想闡釋，透過高於人的神佛來完成。然而詩人書寫卻是在表述人的存在，表達主體意識的自覺，將人情人思隱藏在神佛背後，透過神佛賦予世界價值意義的外在形式，正如當代學者彼得・伯格（Peter L. Berger,1929- ）稱這個宗教性的窗口，為「神聖的帷幕」(the sacred canopy)，認為早期人類對大自然的宗教性闡述，像是為世界籠上一個神聖性的帷幕，但是隨著人類社會日新月異的發展，這個帷幕開始逐漸被揭開，人們取得一個重新觀看世界的方式。[14]詩人自覺透過神佛這宗教性的書寫，進行自我表述，因人主體參與，爆發出生命力與藝術性。

　　佛禪書寫是黃仲則之理想願望的曲折投射，透過虛構與想像的創造活動，得以穿越時空，不受生老病死的限制，將神佛與內心呼應，以神佛永恆不滅，肯定人精神卓立於現實時空限制之外。正如德國文學人類學家沃爾夫岡・伊瑟爾（Wolfgang Iser, 1926- ）認為虛構與想像是人類的特性，也是文學的特性，人類支配虛構與想像，形成為一種多變的、互動的遊戲結構。在此遊戲結構中，人們得到一種呈現自我的開放形式。[15]而吳功正《中國文學美學》一書也說到：「在心理機制中，想像絕非孤立，乃是由理想所引發，想像世界也就成了理想的呈

---

14 詳參（美）彼得・伯格（Peter L. Berger, 1929- ）：《神聖的帷幕──宗教社會學理論的要素》（臺北市：商周出版社，2003年），頁176-179。

15 「文學的特殊之處在於，它是虛構與想像兩者水乳交融的產物，文學作為媒介的多變性也正是想像與虛構構成的。……支配虛構與想像相互作用的規律將形成一種『遊戲結構』，而這種遊戲結構具有一種互動性。」詳參（德）沃爾夫岡・伊瑟爾（Wolfgang Iser, 1926- ）著，陳定家、汪正龍等譯：《虛構與想像──文學人類學疆界》（長春市：吉林人民出版社，2003年），頁6-7。

現。宗教是靠想像來描述彼岸世界和理想樂甸,以求取今世的飛升或來生的超脫。可以說,沒有想像,就沒有宗教;宗教意識是以想像所構成的獨特意識神、仙形象便成為這種想像的對象實體。正是在這裡,宗教和美學出現奇妙交切。」[16]可知宗教意識是心理投射,可實現自我的理想,靠想像來超脫達至理想境界,故黃仲則的佛禪書寫就是理想的投射,將佛與內心呼應,期待精神上超脫現實。

前人評價黃仲則像李白神仙、道教詩作多,但筆者全面閱讀《兩當軒集》一千一百八十首詩後,發現其神仙道教作品不及李白境界,或言之延續李白仙道作品,大膽誇張藝術手法,或見其意志與命運衝突的必然性,黃仲則的仙道作品並沒有很大意義,但其佛教作品反而對他思維有所改變。此外,黃仲則詩歌內容多是貧、病、悲、苦,不幸孤獨感,因此會尋求佛教幫助。果不其然,出現佛禪作品較仙道作品多,且佛教對當時黃仲則貧病悲苦生活有精神寄託,甚至借宿佛寺,多是有所幫助。據此,筆者認為研究清代黃仲則詩歌佛禪書寫此一主題是一個全新的視角,新的領域,相信這是一個有價值、可以深入探究的主題。

第二節 研究範圍

黃仲則之作品,今得見者有四:一、《兩當軒全集》上海市:掃葉山房,一九二一年。二、《兩當軒全集》,二十二卷,考異二卷、附錄四卷,上海市:掃葉山房石印本,一九三四年。三、方穎民編校:《兩當軒全集‧二十一卷》臺北市:文粹,一九五九年。四、李國章標點:《兩當軒集》上海市:上海古籍出版社,一九八三年。其中以李國

---

[16] 吳功正:《中國文學美學》上卷(南京市:江蘇教育出版社,2001年),頁191。

章標點：《兩當軒集》為最佳。李氏標點的《兩當軒集》是以光緒本作為底本，並補收光緒本中漏刻的詩，增列咸豐本所附的《酬唱集》二卷，並收錄最新發現的佚作，是目前所見較完整的詩集。本書採以李國章標點《兩當軒集》為研究詩歌文本，統計出黃仲則詩歌共一千一百八十首[17]。

為了探究黃仲則詩歌中「佛禪書寫」，首先得考察黃仲則詩中「佛」、「禪」字等詞彙的使用情況。筆者據《兩當軒集》一書，考察發現詩中出現「禪」十五次、「佛」四十二次、「僧」五十五次、「寺」七十四次，再加上佛教詞彙如：「劫」十八次；「上人」八次；「梵」七次；「寺鐘」六次；「鉢」、「道心」、「諸天」五次；「跌坐」、「無心」四次；「法王」、「生滅」、「摩尼」、「維摩」三次；「如意」、「楊枝」、「經行」、「龍象」、「齋磬」、「毒龍」、「禪關」、「安禪」、「坐覺」、「金粟如來」、「彌勒」、「闍黎」、「跏趺」、「起滅」二次；「法雲」、「甘露」、「大乘」、「青蓮」、「菩薩」、「支郎」、「支公」、「惠公」、「焚香」、「袈裟」、「僧伽」、「招提」、「出世」、「齋鐘」、「空界」、「諸相」、「無我」、「塵緣」、「緣薄」、「緣分」、「寂滅」、「苦海」、「功德水」、「塵心」、「菩提心」、「天女散花」、「空王」、「大覺」、「蘭若」、「精舍」、「初地」、「南宗」、「定性」、「老衲」、「華嚴」、「大千」各一次等出現「佛禪」相關詞彙共有一百四十四首，三百二十三次。因此本文以黃景仁詩歌為文本，筆者據《兩當軒集》中統計黃仲則詩歌共一千一百八十首，其中出現「佛禪」相關詞彙共有一百四十四首，約占百分之十二點二，如下表一：

---

[17] 筆者統計黃仲則一千一百八十首詩：七律三百五十首，五律二百零三首，七古二百一十三首，五古二百十六首，七絕一百四十八首，五絕四十首。

表一　「黃仲則佛禪書寫」一百四十四首詩歌

編號／詩題	編號／詩題
31題畫	35登千佛巖遇雨
36游白沙庵僧舍	38感舊四首其二
48雜感	50曉雪
52春夜聞鐘	63山寺
64訪曹以南五明寺	66僧舍夜月
100題橘洲僧樓	101僧舍上元
134登衡山看日出用韓韻	164僧齋夜詠
186二十三夜偕稚存廣心杏莊飲大醉作歌	189新月
191題曉山上人畫幅	227太白墓
247江口阻風宿僧寺	267中元僧舍
268金陵待稚存不至適容甫招飲	294客夜憶城東舊遊寄懷左二
296山寺偶題	308尋三元洞因登妙遠閣
324大雨宿青山僧寺	331水西和對巖韻
341重至新安雜感四首其四	347西巖石佛像
363夜從慈光寺步至茅蓬菴再浴湯泉	364慈光寺前明鄭貴妃賜袈裟歌
365由慈光寺至老人峯	366文殊院
367白猿	368題文殊院
369山中見月	371黃山松歌
372小心坡	373遇雨止雲谷寺二首其一
374遇雨止雲谷寺二首其二	375鋪海
376黃山尋益然和尚塔不得偕邵二雲作	377別松上人
379池陽杜牧祠二首其一	392遊九華山放歌

編號／詩題	編號／詩題
393山樓夜起	394夜宿中峯和洪稚存
395題黃荊榻寺壁	403重至當塗懷稚存二首其一
417雜詩	444安慶客舍
465車中口占	476鼠
482潁州西湖	504塗山禹廟
514龍興寺	519偶題齋壁
530清明後七日雨中宿浮槎寺階下紫牡丹一本開盛有二百餘頭筍河夫子作歌命和其韻	531浮槎山寺
532山閣曉起	546過全椒哭凱龍川先生
565袁陶軒約早起看瓶荷盛開二首其二	570水碓
571退潭舟夜雷雨	580登石甑山
581由烟霞嶺至紫雲洞精舍	582黃龍洞
584大佛石	588僧齋夜坐
591湖樓夜起	596葛嶺暮歸
598雲棲寺	599虎跑泉
602龍井五首其三	603龍井五首其四
604龍井五首其五	621響山潭
638贈明分司春巖次蔣清容先生韻三首其二	642和錢百泉雜感三首其一
650偕邵元直毛保之遊虞山破山寺遂天龍庵尋桃源澗四首其一	651偕邵元直毛保之遊虞山破山寺遂天龍庵尋桃源澗四首其二
652偕邵元直毛保之遊虞山破山寺遂天龍庵尋桃源澗四首其三	653偕邵元直毛保之遊虞山破山寺遂天龍庵尋桃源澗四首其四
654題鄭秋堂山水幅	659重過汍里寄懷龔梓樹

編號／詩題	編號／詩題
676賈禮耕用昌黎石鼓歌韻贈詩和贈一首	677清明日偕賈稻孫顧文子丁秀巖登白紵山
699中元	717綺懷十六首其十四
741李繡川招集廣住庵看桂并贈叢輝上人二首其一	742李繡川招集廣住庵看桂并贈叢輝上人二首其二
744沙洲行	747失題
757題可堂印譜	758壽陽
764渡河	780哭龔梓樹二首其一
810十月一日獨遊臥佛寺逢吳次升陳菊人因之夕照寺萬柳堂得詩六首其一	811十月一日獨遊臥佛寺逢吳次升陳菊人因之夕照寺萬柳堂得詩六首其二
812十月一日獨遊臥佛寺逢吳次升陳菊人因之夕照寺萬柳堂得詩六首其三	813十月一日獨遊臥佛寺逢吳次升陳菊人因之夕照寺萬柳堂得詩六首其四
814十月一日獨遊臥佛寺逢吳次升陳菊人因之夕照寺萬柳堂得詩六首其五	815十月一日獨遊臥佛寺逢吳次升陳菊人因之夕照寺萬柳堂得詩六首其六
827丙申除夕三首其三	829丁酉正月四日自壽二首其二
843入山至戒壇	844登千佛閣
845戒壇四松歌	846足疾發不得登極樂峯
858偕王秋塍張鶴柴訪菊法源寺三首其一	859偕王秋塍張鶴柴訪菊法源寺三首其二
860偕王秋塍張鶴柴訪菊法源寺三首其三	863聞鄭誠齋先生主講崇文書院寄呈二首其一
865送毛佩芳明經歸遂安	868偶遊僧舍見有題惡詩於壁者姓名與予同戲作
874丙申冬于王述菴通政齋見鄭湛若八分銘天風吹夜泉研為作歌今翁覃谿先生復出鄺書洗研池三字搨本與研銘	883疊韻呈笥河先生

編號／詩題	編號／詩題
合裝屬題池在廣州光孝寺卽讀書處也先生視學廣東曾訪之	
912張鶴柴招集賦得寒夜四聲四首其三	913張鶴柴招集賦得寒夜四聲四首其四
933冬夜飲程魚門編修齋觀耶律文正公像	949歲暮懷人二十首其十六
955又用前韻題翁覃溪所摹和靖秋涼三君二札	960人日登黑窯廠歸集翁學士覃溪詩境齋二首其一
962元夜獨坐偶成	968送邵元直南旋
994濟南病中雜詩七首其三	1010除夕述懷
1011題余少雲蕭寺吟秋圖	1013偕伯扶少雲遊崇效寺即贈寧上人
1015放鶴圖黎二樵為周肅齋明府作屬題	1017惱花篇時寓法源寺
1018馮魚山張粲夫洪稚存安桂甫余少雲同集寓齋為餞花之飲得錢字	1030龍窩寺
1037柏井驛	1048和畢中丞悼亡詩二首其一
1076醉歌寄洪華峯	1084題赤橋菴上人畫梅
1104雨中入山訪曹以南二首其一	1109僧舍客感
1121晚宿雲門寺	1136獨鶴行簡趙味辛兼示洪對巖
1137僧舍寒甚醉而作歌	1140題上方寺
1154皖城	1160僧伽塔
1165偕嵇秋雲昆仲登九龍山	1166述懷示友人二首其一

由上表可知，詩題出現「佛」、「寺」、「僧」、「上人」，或佛教勝地「文殊院」、「戒壇」直接關涉佛禪書寫就有六十首，約百分之四十一點六。其中七律四十一首、七古三十五首、七絕九首、五律三十二首、

五古二十七首，律詩約占百分之五十點七，古詩約占百分之四十三，絕句僅有七絕，據此考察其佛禪書寫的內涵意蘊及創造出獨特風格。

第三節　文獻探討

一　關於「黃仲則」作品、年譜之文獻古籍考察

　　關於「黃仲則作品」有四版本：一、《兩當軒全集》上海市：掃葉山房，一九二一年。二、《兩當軒全集》，二十二卷，考異二卷、附錄四卷，上海市：掃葉山房石印本，一九三四年。三、方穎民編校：《兩當軒全集‧二十一卷》臺北市：文粹，一九五九年。四、李國章標點：《兩當軒集》[18]上海市：上海古籍出版社，一九八三年，此書以光緒本作為底本，並補收光緒本中漏刻的詩，增列咸豐本所附的《酬唱集》二卷，並收錄新發現的佚作，是目前所見較完整的詩集。

　　關於「黃仲則年譜」有三版本：一、清代毛慶善、季錫疇纂：《黃仲則先生年譜》清咸豐八年刻本（1934），見李國章標點：《兩當軒集‧附錄第三》上海市：上海古籍出版社，一九八三年；或見陳祖武撰：《乾嘉名儒年譜》第九冊，北京市：北京圖書出版社，二〇〇六年。二、黃逸之：《黃仲則年譜》上海市：上海商務出版社，一九三四年；或見臺北市：灣商務印書館，一九八〇年。三、許雋超：《黃仲則先生年譜考略》上海市：上海古籍出版，二〇〇八年。以清代毛慶善、季錫疇纂：《黃仲則先生年譜》清咸豐八年刻本（1934）及黃逸之：《黃仲則年譜》上海市：上海商務出版社，一九三四年二

---

[18] 黃仲則之孫黃志述〈兩當軒集考異〉卷上記載：「原稿舊題《悔存鈔》及《悔餘存稿》，諸家以大父嘗取《史通‧隱晦篇》『以兩當一』之語名軒，多題為《兩當軒集》。」見（清）黃景仁：《兩當軒集》，頁541。

書為基礎加以增修，體例亦沿用其綱目體，材料主要參考黃仲則《兩當軒集》和現存手跡，以及往來師友的詩文集，並附錄民國《浮橋黃石宗譜》卷首序。

此外，黃葆樹、陳弼、章谷編《黃仲則研究資料》上海市：上海古籍出版社，一九八六年。此書是紀念清代乾隆年間著名詩人黃仲則逝世二百周年的資料集，收集了各種書刊中有關黃仲則的文字材料，分成四輯：一、「傳記、行狀、墓誌銘、年譜」；二、「唱酬、題贈、詩評」；三、「評傳、綜論、題詞」；四、「序跋、遺跡、故居、墓址」。附錄〈本集未選輯資料索引〉。

二　關於「黃仲則」、「黃仲則詩歌」前人研究述評

筆者檢索一九一五～二○二四年臺灣地區、大陸地區期刊論文及博碩士論文中出現「黃景仁」、「黃仲則」，可知臺灣地區對於清代黃仲則研究寥寥無幾，然而大陸在近二十年來開始關注清代黃仲則研究，雖不及唐詩、宋詩蓬勃，但已引起學界關注，有不少文獻可供參考。在臺灣地區博碩士論文：黃景仁四筆、黃仲則二筆，共六筆，如下表1-1；臺灣地區期刊論文：黃景仁三筆、黃仲則二十二筆，共二十五筆，如下表1-2。而在大陸地區博碩士論文共有二十筆，如下表1-3。大陸地區的期刊論文出現「黃景仁」六十六筆、「黃仲則」一百零七筆，共一百七十三筆，如下表1-4。學界多年來，對黃仲則詩歌的探討，多著眼於幽苦及悲劇因素，以下擇要評述之。

表 1-1　臺灣地區「黃景仁、黃仲則研究」博碩士論文六筆

論文名稱	作者、畢業院校名稱、學位類別	年代
黃景仁詩研究	姜淑敏／國立臺灣師範大學國文學系／碩士	1993
黃景仁竹眠詞研究	曾惟文／國立中興大學中國文學系碩士在職專班／碩士	2004
黃景仁及其詞研究	薛樂蓉／東吳大學中國文學系／碩士	2005
黃仲則山水紀游詩研究	黃琬真／國立中山大學中文所／碩士	2006
黃仲則諷諭詩研究	莊淑慧／國立高雄師範大學回流中文碩士班／碩士	2006
黃景仁詩人之詩與洪亮吉學人之詩比較研究	陳秀香／國立臺灣師範大學國文學系／博士	2009

表 1-2　臺灣地區以「黃景仁、黃仲則」為主題之期刊論文二十五筆

篇名	作者	刊名	年／月
黃仲則的古詩	鷗翔	中興評論	1961/06
黃仲則評傳	伍稼青	暢流	1966/08
黃仲則評傳	伍稼青	暢流	1966/09
薄命詩人黃仲則	藍星	中國文選	1967/08
風儀俊爽的黃仲則	曾燕萍	暢流	1970/02
郁達夫與黃仲則兩人詩的欣賞	陳仰雲	建設	1970/06
郁達夫與黃仲則	陳仰雲	中國詩季刊	1971/09
郁達夫與黃仲則	陳仰雲	夏聲月刊	1976/08
清代詩人黃仲則	杜若	臺肥月刊	1980/08
太白樓上才子筆（清代詩人黃仲則）	杜若	自由談	1980/08

篇名	作者	刊名	年／月
黃仲則及其詩詞	孫朝華	臺肥月刊	1983/08
黃仲則的生平與詩篇	駱志伊	書和人	1984/04
無邊春色化秋聲——說黃仲則的愛情詩	賴漢屏	明道文藝	1993/07
抒情傳統與現代——黃仲則詩在民國	葉倬瑋	淡江中文學報	2013/12
從黃景仁的詠史詩看他的內心世界	程光敏	新亞論叢	2013/12
〈綺懷〉與〈感舊〉，情路嘆崎嶇——黃景仁的兩段情	程光敏	新亞論叢	2018/12
黃仲則〈慈光寺前明鄭貴妃賜袈裟歌〉之內容意蘊與章法結構探析	陳宣諭	臺北市立大學通識學報	2018/12
黃景仁豪放詞風成因及評價	陳慷玲	東吳中文學報	2019/5
黃仲則〈浮槎山寺〉之內容意蘊與章法結構探析	陳宣諭	臺北市立大學通識學報	2020/12
論黃仲則遊戒壇寺詩中的禪悅——以〈入山至戒壇〉、〈登千佛閣〉為例	陳宣諭	國立虎尾科技大學學報	2022/06
論黃仲則〈戒壇四松歌〉中之松與龍	陳宣諭	實踐博雅學報	2022/07
黃仲則〈題黃荊楊寺壁〉與〈偶題齋壁〉之禪思境界	陳宣諭	臺中教育大學學報・人文藝術類	2022/12
黃仲則〈僧伽塔〉之內容意蘊及章法結構探析	陳宣諭	漢學研究集刊	2022/12
黃仲則〈雲棲寺〉之內容意蘊與章法結構探析〉	陳宣諭	臺北市立大學學報・人文社會類	2022/12
黃仲則〈文殊院〉與〈題文殊院〉之禪思境界	陳宣諭	國立高雄科技大學學報	2023/07

表 1-3　大陸地區「黃景仁、黃仲則研究」博碩士論文二十筆

論文名稱	作者、畢業院校名稱、學位類別	年代
論黃仲則「好作幽苦語」及其成因	范瑞雪／山東師範大學／碩士	2004
抑情無計總飛揚	蔣郁蒽／湖南師範大學／碩士	2004
黃仲則研究	許雋超／南京師範大學／博士	2004
黃景仁詩歌研究	石雪珺／華東師範大學／碩士	2005
春鳥秋蟲自作聲	魏傳強／山東師範大學／碩士	2005
黃仲則詩歌研究	甘宏偉／鄭州大學／碩士	2005
黃仲則詩歌意境研究	邢俠／遼寧師範大學／碩士	2005
黃仲則《竹眠詞》研究	仲爽／上海交通大學／碩士	2007
曉天星影暮天鴻	藍士英／蘇州大學／碩士	2007
黃仲則詩歌研究	陳濤／山東大學／碩士	2008
試析黃仲則人格的詩性魅力	楊巧雲／山東師範大學／碩士	2008
黃景仁詞研究	張立彥／西南大學／碩士	2009
黃仲則戀情詩詞研究	王紅利／河北大學／碩士	2009
黃景仁詩歌意象研究	姚春玉／廣西師範大學／碩士	2010
黃仲則紀游詩研究	王茹輝／長沙理工大學／碩士	2010
黃景仁及其詩歌研究	李俊麗／陝西師範大學／碩士	2011
試論黃景仁詩歌精神	李代福／雲南大學／碩士	2013
黃仲則絕句研究	陳丙豔／吉林大學／碩士	2014
黃仲則《竹眠詞》研究	周小雪／長沙理工大學／碩士	2018
黃景仁對唐代「二李」詩歌的接受研究	賴南辛／江西師範大學／碩士	2022

表 1-4　大陸地區以「黃景仁、黃仲則」為主題之期刊論文一百七十三筆

篇名	作者	刊名	出版年／期
黃景仁年表	沈宗威	上海博物館集刊	1982/0
「薄命詩人」黃仲則——為紀念黃仲則逝世二百周年而作	治　芳	安徽大學學報	1983/2
「盛世」哀音詞林勁羽——讀黃仲則詩詞	錢璱之	教學與進修	1983/3
黃仲則和《兩當軒集》	朱舒甲	教學與進修	1983/4
黃仲則和兩當軒詩	任嘉堯	社會科學	1983/6
關於黃仲則	補　拙	華中師院學報（哲學社會科學版）	1983/6
盛世中的悲憤詩——黃仲則的〈都門秋思〉	喻　平	文史知識	1983/8
論黃仲則在清代中期詩壇的地位	李國章	蘇州大學學報	1984/3
黃仲則〈癸巳除夕偶成〉賞析	李夢生	名作欣賞	1984/6
黃仲則詩中的「孤獨感」與新穎的表現手法——對八十年代「黃仲則熱」興起的思索	熊盛元	江西教育學院學報（綜合版）	1987/4
在司空見慣的東西中發現出美來——略論黃仲則詩的魅力	史　平	鹽城師專學報（社會科學版）	1988/3
黃仲則的心態及其詩詞的深層意蘊	尚永亮	文學評論	1988/5
黃仲則，不合時宜的詩人	劉　柯	中國韻文學刊	1988/Z1
黃景仁及其手書《湖山剩句》墨跡	薛　愈	山西大學學報（哲學社會科學版）	1989/1

篇名	作者	刊名	出版年／期
簡評胡憶肖的《黃景仁詩詞選》	錢璱之	鎮江師專學報（社會科學版）	1991/2
論黃景仁的詩歌創作	張志良	鐵道師院學報	1993/3
黃仲則詩歌的淵源	吳世永	臺州師專學報	1994/1
盛世哀音人生悲歌——讀黃景仁〈癸巳除夕偶成〉	鐘尚鈞	文史知識	1994/11
談《黃仲則詩選》的注釋——與止水先生商榷	劉世南	古籍整理研究學刊	1995/6
常州「二俊」山水詩論略——洪亮吉的無我之境與黃景仁的有我之境	王英志	齊魯學刊	1997/6
吳嘉紀與黃景仁〈新僕〉	朱則杰	古典文學知識	1999/1
兩當軒詩傷感情緒產生之客觀原因——黃仲則研究之一	彭崇偉	中國韻文學刊	1999/2
「有酒有花翻寂寞，不風不雨倍淒涼」——略論清代詩人黃仲則的人生孤獨感	葉懸冰	廈門教育學院學報	1999/2
新妝不為投時艷——黃景仁《竹眠詞》平議	劉揚忠	天府新論	1999/2
生不逢時的天才——黃仲則	蔣　寅	古典文學知識	1999/6
試論黃景仁詩的「哀情」與「豪氣」	沈行恬	南通師範學院學報（哲學社會科學版）	2000/3
文化的犧牲與生命的自我意識——論黃仲則及其詩歌	孟祥榮 徐振鋒	晉東南師範專科學校學報	2000/4
黃仲則詞中的狂放	趙慧慧	楚雄師專學報	2001/1
「盛世」外殼裡的酸苦內核——讀黃景仁〈都門秋思〉（其三）	張如中	新疆石油教育學院學報	2001/4

篇名	作者	刊名	出版年／期
略論黃仲則詩歌的藝術風格和意象	許雋超	中國韻文學刊	2002/1
讀黃景仁的〈都門秋思（四首）〉	鐘尚鈞	阿壩師範高等專科學校學報	2003/1
從〈雜感〉看黃仲則詩歌的思想蘊涵和藝術特質	敖運梅	社科縱橫	2003/1
論黃仲則詩歌創作心態及其美學特色	林　威	牡丹江師範學院學報（哲學社會科學版）	2003/2
六街飛蓋滿，獨客廢書嘆——黃景仁在北京（1775-1783）	張承宇	山東理工大學學報（社會科學版）	2003/3
論黃仲則的人格弱點與其詩歌之風格	王子寬	廈門教育學院學報	2003/4
黃景仁的詩風和乾嘉士風	李明軍	臨沂師範學院學報	2003/5
獨客遺文兩坎坷——兼涉黃仲則及其詩稿命運的悲劇性	謝　忱	常州工學院學報	2003/5
乾隆六十年第一詩人——紀念黃仲則逝世220周年	陳　肅	江蘇工業學院學報（社會科學版）	2004/1
黃仲則的人格和詩格	蔣郁蔥	廣西師範學院學報	2004/3
黃仲則詩歌的價值取向	蔣郁蔥	河池學院學報（哲學社會科學版）	2005/1
黃仲則傭書四庫考略	許雋超	江海學刊	2005/3
詩人黃景仁及其故居	臧　琪	江蘇地方志	2005/3
略談黃仲則詩歌的感憤主題	許雋超	甘肅高師學報	2005/4
雅文學與俗文學的心靈契合——透視黃仲則愛情詩的情感特質	尹玲玲 周成強	理論界	2005/11
清詞麗句寫深情——黃仲則的情詞	周成強 尹玲玲	濮陽職業技術學院學報	2006/1

篇名	作者	刊名	出版年／期
秋感四首步黃仲則韻兼謝晦窗、喚雲	吳金水	岷峨詩稿	2006/1
黃仲則研究綜述	張桂麗	古籍研究	2006/1
從〈都門秋思〉看黃景仁詩的「哀情」與「豪氣」	韓　莉	內蒙古農業大學學報（社會科學版）	2006/2
黃仲則「好作幽苦語」及其成因	范瑞雪	山東社會科學	2006/3
黃仲則初入幕時地考辨	許雋超	江海學刊	2006/3
交空四海惟余我魂到重泉更付書——清代常州名士黃仲則、洪亮吉交誼述論	顧敏琪	常州工學院學報（社科版）	2006/3
黃仲則與安徽	傅　瑛	安徽教育學院學報	2006/5
黃仲則詩歌的抒情藝術	蔣郁蔥	商丘師範學院學報	2006/6
長留天地作秋聲——黃景仁詩歌意象的文化解讀	李明軍	滁州學院學報	2007/1
長留天地作秋聲——黃景仁詩歌意象的文化解讀	李明軍	信陽師範學院學報（哲學社會科學版）	2007/2
論黃仲則的山水詩	時志明	語文知識	2007/3
長夜耿耿魂熒熒——清代詩人黃仲則早逝之因探析	藍士英	江蘇技術師範學院學報	2007/5
論黃仲則詩歌藝術對李商隱感傷詩美的接受	米彥青	江蘇社會科學	2007/5
汪中與黃景仁詩歌創作之比較	張運平	消費導刊	2007/7
黃仲則詩歌「盛世哀音」的道德提高作用	麥齊好	遼寧行政學院學報	2007/9
黃仲則詩歌意象群與慣用語群組合的藝術張力	麥齊好	語文學刊	2007/17

篇名	作者	刊名	出版年／期
關於黃景仁作品的版本	張文飛	社會科學家	2007/S2
黃景仁《竹眠詞》的悲劇色彩	馬驥	鄭州航空工業管理學院學報（社會科學版）	2008/2
黃景仁詞的二重形態與詞美流向	邱林山	北方論叢	2008/3
黃景仁詩歌初探	梁琳	和田師範專科學校學報	2008/3
有情皓月照孤影——黃景仁詩歌中月亮意象解析	陳清	現代語文（文學研究版）	2008/3
黃仲則愛國主義情懷論析	藍士英	軍事歷史研究	2008/3
論納蘭性德和黃仲則的愛情詩詞	陳薇	湖南文理學院學報（社會科學版）	2008/4
仕途悲客詩壇高手——略論黃仲則的科舉生涯與詩歌創作	劉麗娜	商丘職業技術學院學報	2008/4
試問游子何時歸——清代詩人黃仲則思鄉念親詩歌探析	藍士英	江蘇技術師範學院學報（職教通訊）	2008/4
黃仲則的交游及其詩歌創作	藍士英	南京林業大學學報（人文社會科學版）	2008/4
論郁達夫對於黃仲則的重塑與超越	劉成群 孫海軍	江西師範大學學報（哲學社會科學版）	2008/5
黃景仁〈綺懷〉十六首選注	張濤 余淼淼	大眾文藝（理論）	2008/10
黃仲則：乾隆盛世裡孤獨的歌哭者	陳文新 甘宏偉	人文論叢	2009/0
論黃仲則寄情山水之因	藍士英	雞西大學學報	2009/1
黃景仁的乾隆詩壇地位之辯	林少琴	求索	2009/1

篇名	作者	刊名	出版年／期
論黃仲則的山水游歷與詩歌創作	李小山 甘宏偉	西北大學學報（哲學社會科學）版	2009/2
「好作幽苦語」的詩人之詩——黃景仁文學思想述略	蘭石洪	黃石理工學院學報（人文社會科學版）	2009/2
論黃仲則詩歌的懷才不遇之感	周　波 劉美玲	宜賓學院學報	2009/3
咽露秋蟲舞風病鶴——黃仲則詩歌審美意象解讀	陳　濤	語文學刊	2009/9
詩壇奇才盛世寒士——略談詩人黃仲則	楊巧云	飛天	2009/14
略論黃仲則詩歌中的矛盾心態及其解脫之道	藍士英	名作欣賞	2009/26
黃仲則〈綺懷〉組詩淺論	王　蓉	安徽文學（下半月）	2010/2
從黃仲則看乾隆中期寒士的依違	伏濤	常州工學院學報（社科版）	2010/2
黃仲則詩歌意象探析	顏建華 王茹輝	長沙理工大學學報（社會科學版）	2010/2
從王采薇、黃仲則之詩看「盛世」閨閣、寒士的心境同構	伏　濤	三峽大學學報（人文社會科學版）	2010/5
郁達夫與黃仲則	鄭薏苡	中國現代文學研究叢刊	2010/6
知識分子的寫照——品析黃景仁的〈雜感〉	董小偉	青年文學家	2010/15
略論黃仲則的詩歌創作	曾賢兆	重慶科技學院學報（社會科學版）	2011/1
〈黃景仁詩選〉指瑕	劉　雄	北方文學（下半月）	2011/1
說黃景仁〈癸巳除夕偶成〉	蔣　寅	名作欣賞	2011/1

篇名	作者	刊名	出版年／期
說黃景仁〈江行〉	蔣寅	古典文學知識	2011/2
論黃景仁詩歌中的「秋」意象	桑淑筠	華北水利水電學院學報（社科版）	2011/2
悲士不遇：黃仲則詞中的「笑」與「狂」	竇道陽	河北工程大學學報（社會科學版）	2011/4
論黃仲則的紀游山水詩	紀玲妹	徐州師範大學學報（哲學社會科學版）	2011/4
說黃景仁〈綺懷〉其七	蔣寅	古典文學知識	2011/6
淺談黃景仁狂狷人格的詩歌表現	楊巧云	時代文學（下半月）	2011/7
琢心鏤腎夜夜詩心──論黃仲則詩中的暮夜主題	宋毅萌	名作欣賞	2011/8
文人的絕望──說黃景仁〈雜感〉	蔣寅	文史知識	2011/12
為誰風露立中宵──說黃景仁〈綺懷〉之十五	蔣寅	名作欣賞	2011/34
黃仲則的游歷與其贈別詩的創作及價值考察	藍士英	江蘇技術師範學院學報	2012/1
略論黃仲則《竹眠詞》的美學風格	曾賢兆	蘭州工業高等專科學校學報	2012/1
試析清代詩人黃仲則狂狷氣質的影響與成因	劉香環 王猛	時代文學（下半月）	2012/1
篆刻：黃景仁句	龔玄稚 高式熊	岷峨詩稿	2012/1
論黃景仁詠物詞的個性特徵	項姝珍	鹽城師範學院學報（人文社會科學版）	2012/3
說黃景仁〈初春〉	蔣寅	古典文學知識	2012/4
黃仲則科舉遭遇與詩歌創作研究	張麗麗	大眾文藝	2012/4

篇名	作者	刊名	出版年／期
說黃景仁詩二首	蔣　寅	文史知識	2012/5
說黃景仁〈綺懷〉十六	蔣　寅	名作欣賞	2012/16
微雪，讀《黃仲則傳》（外三首）	飛　廉	山花	2012/23
論黃仲則的《竹眠詞》	紀玲妹	南京師範大學文學院學報	2013/1
黃景仁研究綜述	李代福	常州大學學報（社會科學版）	2013/2
寓寄幽閒於月為宜──解讀黃景仁詩歌中的月亮意象	秦　文	安徽文學（下半月）	2013/2
《黃景仁詩選》指瑕	劉　雄	西南交通大學學報（社會科學版）	2013/4
黃景仁〈檢邵叔宀先生遺札〉解讀	陳宗德	文學教育（下）	2013/4
說黃景仁〈觀潮行〉與〈後觀潮行〉	蔣　寅	名作欣賞	2013/22
說黃景仁〈感舊〉四首其二	蔣　寅	名作欣賞	2013/28
說黃景仁〈雜詠〉之十	蔣　寅	名作欣賞	2013/34
情思綿渺譜華章──黃景仁〈寒夜檢邵叔宀師遺筆〉解讀	陳宗德	名作欣賞	2013/35
說黃景仁〈偕容甫登絳雪亭〉	蔣　寅	古典文學知識	2014/3
黃仲則與楊季鸞詩歌中的浪漫主義和現實主義	王　延	許昌學院學報	2014/4
說黃景仁〈夜坐寫懷〉	蔣　寅	古典文學知識	2014/5
母愛的經典──比較孟郊〈游子吟〉和黃仲則〈別老母〉	劉　婉	重慶交通大學學報（社會科學版）	2015/2
黃景仁暮夜詩探析	曹禕黎	洛陽師範學院學報	2015/3

篇名	作者	刊名	出版年／期
黃仲則的性格悲劇	趙鴻飛	書屋	2015/3
詩顛酒渴動逢魔，中夜悲心入寐歌──略論清代詩人黃仲則的暮夜詩	劉婉	牡丹江大學學報	2015/4
陳衍何以誡錢鍾書作詩勿學黃仲則	車其磊	牡丹	2015/4
論黃仲則詩歌的藝術風格及其深層意蘊	李欣池	甘肅廣播電視大學學報	2015/5
讀黃仲則	曹寇	青春	2015/6
清代詩人黃仲則情事考論	紀玲妹	蘇州大學學報（哲學社會科學版）	2015/6
枉拋心力作詩人──黃景仁詩風的成因	林樂燁	環球市場信息導報	2015/8
已是舊游如夢境：黃仲則詩的感舊情結與異客心態探微	張子璇	語文學刊	2016/1
黃景仁詞集的流傳與版本考述	鄧駿捷	文學遺產	2016/2
試論黃仲則人格對其詩歌創作的影響	鄭瑞卿	福建江夏學院學報	2016/3
最是難酬親苦節欲箋幽恨叩蒼蒼──論黃景仁親情詩	葛宏	古籍整理研究學刊	2016/3
盛世才情何人惜──論黃景仁的才情詩	凌麗	淮海工學院學報（人文社會科學版）	2016/8
客居京華讀黃仲則〈都門秋思〉愴然有作（其二）	劉夢芙	詩潮	2016/9
黃景仁詩與李白詩之比較	劉雄	樂山師範學院學報	2016/11
黃仲則的悲秋說	田玲玲	青年文學家	2016/15

篇名	作者	刊名	出版年／期
訪黃仲則不遇	李　曄 Kami	成才與就業	2016/Z1
談黃景仁《竹眠詞》所展現的精神世界	蘇鵬飛	西北成人教育學院學報	2017/4
「百無一用是書生」——黃仲則〈夜起〉賞析	許　珂	山西青年	2017/17
走向「哲學的人學」——關於黃仲則詩的通信（上）	程亞林 鄧曉芒	名作欣賞	2017/19
仙佛茫茫兩未成，只知獨夜不平鳴——由〈夜起〉體會黃仲則的失意人生	楊天姣	北方文學	2017/20
走向「哲學的人學」——關於黃仲則詩的通信（下）	程亞林 鄧曉芒	名作欣賞	2017/22
走向「哲學的人學」——關於黃仲則詩的通信（下）	程亞林 鄧曉芒	名作欣賞	2017/22
從黃庭堅到黃仲則——跨越時代的共鳴	李嘉祺	牡丹	2017/30
論時代對黃仲則性格的影響以及其詩歌中的「氣」	朱　迪	北方文學	2018/3
從〈都門秋思〉看黃景仁詩的「哀情」與「豪氣」	韓　莉	甘肅高師學報	2018/6
淺論黃景仁絕句的格律體制	張　雨	蘭州教育學院學報	2018/8
黃仲則：雲游三載成詩家	林　池	黑龍江糧食	2018/9
2010-2017年郁達夫與黃仲則之聯繫研究綜述	孫雨涵	芒種	2018/10
試論黃景仁的性情對其詩歌的影響	武鳳梅	寧波職業技術學院學報	2019/1

篇名	作者	刊名	出版年／期
游幕視域下黃仲則的詩歌書寫	曹利華 左洪濤	常州工學院學報（社科版）	2019/2
論黃仲則對《文心雕龍‧知音篇》的接受	王春翔	青年文學家	2019/6
黃景仁〈綺懷〉與李商隱〈無題〉的比較	王希萌	哈爾濱職業技術學院學報	2020/1
淺析黃仲則與李白作詩的相似點──以〈笥河先生偕宴太白樓醉中作歌〉為例	田愛平	漢字文化	2020/4
論黃景仁詩中的「唐音」與乾嘉詩風	凌　麗	樂山師範學院學報	2020/6
論黃仲則詩的「逸氣」	楊巧羽	漢字文化	2021/2
淺論黃仲則詩詞中的愁苦、孤獨感	王婉瑩	新鄉學院學報	2021/2
論清代詩人黃仲則的「貧」與「病」	司馬周 黃　培	江蘇社會科學	2021/2
舊質與新變：五四前後傳播視野中的黃仲則詩詞	顧金春 王禹新	東岳論叢	2021/3
黃景仁詩中寺鐘意象分析	宋　艷	文學教育（上）	2021/6
郁達夫與黃景仁	孫玉祥	同舟共進	2021/7
黃景仁詠懷詩特徵	張　婧	炎黃地理	2021/11
乾隆朝詩人黃仲則研究綜述	寧　燕	文化產業	2022/4
黃仲則及其「鄒季」的出典	陳毓峰	書屋	2022/5
黃景仁身世遭遇與詩歌創作關係研究	楊晨陽	常州文博論叢	2023/00
黃景仁京師期間交游詩探究	王玲玲	名作欣賞	2023/18

篇名	作者	刊名	出版年／期
黃仲則詩中的災害書寫	王慧文 鄭虹霓	蚌埠學院學報	2024/01
黃景仁湖南之行及其奇肆詩風的形成	張媛穎	中國韻文學刊	2024/03
黃仲則詩歌的傷感之美	李　露	名作欣賞	2024/23
黃仲則研究綜述	張嘉欣	今古文創	2024/34

由上四個表格可知，可見臺灣、大陸兩岸歷來學界對於黃仲則詩歌的研究，多著墨於山水紀遊詩、諷諭詩、感遇詩、愛情詩、親情詩、感懷詩、詠懷詩、交遊考、詩歌意象、感憤、貧病、孤獨等主題，並未探究黃仲則的佛禪詩歌，故本文有開創擴展黃仲則主題研究範圍之功。

筆者針對黃景仁、黃仲則詩歌的專著、單篇論文，將其分類歸納如下主題：

一、以探索其「幽苦悲劇」為主題的有：尚永亮〈黃仲則的心態及其詩詞的深層意蘊〉；蔣寅〈生不逢時的天才——黃仲則〉；喻平〈盛世中的悲憤詩——黃仲則的〈都門秋思〉〉；劉柯〈黃仲則，不合時宜的詩人〉；鍾尚鈞〈盛世哀音人生悲歌——讀黃景仁〈癸巳除夕偶成〉〉；葉懸冰〈「有酒有花翻寂寞，不風不雨倍淒涼」——略論清代詩人黃仲則的人生孤獨感〉；沈行恬〈試論黃景仁詩的「哀情」與「豪氣」〉；孟祥榮、徐振鋒〈文化的犧牲與生命的自我意識——論黃仲則及其詩歌〉；張如中〈「盛世」外殼裡的酸苦內核——讀黃景仁〈都門秋思〉其三〉；謝忱〈獨客遺文兩坎坷——兼涉黃仲則及其詩稿命運的悲劇性〉；許雋超〈略談黃仲則詩歌的感憤主題〉；韓莉〈從〈都門秋思〉看黃景仁詩的「哀情」與「豪氣」〉；周波、范瑞雪〈黃仲則「好作幽苦語」及其成因〉；藍士英〈長夜耿耿魂熒熒——清代詩人黃仲則

早逝之因探析〉；蘭石洪〈「好作幽苦語」的詩人之詩——黃景仁文學思想述略〉；劉美玲〈論黃仲則詩歌的懷才不遇之感〉；伏濤〈從黃仲則看乾隆中期寒士的依違〉；蔣寅〈文人的絕望——說黃景仁〈雜感〉〉；趙鴻飛〈黃仲則的性格悲劇〉；田玲玲〈黃仲則的悲秋說〉等。

二、以「意象」為主題的有：許隽超〈略論黃仲則詩歌的藝術風格和意象〉；李明軍〈長留天地作秋聲——黃景仁詩歌意象的文化解讀〉；麥齊好〈黃仲則詩歌意象群與慣用語群組合的藝術張力〉；陳清〈有情皓月照孤影——黃景仁詩歌中月亮意象解析〉；陳濤〈咽露秋蟲舞風病鶴——黃仲則詩歌審美意象解讀〉；顏建華、王茹輝〈黃仲則詩歌意象探析〉；桑淑筠〈論黃景仁詩歌中的「秋」意象〉；秦文〈寓寄幽閨于月為宜——解讀黃景仁詩歌中的月亮意象〉。

三、以「夜暮詩」、「親情詩」為主題的有：蔣寅〈說黃景仁〈夜坐寫懷〉〉；曹禕黎〈黃景仁暮夜詩探析〉；劉婉〈詩顛酒渴動逢魔，中夜悲心入寢歌——略論清代詩人黃仲則的暮夜詩〉；葛宏〈最是難酬親苦節欲箋幽恨叩蒼蒼——論黃景仁親情詩〉等。

蔣寅在清詩上成果高，對於黃景仁詩歌也有研究，但並未觸及佛教，甚至宗教思想背景很少能談及。

三　關於「清詩」、「佛禪」相關研究

在研究黃仲則詩歌，可參閱清代詩學相關研究論著，如：吳宏一：《清代詩學初探》臺北市：臺灣學生，一九八六年再版；梁啟超：《清代學術概論》上海市：上海古籍，一九九八年；葉嘉瑩《迦陵學詩筆記》書中深入剖析黃仲則〈都門秋思〉、〈綺懷〉詩作；馬積高《清代學術思想的變遷與文學》一書談到乾、嘉的漢、宋學術之爭與詩風的嬗變，指黃仲則詩受其師邵齊燾（1718-1769）的影響所致，律

絕皆有唐音,辨析其思想自由,與性靈派袁、趙雖相近,但風格卻於格調較近,此說獨到。

　　在研究「禪學」、「佛學」有幾本專著、幾篇論文對本書有啟發之功,如:蕭麗華《唐代詩歌與禪學》一書分析唐代文學在禪學與詩歌交互作用下呈展不同風貌,彰顯禪學影響詩學風格,如維摩、宴坐、以禪入詩等,見禪學影響下唐詩的發展與演變,(臺北市:東大圖書公司,一九九七年);吳言生《禪宗詩歌境界》一書闡明禪宗詩歌需含蘊禪韻、詩情、佛心,並呈現禪宗本來面目的終極關懷,說明禪宗詩歌需體證禪宗本心論、開悟論、境界論,(北京市:中華書局,二〇〇一年);孫昌武《詩與禪》,此書是集結作者在臺灣、日本、大陸、香港等地的刊物上發表有關佛教禪宗與中國古典詩歌之關係的論文,從宏觀上說明禪宗對古典詩歌的創作、理論思想的影響,(臺北市:東大圖書公司,一九九四年);周裕鍇《中國禪宗與詩歌》書中介紹詩人與禪、禪僧的聯繫關係,以及中國詩歌在各時期不同詩風的影響下,不同流派詩人的禪詩特色,闡述詩禪如何綰合的作品(上海市:上海人民出版社,一九九二年);周裕鍇《禪宗語言》一書說明禪宗語錄是根植於唐宋俗語言,迥異於經、律、論,從禪宗語言可見其中國化歷程,(杭州市:浙江人民出版社,一九九九年);孫昌武《中國文學中的維摩與觀音》一書論及維摩詰信仰在中國文化中的受容、演變與發展,以及在中國文學中的呈現方式,(北京市:高等教育出版社,一九九六年);巴壺天《禪骨詩心集》一書是論詩、論禪、論學雜文以及其詩稿的輯成,論及禪宗公案與比興詩體的研究,(臺北市:東大圖書公司,一九九〇年);李淼《禪宗與中國古代詩歌藝術》一書探析禪宗對中國詩歌藝術的影響,(長春市:長春出版社,一九九〇年);祁志祥《佛教美學》一書建構佛教美學原理,以佛教流派美學、佛教義理美學、佛教藝術美學三篇來論述。(上海市:上

海人民出版社,一九九七年);邱敏捷《文學與佛經:佛經的文學性解讀》一書以中文學作品與佛教譬喻文學的比較與對讀,明晰中國文學與佛經譬喻文學之間的關係,(高雄市:復文圖書公司,二〇〇一年);葛兆光《禪宗與中國文化》書中說明中唐之後,儒禪歸一,士大夫與禪僧合二為一,禪宗影響已超越老莊、道教、玄學,甚至將老莊思想融入禪宗,(臺北市:里仁出版社,一九八八年);一生與佛教結緣的郭朋《明清佛教》以通史體裁行文,書中有論及明清佛教研究新動向,(福州市:福建人民出版社,一九八二年)。而佛學、禪與中國文學、美學相關研究論著不少,在此不一一論述,如張錫坤、吳作橋等《禪與中國文學》;中國古典文學研究會《文學與佛學關係》;王敏華《中國詩禪研究》;王志敏、方珊著《佛教與美學》;皮朝綱《禪宗的美學》;杜松柏《禪與詩》;胡遂《中國佛學與文學》;侯傳文《佛經的文學性解讀》;孫昌武《中國禪宗與詩歌》;孫昌武《佛教與中國文學》;孫昌武《禪思與詩情》;張曼濤《佛教與中國文學》;張節末《禪宗美學》;陳允吉、胡中行《佛經文學粹編》;陳兵《佛教禪學與東方文明》;陳洪《佛教與中國古典文學》;曾祖蔭《中國佛教與美學》;黃河濤《禪與中國藝術精神的嬗變》;葛兆光《中國宗教與文學論集》;蔣述卓《佛教與中國文藝美學》;賴永海《佛道詩禪》;謝思煒《禪宗與中國文學》;魏承恩《中國佛教文化論稿》;羅偉國《花雨繽紛——佛教與文學藝術》;蕭麗華〈再議「中國佛教文學史」的建構〉,《臺大佛學研究》(二〇一四年十二月)。蕭麗華、廖肇亨等人合著《中國佛教文學史》上、下冊等著作皆滋養帶領筆者進入佛學與詩學的堂奧。程亞林:《詩與禪》一書是深化並開拓詩禪關係之研究成果,由佛、禪、莊、玄、詩五大部分組成的論述,有宗教與莊學天人合一觀,有禪學的超然心態,作者闡述禪道惟在妙悟,詩道亦在妙悟,悟是當行本色,(南昌市:江西人民出版社,一九九八年);張伯

偉：《禪與詩學》，此書討論禪與詩學關係，其中創作篇〈山水詩與佛教〉以及理論篇〈禪宗思維方式與意象批評〉提供本文研究思考方式，（杭州市：浙江人民出版社，一九九二年）；廖肇亨《中邊・詩禪・夢戲：明末清初佛教文化論述的呈現與開展》書中主要探討明末清初佛教的文學觀，將禪學、文學、思想史、文化史合一研究，對文獻解讀精實，於明清各佛禪典籍中，探討前人未論及的資料，對明清佛學、文學研究有開創新境之處，（臺北市：允晨文化，二〇〇八年）；啟迪本書將佛禪詩歌分類最重要的是杜松柏《禪學與唐宋詩學》一書將佛禪書寫的詩歌分為的四大類「禪跡詩」、「禪典詩」、「禪理詩」、「禪趣詩」（臺北市：黎明出版社，一九六七年）。上述佛學、禪學相關著作對本文在研究過程中除了思想上有啟迪之功外，也開拓禪學與詩學寫作的視野。

此外，在本書之前，「佛禪與詩學關係」領域研究，已有不少學術著作，如筆者考察臺灣地區博碩士論文（至二〇二四年止）中以「佛」、「禪」與「詩」為題名共有三十七筆資料，早在一九七六年就有關注「禪學與詩學關係」研究，如杜松柏《禪學與唐宋詩學》，其後有蔡榮婷《唐代詩人與佛教關係之研究》、施淑婷《蘇軾文學與佛禪關係──以蘇軾遷謫詩文為核心》與蘇欣郁《唐禪詩研究》等，詳如表2-1。

表 2-1　臺灣地區「佛禪與詩學關係」為主題之博碩士論文三十七筆

論文名稱	作者、畢業院校名稱、學位類別	年代
禪學與唐宋詩學	杜松柏／國立臺灣師範大學歷史所／博士	1976
唐代詩歌與佛家思想（上）	黎金剛／國立臺灣師範大學國文所／博士	1980

論文名稱	作者、畢業院校名稱、學位類別	年代
盛唐詩與禪	姚儀敏／東吳大學中文所／碩士	1985
唐代詩人與佛教關係之研究	蔡榮婷／國立政治大學中文所／博士	1991
蘇軾禪詩研究	朴永煥／國立成功大學史語所／碩士	1991
王維禪詩研究	杜昭瑩／輔仁大學中文所／碩士	1992
南朝詩歌與佛教關係之研究	羅文玲／東海大學中文所／碩士	1995
唐代詩禪互相影響論	黃秀琴／國立中央大學中文所／碩士	1997
王維詩中禪意境之研究	王詠雪／國立臺灣大學中文所／碩士	1997
六朝漢譯佛典偈頌與詩歌之研究	王晴慧／靜宜大學中文所／碩士	1998
唐代詩僧的創作論研究——詩歌與佛教的綜合分析	彭雅玲／國立政治大學中文所／博士	1998
禪宗與宋代詩學理論	林湘華／國立成功大學中文所／碩士	1998
中唐佛理詩研究	楊曉玫／玄奘人文社會學院中文所／碩士	1999
六朝詩歌中的佛教風貌研究	王延蕙／文化大學中文所／碩士	1999
王安石禪詩初探	洪雅文／華梵大學東方人文思想所／碩士	2000
王維禪詩創作技巧與藝術風格之研究	彭政德／玄奘人文社會學院中文所／碩士	2000
宋代禪宗對詩歌的影響研究	廖丹妙／南華大學文學所／碩士	2001
惠洪文字禪的詩學內涵研究	吳靜宜／國立臺灣師範大學國文學系在職進修碩士班／碩士	2003

論文名稱	作者、畢業院校名稱、學位類別	年代
臺灣現代詩與佛——以周夢蝶、敻虹、蕭蕭為線索之考察	黃如瑩／國立臺南大學語教教學碩士班／碩士	2005
全宋詩禪僧觀音畫贊之研究	吳芳智／玄奘大學中文所／碩士	2005
白居易禪詩研究	莊美緞／國立高雄師範大學國文教學碩士班／碩士	2005
論蘇軾黃州詩的禪悅與詩情	巫沛穎／元智大學中文所／碩士	2006
蘇軾文學與佛禪關係——以蘇軾遷謫詩文為核心	施淑婷／國立臺灣師範大學國文所／博士	2007
八指頭陀禪詩探究	鍾笑／玄奘大學中文在職專班／碩士	2008
臺灣現代詩中的禪境探究——以四位詩人的作品為例	蔡富澧／佛光大學宗教所／碩士	2008
晚明遺民當擔禪師詩畫研究	莊琇婷／逢甲大學中文所／碩士	2009
中國王維與越南玄光之禪詩研究	武氏明鳳／元智大學中文所／碩士	2010
唐禪詩研究	蘇欣郁／國立臺灣師範大學國文所／博士	2010
《五家語錄》禪僧詩偈頌贊研究	曾淑華（釋宗慈）／逢甲大學中文所／碩士	2011
北宋文士禪僧自然詩歌研究	陳嘉璟／國立成功大學中文所／博士	2011
盛唐詩中佛禪語典之研究	陳明聖／國立高雄師範大學國文所／博士	2012
「詩禪交涉」在唐代至北宋詩學的開展	吳靜宜／國立成功大學中文所／博士	2012
李陳時代僧人禪詩研究	陳清雲／國立臺灣師範大學國文所／碩士	2013

論文名稱	作者、畢業院校名稱、學位類別	年代
黃山谷詩中茶文化與禪理之研究	王瑞益／國立嘉義大學中文所／碩士	2018
中唐元和時期白居易禪詩研究	魏慧雯／國立彰化師範大學國文所／碩士	2018
越南《李陳詩文》佛教文學研究	陳清雲／國立臺灣師範大學國文所／博士	2023
唐代茶道中佛法與文學探究——以皎然茶詩為核心	凃榮憲／南華大學文學系／碩士	2024

上表中所列臺灣地區碩博士論文發現杜松柏《禪學與唐宋詩學》一文第四章「以禪入詩」對於本文研究「黃仲則詩歌禪佛書寫類型」分類有啟迪之功，該章中分為四節來探討，分別是：「禪理詩」、「禪典詩」、「禪跡詩」、「禪趣詩」四類之詩，詩人以禪入詩，可增益詩之素材，宏富詩的內涵，提高詩之意境，筆者可採其分類之法，於此值得深入再作詳細歸納、探析，故此書對於本文深具參考價值。

大陸地區碩博士論文（至二〇二四年止）以「佛禪與詩學關係」的研究論著共有三十四筆，如霍貴高《晉宋佛禪詩研究》、阮延俊《蘇軾詩與禪之研究》、張軾男《杜詩佛禪世界》，詳如表2-2。

表2-2 大陸地區「佛禪與詩學關係」為主題之博碩士論文三十四筆

論文名稱	作者、畢業院校名稱、學位類別	年代
理禪融會與宋詩研究	張文利／陝西師範大學／博士	2003
論八指頭陀的禪詩	羅麗婭／華中師範大學／碩士	2003
詩僧寒山禪詩研究	周海燕／東北師範大學／碩士	2006
晉宋佛禪詩研究	霍貴高／河北大學／碩士	2007
蘇軾與禪僧酬唱詩研究	張曉麗／首都師範大學／碩士	2007

論文名稱	作者、畢業院校名稱、學位類別	年代
黃庭堅的佛禪思想與詩學實踐	孫海燕／北京語言大學／博士	2008
蘇軾詩與禪之研究	阮延俊／華中師範大學／碩士	2008
宋代禪僧詩輯考	陳玨／復旦大學／碩士	2009
從偈頌到禪門白話詩	余軍燕／西北大學／碩士	2009
從哲學觀照和審美體驗看唐代佛道二教對山水詩的影響	成希／湖南大學／碩士	2009
概念合成理論對中國禪詩意義建構的認知闡釋	蕭玲／湖南大學／碩士	2010
禪文化視野下的王維山水田園詩研究	宿曉鳳／中國石油大學／碩士	2011
融匯儒道禪思想的司空圖《詩品》及其詩論	王岳瑋／遼寧師範大學／碩士	2011
齊己及其佛禪詩研究	龔向玲／湖南大學／碩士	2013
杜詩佛禪世界	張軼男／吉林大學／博士	2013
中國禪詩隱喻：認知個案研究	侯菲／中國海洋大學／碩士	2013
禪走向詩之頓悟路徑透視	宋喜順／華僑大學／碩士	2014
吳偉業詩心與佛心	蔣軍政／中國海洋大學／碩士	2014
晚清詩僧寄禪研究	李文興／吉林大學／博士	2015
唐代文人禪詩研究	張錦輝／陝西師範大學／博士	2015
饒宗頤禪意詩學研究	張敏／雲南大學／碩士	2015
越南李陳禪詩之研究	武氏明鳳／上海師範大學／博士	2016
晉唐廬山禪詩研究	鮑赫／吉林大學／博士	2017
唐代禪詩研究	辛鵬宇／陝西師範大學／博士	2017
越南慧忠上士與中國蘇東坡禪詩比較研究	范明心／上海師範大學／博士	2018
楊億佛禪詩研究	劉子溪／雲南大學／碩士	2018

論文名稱	作者、畢業院校名稱、學位類別	年代
北宋臨濟宗禪僧詩研究	王嘉寧／蘭州大學／碩士	2018
齊己僧詩的佛禪美學研究	宋新樂／山東理工大學／碩士	2018
寄禪禪詩研究	李鵬博／遼寧大學／碩士	2019
北宋禪僧山居詩研究	吳成田／揚州大學／碩士	2019
宋代文人詩的禪理慧觀	吳曉蒙／黑龍江大學／碩士	2019
朱熹詩寫佛禪研究	李兵／貴州師範大學／碩士	2020
王維的佛教思想及其與玄光禪詩視野探究	陳氏賢／福建師範大學／博士	2020
王維的禪詩研究	陳清霞／四川省社會科學院／碩士	2021

　　筆者檢索一九一五～二〇二四年臺灣地區期刊論文以「佛、禪與詩」為主題約有一百五十筆，如杜松柏〈佛禪「法」「悟」於詩論的影響〉、〈佛禪「法」「悟」於詩篇的影響〉；蕭麗華〈從儒佛交涉的角度看嚴羽「滄浪詩話」的詩學觀念〉；林朝成、張高評〈兩岸中國佛教文學研究的課題之評介與省思──以詩、禪交涉為中心〉等論文，詳如表2-3。

表 2-3　臺灣地區以「佛、禪與詩」為主題之期刊論文一百五十筆

篇名	作者	刊名	年／月
白居易詩中的佛學思想	張汝釗	海潮音	1934/3
形影神詩與東晉之佛道思想（陶詩箋證之二）	逯欽立	中央研究院歷史語言研究所集刊	1947
王摩詰的詩與佛家思想	沈　隱	慧炬	1964/5
佛教與中國詩歌	葛連祥	中國詩季刊	1970/6
陶淵明是中國詩禪的開宗主	詹勵吾	中華詩學	1971/11

篇名	作者	刊名	年／月
寒山的禪境與詩情	陳鼎環	中國詩季刊	1972/12
王荊公禪詩摭述	陳慶煌	中國詩季刊	1974/3
詩之禪	白浪萍	創世紀詩刊	1974/9
禪宗對宋詩的影響	陳 慶	中國詩季刊	1974/12
孟浩然與孟郊的詠僧學佛詩	張 健	中外文學	1978/4
佛學・禪機・摩詰詩	嚴紀中	慧炬	1978/10
佛教對中國詩人的影響	普 賢	海潮音	1980/4
詩──禪	渡 也	幼獅文藝	1982/6
談王荊公之佛禪詩	李燕新	中國國學	1984/10
王維學佛不得已：從詩中看王維的矛盾衝突	張曼娟	中華文化復興月刊	1986/2
唐詩的「仙佛」情趣	周錫侯	中華文化復興月刊	1987/8
詩心悠悠、禪機紗紗：中國古典詩詞之佛學內涵	林永雅	慧炬	1988/9
王摩詰的詩與佛學的關係	王熙元	慧炬	1990/5
佛禪「法」「悟」於詩論的影響	杜松柏	中華文化復興月刊	1990/12
佛禪「法」「悟」於詩篇的影響	杜松柏	中華文化復興月刊	1991/1
佛禪「法」「悟」於詩論的影響	杜松柏	興大中文學報	1991/1
空不空不空空──詩歌語言的禪喻	金榮敏	創世紀詩雜誌	1992/7
從杜甫的詩看杜甫與佛教之關係	趙玉娟	內明	1994/2
試論佛家「空」義在中國詩歌中的表現	丁 敏	中華學苑	1995/3
禪光佛影──論王維的佛禪詩	王壽雲	內明	1995/3
論王維詩作對參訪寺院之描寫	林清志	宜蘭農工學報	1995/6

篇名	作者	刊名	年／月
「詩聖」與「詩佛」——杜甫一生的佛教信仰淺析	劉元春	內明	1995/7
從「以禪喻詩」論嚴羽的妙悟說	王熙元	中國學術年刊	1996/3
論詩禪交涉——以唐詩為考索重心	蕭麗華	佛學研究中心學報	1996/6
王維田園山水詩中「禪道式」的空間觀	池永歆	鵝湖	1996/8
佛法與文人——以自然作道場的詩佛：王維與佛教因緣	傅正玲	普門	1996/11
王維「輞川集」詩的禪趣	葉淑麗	嘉南學報	1996/11
佛教的文學家——山水詩人謝靈運	依　空	普門	1997/1
佛教藝文——詩句擦亮時空的交點	潘　煊	普門	1997/4
佛學論著——禪學與論詩詩：禪門偈頌對詩作的影響	張伯偉	普門	1997/4
佛教的文學家——空林獨與白雲期：一代詩佛王維	依　空	普門	1997/7
晚唐詩僧齊己的詩禪世界	蕭麗華	佛學研究中心學報	1997/7
宋代禪宗牧牛詩組初探	蔡榮婷	國立中正大學學報	1997/12
王維詩中的靜與禪	劉筑琴	陝西青年管理幹部學院學報	1999/02
論宋代的理學、禪學與詩學	許　總	山西大學師範學院學報	1999/04
「詩佛」詩中的畫境與禪境	李德男	景興鐸聲	1999/6
妙悟與言荃：詩禪分別論	楊徑青	思想戰線	1999/6
賞析羅青兩首禪詩	余姒珉 余姒倩	臺灣詩學季刊	1999/9

篇名	作者	刊名	年／月
賞析余光中的兩首禪詩	劉靜怡	臺灣詩學季刊	1999/9
空花水月——論周夢蝶詩中的禪意	林淑媛	臺灣詩學季刊	1999/9
臺灣新禪詩話語的變異性	周慶華	臺灣詩學季刊	1999/9
元好問詩禪觀辨析	詹杭倫 方滿錦	大陸雜誌	1999/9
從「辨宗論」及山水詩看謝靈運的儒佛觀	余蕙靜	復興學報	1999/12
試論唐代禪宗詩偈語言表達方式的轉變——言外見意	黃秀琴	嶺東學報	2000/3
從儒佛交涉的角度看嚴羽「滄浪詩話」的詩學觀念	蕭麗華	佛學研究中心學報	2000/7
蘇軾禪詩山水意象的表現	鍾美玲	中國文化月刊	2000/9
柳宗元「禪語詩」疑義辨析	李昌年	國文天地	2001/11
試析六朝詩歌所蘊含之佛教文學特色	王晴慧	修平人文社會學報	2001/3
謝靈運山水詩的佛學思想	依 空	普門學報	2001/3
從「言志」、「緣情」到「呈境」——禪對唐詩特質的開發	黃秀琴	大陸雜誌	2001/3
中國古典詩歌中「月」的佛教象徵意涵	楊曉玫	中國文化月刊	2001/4
東坡詩論中的禪喻	蕭麗華	佛學研究中心學報	2001/7
盧山天然禪師梅花詩初探	廖雅婷	中正大學中國文學研究所研究生論文集刊	2001/5
兩岸中國佛教文學研究的課題之評介與省思——以詩、禪交涉為中心	林朝成 張高評	成大中文學報	2001/9
禪宗與宋代詩歌創作論	林湘華	普門學報	2001/11

篇名	作者	刊名	年／月
詩的意境美學與禪的意境美學	賴賢宗	世界中國哲學學報	2002/2
禪宗與宋代詩論「味外之味」的審美價值	林湘華	東方人文學誌	2002/3
佛教與豔詩	陸永峰	中華佛學研究	2002/3
兩岸中國佛教文學研究的課題之評介與省思──以詩、禪交涉為中心	張高評 林朝成	普門學報	2002/5
蘇軾文學中的禪學思想探微	陳明聖	文學前瞻	2002/6
幽境與禪韻──試論王維「輞川集」的詩情、詩境與詩法	王隆升	華梵學報	2002/9
常建「題破山寺後禪院」詩的禪理與禪趣	張清泉	國文學誌	2002/12
六朝僧家吟詠佛理的詩作	羅文玲	中華佛學研究	2003/3
陶淵明的詩歌創作與晉宋佛教之關係	何劍平	普門學報	2003/5
朱熹詩中的佛老意識	林佳蓉	國文學報	2003/6
中唐詩學造境說與詩之變──兼論佛教思想之影響	劉衛林	普門學報	2003/7
如來清淨禪與王維晚期山水小品	蕭　馳	漢學研究	2003/12
論以杜詩入禪的方便義	梁萬如	人文中國學報	2004/5
論梵鐘的起源與唐詩梵鐘的佛教義蘊	李時銘	逢甲人文社會學報	2004/5
從《壇經》看王維詩文的禪學思維	劉昌佳	興大人文學報	2004/6
全宋詩禪僧詩偈頌贊之考察	羅宗濤	玄奘佛學研究	2004/7
惠洪詩禪的「春」意象──兼為「浪子和尚」辯誣	蕭麗華 吳靜宜	佛學研究中心學報	2004/7
淺析佛禪對東坡生命智慧及文學藝術觀之影響	施淑婷	中華人文社會學報	2004/9

篇名	作者	刊名	年/月
緣情而綺靡？——艷詞綺句的禪詩認識分析	王志楣	政大中文學報	2004/12
李商隱詩與佛教的關係——禪、華嚴、李義山	林美清	玄奘人文學報	2005/2
洪州禪與白居易閑適詩的山意水思	蕭馳	中國文哲研究集刊	2005/3
海德格、詩禪一致與跨文化美學	賴賢宗	藝術論壇	2005/5
葉夢得以禪喻詩的禪理感悟與詩學義蘊	鄭垣玲	輔大中研所學刊	2005/10
洪州禪與中晚唐詩壇	朴永煥	普門學報	2005/11
唐代長安佛寺詩歌的寫作風格	李寶玲	逢甲人文社會學報	2006/6
禪學對唐代詩歌美學的影響	邱湘雲	興大人文學報	2006/9
禪機與境界——王維和蘇軾禪詩比較	張君梅	普門學報	2006/11
試論劉長卿詩中的禪宗美學	李慧玟	文學前瞻	2007/8
玄、佛交涉的詩化——論東晉佛理詩風的形成及其風格型態	黃偉倫	漢學研究集刊	2007/12
唐代詩僧皎然飲茶詩的茶禪原理	蕭麗華	佛學與科學	2007/7
淺探佛經翻譯對文學用語的影響——從王維的佛理詩看佛教對文學的浸潤	羅文玲	普門學報	2008/3
禪與詩的文化闡釋	郭秋顯	遠東通識學報	2008/7
謝靈運在佛法上之建樹及其山水詩的禪意理趣	陳怡良	漢學研究	2008/12
禪觀與詩境——禪修體驗對唐代詩人創作方法的啟發	黃敬家	新竹教育大學人文社會學報	2009/3
淺論寒山詩中透顯的佛學思想	吳斐甄	國文天地	2009/7
李白的禪理詩	楊秀華	新生學報	2009/7

篇名	作者	刊名	年／月
唐代僧人飲茶詩研究	蕭麗華	臺大文史哲學報	2009/11
八指頭陀詩中的入世情懷與禪悟意境	黃敬家	成大中文學報	2010/7
中晚唐詩僧現象析論——從文學史與禪宗史兩面考察	黃敬家	臺東大學人文學報	2010/9
空際無影，香中有情——八指頭陀詠梅詩中的禪境	黃敬家	法鼓佛學學報	2010/12
傷心見性時——明遺民錢澄之的逃禪與詩	劉威志	明清詩文研究	2011/6
蘇東坡禪意詩特質與《維摩詰經》關係研究	林文欽	高師大國文學報	2012/1
皎然詩境說與蘇軾詩禪觀念的源出	劉衛林	新亞學報	2012/5
現代禪詩如何可能？——以洛夫詩作為例	戴裕記	文學新鑰	2012/12
淺析現代禪詩的意識形態與書寫——以洛夫的禪詩為例	鍾明全	文學前瞻	2013/7
詩、畫、禪與蘇軾、黃庭堅詠竹題畫研究——以墨竹題詠與禪趣、比德、興寄為核心	張高評	人文中國學報	2013/9
淺論蘇軾謫惠、儋詩之佛理思想	楊景琦	康大學報	2013/12
去來皆是道，此別不銷魂——論劉禹錫送僧詩的佛教意象	洪素貞	慈濟大學人文社會科學學刊	2014/3
寒山及其詩在宋代禪林的迴響：以禪師的引用為中心	黃敬家	東吳中文學報	2014/11
蕭蕭現代禪詩中的禪趣析論	陳政彥	當代詩學	2015/1
夢幻與禪機：蘇軾詩「人生如夢」觀的源流及歷程	許愷容	思辨集	2015/3

篇名	作者	刊名	年／月
論王安石歸隱後詩中的夢與佛理	梁評貴	屏東教育大學學報・人文社會類	2015/5
論寒山詩中的禪風	余曉萍	中國語文	2015/5
論寒山詩中的禪風	余曉萍	中國語文	2015/6
論寒山詩中的禪風	余曉萍	中國語文	2015/7
城市與山林之間：論南朝佛教詩賦的空間書寫與權力結構	祁立峰	東吳中文學報	2015/11
禪詩鴻鴈、燕子、鷺鳥意象探析：兼論三者於漢文佛典之使用概況	郭錦鴻	中國文化研究所學報	2016/1
宋代禪門頌古詩的發展及語言特色	黃敬家	師大學報・語言與文學類	2016/3
禪詩與現代詩	楊風	笠詩刊	2016/6
觀察洛夫禪詩中超現實主義的直觀與「人性」根本——以〈走向王維〉為例	古塵	吹鼓吹詩論壇	2016/6
世無俠士空呈劍：季總禪師南嶽去來的女禪詩路	蘇美文	中華科技大學學報	2016/7
八指頭陀寄禪法師的詩風禪韻和禪學思想	黃連忠	圓光佛學學報	2017/6
王維「詩」意與「禪」境探析	郭基泰	華人文化研究	2017/6
論王安石詩的佛寺書寫	鄧凱柔	佛光人文學報	2018/1
王維山水詩中的禪宗思想探析	呂昇陽	南台人文社會學報	2018/2
蘇軾詠茶詩及其茶禪研究——以唐代詠茶詩為映襯的觀察	蕭麗華	東吳中文學報	2018/5
明清時期臺灣佛寺詩詞的幾個類型	楊惠南	正觀	2018/6
唐代詩佛王維的禪機妙趣——中外名人	張春榮	國文天地	2018/9

篇名	作者	刊名	年／月
智慧語賞析	顏蕙珠		
論周夢蝶詩中佛教淨土的追尋	劉吉純	雲漢學刊	2018/9
辛稼軒詩中的佛道儒面向	王雅雍	佛光人文學報	2019/1
越南李陳時代禪詩的多元意涵	陳清雲	佛光人文學報	2020/1
黃庭堅的佛教修養與詩歌禪趣	李聖俊	海潮音	2020/4
黃庭堅的佛教修養與詩歌禪趣	李聖俊	海潮音	2020/5
禪與自然：宋代僧人詠茶詩探析	龔昭瑋	思辨集	2020/5
黃庭堅的佛教修養與詩歌禪趣	李聖俊	海潮音	2020/6
茶文學與佛意境的交融——唐宋茶詩的考察	黃國清	人間佛教學報・藝文	2020/7
解脫生死的禪詩演教進路——兼論勘破生死的禪教學思歷程	劉易齋	國防大學通識教育學報	2020/10
詩心與佛教——晚明渡日華僑陳元贇詩歌釐探	劉家幸	漢學研究	2021/9
論黃仲則遊戒壇寺詩中的禪悅——以〈入山至戒壇〉、〈登千佛閣〉為例	陳宣諭	國立虎尾科技大學學報	2022/6
以詩證禪：仁山寂震〈廣寒山詩〉揭顯之三峰宗風	張雅雯	法鼓佛學學報	2022/06
謝靈運詩中之禪境闡釋	吳幸姬	經學研究集刊	2022/11
從支遁〈詠懷詩〉五首論東晉玄佛交融之際	香敏儀	華人文化研究	2022/12
佛禪語言文字觀與白居易詩學觀的衝突及其轉化	曹　璐	新亞論叢	2022/12
黃仲則〈題黃荊楊寺壁〉與〈偶題齋壁〉之禪思境界	陳宣諭	臺中教育大學學報・人文藝術類	2022/12
從寒山詩看佛教苦諦與六波羅蜜	釋妙仁	佛學與科學	2023/03

篇名	作者	刊名	年／月
宋元看話禪於靈隱寺飛來峰詩歌所呈顯之理禪融攝現象	張瑋儀	人文社會科學研究	2023/06
黃仲則〈文殊院〉與〈題文殊院〉之禪思境界	陳宣諭	國立高雄科技大學學報	2023/07
邵雍藉詩說理於儒釋調和至理禪融攝之詮釋	張瑋儀	揭諦	2024/01
從禪心到閒情：論唐詩中的文人焚香及其物質文化	李妮庭	成大中文學報	2024/06

在臺灣地區以「佛禪與詩學關係」為主題研究的期刊論文中，杜松柏〈佛禪「法」「悟」於詩論的影響〉、〈佛禪「法」「悟」於詩篇的影響〉；丁敏〈試論佛家「空」義在中國詩歌中的表現〉；林朝成、張高評〈兩岸中國佛教文學研究的課題之評介與省思——以詩、禪交涉為中心〉；蕭麗華〈從儒佛交涉的角度看嚴羽「滄浪詩話」的詩學觀念〉等皆探討禪宗佛教中思想對詩歌的影響，採用不同的思維切入角度探討作品內涵，精闢掌握詩中禪佛思維，具參考價值，對本文多有啟發。

　　上述期刊論文多探討專家詩中的禪思、佛理，如陶淵明、謝靈運、六朝詩人、孟浩然、王維、杜甫、李白、李商隱、寒山、蘇軾、王安石、黃庭堅、朱熹等詩中的禪意理趣，除黃敬家〈八指頭陀詩中的入世情懷與禪悟意境〉、黃敬家〈空際無影，香中有情——八指頭陀詠梅詩中的禪境〉、黃連忠〈八指頭陀寄禪法師的詩風禪韻和禪學思想〉、張雅雯〈以詩證禪：仁山寂震〈廣寒山詩〉揭顯之三峰宗風〉等四篇探析清末民初高僧八指頭陀、清初臨濟宗三峰派第三代仁山寂震外，以及本人從二○二二年開始對於黃仲則佛禪詩探析之外，並未有學者研究涉及清代詩人，於此值得探析清代詩人黃仲則詩歌的禪佛書寫，跳脫歷來研究範疇，是一種創新的力量與希望。

筆者檢索一九一五～二○二四年大陸地區期刊論文以「佛、禪與詩」為主題約有一千一百七十三筆，將之歸納為五大類主題，如：「佛禪與詩學關係」研究、「佛禪與專家詩作關係」研究（古典詩、現代詩）、「佛教宗派、經典與詩學關係」研究、「外國詩歌作品涉及禪宗佛法相關」、「中西禪詩比較」研究。本文僅羅列與本文研究相關性高的期刊論文，如「佛禪與詩學關係」論文七十七筆、「佛禪與清代以前專家詩作關係」論文（僅擇選清代以前專家詩作與禪佛相關的期刊論文）四百五十筆、「佛教宗派、經典與詩學關係」論文十九筆等三大類，詳如下表2-4、2-5、2-6。

表 2-4　大陸地區以「佛禪與詩學關係」為主題之期刊論文七十七筆

篇名	作者	刊名	年／期
禪悟與詩悟——佛教在認識、思維理論上對古代詩論的影響	秦寰明	學術月刊	1984/09
詩與禪	袁行霈	文史知識	1986/10
「詩禪相通」說略論	崔大江	華南師範大學學報（社會科學版）	1987/02
略論禪與詩	孫昌武	社會科學戰線	1988/04
詩與禪	李壯鷹	北京師範大學學報	1988/04
禪與詩	蔣述卓	廣東民族學院學報（社會科學版）	1990/02
禪與詩淺說	崔元和	名作欣賞	1992/03
詩禪特質異同論	胡　遂	湖南師範大學社會科學學報	1994/02
詩為禪客添花錦，禪是詩家切玉刀——略論禪宗與古代詩歌的關係	吳培德	雲南師範大學學報（哲學社會科學版）	1994/02

篇名	作者	刊名	年／期
論詩禪審美體驗之異同	胡 遂	長沙水電師院學報（社會科學學報）	1994/02
詩禪合一論	馬美宏	中國文學研究	1994/03
佛學與哲理、禪趣詩芻議	何 懿	安徽教育學院學報（哲學社會科學版）	1994/04
禪與個性化創造詩論	張 晶	北方論叢	1995/01
靈感與禪悟——談詩禪相通之契機	李世萍	內蒙古民族師院學報（哲學社會科學漢文版）	1995/02
「論詩如論禪」——作為心學的中國古代詩學	毛正天	湖北民族學院學報（社會科學版）	1996/01
詩與禪	丁 捷	鄭州大學學報（哲學社會科學版）	1996/01
詩審美態度與禪的態度——「詩禪相通」說研究之一	林衡勛	湛江師範學院學報	1996/04
禪悟與詩悟	邢東風	世界宗教研究	1997/02
論詩與禪的互滲	楊維中	西北大學學報（哲學社會科學版）	1997/03
禪與詩	潘志和	中央社會主義學院學報	1997/05
詩學與禪學相通	魏江華	中山大學學報論叢	1998/01
略論詩禪在審美上的相通	陳 鑫	鄂州大學學報	1998/02
禪與詩：妙悟、神韻	曹 健	襄樊學院學報	1999/03
談禪詩的禪味與詩味	陳耳東	天津社會科學	1999/06
禪詩審美境界論	吳言生	陝西師範大學學報（哲學社會科學版）	2000/01

篇名	作者	刊名	年／期
詩與禪：一種文化現象的美學闡釋	陳世杰	鄭州大學學報（社會科學版）	2000/01
禪詩理事圓融論	吳言生	東南大學學報（哲學社會科學版）	2000/02
繞路說禪：從禪的詮釋到詩的表達	周裕鍇	文藝研究	2000/03
詩與禪與模糊思維	苗東升	中國文化研究	2000/03
「詩學等禪宗，千古淵源共」——略論作為實踐美學的禪和詩歌語言的關係	洪映萱	廈門教育學院學報	2000/03
禪悟與詩悟：心靈狀態與藝術境界	吳　曉	詩探索	2000/Z2
詩禪相通說妙悟	石海光	廣播電視大學學報（哲學社會科學版）	2002/04
禪詩分類的學理根據及禪境詩的價值	李　滿	江西教育學院學報（社會科學）	2002/04
以禪境創構詩之意境	劉艷芬 江　雯	山東科技大學學報（社會科學版）	2002/04
學詩渾如學參禪——由作詩到談禪	麻天祥	世界宗教文化	2002/04
禪思與詩思的比較研究	周全田	安徽大學學報	2002/06
反對「以禪喻詩」之評析與詩、禪內在機制再探索	鄧國軍	天津大學學報（社會科學版）	2003/01
簡論「道」與「禪」在中國古代山水詩中的體現	韓振華	西安電子科技大學學報（社會科學版）	2003/01
論中國佛禪的詩學方向	勞承萬	江蘇大學學報（社會科學版）	2003/02
禪與中國古典山水詩	楊永坤	楚雄師範學院學報	2003/02

篇名	作者	刊名	年／期
禪是詩家切玉刀——淺談禪宗觀念對古典詩歌的影響	高艷魁	黑龍江教育學院學報	2003/03
以禪入詩 妙解俗懷	劉秀峰 劉美娟	杭州醫學高等專科學校學報	2003/04
禪詩意象的特殊點	陳海鷹	廣西社會科學	2003/12
中國詩禪淺論	趙紅棱	文學港	2005/02
由「以禪入詩」、「以禪喻詩」到「妙悟之說」——中國古代詩歌創作、批評史上一次創造雙贏的溝通	張迎春	瓊州大學學報	2005/04
由「以禪入詩」、「以禪喻詩」到「妙悟之說」——中國古代詩歌創作、批評史上一次創造雙贏的溝通	趙　青	甘肅聯合大學學報（社會科學版）	2005/04
禪與詩——略論中國古代的詩性思維與禪宗的關係	劉　梅	沙洋師範高等專科學校學報	2007/02
關于詩禪融通形式的考察	郜林濤	山西青年管理幹部學院學報	2007/03
禪悟中的詩性智慧	王柯平	東方叢刊	2008/01
論以禪入詩與宗教敘事	蕭艷平	華中師範大學研究生學報	2008/01
淺談中國古代禪詩	蘆瑞雪	文史博覽（理論）	2008/01
高山仰止行雲流水——領略中國古代禪詩境界	蔡秀敏 崔長國	江蘇省社會主義學院學報	2008/02
詩與禪的似與異	劉士林	西北大學學報（哲學社會科學版）	2008/03
詩與禪	樊小玉	四川文學	2008/05
論禪學的詩學蘊含及其影響	劉建朝	現代語文（文學研究版）	2009/05

篇名	作者	刊名	年／期
道禪語言觀與中國詩性精神之誕生	劉成紀	求是學刊	2009/06
詩與禪的「無言」之境	梁吶	作家	2009/08
禪與詩	李娟	安徽文學（下半月）	2009/09
禪詩的心理闡釋	周曉微	美與時代（下半月）	2009/11
禪詩中的自然美與修行證悟	白靜	美與時代（下半月）	2009/12
「妙悟」與「活參」——佛禪思想影響下的詩學解釋學原則	鄧新華	中國文化研究	2011/04
論漢語詩學傳統中詩禪互喻的異質相融屬性	李志凌	文教資料	2011/25
詩之「禪味」與「反諷」——從禪的「平常語」與詩的「陌生化」之悖離說起	孫金燕	符號與傳媒	2012/02
中國禪與中國詩	江永源	昌吉學院學報	2013/03
詩禪融合對語言藝術化的促進作用	陳琛	文藝爭鳴	2013/06
論禪理詩中物象與禪意的同構關係	陳佳君	渤海大學學報（哲學社會科學版）	2014/01
論禪與詩	李學永	吉林廣播電視大學學報	2014/03
淺論中國古典美學中的詩禪相融	柯星怡	南方論刊	2014/09
詩禪差異與「以禪喻詩」合法性	劉維邦	美與時代（下）	2016/03
詩心禪境了相依：禪宗詩學內容研究	皮朝綱 潘國好	中國文藝評論	2016/08
從佛禪術語看《滄浪詩話・詩辨》的「詩道」體系	李大西	創新	2017/4

篇名	作者	刊名	年／期
詩禪「妙悟」的相合相離	董德英	東方論壇	2017/6
禪與詩之交涉	陳雲君	中國文化	2018/1
禪法與詩法中的「妙悟」	向淼	牡丹	2018/5
如何從詩中看待禪學的孤獨與寂靜	王淼	青春期健康	2018/3
禪意之境詩性之美	高軍強	中國出版	2019/1
20世紀以來禪詩研究的三個維度	齊蘭英	蘭州學刊	2020/3

表 2-5　大陸地區以「佛禪與清代以前專家詩作關係研究」為主題之期刊論文四百五十筆

篇名	作者	刊名	年／期
嚴羽詩禪說析辨	郁沅	學術月刊	1980/07
禪學・詩學・美學——評《滄浪詩話》的「以禪喻詩」	劉文剛	遼寧師範大學學報	1985/03
論王維的佛教思想及其禪意詩	史雙之	法音	1986/04
王維的山水田園詩與音樂繪畫及禪學的聯係	蕭延恕	湖南科技大學學報（社會科學版）	1987/02
略論寒山景物詩中的禪意	何西虹	山西師大學報（社會科學版）	1987/03
詩禪關係認識史上的重要環節——讀皎然、齊己詩	程亞林	文學遺產	1989/05
禪與詩——溫庭筠藝術風格成因新探	劉尊明	人文雜志	1989/06
詩禪異同論——兼論嚴羽「妙悟」說的審美內涵	張晶	遼寧師範大學學報	1990/02
工詩未必誹高僧——說寄禪的「癡詩」	陳平原	讀書	1990/03
禪與唐代山水詩	蕭建華	江漢論壇	1990/07

篇名	作者	刊名	年／期
禪學理念與王維山水詩創作手法	邱瑞祥	貴州大學學報（社會科學版）	1991/03
試論王維山水詩中的禪理	賀秀明	廈門大學學報（哲學社會科學版）	1991/04
古代詩論中的以禪論詩	蔣述卓	廣西師範大學學報（哲學社會科學版）	1992/01
禪學與宋代詩學	梁道禮	陝西師大學報（哲學社會科學版）	1992/03
論禪思與唐宋詩中的意境之構成	金丹元	文藝研究	1992/05
妙悟禪理一片化機──王維〈鳥鳴澗〉〈辛夷塢〉二詩禪意淺析	葉　華	安徽大學學報	1993/02
禪意對王維山水田園詩的美學建構	張應斌	嘉應大學學報	1994/01
王維、蘇軾山水詩中詩與禪相互交替現象	王志清	四川教育學院學報	1994/01
空靈與禪意畫意與詩意──論王維山水田園詩的風格	高人雄	社科縱橫	1994/04
禪與唐代山水詩派	張　晶	社會科學戰線	1994/06
「詩為禪客添花錦　禪是詩家切玉刀」──談王維詩中的禪理	孫大知	玉溪師專學報	1994/06
說禪詩	鄧漢光	書城	1994/07
蘇軾禪詩表現的藝術風格	樸永煥	佛學研究	1995/00
古代禪詩的修辭	楊俊萱	修辭學習	1995/01
清新幽深　空靈逸遠──王維詩禪境生成初探	于雪棠 郭春燕	學術交流	1995/02
王維「安禪制毒龍」考辨兼其佛教詩的實踐性	劉維治	錦州師院學報（哲學社會科學版）	1995/02
黃庭堅的詩與禪	孫昌武	社會科學戰線	1995/02

篇名	作者	刊名	年／期
禪性　禪境　禪愉──論王維山水詩的靜與動	潘　靜	陝西師大學報（哲學社會科學版）	1995/04
論魏源的禪詩及其淨土信仰	陸　草	周口師專學報	1995/S1
詩思與禪意──兼論王維山水詩的詩禪相通	高乃佳	樂山師專學報（社會科學版）	1996/01
禪說李商隱〈錦瑟〉詩	劉　偉	中國宗教	1996/02
王維山水詩的禪境與空境	朱麗霞	松遼學刊（社會科學版）	1996/03
王安石的禪詩與鐘山詩	陳　磊	古典文學知識	1996/03
詩的禪趣	李　耕	書屋	1996/04
從詩和禪聯姻的流變解讀謝榛的禪悟說	李慶立	蘇州大學學報	1997/01
試論王維山水詩中的禪意	孫海鵬	華北電力大學學報（社會科學版）	1997/01
承前突破、藝技入詩、佛禪思想──對王維山水田園詩的三點思索	李敬平	焦作教育學院學報	1997/02
說禪趣詩〈題西林壁〉	周正舉	閱讀與寫作	1997/03
哲理機趣與自然景象的契合──論王維山水田園詩中的禪意		唐都學刊	1997/03
王維〈鹿柴〉詩的禪境淺析	莊鴻雁	綏化師專學報	1997/04
禪與詩──王安石晚年的生活寄托與詩歌創作	萬偉成	文史知識	1997/05
唐宋禪詩境界略說	劉曉林	衡陽師專學報（社會科學）	1997/05
論詩佛──論中唐「以境論詩」說	羅鳴放	梧州師專學報	1998/02
柳宗元詩禪機理趣事探討	朱國能	唐代文學研究	1998/00

篇名	作者	刊名	年／期
簡論山水詩中的禪意理趣	賀秀明	廈門大學學報（哲學社會科學版）	1998/01
亦詩亦禪兩艱難──賈島創作心態簡論	李小榮	貴州師範大學學報（社會科學版）	1998/01
佛禪旨趣與竟陵派詩論	周　群	江海學刊	1998/02
返觀自我的冷靜諦視──從詩禪關係看宋詩的特質	張　晶	社會科學輯刊	1998/02
寒山子禪悅詩淺析	錢學烈	中國人民大學學報	1998/03
禪機獨運意趣天成──簡述東坡絕句中的禪理詩	楊明潔	內蒙古民族師院學報（哲學社會科學版）	1998/03
承前突破藝技入詩　佛禪思想──對王維山水田園詩的三點思索	李敬平 劉　薈 蘇愛民	殷都學刊	1998/04
宋代詩學術語的禪學語源	周裕鍇	文藝理論研究	1998/06
「說禪作詩，本無差別」與儒佛合流芻議	和向朝	孔學研究	1999/00
以禪入詩　清幽絕俗──論王維山水田園詩的禪宗意蘊	孫涌翔	佳木斯教育學院學報	1999/01
味摩詰詩　品摩詰畫──試析王維詩、畫中的禪意	周鳳甫	湛江師範學院學報	1999/01
禪悟的愉悅與認知事物的樂趣──王維的山水田園詩論稿之一	王　琦	中文自學指導	1999/04
黃庭堅及江西詩派之禪詩研究	樸永煥	佛學研究	2000/00
佛禪對柳宗元山水詩的影響芻議	王樹海 王鳳霞	社會科學戰線	2000/01

篇名	作者	刊名	年／期
東坡詩的禪緣情結	成宗田	寶雞文理學院學報（社會科學版）	2000/01
杜詩禪思之軌跡	盧燕平	杜甫研究學刊	2000/02
淺談王維山水詩中禪意的風格	吳錢寬	蕪湖職業技術學院學報	2000/02
以俗為雅：禪籍俗語言對宋詩的滲透與啟示	周裕鍇	四川大學學報（哲學社會科學版）	2000/03
法眼、「目前」和「隔」與「不隔」——論王國維詩學的一個禪學淵源	張節末	文藝研究	2000/03
禪意與詩興——唐代山水詩創作與禪宗佛理之聯系	曹頌今	中州大學學報	2000/04
宋代詩學術語的禪學語源（二）	周裕鍇	文藝理論研究	2000/04
白沙詩學與禪學芻論	章繼光	五邑大學學報（社會科學版）	2000/04
佛禪美學與劉禹錫的詩學思想	高林廣	內蒙古社會科學（漢文版）	2000/05
詩・隱・禪——略論禪宗之於王孟詩派的影響	白　寅	長沙鐵道學院學報（社會科學版）	2001/01
宋代道禪演進與永嘉四靈詩旨的形成	趙　平	臺州師專學報	2001/01
「經論傳緇侶，文章遍墨卿」——論靈一詩僧在唐代詩禪文學史上的禪地位及創作	朱學東	湘潭大學社會科學學報	2001/02
王安石詩禪意三昧論	邵維加	撫州師專學報	2001/02
試論禪對黃庭堅詩幽默風格的影響	楊　秋	暨南學報（哲學社會科學版）	2001/03
生命意識的回歸與人格精神的重塑——論王維的人生歷程及其禪悟詩的美學意蘊	黃明超	渝州大學學報（社會科學版）	2001/03

篇名	作者	刊名	年／期
黃庭堅詩禪源箋補	龍　延	喀什師範學院學報	2001/04
白居易禪詩淺探	李迎春	河南教育學院學報（哲學社會科學版）	2001/04
試論柳宗元的「禪理詩」	楊德貴	天中學刊	2001/04
杜詩「逃禪」解詁	譚　偉	西南民族學院學報（哲學社會科學版）	2001/04
王安石禪詩研究	樸永煥	佛學研究	2002/00
禪趣在王維詩中的多緯度展現	王少梅	華夏文化	2002/01
《後山逸詩箋》禪源舉隅	龍　延	河西學院學報	2002/01
淺論王維詩中的「禪境」	蕭新華	長沙鐵道學院學報（社會科學版）	2002/01
司空圖詩論及詩歌的佛禪內蘊	馬現誠	廣西民族學院學報（哲學社會科學版）	2002/01
泰山詩的儒意、道意與禪意	劉　凌	泰安教育學院學報 岱宗學刊	2002/01
論黃庭堅詩中的禪意符號	王訶魯	九江師專學報	2002/02
論王維山水詩中的禪理意蘊	李　軍	四川師範學院學報（哲學社會科學版）	2002/02
齊己《白蓮集》的詩禪觀	崔煉農	中國韻文學刊	2002/02
詩才禪味兩相當——話說五臺山詩僧群現象	馬斗全	五臺山研究	2002/02
禪意，詩意般的生命沉思——探析王維山水詩空靈的審美觀	潘　靜	名作欣賞	2002/03
論王維山水田園詩的禪境	安國華	湖北民族學院學報（哲學社會科學版）	2002/03
空幻靜寂無我隨緣——談談王維山水田園詩中的禪意	李平權	滁州職業技術學院學報	2002/03

篇名	作者	刊名	年/期
空靈與寂滅——談王維晚期詩的佛心禪意	梁鳳英	昭通師範高等專科學校學報	2002/06
試論王安石晚年禪詩的藝術成就	屠青 毛建軍	南都學壇	2002/06
山谷詩禪源抉微	龍延 魏少林	唐山師範學院學報	2002/06
要將余事付風騷，已悟玄機窺佛祖——略論江西詩派與南禪之關係	王玉琦	江西財經大學學報	2002/06
詩法效禪——江西宋代詩歌創作方法的禪學化走向	劉松來	江西財經大學學報	2002/06
僧詩與禪文化的美學內涵	釋月照	探索與爭鳴	2002/10
佛禪思維方式與唐代詠物詩舉隅	張宏生	古典文獻研究	2003/00
從禪詩說寒山、拾得	范曾	解放軍藝術學院學報	2003/01
敦煌文獻中的白話禪詩	張子開	敦煌學輯刊	2003/01
論王維〈辛夷塢〉、〈鳥鳴澗〉兩詩中的禪意	任瑞狐	華南農業大學學報（社會科學版）	2003/01
評王安石晚年禪詩	毛建軍	新鄉師範高等專科學校學報	2003/01
理學、禪學與歐陽修詩	張文利	中華文化論壇	2003/02
靜穆的觀照與飛躍的生命——淺談王維山水詩中的禪意	程凱	鄭州經濟管理幹部學院學報	2003/02
掙扎的樂土——關於王維禪意詩藝術	方應天	河南商業高等專科學校學報	2003/02
王維詩中的禪意	張慧麗	佛教文化	2003/02
論玄佛與早期山水禪林詩	孫海洋	湖南大學學報（社會科學版）	2003/02

篇名	作者	刊名	年／期
淺議王維山水詩的禪趣	陳 凡 李大敏	西安聯合大學學報	2003/03
試論王維山水詩中「雲」意象的禪悟意蘊	劉鐵峰	株洲師範高等專科學校學報	2003/03
離別人間事何關道者情——小議禪與送別詩	邰林濤	五臺山研究	2003/03
從「少學孔孟」到「晚師瞿聃」——評王安石晚年禪詩	毛建軍	陝西廣播電視大學學報（綜合版）	2003/03
由文化詩學論王維詩中的「空」與禪	菅國坤	濟源職業技術學院學報	2003/03
佛禪「自性」與盛唐精神及山水詩形態	王志清	甘肅社會科學	2003/04
唐代的山水詩與佛心禪意	彭氏子	佛教文化	2003/05
一個不應冷落的詩歌流派——從唐詩看沃洲禪詩派的流播	朱學東	衡陽師範學院學報（社會科學）	2003/05
漫談王維詩中的禪機	劉水蓮	佛教文化	2004/01
詩情澎湃的人生——論八指頭陀的禪詩	哈斯朝魯	內蒙古民族大學學報（社會科學版）	2004/01
從王維詩歌看「詩禪合一」	王文娟	湖南農業大學學報（社會科學版）	2004/01
論王維山水詩的禪趣美	成曉輝	船山學刊	2004/02
詩悟與禪悟——論禪宗思維方式對中國傳統詩學美學的影響	劉艷芬	北京工業大學學報（社會科學版）	2004/02
詩論通禪——江西宋代詩論的禪學化走向	劉松來	創作評譚	2004/02
論「韓孟」的佛道詩	金華凌	南華大學學報（社會科學版）	2004/02

篇名	作者	刊名	年／期
《二十四詩品》的禪學思想探微	劉國貞	山東教育學院學報	2004/02
寒山禪詩的思想及流傳	徐立新	臺州學院學報	2004/02
王維詩的禪意	張美云	北京科技大學學報（社會科學版）	2004/02
略論楊巨源詩中的禪性	孫　茜	華北電力大學學報（社會科學版）	2004/03
東晉南朝僧侶佛理詩探析	柳倩月 吳　寒	社會科學家	2004/03
蘇軾禪詩代表作誤讀的個案研究	許外芳 廖向東	新疆大學學報（哲學社會科學版）	2004/03
論晚唐禪悅詩之成因與特點	胡　遂	求索	2004/04
禪思與詩思——王維山水詩創作的禪宗滲透	高　萍	西北工業大學學報（社會科學版）	2004/04
王昌齡禪詩中的美學境界	邵穎濤	樂山師範學院學報	2004/06
晚唐苦吟詩人的詩心禪思	榮蔚鹽	探索與爭鳴	2004/06
青蓮居士謫仙人金粟如來是後身——論詩仙李白的佛緣及其禪思禪趣	朱學東	雲夢學刊	2004/06
來來往往一首詩，禪俗兩不離——論釋惠洪及其詩歌創作	孫海洋	湖南大學學報（社會科學版）	2004/06
論王維的禪意詩	哈嘉瑩	山東社會科學	2004/12
王梵志、寒山佛理勸善詩的異同	朱炯遠	上海大學學報（社會科學版）	2005/01
清代「詩佛」吳嵩梁評述	徐國華	中文自學學報	2005/01
蘇軾〈琴詩〉的佛禪解讀	梁銀林	文史雜志	2005/01
禪之悟與詩之悟辨異	朱　恒	廣西社會科學	2005/02

篇名	作者	刊名	年／期
禪宗公案以詩證禪芻議	郜林濤	晉陽學刊	2005/03
論王維的禪悟與詩悟	譚朝炎	寧波大學學報（人文科學版）	2005/03
杜牧宣州佛事詩初探	李　暉	滁州學院學報	2005/03
淺談禪學對王維山水詩的影響	張　文	湖南大眾傳媒職業技術學院學報	2005/03
徘徊於廟堂與禪境之間──試論楊萬里詩學的矛盾統一性	彭維鋒	天中學刊	2005/03
向來枉費推移力，今日水中自在行──宋詩中禪的理趣	麻天祥	鄭州大學學報（哲學社會科學版）	2005/04
王維的儒道情懷、佛性智慧與山水詩創作	張銀堂	齊魯學刊	2005/04
卷舒開合任天真──管窺禪詩中蓮花意象	李顯卿 溫新瑞	理論界	2005/05
從王維佛禪詩看其禪悟境界	張君梅	惠州學院學報社會科學版	2005/05
純粹看與純粹聽──論王維山水小詩的意境美學及其禪學、詩學史背景	張節末	文藝理論研究	2005/05
論王維山水詩的禪意與畫意	李智仁	湖南大眾傳媒職業技術學院學報	2005/06
論王維山水田園詩中的禪意	黎文麗 傅紹良	唐都學刊	2005/06
詩為禪客添花錦　禪是詩家切玉刀──略論禪與唐詩發展	曲景毅	樂山師院學院學報	2005/08
試論王維詩歌中佛理與詩心的交融	周　煒	陝西師範大學繼續教育學報	2006/S1
詩禪合一──試論王維詩歌的靜境美	牛彥飛	石家莊職業技術學院學報	2006/01

篇名	作者	刊名	年／期
琴詩中的禪意	苗建華	中國音樂	2006/01
論楊萬里詠園詩的禪學意趣	胡建升 文師華	南昌大學學報（人文社會科學版）	2006/01
論宋代文人的山水禪詩	嚴　銘	成都教育學院學報	2006/02
淺析王維詩中的禪趣	高小泉	中國科技信息	2006/02
論嚴羽《滄浪詩話》中的禪與詩之關係	孔蓮蓮	山東教育學院學報	2006/03
王維山水詩中的禪意	夏潔露 聞學軍	浙江萬里學院學報	2006/04
王維山水田園詩的禪意和回歸主題	雒海寧	青海民族研究	2006/04
試析王維山水詩的禪意	顧云清	遼寧師專學報（社會科學版）	2006/04
論詩如論禪──嚴羽「以禪喻詩」方法論辨析	柳倩月	南昌大學學報（人文社會科學版）	2006/05
佛理入詩趣味盎然──支遁詩歌中的佛理及其理趣	張振龍	名作欣賞	2006/06
談王維山水詩中的「禪意」及其審美價值	李艷亭	現代語文	2006/06
佛禪意蘊與「亦足滌煩」的劉得仁詩	胡　遂	文學遺產	2006/06
劉禹錫白居易晚年老病、奉佛詩之同異	賀秀明	福建論壇（人文社會科學版）	2006/06
從禪意詩中的花月意象看古代文人的虛靜守一	馬曉東	遼寧師專學報（社會科學版）	2006/06
論王安石的晚年禪詩	霍松林 張小麗	蘭州大學學報	2006/06
門空妙有幻亦真──略論禪詩中「門」的意象	溫新瑞	山西高等學校社會科學學報	2006/10

篇名	作者	刊名	年／期
王維山水田園詩的審美特質及空靈禪境	李芙蓉	科技資訊	2006/22
思維的革命：詩與禪──詩歌批評的策略與向度之四	焦亞東	名作欣賞	2006/23
蘇軾禪理詩生成的文化背景	李向明	求索	2007/01
論蘇轍的禪悅詩	黃俊燊	漳州師範學院學報（哲學社會科學版）	2007/01
柳宗元詩歌對佛禪理念的闡釋──以〈漁翁〉、〈禪堂〉兩詩為中心考察	彭建兵	黔西南民族師範高等專科學校學報	2007/01
禪境與詩境──淺論禪宗對王維詩的影響	戴　婕	江西青年職業學院學報	2007/01
詩境禪心──司空圖《二十四詩品》中的禪與境	張樹業 馬二杰	青島大學師範學院學報	2007/02
論李頎詩的玄理和禪理	羅　琴	重慶社會科學	2007/03
「禪是詩家切玉刀」──淺論李商隱詩歌的佛學禪意	甘正芳	江蘇技術師範學院學報	2007/03
淺論王維山水詩的禪意與畫意	霍建蔚	青海師專學報	2007/04
《二十四詩品》的佛禪內蘊	荊子娟	滄桑	2007/04
山水禪悅──論王維山水田園詩中物象的取捨與組合	劉　峰	長春工程學院學報（社會科學版）	2007/04
禪對唐宋詩人及詩學的影響	鄭先彬	文學教育（上）	2007/05
詩法禪化：超越之路──江西派詩學特徵芻議	肖開蓮 許　勁	樂山師範學院學報	2007/07
杜詩「逃禪」一詞議	王曉敏	重慶工學院學報（社會科學版）	2007/08
空靈中湧動著的禪味生命──王維山水詩審美趣味探析	李　棘	遼寧行政學院學報	2007/09

篇名	作者	刊名	年／期
王維山水詩中的畫意與禪意	明麗霞	長春大學學報	2007/11
文學中的詩與禪	邱紫華	文學教育（上）	2007/11
「不二法門」與「拈花一笑」——白居易與蘇軾禪詩比較	魏鴻雁	名作欣賞	2007/18
宋詩風格醞釀期的佛禪消息	王樹海 劉雪梅 竇懷雋	華夏文化論壇	2008/00
淺談李之儀的詩與禪	史月梅	黃河科技大學學報	2008/01
高山仰止行雲如水——領略中國古代禪詩的詩學境界	蔡秀敏 崔長國	安康學院學報	2008/01
論朱熹的山林詩與禪情結	周 靜	宗教學研究	2008/02
解讀蘇詩中的禪味	李學志	作家	2008/02
淺析王維山水詩的禪意特徵	祁生貴	青海師範大學學報（哲學社會科學版）	2008/04
水月通禪觀，魚龍聽梵音——試論錢起詩中的佛禪思想	張振謙 王曉霞	黃河科技大學學報	2008/04
淺析唐代禪詩中的「水月」意象	鄧 婷	山西青年管理幹部學院學報	2008/04
文字禪與宋詩的以俗為雅	邱志誠 黃俊棚	江漢大學學報（人文科學版）	2008/05
禪詩中國化的多元形態及宮體禪詩內涵的表實分離	石谷山	湖南城市學院學報	2008/05
任運隨緣得大自在——王維詩中的禪意	賈玉春 朱 燕	時代文學（下半月）	2008/07
物我合一的禪靜之美——王維山水田園詩探析	李 棘	作家	2008/08
佛道思想在盛唐隱逸詩中的交融	齊德東	文學教育（上）	2008/11

篇名	作者	刊名	年／期
嚴羽《滄浪詩話》中的詩禪理論	黃　炎	時代文學（下半月）	2008/12
任運隨緣，得大自在——王維詩中的禪意	賈玉春　朱　燕	中國科教創新導刊	2008/22
從般若看詩禪境界——以王維、道濟詩為例	潘永輝	湛江師範學院學報	2009/01
論禪宗之美與禪詩之美	康錦屏　張盛如	北京教育學院學報	2009/01
水與佛及禪詩意境	李德民	學術交流	2009/02
淺談東晉玄佛思潮對玄言詩的影響	崔奧飛	時代文學（雙月上半月）	2009/02
淺析王安石禪詩中的色彩運用	金鳳玉	西安文理學院學報（社會科學版）	2009/03
明月禪心兩相輝——詠月詩與禪	王早娟	中國宗教	2009/03
唐宋間以詩入禪的三種形態	高慎濤	江漢論壇	2009/04
蘇軾佛禪詩的審美意蘊	劉　偉	青島大學師範學院學報	2009/04
王安石晚年禪詩中的超然之境	莊國瑞	江南大學學報（人文社會科學版）	2009/04
探析王維以佛入詩	趙　輝	安徽文學（下半月）	2009/05
禪詩的「歸家」之思	余　虹	社會科學研究	2009/05
唐五代詩人習禪與僧人習詩	譚　偉	武漢大學學報（人文科學版）	2009/05
空觀不空——論王維山水詩的禪味及生命意識	孫　楠　王茹君	呼倫貝爾學院學報	2009/06
從「空」字詩再看王維的佛禪思想	田　猛	哈爾濱學院學報	2009/08

篇名	作者	刊名	年／期
王維山水田園詩的畫意與禪趣淺析	萬洪蓮	語文學刊	2009/08
跨越時空的詩僧——論寒山的詩禪佛韻	甘正芳 李 寒	江蘇技術師範學院學報（職教通訊）	2009/09
王維山水田園詩中「空山」禪意	劉 卿	文學教育（上）	2009/12
佛禪話語與金代詩學	劉達科	社會科學戰線	2009/12
蘇軾詩〈百步洪〉中的禪學意涵	劉永杰	經營管理者	2009/15
淺談王維山水詩中禪意的審美意蘊	楊永泉	大眾文藝（理論）	2009/20
以詩說禪：黃庭堅詩歌中的禪意造境藝術	孫海燕	佛教文化	2010/01
詩佛王維的佛詩藝術簡析	袁延兵	科技信息	2010/02
淺論王維詩與禪	劉曉波 劉詩明	西江月	2010/02
從杜荀鶴詩看其佛禪情結	李 政	合肥學院學報（社會科學版）	2010/02
論張祜佛類詩中的詠史傾向	張嘉偉	河北經貿大學學報（綜合版）	2010/02
以詩證佛——王維的佛學「蓮」詩略論	潘 靜	河北大學學報（哲學社會科學版）	2010/02
東坡詩法與佛禪	張 煜	中國比較文學	2010/02
詩中禪意——淺探「禪」對唐宋詩歌的影響	劉少麗	福建教育學院學報	2010/02
智者的悟語——論蘇軾禪意詩的當代價值	蕭占鵬 劉 偉	天津大學學報（社會科學版）	2010/02
從杜荀鶴詩看其佛禪情結	李 政	合肥學院學報（社會科學版）	2010/02
「詩法禪機，悟同而道別」——謝榛與佛教	趙 偉	文學遺產	2010/02

篇名	作者	刊名	年／期
王維山水詩中的禪意及其表現形式	王立新	沙洲職業工學院學報	2010/02
東坡詩法與佛禪	張　煜	中國比較文學	2010/02
走近上元年間的杜甫——探杜詩的佛道思想	楊映紅	長江師範學院學報	2010/03
隨緣紅塵是禪境自適本性皆好詩——論蘇軾禪理詩創作的特點	李向明	南京師範大學文學院學報	2010/03
淺議「禪」對《滄浪詩話》的詩學影響	李安飛	三門峽職業技術學院學報	2010/03
黃庭堅禪悅詩風的詩學意義	王樹海　宮　波	東北師大學報（哲學社會科學版）	2010/04
淺論王昌齡之禪詩	石慶國	安陽師範學院學報	2010/04
王維山水田園詩中的佛光禪影	由婧涵	綏化學院學報	2010/04
試論佛禪思想對王維山水田園詩創作的積極影響	楊曉慧	寶雞文理學院學報（社會科學版）	2010/04
佛禪語言詩性化考辨——「詩俏禪門」再認識	王樹海　劉春明	吉林大學社會科學學報	2010/04
蘇軾禪意詩審美內涵抉要	蕭占鵬　劉　偉	南開學報（哲學社會科學版）	2010/05
王維山水詩中的禪意——以〈鳥鳴澗〉和〈辛夷塢〉為例	馬利英	河北青年管理幹部學院學報	2010/05
談王維山水詩中的禪	謝慧明	安徽文學（下半月）	2010/05
佛禪與金詩中的閑適野逸意識	劉達科	山西大同大學學報（社會科學版）	2010/06
金詩中的佛禪情趣	劉達科	運城學院學報	2010/06
王維山水田園詩的禪美境界初探	孫峻嵐	文學界（理論版）	2010/06

篇名	作者	刊名	年／期
理禪融會、以禪喻詩、融理入詩──淺談宋代的禪學、理學、詩學	仲微微	法制與經濟（下旬）	2010/07
妙語入禪機言盡意無窮──談王維山水詩中的禪	孫春雷	新課程（教師）	2010/08
山水清音神韻天成──試論王維山水田園詩的詩境與禪境	王彥穎	現代語文（文學研究）	2010/09
孟浩然涉佛詩中佛教詞語詮釋	唐明生	文學教育（上）	2010/10
禪機與禪物──八指頭陀禪詩意象論	王　娟	青年文學家	2010/17
試論古代禪詩的良性心理調節作用──以唐代禪詩為例	楊　莉	作家	2010/24
淺析王維山水詩中的禪意	錢　偉	文教資料	2010/27
試論唐代佛禪山水詩的審美境界	趙國乾	名作欣賞	2010/32
清代詩佛吳嵩梁詩學觀摭談	李　華徐國華	新聞愛好者	2011/02
王維山水田園詩的禪意	崔　杰	安徽文學（下半月）	2011/01
金詩中的佛禪意蘊	劉達科	齊魯學刊	2011/01
東坡詩中之禪影	陳才智	樂山師範學院學報	2011/01
禪思與詩思之會通──論蘇軾、黃庭堅以禪為詩	張高評	中文學術前沿	2011/01
金詩中的佛禪意蘊	劉達科	齊魯學刊	2011/01
對清代詩禪互通現象的關照	盧　萌陳　萱	文學界（理論版）	2011/02
理一分殊，詩禪互彰──論王維山水詩中的詩意與禪意	李本紅吳宗琴	青海社會科學	2011/02
謫仙意象與佛道精神──李商隱女冠詩探解	何小芬李　銳	陝西理工學院學報（社會科學版）	2011/02

篇名	作者	刊名	年／期
禪境與詩境：王維、蘇軾禪味詩審美差異及其文化意義	王　偉	蘇州科技學院學報（社會科學版）	2011/03
寒山詩中的佛禪意韻	王早娟	安康學院學報	2011/03
淺析王維、蘇軾禪味詩審美差異	張國民	語文學刊	2011/04
非禪而禪──談王維詩的禪化	林明昌	名作欣賞	2011/04
王維山水田園詩的禪趣美	王睿君	雞西大學學報	2011/05
禪詩的審美藝術	孟雙雙	大眾文藝	2011/05
論王維山水田園詩禪意的形成及表現	叢　平	文學界（理論版）	2011/05
手提無孔錘，擊破珊瑚網──禪學思維與袁宏道的詩學策略	李　瑄	中山大學學報（社會科學版）	2011/05
以詩悟禪　以禪論詩	高　雪	北方文學（下半月）	2011/05
行到水窮處，坐看雲起時──試析王維山水詩的禪意	高文林	閱讀與鑒賞（下旬）	2011/06
王維詩中的禪趣	榮小措	中國宗教	2011/06
中國詩禪文化的現代傳承	李春華	求索	2011/07
超語言與禪詩	路永照	蘭州學刊	2011/08
寒山詩之「禪」析	楊麗華	求索	2011/12
宋詩與「思維修」──論宋詩的禪修的特點	丁　歡	文教資料	2011/36
金朝文人佛理禪機詩解讀	劉達科	遼東學院學報（社會科學版）	2012/01
論唐代的佛境風物詩	王輝斌	吉林師範大學學報（人文社會科學版）	2012/01
蘇東坡論禪與詩	黃　春	文史雜志	2012/01
論王維山水詩的禪意	孟令文	文學教育（中）	2012/01

篇名	作者	刊名	年／期
金朝文人佛理禪機詩解讀	劉達科	遼東學院學報（社會科學版）	2012/01
王漁洋的佛門交游及其禪宗思想——關於釐清漁洋「詩」與「禪」關係之公案的必要闡釋	李聖華	宗教學研究	2012/01
感知當下：〈錦瑟〉是首禪詩	朱明歧	報刊薈萃	2012/02
王維詩中的禪意	黃鈺茜	群文天地	2012/02
淺析蘇軾詩中的禪趣	岳之淵	文學界（理論版）	2012/02
妙悟自然感而遂通——試論王維山水詩中的禪意理趣	李慶瑤	理論界	2012/02
杜詩「雨」「月」「珠」佛禪意象辨析	張軼男 王樹海	華夏文化論壇	2012/02
如何解讀王維山水詩中的禪意	張冬梅	語文學刊	2012/03
王維禪詩賞析	曹 陽 劉占輝	時代文學（下半月）	2012/03
寒山佛理詩的生命意識	張 淼	五臺山研究	2012/03
以詩悟禪 以禪證詩——王維佛教詩的創作特點	馬 賓	作家	2012/04
禪意蘊於山水中——淺談王維的山水詩	彌 華	工會論壇（山東省工會管理幹部學院學報）	2012/04
芻議王維詩的禪蘊	郝志麗	池州學院學報	2012/05
論禪詩的美學價值	余再山	廣東石油化工學院學報	2012/05
關於王維的禪悅詩創作的幾個問題	王 虹	人文雜誌	2012/05
佛禪思想與韋應物山水詩意境	丁紅麗	浙江學刊	2012/05

篇名	作者	刊名	年／期
王維禪意詩中和諧美的折射	邱啟添	安徽文學（下半月）	2012/05
從黃庭堅的一首禪詩想到的	光　潛	國學	2012/05
詩境禪意融山水——論王維山水詩中的意境與禪趣	楊璐瑤	世紀橋	2012/07
王維詩中自有深深禪意	于　丹	詞刊	2012/10
淺析王維詩中禪境的表現特徵	吳玉軍	文學界（理論版）	2012/11
試析蘇軾禪詩的理趣美	孫艷秋	商丘師範學院學報	2012/11
淺談禪對王維山水詩意境創造的影響	陳玉國	課程教育研究	2012/13
禪意在柳宗元詩中的體現分析	趙　宏	中國校外教育	2012/18
淺析唐代山水詩中的佛緣禪意	李　平	成功（教育）	2012/22
漫談白居易禪詩中的佛教生死觀	李嘉宇	青春歲月	2012/22
頓悟與漸悟——論宋詩話中的「以禪論詩」	楊華容	名作欣賞	2012/23
杜甫禪詩與大乘義學思想	張軼男	西南大學學報（社會科學版）	2013/01
探析王維詩中禪意的深層歸因	吳　莉	科教導刊（中旬刊）	2013/01
王維詩中禪意淺析	李虹霖	產業與科技論壇	2013/01
唐代文人禪詩禪意論：孤靜・空靈・沖淡	張　翠	浙江樹人大學學報（人文社會科學版）	2013/02
禪境與禪理——王維、蘇軾禪詩之簡略比較	吳　龔	四川職業技術學院學報	2013/03
杜甫以禪法為詩法	魯克兵	北京大學學報（哲學社會科學版）	2013/03
論王安石晚年禪境詩的特點	劉　洋	北京化工大學學報（社會科學版）	2013/04

篇名	作者	刊名	年／期
試論理禪融會與宋代理趣詩	唐淑雲	大眾文藝	2013/04
韓愈涉佛道詩及其反佛道特點	董海燕	宜春學院學報	2013/05
玄言佛理交融：從支遁詩看東晉詩歌之新變	張富春	北方論叢	2013/05
白居易詩中之數字與佛禪思想	鄒　婷	泰山學院學報	2013/05
東晉佛隱詩創作述略	高　智	成都理工大學學報（社會科學版）	2013/05
以真抒情以悟入神以興至趣——嚴羽《滄浪詩話》禪喻詩觀簡論	田文進	金田	2013/07
王維山水詩中的禪境分析	龐仕英	赤峰學院學報（漢文哲學社會科學版）	2013/08
雲在青天水在瓶閑來自聽落花聲王維〈鳥鳴澗〉一詩的禪意解析	張錦輝	中國宗教	2013/08
禪音十方，空靈寂滅——王維山水詩的空寂美禪境	龔　琰	戲劇之家（上半月）	2013/09
佛道思想對白居易閑適詩的影響	覃俏麗	劍南文學（經典教苑）	2013/09
禪悅與審美：宋代文人的心靈安頓——以宋祁禪悅詩的考察為中心	趙德坤	宜賓學院學報	2013/09
二十歲前王維的個性與詩中的禪機	王　蓮	西南學刊	2013/10
禪詩中的「水之道」——從原型的角度考察	唐希鵬	中華文化論壇	2013/12
淺析王維山水詩中的禪趣	伏雪芹	絲綢之路	2013/14
好詩消永夜，佳處輒參禪——論蘇軾禪詩的美學智慧	劉天驕	名作欣賞	2013/27
王維詩中的禪趣	劉　瓊	文教資料	2013/27

篇名	作者	刊名	年／期
賈島詩中的禪味	高　晶	安徽文學（下半月）	2014/01
禪宗心性論要旨及其在唐代文人禪詩中的表現	張錦輝 苑麗麗	東方論壇	2014/01
論禪宗心性論與唐代文人禪詩	張錦輝	內蒙古大學學報（哲學社會科學版）	2014/02
佛禪事典與蘇軾詩	梁銀林	貴州社會科學	2014/03
論《滄浪詩話》詩禪關係中的「悟」	何卓琳	雲南社會主義學院學報	2014/03
猿——唐代文人禪詩的另類書寫	張錦輝	北京社會科學	2014/04
禪詩與禪思——論僧詩的範圍、分類及審美取向	張昌紅	鄭州大學學報（哲學社會科學版）	2014/05
王維的詩與禪趣	王怡雯	柴達木開發研究	2014/05
唐聲詩與佛曲關係新論	楊　賀	文學遺產	2014/05
論清初道士婁近垣的白話詩——兼及與雍正禪學的關係	陳星宇	學術交流	2014/06
生命危機與佛禪感悟——論寒山詩中關於「生死」問題的靈性追尋	于阿麗	中北大學學報（社會科學版）	2014/06
王維禪詩三境淺談	王波平	文學教育（上）	2014/08
金代文學家王寂的禪詩及其佛家情結論析	張懷宇	文藝爭鳴	2014/08
《詩格》視域中王昌齡禪詩管窺	趙彩娟 黃　靜	芒種	2014/09
從禪、詩交涉的角度談禪宗對李白詩歌的滲透	杜文婕	前沿	2014/Z9
從禪詩說寒山、拾得	范　曾	中國書畫	2014/11

篇名	作者	刊名	年／期
輞川詩中的禪意	黃 京	鴨綠江（下半月版）	2014/12
從「借詩說禪」看禪宗詩學理論的獨特風貌	皮朝綱	中華文化論壇	2014/12
淺析王維山水田園詩禪意的表達	劉明月	名作欣賞	2014/18
王維山水詩中的佛道思想	章笑晨	科技視界	2014/20
追思浮生真成夢——唐寅禪詩新探	蔚 然 于海麗	荊楚理工學院學報	2015/01
試論王維山水詩中的禪趣和禪意	楊紫薇	雞西大學學報	2015/01
唐宋詩禪交融現象成因探析	劉艷芬 吳廣昊	濟南大學學報（社會科學版）	2015/01
從〈辛夷塢〉〈鳥鳴澗〉〈鹿柴〉看王維後期山水詩的入禪	徐 燕	現代企業教育	2015/02
龍場悟道後陽明禪詩之新變	侯 丹	五臺山研究	2015/02
含禪意的詠月詩與傳統的詠月詩之比較	孫宇男	三峽論壇（三峽文學·理論版）	2015/02
袁枚與吳鎮的後期交往及論爭考辨——兼及乾嘉文壇的詩學理論和儒佛信仰之爭	楊 齊	北京社會科學	2015/02
「詩為禪客添花錦，禪是詩家切玉刀」——論佛教時間觀對王維詩歌創作的影響	初嬌嬌	中國美學研究	2015/02
寒山詩境裡的佛道意蘊——唐代詩僧寒山詩作探微	程光策	參花（下）	2015/02
晚清湖湘詩僧寄禪的詩歌交游考	李文興	沈陽師範大學學報（社會科學版）	2015/02

篇名	作者	刊名	年／期
杜詩禪境論	張軼男	西南大學學報（社會科學版）	2015/02
禪門頌古詩評論及其對禪宗詩學的重要貢獻	皮朝綱	美與時代（下）	2015/02
簡析蘇軾茶詩中的禪意	梁珍明	廣西教育	2015/03
王安石禪詩的美學價值	劉　洋	鄭州大學學報（哲學社會科學版）	2015/03
論「空」在唐代文人禪詩中的表現及蘊含	張錦輝	新疆大學學報（哲學・人文社會科學版）	2015/04
超越與糾纏：王維、李商隱的禪詩詩境之比較	楊　智	作家	2015/06
張耒與蘇轍贈別詩中的禪性表達	楊　威	東北農業大學學報（社會科學版）	2015/06
空山寂林中的禪趣——淺談王維山水田園詩中的禪趣	王　娟	時代教育	2015/14
漁歌舉棹，谷裡聞聲——論宋詩中的禪意	張云鶴	青年文學家	2015/15
淺談黃庭堅禪悅詩風的詩學意義	馬浚洋	山西青年	2015/20
論寒山子與白居易「禪詩」的差異	聶廣橋	山東社會科學	2015/S1
論佛禪詩對宋代理學詩的影響	王利民	國學學刊	2016/01
論王安石佛禪詩中的佛禪思想	史俊杰	九江學院學報（社會科學版）	2016/01
「似詩」與「自尋出路」——明末清初海雲詩僧的詩學理論及其對詩禪理論的發展	陳恩維	中國文學研究	2016/01

篇名	作者	刊名	年／期
空靈蘊藉，涵泳不盡——王維禪詩精賞	周裕鍇	古典文學知識	2016/01
唐宋詩之禪變——以詠雪詩為例	孫宇男	哈爾濱工業大學學報（社會科學版）	2016/02
禪思與詩情的交匯——論中唐詩僧皎然的禪學思想與詩學觀	于阿麗	中北大學學報（社會科學版）	2016/03
嚴羽妙悟說的詩禪學緣探微	王　苑	重慶師範大學學報（哲學社會科學版）	2016/03
朱熹詩佛禪情結詩性視界探微	邱蔚華	東南學術	2016/03
佛道審美觀照下的唐代山水詩審美意境	何麗麗 李　維	邊疆經濟與文化	2016/05
論唐代文人禪詩蓮意象的美學特色	張錦輝	煙臺大學學報（哲學社會科學版）	2016/06
從曹植的樂府詩看其儒道佛思想	黃雨婷	文學教育（上）	2016/09
「詩僧與禪詩」趣談	李樹喜	未來教育家	2016/11
論泗州時期蘇軾的詩心佛緣	李　靜 董宏鈺	學術交流	2016/12
從王維作品看抒情方式在禪詩中的體現	蔡麗平	現代語文（學術綜合版）	2016/12
蘇東坡禪詩賞讀	蔣譜成	意林文匯	2016/24
論泗州時期蘇軾的詩心佛緣	張　豪	知與行	2017/01
淺析蘇軾之「順物自然」詩禪藝術	張　杰	蘭州文理學院學報（社會科學版）	2017/01
杜甫涉佛詩歧解辨證三題	陳道貴	杜甫研究學刊	2017/01
論王維禪詩的美感特質	張錦輝	海南大學學報（人文社會科學版）	2017/01

篇名	作者	刊名	年／期
毛滂佛禪詩簡論	張鵬飛	濮陽職業技術學院學報	2017/4
蘇東坡禪宗理念與禪詩辨析	吳洪激	黃岡職業技術學院學報	2017/4
論王維禪詩之三境	夏新秀	黃岡職業技術學院學報	2017/4
東晉詩僧的玄佛思想與僧詩的文人化影響	孫　琪	北方文學	2017/05
「美感」在瞬間生成──王維禪詩悟「空」的具身體驗	安汝杰	河北師範大學學報（哲學社會科學版）	2017/5
從「賈島現象」透視晚唐佛禪山水詩「苦諦」主題	丁紅麗	邵陽學院學報（社會科學版）	2017/6
淺析王維山水詩中的禪意	薄曉婧	名作欣賞	2017/08
淺論王維詩白描手法與禪境的塑造	王希萌	名作欣賞	2017/08
淺談王維詩中的禪意	朱帝伊	參花（上）	2017/08
淺析王維山水詩中的禪意	唐季沖	青年文學家	2017/09
寒山詩的佛理禪趣──以「月」意象為研究對象	史可悅	大眾文藝	2017/21
王維山水田園詩中的禪思闡釋	李曉艷	北方文學	2017/26
惠休樂府詩的禪意解讀	高人雄	樂府學	2018/1
晚唐五代詩僧齊己的詩禪思想考論	駱志方	山西檔案	2018/3
杜荀鶴佛禪詩藝術風格探論	冷　艷	古籍整理研究學刊	2018/6
試論王維禪詩創作的存在與虛無	左文強	名作欣賞	2018/20
蘇軾的游寺詩及其禪悟的進階──兼論北宋文人游寺詩創作的三種類型	李舜臣 高　暢	文藝理論研究	2019/1
詩境禪意──淺析《二十四詩品》中的禪學美	李肖珺	中華辭賦	2019/1

篇名	作者	刊名	年／期
杜甫山水田園詩的佛禪思想	王小燕	東莞理工學院學報	2019/2
雨洗東坡月色清——淺議蘇軾禪詩中的人生智慧	王慕飛	世界宗教文化	2019/2
陳傅良佛禪詩略論	黃文翰	溫州職業技術學院學報	2019/3
揚州籍名臣徐鉉佛禪詩謅論	黃文翰	揚州職業大學學報	2019/3
論「詩禪三隱」的詩禪觀	胡方舟	學語文	2019/4
論唐代佛禪山水詩的生態美學意蘊	丁紅麗	內蒙古大學學報（哲學社會科學版）	2019/4
王維山水禪詩的四個向度	武建東	中國民族博覽	2019/7
淺論蘇軾如何引禪入詩	蘇進靜	知識文庫	2019/8
談「以禪論詩」——以王維山水詩為例	柯　昱	牡丹	2019/17
王維：禪悟入詩	葉嘉瑩	中國校園文學	2019/17
王維禪詩中的空山寂寂	朱　慧	青年文學家	2019/32
佛禪與劉白詩人群詩歌創作交相印證考辨	王艷玲	華夏文化論壇	2020/2
王維山水田園詩的三層禪境	韋云鶴	焦作大學學報	2020/3
蘇軾禪詩哲學境界探微	邵　宇　崔　波	鄭州大學學報（哲學社會科學版）	2020/5
佛禪思想與南朝體物詩的範式研究	丁紅麗	新疆大學學報（哲學・人文社會科學版）	2020/5
論寒山禪詩中的「三境」	楊　靜	美與時代（下）	2020/7
從歐陽修詩看其對佛禪文化的接受	楊　橋	青年文學家	2020/8
論王維山水詩中的禪意	劉露萍	北方文學	2020/15

篇名	作者	刊名	年／期
王維詩的禪意畫境略談	劉陽平	家長	2020/30
論白居易閑適詩中的禪思	李春菊	青年文學家	2020/33
黃庭堅詠茶詩的禪學意蘊	張曉怡	石家莊鐵道大學學報（社會科學版）	2021/2
論〈鹿柴〉中「空」在王維禪詩中的表現	王素雅	文學教育（上）	2021/6
萬化禪心入丹青——淺談王維山水詩中的禪意	李　爽	青年文學家	2021/8
山水田園詩中自然美及禪意研究——以王維為例	季凡琳	牡丹	2021/18
從空性論看王維山水田園詩的禪意與禪境——以〈山居秋暝〉和〈鹿柴〉為例	唐霈霈	牡丹	2021/24
淺析梅堯臣的山水禪意詩	陳　晗	青年文學家	2021/33
以書畫為佛事：逃禪視域下元代詩僧釋大訢的佛禪文藝思想	郭明樂	華北電力大學學報（社會科學版）	2022/1
禪魄詩魂：論龔自珍詩歌的佛禪意趣	李志萍	名作欣賞	2022/2
白居易佛禪詩的成因與風格體現	劉國偉	武夷學院學報	2022/4
佛理與命理：謝靈運〈臨終詩〉的臨終思考	朱　藍 許云和	古典文學研究	2023/02
元稹涉佛詩創作及詩人思想試析	謝幸恬 楊娟娟	佳木斯大學社會科學學報	2023/06
妙語禪機意無窮——試論王維山水詩的禪意	李文文	百花	2023/09
筠州時期蘇轍佛禪交際詩研究	彭　琛	今古文創	2023/46
秦觀禪詩「靜」「淨」「空」境界探析	于　友	豫章師範學院學報	2024/01

篇名	作者	刊名	年／期
論南宋禪僧詩新變及影響	于 友	嶺南師範學院學報	2024/02
人生之解與詩藝之源：金時習漢詩的佛禪意蘊	吳昊男	東疆學刊	2024/04

表 2-6　大陸地區以「佛教宗派、經典與詩學關係」為主題之期刊論文十九筆

篇名	作者	刊名	年／期
楊岐宗禪詩研究	吳言生	河東學刊	1998/04
臨濟宗禪髓詩研究	吳言生	五臺山研究	1999/01
曹洞宗禪詩研究	吳言生	陝西師範大學學報（哲學社會科學版）	1999/01
楞嚴三昧印禪心——續論《楞嚴經》對禪思禪詩的影響	吳言生	唐都學刊	1999/02
黃龍宗禪詩研究	吳言生	五臺山研究	1999/04
維摩不二印禪心——論《維摩詰經》對禪思禪詩的影響	吳言生	世界宗教研究	2000/01
華嚴帝網印禪心——論《華嚴經》、華嚴宗對禪思禪詩的影響	吳言生	人文雜志	2000/02
潙仰宗禪詩研究	吳言生	淮陰師範學院學報（哲學社會科學版）	2000/02
法眼宗禪詩研究	吳言生	唐都學刊	2000/02
雲門宗禪詩研究	吳言生	五臺山研究	2001/01
論《涅槃經》對禪思禪詩的影響	吳言生	世界宗教研究	2001/03
般若空觀印禪心——論《心經》對禪思禪詩的影響	吳言生	人文雜志	2001/04

篇名	作者	刊名	年／期
《壇經》三十六對法與唐代禪意詩的形成	魏鴻雁	殷都學刊	2005/01
論馬祖禪對「吳中詩派」創作的影響	鄒爽	新疆職業大學學報	2014/03
重啟澄明之境——從慧能《壇經》禪詩談中西古今之爭	李天昀	赤峰學院學報（漢文哲學社會科學版）	2016/03
論唐代文人禪詩對《金剛經》的接受和昇華	張錦輝	文學與文化	2016/04
海雲詩僧「似詩」理論與中國詩禪理論的發展	陳恩維	廣州大典研究	2018/1
黃龍宗禪理對江西詩派禪詩創作影響初探	童辰	北方文學	2018/32
《永嘉證道歌》與盛唐禪詩新變	齊蘭英	佛學研究	2019/1

上述在大陸地區以「佛禪與清代以前專家詩作關係」為主題研究的期刊論文中，多探討專家詩中的禪意、禪理、禪境、禪悟，如錢起、王維、杜甫、白居易、劉禹錫、柳宗元、李商隱、杜牧、杜荀鶴、寒山、皎然、齊己、蘇軾、王安石、黃庭堅、朱熹、歐陽修、梅堯臣、袁宏道等詩中的禪意、理趣外，比臺灣地區期刊論文增加較罕見詩人，如李頎、張祜、李之儀、毛滂等禪詩、禪理研究，而清代詩人、詩作與佛禪相關研究僅五篇，如陸草〈論魏源的禪詩及其淨土信仰〉；哈斯朝魯〈詩情澎湃的人生——論八指頭陀的禪詩〉；徐國華〈清代詩佛吳嵩梁評述〉；王娟〈禪機與禪物——八指頭陀禪詩意象論〉；李華、徐國華〈清代詩佛吳嵩梁詩學觀摭談〉；盧萌、陳萱〈對清代詩禪互通現象的關照〉等晚清吳嵩梁、魏源、清末民初高僧八指頭陀外，較少涉及清代詩人，於此值得探析清代詩人黃仲則詩歌的佛禪書寫，跳脫歷來兩岸研究範疇，本文將是開創清代中前期專家詩人

與佛禪關係研究。

　　在大陸地區以「佛教宗派、經典與詩學關係」為主題研究的期刊論文中，吳言生〈楊岐宗禪詩研究〉、〈臨濟宗禪髓詩研究〉、〈楞嚴三昧印禪心——續論《楞嚴經》對禪思禪詩的影響〉、〈維摩不二印禪心——論《維摩詰經》對禪思禪詩的影響〉、〈華嚴帝網印禪心——論《華嚴經》、華嚴宗對禪思禪詩的影響〉、〈論《涅槃經》對禪思禪詩的影響〉、〈般若空觀印禪心——論《心經》對禪思禪詩的影響〉，張錦輝〈論唐代文人禪詩對《金剛經》的接受和昇華〉等皆探討禪宗佛教中思想對詩歌的影響，採用不同的佛經典籍切入角度探討作品內涵，精闢掌握詩中佛禪思維，具參考價值，甚至臨濟宗思想、臨濟宗楊岐派禪詩研究，對本文多有啟發之功。

　　綜觀上述筆者對於「黃仲則」、「黃景仁」研究、「佛禪與詩學關係」、「佛禪與清代以前專家詩作關係研究」、「佛教宗派、經典與詩學關係」等相關研究文獻的全面考察後，發現除了詩僧、習佛詩人作品外，歷來學者仍針對清代以前不少詩人的佛禪書寫作相關研究，如：陶淵明、六朝詩人、孟浩然、李白、杜甫、杜牧、杜荀鶴，甚至連李頎、張祜、李之儀等較罕見詩人也都有相關佛禪書寫研究，然而清代黃仲則在乾隆六十年間，論詩者推為第一，直可媲美「李杜」，但至今兩岸卻無學者針對黃仲則、黃景仁詩歌中的佛禪書寫作研究，而黃仲則、黃景仁詩歌研究多關注於愛情詩、山水紀遊詩、諷諭詩、感遇詩、詠懷詩、交遊考、詩歌意象、感憤、貧病、孤獨等主題，並未探究黃仲則的佛禪詩歌，故在全面文獻回顧後，筆者認為研究清代黃仲則詩歌佛禪書寫此一主題是一個全新視角，新的領域，是一個值得深入探析之主題。

第四節　研究方法

　　本論文《黃仲則詩歌佛禪書寫研究》是以黃景仁著，李國章標點：《兩當軒集》上海古籍出版社，一九八三年此書為文本（研究主體），統計出黃仲則詩歌共有一千一百八十首，針對黃仲則所有的詩作，不聚焦在某一特定時期，打破時空序列，將其作品更有效、清晰統合，形塑一個完整的架構來統合黃仲則所有作品，以表達宗教思想對當時黃仲則貧病悲苦生活有著精神寄託。本論文一開始運用「歷史研究法」：楊鴻烈《歷史研究法》一書曰：「凡人對於現在或過去社會上種種事物的沿革變化有瞭解的必要而即搜集一切有關的材料，更很精細緻密的去決定其所代表或記載的事實的真偽、殘缺、完全與否，然後再用極客觀的態度加以系統的整理，使能解釋事物間的相互關係和因果關係以透徹明白其演進的真實情形及所經歷的過程，這樣便是所謂『歷史研究法』。」[19]因此，筆者綜觀前人對於黃仲則的相關研究論著，考察前人研究哪些主題？到何種程度？可有創新之處？接下來抉擇出前人未論及其佛禪詩歌，見黃仲則如何呈展佛禪思想。

　　本論文主要是運用「電腦搜尋統計法」（搜尋佛、寺、僧、佛教詞彙）、「歷史研究法」、「文本分析法」、「文本細讀法」（宇文所安）、以「清代佛教思想」做為文本判讀依據等方法為主，基本上是屬於一種以電腦搜尋統計詞彙方式，並以實際閱讀搜尋有效文獻資料的研究方式，再輔以「佛學思想」、「意象學」、「篇章結構學」、「主題學」、「心理學」等理論具體分析其內容，並思考運用筆者所專長上述學理，以議題式研究方法策略，研擬撰寫論文內容。以「佛教」詞彙為切入點，清代佛教思想做為文本判讀依據做全盤觀察研究，統計出黃

---

19 楊鴻烈：《歷史研究法》（臺北市：華世出版社，1975年），頁15-16。

仲則佛禪思想詩歌。

　　本論文進行的方式是運用電腦搜尋統計方式，先將黃仲則《兩當軒集》中一千一百八十首詩製成電子檔，再清理、統計中出現「佛」、「禪」相關詞彙詩歌的內容與數量，此外一篇篇全面檢視《兩當軒集》一千一百八十首詩歌，扣除非「佛禪」書寫的文本，初步統計出「禪」十五次、「佛」四十二次、「僧」五十五次、「寺」七十四次，再加上佛教詞彙如：「法雲」、「甘露」、「大乘」、「青蓮」、「梵」、「菩薩」、「法王」、「支郎」、「支公」、「惠公」、「趺坐」、「經行」、「楊枝」、「袈裟」、「僧伽」、「龍象」、「招提」、「出世」、「寺鐘」、「齋鐘」、「空界」、「諸相」、「生滅」、「無我」、「塵緣」、「緣薄」、「緣分」、「寂滅」、「苦海」、「功德水」、「摩尼」、「毒龍」、「塵心」、「無心」、「菩提心」、「道心」、「禪關」、「安禪」、「坐覺」、「維摩」、「金粟如來」、「天女散花」、「空王」、「大覺」、「彌勒」、「蘭若」、「精舍」、「劫」、「初地」、「諸天」、「闍黎」、「南宗」、「上人」、「鉢」、「老衲」等出現「佛禪」相關詞彙共有一百四十四首，三百二十三次。以此為文本，深入探究其佛禪書寫，藉以歸納第一手素材；以及黃仲則詩歌中佛禪書寫各種類型如何呈現詩人心象與內在精神？在衝突與調和之間，如何穿針引線。

　　首先進行論著目錄與存世相關文獻的蒐集，然後再針對文獻進行判讀、篩選、統計，接著進行分析的工作。必須在文獻的蒐集的基礎工作完成後，纔有可能更進一步考察其內容表現及其內在精神、理念等關係，在正常嚴謹的研究要求下，這些步驟當然不能省略或前後倒置，因此蒐集、觀察理所當然的成為本論文必要而難以避免的基礎工作，但此論文當然不僅僅是「資料蒐集」而已，「蒐集資料」僅是本論文的基礎工作，目的則是進一步運用「文本分析法」論述黃仲則詩

歌中佛禪書寫類型剖析。文本與西方「結構主義」[20]關係密切,「『文本』超越靜態的『作品』,產生動的概念。文本不再只是一種固著於作品中的靜態意義,而是能夠負載、呈現社會現象的互動過程。」[21]對文本的論述,可突顯文字表象與深層之間的關係,進而超越表象。

　　當前最著名的「文本細讀法」(Pre-modern literature)研究學者宇文所安(Stephen Owen, 1946-),在《傳統中國詩與詩學》一書凸顯其藉由文本細讀提出創見的能力,宇文所安先生認為就詩學(poetics)而言,只有建立明確命題,才有可能展開討論,將文學研究從印象、感悟提升到知識論層次。「至於反覆閱讀原始材料的妙處,宇文所安舉了他最喜歡的例子。他說,在王維的《輞川集》中,細看其中的標題,許多語彙在唐代詩歌或散文中都未曾有過先例。由此設想:這些標題在當時京城人的眼中作何感想?城外的鄉野嗎?儘管這些文本不乏許多的詮釋,當你帶著問題細讀文本,將其放置於另一種不同的脈絡,從村野性(rusticity)、神性和地方性等視角來觀看,思考什麼是中國?長安、關中?抑或是城南?他興奮地表示,從未見過對秦地(陝西)的世界,有如大唐時展開如此密集的論述,首次彰顯此地所具有的厚度與力道,從而揭示這本集子如何用各種不同的方式來表現一個佛教徒的世界。」[22]宇文所安又說:「歷史就像壓路機,當它滾動

---

20 法國結構主義者羅蘭巴特(Roland Barthes, 1915-1980)首先指出文學作品的觀念之所以改變,是因為我們對語言概念有了改變。文本是語言構成的抽象空間,只有在閱讀活動中才可以介入與體會,它可以是一篇或數篇作品,主要以語言為媒介,說明某種隱於其中的社會特性。Barthes, R. (1980). From work to test. In Josv'e V. Harai (Ed.), *Textual Strategies: Perspectives in Post-structuralist Critisism*. P.73-75. London: Methuen.

21 夏春祥:〈文本分析與傳播研究〉,《新聞學研究》第54集(臺北市:政治大學,1997年),頁148。

22 劉苑如、Harrison Huang專訪:〈冬訪宇文所安──「漢學」奇才/機構「怪物」的自我剖析〉慶祝宇文所安教授榮退專輯《中國文哲研究通訊》第28卷第1期,頁5。

時，先將作品的文字壓得越來越平坦，我們的工作就是重新恢復其間所有的差別。不同的用字，聲音各異，我試著提醒他們注意其間的差別，其聲響、感性、語意都是不同的東西。」[23]文本細讀就是字斟句酌瞭解文本，仔細分析作品的用詞、篇章結構、內容邏輯、文法、修辭，找出其隱喻或象徵，挖掘更深的內涵，更可凸顯黃仲則詩歌佛禪書寫中語義的獨到性。

　　此外，再取史料文獻、佛教經典、文學理論、詩學、文字學、聲韻學、哲學思想等，作為本書研究旁證理論資料，以發掘黃仲則對於貧病悲苦生活的精神寄託。

---

[23] 劉苑如、Harrison Huang專訪：〈冬訪宇文所安——「漢學」奇才／機構「怪物」的自我剖析〉慶祝宇文所安教授榮退專輯《中國文哲研究通訊》第28卷第1期，頁14-15。

第二章
盛世寒士淒涼一生

　　章學誠曰:「不知古人之世,不可妄論古人之文辭也。知其世矣,不知古人之身處,亦不可以遽論其文也。」[1]故在深入黃仲則詩歌佛禪書寫研究之前,須先瞭解黃仲則生命歷程。以下分為「家世生平」、「時代背景」(即盛世真實狀況)、「毗陵文人性格」、「佛禪的影響」等四節論述之。

第一節　家世生平

　　黃仲則,名景仁,字漢鏞[2],一字仲則、仲澤[3]、鍾澤[4],自號鹿菲子[5],小名高生[6],江蘇武進(今江蘇常州市)人,「系出分寧黃庭堅[7],

---

[1] 章學誠:《文史通義》(臺北市:史學出版社,1974年),頁60。
[2] 此稱僅見於其師邵齊燾〈勸學一首贈黃生漢鏞〉、〈漢鏞以長句述徐衡山舊遊賦示〉、〈和漢鏞對鏡行〉、〈送黃生漢鏞徽州行〉四詩,但於乾隆三十四年(1769)邵氏死後,未見他人再用。
[3] 此稱僅見於張惟驤《清代毗陵名人小傳稿》卷5,見周駿富輯:《清代傳記叢刊・綜錄類10》(臺北市:明文書局,未出版年月),頁4。
[4] 黃葆樹、陳弼、章谷編《黃仲則研究資料》記載:「據一九三三年《清代毘陵名人小傳稿》卷五頁五談及仲則的字號,常見的字是仲則,『仲澤』也很少見,在此墨蹟落款印有『鍾澤』……『景鍾仁澤』即『大集仁澤』之意,故通行的『仲則』或『仲澤』都是取『鍾澤』二字演變而來。」黃葆樹、陳弼、章谷編:《黃仲則研究資料》(上海市:上海古籍出版社,1986年),頁563。
[5] 黃仲則曾在〈送稽立亭歸梁溪〉詩中說:「春寒未免欺駝褐,野性行當逐鹿菲。」鹿菲子寓有疏放恬澹,別有抱負之意。見黃葆樹、陳弼、章谷編:《黃仲則研究資料》,頁427。

世居清江之荷湖。明永樂間,其十代祖松軒先生名遵者,掌武進兩學教事,以雅擅文學稱,遷居武進為家,著有《松軒集》。曾祖觀龍,字雲會,贈修職左郎。祖大樂,字韶音,為高淳校官。父之掞,字端衡,縣學生。自松軒遷武進,迄先生而十四傳矣。」[8]生於清高宗乾隆十四年己巳（1749）正月四日午時[9],卒於乾隆四十八年癸卯（1783）四月二十五日病逝於山西解州（今山西運城市）[10],享年三十五歲。

仲則幼從祖父居於高淳,乾隆十七年（1752）四歲時父亡,母屠氏為之掞繼室,據《兩當軒集‧自敘》云:「景仁四歲而孤,鮮伯仲,家壁立。太夫人督之讀。」[11],然實際在十二歲前是跟隨其祖父學習,〈過高淳詩序〉:「七歲始隨大父歸。」祖撫以成立。[12]又據洪亮吉〈國子監生武英殿書簽官候選縣丞黃君行狀〉曰:「君數歲即孤,伯兄又繼卒,訓導君撫以成立,性不耽讀,而所受業倍常童,年八九歲,試使為制舉文,援筆立就。……君守訓導君訓,未嘗學為詩。」[13]但在乾隆二十五年（1760）十二歲祖導君卒,隔年十三歲祖母呂孺人卒,乾隆二十九年（1764）十六歲時兄庚齡卒。[14]數年之間親人相繼過世,此後惟寡母二人相依為命,生活相當困窘,受盡委屈,〈入市〉:「人多路窄卒難避,頓觸淒涼幼時事。蓬頭敝履書塾歸,正值天寒凍

6　（清）左輔〈黃縣丞狀〉:「祖大樂為高淳校官,生於高淳,故小名高生。」見（清）黃景仁:《兩當軒集》,頁607。
7　翁方綱:〈悔存詩鈔序〉:「仲則為文節後裔,每來吾齋,拜文節像,輒凝目沈思久之。」
8　黃逸之:《清黃仲則先生景仁年譜》（臺北市:臺灣商務印書館,1980年）,頁1。
9　黃逸之:《清黃仲則先生景仁年譜》,頁1。
10　黃逸之:《清黃仲則先生景仁年譜》,頁66。
11　（清）黃景仁:《兩當軒集》,頁1。
12　黃逸之:《清黃仲則先生景仁年譜》,頁2。
13　（清）黃景仁:《兩當軒集》,頁604。
14　毛慶善、李錫疇:《黃仲則先生年譜》,見（清）黃景仁:《兩當軒集》,頁614-615。

消地。道逢中丞鹵簿來，失足墮溝顏死灰。吞聲飲氣哭不得，歸語阿母肝腸摧。」[15]，甚至於作品中表達對母親深厚情感，如〈別老母〉：「搴幃拜母河梁去，白髮愁看淚眼枯。慘慘柴門風雪夜，此時有子不如無」[16]。於乾隆四十五年（1779）八月，因京師生計難以維持，仲則親自送母返武進故里[17]，至乾隆四十八年仲則病逝山西期間，並無其母去世記載，故知卒於仲則之後。乾隆三十二年（1767），仲則十九歲，娶趙夫人[18]。趙夫人為仲則生一子二女，乾隆三十三年（1768）長女出生，至仲則二十三歲時，生長子乙生[19]，仲則三十一歲於北京，再添一女。[20]此外，應有一個早夭女兒，據〈得家書悼殤女〉詩云：「初月才生落已催，好花差喜未曾開……終傍人家何足戀？暫為而父詎忘哀。」[21]以及〈鳳凰臺上憶吹‧洪稚存悼殤女‧和韻廣之〉：「略似一彎新月，初生也，即便難留！……擺脫紅塵浩劫，彭殤盡一樣荒邱。」[22]詩詞中流露對出生不久夭折女兒之哀憐。仲則婚後隔年開始浪遊生涯，趙夫人便孤身照顧老母稚兒，生活艱苦萬分，如〈春城〉：「亦有蓬頭妻，抱病握積薪。自為我家婦，甑釜常生塵。」[23]、〈都門

---

15 （清）黃景仁：《兩當軒集》，卷6，頁151。

16 （清）黃景仁：《兩當軒集》，卷2，頁68。

17 摯友洪亮吉為其撰〈國子監生武英殿書簽官候選縣丞黃君行狀〉記載「君果以家室累大困，亮吉復為營歸貲，俾君婦及子奉君母先回，而君已積勞成疾矣」（清）黃景仁：《兩當軒集》，頁606。

18 毛慶善、季錫疇纂《黃仲則先生年譜》，見（清）黃景仁：《兩當軒集》，頁616。

19 〈除夕述懷〉詩云：「有兒名乙生，廢學增痴憨，曾不識之無，但索梨與柑。」（清）黃景仁：《兩當軒集》，卷15，頁373。

20 洪亮吉〈黃君行狀〉：「君娶趙氏，生一子二女，子年十三，女長年十六，次年五歲。」見（清）洪亮吉著，楊家駱主編：《洪北江詩文集》（臺北市：世界書局，1964年），頁182。

21 （清）黃景仁：《兩當軒集》，卷10，頁259。

22 （清）黃景仁：《兩當軒集》，卷17，頁399。

23 （清）黃景仁：《兩當軒集》，卷5，頁121。

秋思四首其四〉：「半甑塵凝病婦炊」[24]、〈別內〉：「幾回契闊喜生還，人老淒風苦雨間，今夜別君無一語，但看堂上有衰顏。」[25]仲則四歲喪父，親人相繼過世，面對親人過世之手足無措、茫然無助，身世飄零，與母親屠氏相依為命，窮愁、貧困、孤淒的一生，雖生於清朝全盛時期，詩集中並未見到歌詠太平盛世之聲，整日於悲苦中咀嚼生命沈痛，盡吐幽咽之音，究其原因，與一生悲慘境遇有關。

黃仲則一生短暫三十五年，卻有大半時光與「病」為伍，據《清史列傳‧文苑傳三》記載「景仁體羸」[26]，自言「作詩苦少病苦多」[27]、「江湖酒病與年深」[28]。十九歲時已自嘆早衰，如〈和仇麗亭五首其五〉：「一夕清霜似鬢絲」[29]，在二十一歲時作〈病愈作歌〉：「我曾大小數十病，雖脫鬼手生則殘」[30]，二十二歲時作〈從雲溪歸偶作〉：「多時縱腰腳，百病成一慵」[31]，並且在二十二歲前的詩中屢見自傷二毛之意，如〈不寐〉：「明朝清鏡裏，應有二毛看」[32]、〈當塗旅夜遣懷〉：「黃金欲盡花枝老，鏡裏二毛空裊裊」[33]、〈城南晚步〉：「身計無一成，少壯已二毛」[34]。黃仲則早生華髮，體弱多病的健康情一直令其師邵齊熹擔憂，在〈勸學一首贈黃生漢鏞〉序中言：「黃生漢鏞，行年

---

[24] （清）黃景仁：《兩當軒集》，卷13，頁318。
[25] （清）黃景仁：《兩當軒集》，卷3，頁68。
[26] 周駿富：《清史列傳》，《清代傳記叢刊》第9冊（臺北市：明文書局，1985年），頁991。
[27] （清）黃景仁著，李國章標點：〈味辛病愈兼示病中和章作歌歸之〉，《兩當軒集》，卷21，頁496。
[28] （清）黃景仁：〈錢塘舟次〉《兩當軒集》，卷2，頁29。
[29] （清）黃景仁：《兩當軒集》，卷1，頁27。
[30] （清）黃景仁：《兩當軒集》，卷2，頁31。
[31] （清）黃景仁：《兩當軒集》，卷2，頁58。
[32] （清）黃景仁：《兩當軒集》，卷4，頁98。
[33] （清）黃景仁：《兩當軒集》，卷3，頁73。
[34] （清）黃景仁：《兩當軒集》，卷2，頁54。

十九,籍甚黌宮,顧步軒昂,姿神秀迥。……家貧孤露,時復抱病,性本高邁,自傷卑賤,所作詩詞,悲感悽怨。」[35],認為黃仲則若太用功,會使其精疲敝[36]。甚至在〈和漢鏞對鏡行〉詩云:「多病多愁乖宿心,長夜幽吟獨惆悵。對鏡行,怨且悲,勸君自寬莫傷懷,勸君自強莫摧頹。功名富貴真外物,前言往行皆吾師。輕狂慎戒少年習,沈靜更於養病宜。」[37]勸其寬心莫傷懷,沈靜養病。在二十三歲時有詩〈秋興‧並序〉:「余則二十有三耳,臨風攬鑒,已復種種,早凋如此,其何以堪!且念人之以白頭蓋棺者,十不得一,而余已先見此也。」[38]自言早凋。在二十四歲時作〈答和維衍二首其二〉:「知君憐我有羸疾,那禁觸熱如燖炰。濱江瘴溼更多厲,遍體瘡潰流黃膏。聞君亦復有同病,當覓靜處勤爬搔。」[39]寫道其皮膚病因作客瘴濕之地而更加搔癢難耐。在二十七歲作《兩當軒集‧自敘》曰:「體羸疲役,年甫二十七耳,氣喘喘然有若不能舉其軀者。」[40]正值青年卻體弱多病,已感到日薄西山,因病耗損心神,也消磨心智才力與意氣。在二十九歲時作〈足疾發不得登極樂峰〉自言「未到中年病腰腳」[41],在三十二歲時作〈即事〉:「轉恐春氣回,鬱熱肺病舉。驗之今果然,喘嗽雜嘔吐」[42]、〈濟南病中雜詩〉:「肺病秋翻劇」[43]、〈除夕述懷〉:「臥

---

35 (清)邵齊燾:《玉芝堂詩文集》,《四庫全書存目叢書》(臺南市:莊嚴文化事業公司,1997年),頁557。
36 〈跋所和黃生漢鏞對鏡行後〉:「然以其體弱多病,又不欲其汲汲發憤以罷敝其精神」見(清)邵齊燾:《玉芝堂詩文集》,《四庫全書存目叢書》,頁516。
37 (清)邵齊燾:《玉芝堂詩文集》,《四庫全書存目叢書》(臺南市:莊嚴文化事業公司,1997年),頁558。
38 (清)黃景仁:《兩當軒集》,卷4,頁94。
39 (清)黃景仁:《兩當軒集》,卷6,頁149。
40 (清)黃景仁:《兩當軒集》,頁1。
41 (清)黃景仁:《兩當軒集》,卷14,頁361。
42 (清)黃景仁:《兩當軒集》,卷14,頁342。
43 (清)黃景仁:《兩當軒集》,卷15,頁367。

病同僵蠶」、「昔年壯意氣，萬象供嘲哈。今如病馬伏，不任驅騣驒」[44]自言天氣轉變使其咳嗽肺病加劇，長年被疾病折騰，耗損生命力。甚至在去世前居住於法源寺養病近三年，其好友洪亮吉經常去廟中看他，洪亮吉〈法源寺訪黃二病因同看花〉詩云：「長安城中一畝花，遠在盧西法源寺，故人抱病居西齋，瘦影亭亭日三至。一叢兩叢各稱心，前年去年看至今，今年花盛病亦盛，轉恐病久花難尋。」[45]可見一生被病折磨，也因病與寺廟佛法結緣。

在《清史稿》列傳卷二百七十二文苑二記載：

> 景仁，字仲則，武進人。九歲應學使者試，臨試猶蒙被索句。後以母老客游四方，覓升斗為養。朱筠督學安徽，招入幕。上巳修禊，賦詩太白樓。景仁年最少，著白袷立日影中，頃刻成數百言，坐客咸輟筆。時士子試當塗，聞使者高會，畢集樓下，咸從奚童乞白袷少年詩競寫，名大噪。嘗自恨其詩無幽、並豪士氣，遂游京師。高宗四十一年東巡，召試二等。武英殿書簽，例得主簿。陝西巡撫畢沅奇其才，厚貲之，援例為縣丞，銓有日矣，為債家所迫，抱病逾太行，道卒。亮吉持其喪歸，年三十五。著兩當軒集。子乙生，通鄭氏禮，善書，早卒。[46]

由上可知《清史稿》述其少年早慧，九歲稚齡已顯詩才，賦詩太白樓一舉成名，但為債家所迫，抱病出關，最終卒於運城數事。

黃仲則才華出眾，深得袁枚欣賞，經濟上受袁枚接濟過，對袁枚頗為景仰，如其〈呈袁簡齋太史四首其一〉詩云：「一代才豪仰大賢，

44　（清）黃景仁：《兩當軒集》，卷15，頁374。
45　（清）洪亮吉：《洪亮吉集》（北京市：中華書局，2001年），頁493。
46　（清）趙爾巽：《清史稿》第19冊（臺北市：洪氏出版社，1981年），頁13391。

天公位置卻天然。文章草草皆千古，仕宦匆匆只十年。暫借玉堂留姓氏，便依勾漏作神仙。由來名士如名將，誰似汾陽福命全？」[47]、〈呈袁簡齋太史四首其二〉：「雄談壯翰振乾坤，喚起文人六代魂。浙水詞源鍾巨手，秣陵秋色釀名園。幾人國士曾邀盼，此地蒼生尚感恩。我喜童時識司馬，不須擁篲掃公門。」[48]在黃仲則去世後，袁枚寫下〈哭黃仲則〉一詩，序云：「仲則名景仁，常州秀才，工詩，七古絕似太白。流落不，年三十餘，客死山西。」詩云：「嘆息清才一代空，信來江夏喪黃童。多情真個損年少，好色有誰如〈國風〉？半樹佛花香易散，九天仙曲韻難終。傷心珠玉三千首，留與人間唱〈惱公〉。」[49]對多才落拓不羈卻英年早逝的仲則，十分惋惜。

第二節　時代背景

黃仲則身處的時代背景，正是中國封建社會最後一個著名的「康乾盛世」。「清代的康熙、雍正、乾隆三朝盛世，持續百年。這盛世中，論疆域，比明朝擴大了一倍以上；論財力，經濟總量居世界首位；論人口，從一七〇〇年到一七九四年不足百年的時間裡已不止翻了一番，這三點一三億，占世界總人口的三分之一；論文化，完成了《古今圖書集成》和《四庫全書》的編纂。」[50]乾隆在位領導清朝邁向高峰，文治武功極盛，「因其時而調劑之，論者所由謂乾隆之治，媲美於漢唐也夫。」[51]、「雍正以猛糾康熙之寬，乾隆以寬濟雍正之

47　（清）黃景仁：《兩當軒集》，卷10，頁247。
48　（清）黃景仁：《兩當軒集》，卷10，頁247。
49　（清）袁枚：《小倉山房詩集》（上海市：上海古籍出版社，1988年），卷29，頁769。
50　詳參周武：〈論康乾盛世〉，《社會科學》2001年第10期，頁71-75。
51　金兆豐：《清史大綱》（臺北市：海燕出版社，1964年），頁284。

猛,一張一弛,故治隆於漢唐。」[52],然而乾隆好大喜功六度南巡,遊宴享樂,浪費公帑,增添民苦煩擾,據蕭一山《清代通史》記載:

> 康熙南巡,為治黃河,而乾隆南服無事,徒以數千百萬之庫帑,反復於海寧石塘之興築,於益何有?乾隆時,黃河漫口於豫蘇凡二十次,未聞弘曆曾親至其地,相度形勢。乃幸蘇杭,觀海潮,鋪陳輝張,循舊踵新,是知其意不在此而在彼也。[53]

由此可見乾隆南巡乃彰顯威望而已,遊宴享樂重於考察民情,「嘗謂吳熊光曰:『朕臨御六十年,並無失德,惟六次南巡,勞民傷財,實為作無益害有益』蓋亦有自悔之心焉。」[54]退位後自悔此事無益有害。此外,寵幸和珅,貪官污吏,以致國庫財力耗損,盛世真實狀況是「珅在政專肆,中外多私黨,朝士之持正者,亦噤口不言,任其恣睢,以故寵尤隆而勢尤赫。」[55]、「侵虧公帑,鈔沒貲產,動至數十百萬之多,為他代所罕有。」[56]甚至為了征戰鄰邦,拓展國土,兵備財用耗弛,「綜計一朝所用軍費,約在一萬二千萬兩以上,以當時國庫所入,年僅三十餘萬兩,則歲出之額,其數亦已鉅矣,蓋乾隆而後之種種亂源,已預伏於此云。」[57]、「惟帝自恃其充裕,極意揮霍,大兵大役,征調頻繁,頗難為繼,國帑虛靡,已足為將來衰頹之兆。」[58]可見政府財政嚴重虧損,轉而從百姓身上課徵稅收,賦稅不公,貧富

---

52 蕭一山:《清代通史》(北京市:中華書局,1986年),卷中,頁6。
53 蕭一山:《清代通史》,卷中,頁73。
54 金兆豐:《清史大綱》,頁323-324。
55 蕭一山:《清代通史》,卷中,頁215。
56 蕭一山:《清代通史》,卷中,頁211。
57 金兆豐:《清史大綱》,頁331。
58 蕭一山:《清代通史》,卷中,頁234。

差距甚大,以致百姓民不聊生,流離失所。可見黃仲則所處時代背景,盛世下真實的情況正是清王朝一步步走向式微。

　　黃仲則雖生活於乾隆盛世,但卻貧困悲慘,看到感受到都是灰暗現實面,到處漂泊,以不同於其他詩人的視野角度,敏銳觀察,對「盛世」感到失望、怨懟情表,在詩中寫到課稅問題、很多流民,如〈登寓樓〉:「地僻市官偏倨傲,年荒關吏且窮愁」[59]、〈固關〉:「關吏頻年愁歲課,戍兵終日臥雲光」[60]、〈鄧家墳寫望〉:「但見途路旁,野哭多流民。」[61]、〈渦水舟夜〉:「但見流民滿淮北,更無余笑落陽城。」[62]甚至所見皆是災害不斷的情景,如〈院齋納涼雜成四首其四〉:「去歲此方旱,地有千里赤。江甸流飢民,淮關斷沽舶。」[63]道出客居之地的旱災。〈朝來〉一詩更寫出家鄉的蝗旱之災:

　　朝來不點聞鄉語,頓觸羈心變酸楚。怪底多時赤火雲,團團只照東南土。客言來從故鄉時,故鄉農病嗟難支。螟蟲遍野苗立盡,白晝耕父行郊逵。去年苗槁十存一,旱更兼蜚那堪說。聞道蝗飛不渡江,于今遍地同蟣蝨。連翅接尾不計千,衝過巨浪浮成團。中逢蘆洲忽飛散,頃刻千畝無蘆田。區區之苗詎禁啖,此物于人定何憾。怪事驚呼百歲翁,東南何事遭天厭。客請收淚無沾巾,聽我一語為分陳。我曹生世良幸耳,太平之日為餓民。[64]

59　(清)黃景仁:《兩當軒集》,卷10,頁255。
60　(清)黃景仁:《兩當軒集》,卷16,頁384。
61　(清)黃景仁:《兩當軒集》,卷10,頁270。
62　(清)黃景仁:《兩當軒集》,卷11,頁281。
63　(清)黃景仁:《兩當軒集》,卷10,頁256。
64　(清)黃景仁:《兩當軒集》,卷22,頁539

仲則在一個清晨接待了逃難的鄉民，親耳聽聞他敘述家鄉的蝗旱之災，既無奈又心酸，太平之世，卻有這樣的災民，如此赤裸刻露、諷刺當時的虛假盛世。仲則所見所聞是符合歷史事實。據《乾隆帝及其時代》一書記載：「乾隆在位的六十年，收成上好的豐年只有十三年，占百分之二十一點七；災年和大災年有十八年，占百分之三十。黃景仁生活的一七九四年到一七八三年，平年十七年，災年六年，大災年三年，豐年九年。」[65]然而所謂的的豐年、平年，其實局部小災都沒斷過，災年和大災年百姓更是流離失所，這些災害看似天災，其實是人禍。乾隆帝怕人民反抗會動搖政權，著力賑災，據《清實錄》記載乾隆年間許多賑恤之事，乾隆皇帝認為地方大吏第一要務，勉力行之，勿使有賑恤之名而災黎不得受賑之實惠也。但清代貪官屢侵吞朝廷賑濟銀糧，受災人口眾多，如此杯水車薪，生逢此盛世，依然別無選擇做流民。

　　黃仲則經耒陽杜甫墓時，作〈耒陽杜子美墓〉詩云：「得飽死何憾，孤墳尚水濱。埋才當亂世，併力作詩人。遺骨風塵外，空江杜若春。由來騷怨地，只合伴靈均。」[66]杜甫生於亂世之中才志埋滿，只能并力作詩人，然仲則生於十全王朝的乾隆盛世，卻像〈寒鴉〉詩云：「三兩稍集空欄端，告我日暮天且寒。無衣無褐欲卒歲，頓袖相對空長嘆」[67]。

　　清政府以少數民族入主中原，面對絕大多數的漢族人口與漢族文化，它必須採取非常手段來鞏固自己的統治，對於知識分子，清政府採取高壓「文字獄」政策和「八股科舉考試」兩種硬軟兼施的手段。

---

65 詳參戴逸：《乾隆帝及其時代》（北京市：中國人民大學出版社，2008年），頁364-381。
66 （清）黃景仁：《兩當軒集》，卷2，頁37。
67 （清）黃景仁：《兩當軒集》，卷7，頁180。

郭康成在《清朝文字獄》記載:「文字獄,是因文字的緣故而構成的罪案,其形成是以文字作品得罪,與一般的建言獲譴不同,其實質是當事人沒有危害和推翻政府的行為,當權者吹毛求疵,有意羅織,或僅僅根據其思想傾向而治罪。有清一代,文字獄一百六十餘起,而處於盛世頂峰的乾隆就有一百三十餘起。」[68]胡奇光《中國文禍史》曰:「(清代文字獄)持續時間之長,文網之密,案件之多,打擊面之廣,羅織罪名之陰毒手段之狠,都是超越前代的。」[69]甚至有些漢族文人在文字獄淫威下,擺出一副奴性十足嘴臉,阿諛奉承,歌功頌德太平盛世,據嚴迪昌《清詩史》記載:「在康、雍、乾三朝即已建構成龐大的宮闕廟堂詩歌集群網絡,覆蓋之面極為廣闊,從而嚴重影響並改變著清初以來的詩界格局,引導著詩風走向:淡化實感,扼殺個性。」[70]除了文字獄外,清代統治者用科舉考試奴化士林,推行八股考試鉗制士人思想,然而清代科舉之路是異常艱難,因額定中舉人數太少。「以乾隆九年(1744年)為例:大省每額中舉人一名,准錄送應試生員八十名,中省每額中舉人一名,准錄送應試生員六十名,小省每額中舉人一名,准錄送應試舉人五十名。」[71]如此比例造成大量士子久困場屋,甚至氣格卑弱。用懷柔「以漢制漢」政策,以儒術來籠絡漢族士人,從清初到乾嘉時期,文壇幾乎全被清廷為官的士大夫所壟斷[72]。史學家柳詒徵在《中國文化史》曰:

---

68 詳見郭成康、林鐵均:《清朝文字獄》(北京市:群眾出版社,1990年),頁10。
69 胡奇光:《中國文禍史》(上海市:上海人民出版社,2006年),頁124。
70 嚴迪昌:《清詩史》(北京市:北京人民出版社,2011年),頁20。
71 王德昭:《清代科舉制度研究》(北京市:中華書局,1984年),頁62。
72 據霍有明《清代詩歌發展史》記載:「錢謙益,順治二年,任秘書院學士兼禮部侍郎」、「吳偉業,順治十年,官秘書侍講,國子監祭酒」、「王士禛,順治十五年進士,出任揚州推官,後升禮部主事,官至刑部尚書」、「朱彝尊,康熙十八年舉博學鴻儒,除翰林院檢討」、「施閏章,順治六年進士,康熙十八年召試博學鴻詞,官至翰林院侍讀」、「宋琬,順治四年進士,官至四川按察使」、「沈德潛,乾隆元年以廩

> 前代文人受禍之酷,殆未有若清代之甚者。故雍乾以來,志節之士,蕩然無存,有思想才力者,無所發洩,惟寄之於考古,庶不干當時之禁忌。其時所傳之詩文,亦惟頌諛獻媚,或徜徉山水,消遣時序,及尋常應酬之作。[73]

雖然令人窒息的政治氛圍下,明哲保身的避險作品紛呈繁盛,但亦潛藏一股蓄勢待發的文學動能,在歌舞昇平背後潛藏不少科舉制度下鍛羽落拓的失意文人。黃仲則身處清代中葉、乾隆在位時期,卻屢屢從場屋敗陣,無緣列位朝廷,作品流露出有志難伸苦悶心聲,如〈贈明分司春巖次蔣清容先生韻二首其二〉:「天於豪傑試艱難,未許烟波把釣竿」[74]、〈送溫舍人汝適适歸廣州〉:「長安甲第如雲高,但覺舍人官獨冷」[75],甚至與天下落魄寒士遭遇相綰合,如〈春日獨居得閔二季心近狀卻寄一首〉:「嗟哉夫子尚淪落,賤子不復言生平」[76]、〈偕容甫登絳雪亭〉:「著書充棟腹常飢,他年溝壑誰相貸」[77]、〈復得維衍書二首其一〉:「等是端憂者,輸君耐久貧」[78]、〈得蔣良卿書知客池陽卻寄并訂歲杪同歸〉:「昔時寄我當歸人,今亦苦被飢寒迫」[79]其結交的才

生試博學鴻詞,四年中進士,累官至禮部侍郎,加尚書銜」、「袁枚,乾隆四年進士,任溧水、江浦、沭陽、江寧等知縣。」、「翁方綱,乾隆十七年進士,歷充考官,官至內閣學士。」等文壇名人皆在清廷謀任官職。見霍有明:《清代詩歌發展史》(臺北市:文津出版社公司,1994年),頁31、51、61、76、98、104、173、188、265。

[73] 柳詒徵:《中國文化史》下冊(臺北市:正中書局,1964年),頁98。
[74] (清)黃景仁:《兩當軒集》,卷10,頁240。
[75] (清)黃景仁:《兩當軒集》,卷13,頁323。
[76] (清)黃景仁:《兩當軒集》,卷3,頁67。
[77] (清)黃景仁:《兩當軒集》,卷3,頁73。
[78] (清)黃景仁:《兩當軒集》,卷6,頁152。
[79] (清)黃景仁:《兩當軒集》,卷7,頁175。

高友人閔季心、汪中、蔣良卿等一樣在盛世中落拓悲慘,流露出對時代不平控訴與盛世哀音。

黃仲則身處如此盛世,深入世間,傷時憂世,悲天憫人,世俗隆汙,民生疾苦,莫不動其心懷,對其周遭萎靡士風,有同情更有不平之鳴,如〈圈虎行〉詩云:

> 都門歲首陳百技,魚龍怪獸罕不備。何物市上游手兒,役使山君作兒戲。初昇虎圈來廣場,傾城觀者如堵牆。四圍立柵牽虎出,毛拳耳戢氣不揚。先撩虎鬚此猶帖,以梧卓地虎人立。人呼虎吼聲如雷,牙爪叢中奮身入。虎口呀開大如斗,人轉從容探以手。更脫頭顱抵虎口,以頭飼虎虎不受,虎舌舐人如舐穀。忽按虎脊叱使行,虎便逡巡繞闌走。翻身踞地蹴凍塵,渾身抖開花錦茵。盤回舞勢學胡旋,似張虎威實媚人。少焉仰臥若佯死,投之以肉霍然起。觀者一笑爭釀錢,人既得錢虎搖尾。仍驅入圈負以趨,此間樂亦忘山居。依人虎任人頤使,伴虎人皆虎唾餘。我觀此狀氣消沮,嗟爾斑奴亦何苦。不能決蹯爾不智,不能破檻爾不武。此曹一生衣食汝,彼豈有力如中黃,復似梁鴦能喜怒。汝得殘餐究奚補,倀鬼羞顏亦更主。舊山同伴倘相逢,笑爾行藏不如鼠。[80]

此詩作於乾隆四十五年(1780),此年春節,仲則遊於京城,京城來了馬戲團老虎表演,詩中描寫一場形象生動的馴獸表演,馴獸人撩撥虎鬚,甚至將手、頭顱送入虎口,危險至極,但老虎卻不抓不咬,聽著馴獸人的話在地上打滾、旋舞、佯死,馴順極了,博得賓客褒獎。

---

80 (清)黃景仁:《兩當軒集》,卷14,頁354。

仲則借由被圈之虎的形象刻畫了被壓抑損害的士子的生存狀況，虎威掃地，將媚主為奴描寫的淋漓盡致，百獸之王卻任人驅使，空有力量而不能為自身爭得自由。「不能決蹯」、「不能破檻」的感嘆，透視出仲則「顛狂落拓」、「名任天機」的不甘俯就、野性不馴，借虎之媚人實寫奴之媚主，借虎性之馴化實寫人性的被扭曲，面對安於束縛屈辱，甘願為奴的士子，既諷刺又憐惜同情，為天下寒士發出不平之鳴，如此抗爭之追求自由個性與這「盛世真實狀況」之環境產生了矛盾衝突，強化出獨立自重的人格。

　　黃仲則雖身處於乾隆盛世時代，但盛世下真實的情況正是清王朝一步步走向式微。清政府除面臨大小天災、蝗旱災之外，財政嚴重虧損，轉而從百姓身上課徵稅收，賦稅不公，造成貧富差距極大，以致民不聊生，流離失所，因自身貧困悲苦，亦感受到百姓苦痛，所見皆是社會現實灰暗面，到處漂泊，看盡人情冷暖，不同其他詩人視角，其敏銳觀察「盛世」哀音，發出不平之鳴，在黃仲則詩歌中看見歷史真相──可說是一部盛世實況轉錄。

第三節　毗陵文人性格

　　清代常州，文化繁榮，「清代常州文學界除了陽湖文派和常州詞派外，還有毗陵詩派（又稱常州詩派）。」[81]。黃仲則是毗陵詩派中最具有個性風格的詩人，貧困坎坷的際遇，疏放狂狷的性格，淒苦飄逸的詩歌，因體弱多病，內心敏感，情感豐富，高才不遇，多情善感。包世臣在《齊民四術》評論其：「性豪宕，不拘小節。既博通載籍，慨然有用世之志，而見時流齷齪猥瑣，輒使酒恣聲色，譏笑訕侮，一

---

[81] 周佳榮、丁潔：《天下名士有部落──常州人物與文化群體》（香港：三聯書店，2013年），頁55。

發於詩。而詩顧深穩，讀者雖嘆賞，而不詳其意之所屬。聲稱噪一時，乾隆六十年間，論詩者推為第一。」[82]黃仲則「狂狷」性格乃因見當時當時的社會風氣充斥著低賤、粗鄙的行為，對於精神和道德的追求缺乏，可見對當時社會的失望與批評，因其性格極為剛烈、極端，既不羈、又有些頑固，加上行事不拘小節，對於道德精神的追求過於執著，缺乏妥協精神，與時俗不合，但「詩顧深穩」，其詩歌在情感與思想層次上表現出一種沉穩而深刻的特質，不會過於浮華、矯揉造作，而是更注重內涵與意境的深遠，給人以穩定與深思之感。

　　仲則面對趨炎附勢的社會，其狂狷、戇直與社會格格不入，然而狂、狷都是被壓抑情感的激烈表達形態，是心理能量爆發。「骨節疏頑性孤鯁」[83]，狂狷導致其命運坎坷，「今日世態炎涼，才名瓦礫，無我疏狂處。」[84]清貧與落拓，但依然不改節操，在〈寫懷示友人〉詩云：「寶馬不戀粟，男兒重橫行。如何二三子，各為猿下鳴。……且揖海上客，笑傲為生平。」[85]及〈六疊前韻和余少雲作二首其一〉云：「故交零落感參辰，青眼相逢訝許親。雪後我方連日臥，客中君亦舉家貧。消愁酒醒愁依舊，疊韻詩多韻嶄新。尚有狂名堪作達，不憂甑釜慣生塵。」[86]，展現其甘守貧窮，笑傲平生的志氣。此外，在〈飢烏〉一詩以飢烏自喻，瘦骨依然選擇高樓，道出自己雖遭困厄，依舊展現高潔品性，其詩云：「啞啞啼烏翅倒垂，託身偏擇最高枝。向人不是輕開口，為有區區反哺私」[87]。

---

[82] 包世臣：〈黃征君傳〉，《齊民四術》（北京市：中華書局，2001年），頁209。
[83] 黃仲則：〈送溫舍人汝適歸廣州〉一詩，見（清）黃景仁：《兩當軒集》，卷13，頁324。
[84] 黃仲則：〈念奴嬌・送容甫歸真州〉一詞，見（清）黃景仁：《兩當軒集》，卷18，頁445。
[85] （清）黃景仁：《兩當軒集》，卷4，頁115-116。
[86] （清）黃景仁：《兩當軒集》，卷13，頁332。
[87] （清）黃景仁：《兩當軒集》，卷10，頁242。

毗陵詩派是對清初詩論的繼承，在一定程度上受袁枚性靈說的影響，但對於袁枚提倡「性靈」是對「存天理，去人欲」的理學提出挑戰，主要側重於「情」，將男女之情置於首位，帶有明顯反傳統性和叛逆性。而毗陵詩人深受儒家傳統思想及常州地域文化的影響，其性情的概念多指儒家的倫理親情及真摯的朋友之情，天倫、兄弟、友朋、夫婦之情是毗陵詩派之主要內涵，重視儒家的傳統道德，自然的秉性、高尚的人格。雖然不排斥男女之情，但更著意於詩品，而詩品出於人品。正如吳喬《圍爐詩話》卷四曰：「詩出於人，有子美之人，而後有子美之詩」[88]；沈德潛《說詩晬語》卷上曰：「有第一等襟抱，第一等學識，斯有第一等真詩。」[89]在《毗陵人品記》多有記載毗陵人重人品的傳統，洪亮吉在《北江詩話》，以人品看詩品之優劣，評價前人，如：「詩人不可無品，至大節所在，更不可虧。」[90]、「詩其詩可以知其品」[91]。

　　毗陵詩派並不排斥男女之情，認為夫婦之情是人間真情流露，孫星衍與王采薇夫婦伉儷情深，王采薇不幸二十四歲卒，孫星衍不復娶，黃仲則讚其夫婦情深，在〈得稚存淵如書卻寄〉詩云：「孫郎下筆妙心孔，百煉枯腸瀉真汞。寄我新成病婦詩，不特才豪亦情種。」[92]。黃仲則亦是情種，〈別內〉詩云：「幾回契闊喜生還，人老淒風苦雨間。今夜別君無一語，但看堂上有衰顏。」[93]；〈秋夕〉：「桂堂寂寂漏聲遲，

---

88 （清）吳喬：《圍爐詩話》，《續修四庫全書》1697冊（上海市：上海古籍出版社，1999年），卷4，頁638。

89 （清）沈德潛：《說詩晬語》，《續修四庫全書》1701冊（上海市：上海古籍出版社，1995年），卷上，頁1。

90 （清）洪亮吉：《北江詩話》，《洪亮吉集》（北京市：中華書局，2001年），卷4，頁65。

91 （清）洪亮吉：《北江詩話》，《洪亮吉集》，卷5，頁85。

92 （清）黃景仁：《兩當軒集》，卷12，頁302。

93 （清）黃景仁：《兩當軒集》，卷3，頁68。

一種秋懷兩地知。羨爾女牛逢隔歲，為誰風露立多時？心如蓮子常含苦，愁似春蠶未斷絲。判逐幽蘭共頹化，此生無分了相思。」[94]，以及〈感舊雜詩〉四首、〈綺懷〉十六首、〈歲暮懷人〉二十首等組詩，皆是抒發纏綿悱惻相思之情，媲美李商隱。

毗陵七子詩歌反映當時人情世態，彰顯詩人不屈個性及孤高的人，深度抒懷個人情感際遇。黃仲則是最典型的憂愁薄命詩人，一生窮愁抑塞，飽嘗謀生艱辛，命運多舛，歷盡人世冷暖，在《兩當軒集》自敘言：「景仁四歲而孤，鮮伯仲，家壁立。」又〈偶題齋壁〉：「四壁更無貧可逐，一身久與病相忘」[95]幼年遭孤，家道中落，久困場屋不售，仕途不順，寄人籬下游幕生涯，面對生計窘迫而擔憂，如〈歲暮篇〉：「歲暮無一就，嗒然臥深巷。面長愧乞米，心枯乏藏釀。……大雪人盡餓，此時信微尚。敢喜無事貧，所愧有親養。」[96]甚至在乾隆三十六年（1777），描寫作者告別老母，為了謀生離家，兒行千里母擔憂，〈別老母〉詩云：「搴帷拜母河梁去，白髮愁看淚眼枯。慘慘柴門風雪夜，此時有子不如無。」[97]、〈移家來京師六首其二〉：「全家如一葉，飄墮朔風前」[98]、〈移家來京師六首其三〉「長安居不易，莫遣北堂知」[99]、〈移家來京師六首其四〉：「江鄉愁米貴，何必異長安。排遣中年易，支持八口難。」[100]。〈偕容甫登絳雪亭〉：「著書充棟腹常飢，他年滿壑誰相貸」[101]、〈次韋進士書城見贈移居四首原韻奉酬其

94　（清）黃景仁：《兩當軒集》，卷1，頁11。
95　（清）黃景仁：《兩當軒集》，卷8，頁192。
96　（清）黃景仁：《兩當軒集》，卷3，頁65。
97　（清）黃景仁：《兩當軒集》，卷3，頁68。
98　（清）黃景仁：《兩當軒集》，卷13，頁316。
99　（清）黃景仁：《兩當軒集》，卷13，頁316。
100　（清）黃景仁：《兩當軒集》，卷13，頁316。
101　（清）黃景仁：《兩當軒集》，卷13，頁73。

四〉：「兩年經再徙，何處是吾廬？」[102]直接坦率抒寫貧苦生活，真切反應社會底層文人生存狀態。

　　常州詩人輩出，據「趙震的《毗陵詩錄》，收錄了清代武進、陽湖兩邑二百九十多位詩人的作品；羊牧之《續毗陵詩錄》又收清代及近代三百五十多位詩人的作品」[103]，可見清代常州詩壇興盛。朱則杰《清詩史》書中言及由繁榮的常州以及秀水這兩個地方推及其餘，「未嘗不能想見清朝整個國家詩繁榮的可喜景象。從這個意義上說，秀水和常州都可以看成是清代詩國的一個縮影。」[104]錢璱之為羊琪、羊漢編注的《常州詩詞》一書作序，序言強調「清代常州有詩國之稱，是當之無愧的，常州詩歌在全國詩壇上獨樹一幟，或所謂『拔戟自成一隊』。」[105]清代詩派林立，劉世南《清詩流派史》歸納出清代十七個詩派，並將黃仲則置於常州詩派詩人之列，書中記載：「過去的文學史上，只常州詞派，沒有常州詩派，然而實際上後者是存在的。」[106]，其理論依據是袁枚〈仿元遺山論詩〉中有「常州星象聚文昌，洪顧孫楊各擅場」之語，而洪亮吉、黃仲則、楊倫、呂星垣、趙懷玉、孫星衍、徐書受又有「毗陵七子」之稱，既然洪亮吉有自己的詩歌主張，各人又詩風接近[107]，因此常州詩派是實際存在的，並以洪亮吉詩論為中心，歸納出「常州詩派」以下五個論詩要點：「一、強調作者性情、學識、品格，認為這是其詩作傳與不傳的決定因素。二、主張奇而入理。三、反對俗與滑。四、認為詩必有珠光劍氣，始

---

102 （清）黃景仁：《兩當軒集》，卷14，頁337。
103 周佳榮、丁潔：《天下名士有部落——常州人物與文化群體》（香港：三聯書店，2013年），頁55。
104 朱則杰：《清詩史》（南京市：江蘇古籍出版社，2000年），頁313。
105 羊琪、羊漢編注：《常州詩詞》（北京市：中國文史出版社，2003年），頁1。
106 劉世南：《清詩流派史》（北京市：人民文學出版社，2004年），頁391。
107 劉世南：《清詩流派史》，頁410。

不磨滅。五、主張多讀書。」[108]然而黃仲則的詩論與洪亮吉並不相同，在洪亮吉〈出關與畢侍郎箋〉曰：「此君平生，與亮吉雅故，惟持論不同，嘗戲謂亮吉曰：他日余不幸早死，集經君訂定，必乖余之旨趣矣！」[109]雖生死之交，但兩人處世態度與對詩歌創作的觀點頗大分歧，曾勸洪亮吉莫以「才人之詩」自縛：「著作何如？出門時，曾見君研脂握船，為香草之什。君興已至，不敢置喙。但僕殊不願足下以才人終身耳。」[110]黃仲則無論才情多高，卻仕途不順，不得主考官青睞之因，乃不願受樸學考據學風影響，堅持創作真性情的「詩人之詩」，據章衣萍《黃仲則評傳》曰：

> 仲則的詩，純粹是「詩人之詩」，什麼是「詩人之詩」呢？詩人之詩就是發之於性靈，不落古人詩體之窠臼，不強為修飾，不用空虛之理以炫人。換一句話說，就是能獨往獨來，自造一種境界。[111]

仲則詩作乃出自性靈感受，不願隨波逐流去創作考據之輩「才人、學人之詩」，以致考場失利，正如〈雜感〉：「十有九人堪白眼，百無一用是書生。莫因詩卷愁成讖，春鳥秋蟲自作聲」[112]一詩所言道出無限辛酸與悲哀。

黃仲則詩作雖皆出自靈性感受，但因黃仲則受常州經世致用學風影響，較為關注社會時世，對國計民生深感憂慮，關注盛世背後的危

---

108 劉世南：《清詩流派史》，頁394。
109 （清）洪亮吉：《洪亮吉集》（北京市：中華書局，2001年），頁344。
110 （清）黃景仁：《兩當軒集‧與洪稚存書》，卷20遺文，頁480。
111 章衣萍：《黃仲則評傳》（廣州市：北新書局，1930年），頁48-49。
112 （清）黃景仁：《兩當軒集》，卷13，頁13。

機。在清中葉盛世之外衣下[113]，仲則發現政局逐漸走下坡，以敏銳、現實、冷峻的眼光，透析時代真面目，揭露現實社會問題，洞悉百姓苦難，生逢盛世，〈都門秋思〉：「全家都在風聲裡，九月衣裳未剪裁」[114]，卻不得溫飽。雖然滿心愁悶，境遇甚悲，處於被時代冷落邊緣，縱有滿腹經綸，卻不合時宜，不幸遭遇卻能激發其創作激情，流露毗陵文人性格，有一股強烈創作生命，支持其不囿時勢趨向，不向權貴折腰，一生窮途落拓，堅持操守，放浪不羈追求真性情，遺世獨立於乾嘉詩壇。

第四節　佛禪的影響

　　清代佛教的分期，筆者依據〈清代佛教研究現況〉一文將其劃分為三個時期：「清代佛教是指從清順治元年（1644）至宣統三年（1911）共二百六十八年間的佛教。第一個時期，約從順治到雍正的一百年間，此時佛教發展基本仍延續了明末佛教的重興態勢，僧界有一些影響一方乃至全國的傑出者，如臨濟宗天童系的木陳道忞（1596-1674）和盤山系的玉林通琇（1614-1675），都曾受順治帝的冊封。曹洞宗的為霖道霈（1615-1702）、中興華嚴的續法（1641-1728）、蓮宗九祖實賢（1686-1734）等也頗有影響。第二期是從乾隆到道光近百年左右的時間，此一時期淨土信仰與修行十分流行，在北方弘揚淨土的有際醒（1741-1810）。此外古昆、治兆等也著書立說，

113　霍有明《清代詩歌發展史》一書曰：「看似文治武功極盛的乾隆時代，乾隆南巡鋪張十倍於康熙，勞民傷財、揮霍浪費，乾隆初，國庫高達八千萬兩，晚年已下降到二百萬兩，衰亡徵兆已現。」霍有明：《清代詩歌發展史》（臺北市：文津出版社，1994年），頁296。

114　（清）黃景仁：《兩當軒集》，卷11，頁280。

不遺餘力的宣傳淨土信仰。著名居士彭際清、羅有高等結淨宗蓮社，共期西方極樂世界。此後，佛教本身的腐敗和太平天國的破壞，使得佛教徹底喪失了活力，以至於清末楊文會到南京時，原本的一個佛教繁盛之地，竟然找不到一本可用的佛經。只是到近代以後，在一些居士和高僧的推動下，佛教才重新有了些生機。這可以算清代佛教發展的第三期。」[115]由上可知禪宗是清代佛教發展的主流，黃仲則生長在乾隆時期，正是禪宗、淨土信仰流行之期。

　　郭朋在《明清佛教》一書記載：「清代佛教，仍是各宗并傳，其實都不過是徒具形式而已，而較有影響的，還是禪和淨土。據《新續高僧傳‧習禪篇》的記載，清代禪僧，《正傳》五十七人，《附見》四十七人，共一百零四人。可見，清代禪宗，還是大有其人的。不過他們當中，主要分屬於臨濟、曹洞兩系，而臨濟由於在清初出了通琇、道忞，所以它的勢力更大些。雖然兩系都有不少傳人[116]，但在思想方面，則卻更加是陳陳相恩，無足述者。」[117]而黃仲則是江蘇常州人，而江南地區正是清代佛教傳播盛地。其浪遊在浙江、江西、安徽、湖南，以及京城，這些西南地區、北京地區也正是清代佛教比較興盛的地域中心。因時空環境、因緣際會關係，其詩歌中出現不少與佛禪相關書寫。

　　何謂「禪」？禪，梵語（dhyana），又作禪那，又譯馱那演那、

---

[115] 邱高興：〈清代佛教研究現況〉一文見《普門學報》第16期「學術報導」，2003年7月，頁1。

[116] 例如：臨濟一系，有密云、圓悟、天隱、圓修兩支。前者，又有漢月法藏、破山海明、費隱通容、木陳道忞四個支派——清代臨濟，以這四派為「繁盛」（法藏一派，雖曾遭受到雍正的打擊，但並未被壓倒）。後者，則有箬庵通問、玉林通琇和松際通授三個支派，而由於通琇曾被順治封為「國師」，所以他這一派，也曾盛一時。見郭朋：《明清佛教》（福州市：福建人民出版社，1985年，二刷），頁334。

[117] 郭朋：《明清佛教》（福州市：福建人民出版社，1985年，二刷），頁334。

第耶那、持訶那。意譯作靜慮、念修、禪定；或譯作棄惡、功德叢林（以禪為因，能生智慧、神通、四無量等功德）、思惟修。《法界次第初門》曰：「禪是西土之音，此翻棄惡，能棄欲界五蓋等一切諸惡，故云棄惡，或翻功德叢林，或翻思惟修。」[118]慧遠在《大乘義章》卷十三曰：「名別不同，略有七種。一名為禪，二名為定，三名為三昧，四名正受，五名三摩提，六名奢摩他，七名解脫，亦名背捨。」[119]說明禪的七種不同名稱。唐代圭峰宗密《禪源諸詮集都序》云：「禪是天竺之語。具云禪那。中華翻為思惟修。亦名靜慮。皆定慧之通稱也。源者是一切眾生本覺真性。亦名佛性。亦名心地。悟之名慧。修之名定。定慧通稱為禪那。」[120]其所言的「禪」或「禪那」，是同時具有「定」與「慧」的性質。

　　仲則一生漂泊不定，遍遊佛寺，身弱借宿禪院，結交僧侶，研讀禪釋經典，在詩文中徵引不少禪釋語彙和義理概念，可檢示出其熟悉禪佛、濡染較深的典籍有《金剛經》、《六祖壇經》、《維摩詰經》、《華嚴經》、《般若心經》。此外，也熟悉禪宗公案、語錄，如：《景德傳燈錄》、《五燈會元》。學禪念佛雖是當時風使然，但亦試圖從習禪念佛中暫時擺脫人世苦痛。仲則不同於一般文人的曠達胸襟，亦絕非道學家哲學家之嚴肅風貌，而是在體驗人世痛苦，面對生存困境之時，藉由學禪念佛深切領悟、安頓生命困境，佛禪成為其精神重要慰藉。本文針對影響黃仲則甚深佛學經典分別概述如下：

118　（隋）智者大師：《法界次第初門》，《大正新脩大藏經》第46冊，No.1925（東京市：株式會社國書刊行會，1988年），頁671。

119　（唐）慧遠：《大乘義章》，《大正新脩大藏經》第44冊，No.1851，頁718。

120　（唐）宗密：《禪源諸詮集都序》，《大正新脩大藏經》第48冊，No.2015，頁399。

一　《金剛經》

　　《金剛般若波羅蜜經》，又譯《佛說能斷金剛般若波羅蜜多經》，簡稱《金剛經》，是大乘佛教般若部重要經典《大品般若波羅蜜多經》的濃縮本，有能斷煩惱之意，姚秦三藏法師鳩摩羅什譯。《金剛經》主要闡釋宇宙萬事萬物皆是因緣和合而成，假有性空，《金剛經》四句偈：「一切有為法，如夢幻泡影，如露亦如電，應作如是觀」[121]是對大乘「般若空觀」、「緣起性空」的濃縮智慧精華。《金剛經》言心不應住於相：「諸菩薩摩訶薩應如是生清淨心，不應住色生心，不應住聲香味觸法生心，應無所住而生其心。」[122]禪宗初祖菩提達摩，以《楞嚴經》作為心印，至五祖弘忍，改用《金剛經》作為心印，以此授徒，六祖惠能以《金剛經》：「應無所住而生其心」悟道。《金剛經》是「破相」、「去執」、「無我」的經書，世間一切事物皆因緣和合，諸法性空，了知「無相」真義，即可去除執著外在境界為真，脫離身、口、意業之執，「無我相、無人相、無眾生相、無壽者相」[123]，放下人我之執，此色身為五蘊和合，四大假合，色身雖滅，法身不生不滅，脫離人世間老病死的痛苦煩惱，「能斷金剛」協助「度過」煩惱糾纏。

二　《六祖壇經》

　　《六祖壇經》，亦稱《壇經》、《六祖大師法寶壇經》，全稱《南宗

121　（明）朱棣集註：《金剛經集註》（臺北市：文津出版社公司，1992年），頁287。
122　（姚秦）鳩摩羅什譯：《金剛般若波羅蜜經》，《大正新脩大藏經》第8冊，No.0235，頁749下。
123　（明）朱棣集註：《金剛經集註》（臺北市：文津出版社公司，1989年），頁207。

頓教最上大乘摩訶般若波羅蜜經六祖惠能大師於韶州大梵寺施法壇經》，是佛教禪宗六祖惠能大師教誡僧徒四眾的語錄，弟子法海集錄的一部經典，報恩光孝禪寺住持嗣祖比丘宗寶編。六祖惠能悟出一切萬法不離自性，「何期自性，本自清淨；何期自性，不生不滅；何期自性，本自具足；何期自性，本無動搖；何期自性，能生萬法」[124]、「不識本心，學法無益。若識自本心，見自本性，即名丈夫、天人師、佛」[125]。《六祖壇經》主張「佛性本有」，直指人心，「見性成佛」、「即心即佛」是其中心思想，「頓悟見性」的修行觀，而修行實踐方法是「以無念為宗，無相為體，無住為本」[126]，無念的要義是：「於諸境上心不染，曰無念。於自念上，常離諸境，不於境上生心。……真如自性起念，六根雖有見聞覺知，不染萬境，而真性常自在。」[127]於諸境上心不染，於相離相，遇任何境不起心動念，知一切相皆虛妄緣影，於諸法上念念不住，心就不被繫縛住，自性清淨。佛與眾生差異只在迷悟之間，「不悟即佛是眾生，一念悟時眾生是佛」[128]、「萬法盡在自心中，頓見真如本性」，「迷聞經累劫，悟則剎那間」[129]。《六祖壇經》又主張唯心淨土的思想，如：「東方人造罪，念佛求生西方，西方人造罪，念佛求生何國？凡愚不了自性，不識身中淨土，願東願西，悟人在處一般」（疑問品十二）。又曰：「心地但無不善，西

---

124 （元）宗寶編：《六祖大師法寶壇經》，《大正新脩大藏經》第48冊，No.2008，頁349上。
125 同上註。
126 （元）宗寶編：《六祖大師法寶壇經》，《大正新脩大藏經》第48冊，No.2008，頁352。
127 同上註。
128 （元）宗寶編：《六祖大師法寶壇經》，《大正新脩大藏經》第48冊，No.2008，頁351上。
129 （元）宗寶編：《六祖大師法寶壇經》，《大正新脩大藏經》第48冊，No.2008，頁351下。

方去此不遙。若懷不善之心，念佛往生難到」（疑問品十三），要人消泯東方與西方、善與惡的對待，回歸不二心性，因心先淨，所依報土自淨。「佛法在世間，不離世間覺，離世覓菩提，恰如求兔角」[130]此為漢傳佛法的特性，入世出世不二。

三 《維摩詰經》

黃仲則詩歌所引釋典，以《維摩詰所說經》為最多，可見受其影響最深。《維摩詰經》，現存三譯，一名《不可思議解脫法門經》，玄奘三藏譯為《說無垢稱經》；《佛說維摩詰經》為吳月氏優婆塞支謙譯；《維摩詰所說經》為姚秦三藏鳩摩羅什譯。「《維摩詰經》是一部富有濃厚小說、戲劇意味的文學式佛教經典，記載主人翁維摩詰居士，調和世間與出世間的矛盾、圓融的人生態度，為中國文人開創出一個理想精神世界，故受到文人普遍傾心嚮往。」[131]又「作為菩薩身分，維摩詰與其他菩薩不同，既擁有嬌妻美妾，田園眷屬，而虔心侍佛，常修梵行。他神通廣大，善權方便，隨心所欲，無所不為。同時，又積極入世，常常不拘佛門戒規，出入於各種場所，參預世俗活動。可以結交權臣后妃，參預政治，並與外道密切交往，甚至吃喝嫖賭，而毋庸自愧，深得佛陀的寵遇和諸方菩薩的敬重。」[132]維摩詰居士遊戲三昧的人生態度，讓政治失意，仕途坎坷的文人從生活思想上，調和出世與入世的衝突，仲則利用維摩詰人格形象、思想反映出家與否、世間是穢土還是佛國淨土，是眾生心念的問題，在此得到精

---

130 同上註。
131 見王志楣：〈《維摩詰經》與中國文人、文學、藝術〉，《中國佛學學報》第5期，1992年，頁264。
132 參見東方喬：〈居士佛教與居士詞論略〉，《文學遺產》第6期（2005年），頁35。

神上的解脫,展現理想與現實並容的世界。

四 《華嚴經》

　　《華嚴經》,全名《大方廣佛華嚴經》,又名《雜華經》,東晉天竺三藏佛馱跋陀羅譯。盛唐法藏創立華嚴宗,以其為立宗根基,法界緣起,事事無礙,平等無二,一切惟心造。華嚴宗五祖圭峰宗密(780-841)融合華嚴與禪宗,提倡禪教合一。據吳言生先生〈華嚴帝網印禪心──論《華嚴經》、華嚴宗對禪思禪詩的影響〉一文記載華嚴宗與禪宗思想的關係:「華嚴思維,是大乘圓教的悟性思維,蘊含著豐富的禪悟因子,潛蘊著豐厚的禪悟內涵,主要表現為夢幻泡影的大乘空觀、消解分別的圓融觀念、絕言離相的禪定智慧,奠定了華嚴宗理事無礙現、事事無礙觀的基礎,影響了禪思禪詩對理事圓融、事事圓融、理量直觀境的體證。」[133]而華嚴的「一真法界」宇宙觀融合中國傳統的「天人合一」與「天地與我同根,萬物與我同體」的觀念而成。

　　仲則在〈冬夜飲程魚門編修齋觀耶律文正公像〉詩云:「湛然居士心如水,八葉東丹老孫子。……巍然遺集見餘事,一代文章占初氣。誰知字字華嚴來,真宰填胸偶游戲。」[134]詩中的湛然居士是金末元初的耶律楚才,精通漢文化,故能博覽群書,能詩善文,天文、地理、律曆、術數、醫卜及釋道等學說無一不精。「誰知字字華嚴來」一語道出仲則應該熟習《華嚴經》才能知湛然居士詩文作品中的語言文字、思想出自《華嚴經》而來。

133　吳言生:〈華嚴帝網印禪心──論《華嚴經》、華嚴宗對禪思禪詩的影響〉,《中國古典文學研究人文雜誌》第2期(2002年),頁85。
134　(清)黃景仁:《兩當軒集》,卷14,頁347。

五　《般若心經》

　　《般若波羅蜜多心經》，又稱《摩訶般若波羅蜜多心經》，簡稱《般若心經》、《心經》，唐三藏法師玄奘譯。《般若心經》的重點主旨是「一切本空」，不論外在呈顯什麼，它的本質終究是空，正如《般若心經》曰：「色不異空，空不異色，色即是空，空即是色。」[135]，而仲則詩歌常用此般若空觀的禪境。經文中「觀自在菩薩行深般若波羅蜜多時，照見五蘊皆空，度一切苦厄」，《心經》首句就將所有的義理全部呈現，甚至前三字已將所有的法義全部闡明，每個人能觀自在後，得到《心經》的功德受用後，就是觀自在菩薩，即能解脫三界的痛苦和煩惱。一切法含括貧、病、飢、苦、仕途坎坷，這些皆是一切法當中的一法。若將一切法全都消滅，觀照到色、受、想、行、識這五蘊其實都是第八識所出生的，然第八識常住自性清淨涅槃，如此即能超越一切苦厄。仲則面對生活中貧病、苦痛煩惱，藉由遊寺、寄住寺廟禪房養病之時閱讀經書，暫時消解塵世中的苦厄。

　　黃仲則人生際遇多蹇，因其豪氣、野性、狂傲少諧，而造成人事環境的扞格，加上仕途偃蹇，以致氣薄而氣羸，病弱之軀更陷溺於多愁，加速生命的萎頓。因其面對生命與處境窘迫，黃仲則詩歌佛禪書寫中雖有流露明了一切本質是空的《般若心經》與《華嚴宗》「一真法界」宇宙觀，知曉「心」能開發自性如來藏，直登涅槃彼岸，明知「真心常住、靈明不滅」思想；甚至想要如《金剛經》所言放下我執，應無所住而生其心；想要如惠能《六祖壇經》所言「諸境心上不染」、「即心即佛」，脫離世間生死苦惱，卻不得。因其有家累，身負

---

[135] （唐）玄奘譯：《般若波羅蜜多心經》，《大正新脩大藏經》第48冊，No.0251，頁848下。

重擔，故學習禪宗六祖佛法在世間，甚至特別喜歡《維摩詰經》中維摩詰人格，入世卻是精神上解脫。黃仲則對於生老病死的思考，如何安頓生命，佛禪經典思想是其精神重要慰藉。

第三章
黃仲則詩歌佛禪書寫類型

　　黃仲則是位富有獨創性哲學思維，深感造物、命運對自我的對立，他認同「墨子泣練絲」、「楊朱泣歧路」[1]，面對紛雜反覆變化，歧路充塞，人不知何去何從，構成了人生基本的矛盾，又其人生困境決定其基本情緒是「哀」而非「樂」，說明瞭我們的人生是苦，正如佛教所言「人生是苦」的基調，雖然訴說人生的苦境，凸顯存在的悲壯，但期許每個人「自我」需有超越困境的信心，建構出維護自我尊嚴的人性價值。在〈雜詠二首其一〉曰：「海客有逐臭，夢人或忘妻。單慮溺一往，豈伊智不齊。蓄積偶違眾，群起相詞訑。誰知一世事，各各行若迷。化人斡真宰，無力能提撕。」[2]詩中說明人生淹沒於名利追逐、尋歡作樂、炫榮顯貴之中，依然如海客逐臭，夢人忘妻一樣執迷不悟，喚醒人們勇於直面人生困境，將人生基本情緒中盲目的「樂」，轉為「哀」，但卻又不沈緬於「哀」，意識到以出世方式追求絕對的自由是不可能的，唯有在造物的撥弄中挺立「自我」。在〈大造〉一詩說明瞭生存環境與人的情感構成了因果關係：「大造視群生，各如抱中兒。非因果哀樂，亦自為笑啼。阿保縱解意，那得無啼時。當飢幸一飽，心已不在飢。誰知登崇山，足土固不離。豪士或

---

[1] 〈悲來行〉：「我聞墨子泣練絲，為其可黃可以黑。又聞楊朱泣歧路，為其可南可以北。嗟哉古人真用心，此意不復傳於今。今人七情失所託，哀且未成何論樂。窮途日暮皆倒行，更達漏盡鐘鳴聲。浮雲上天雨墮地，一升一沈何足計。周環六夢羅預間，有我無非可悲事。悲來舉目皆行屍，安得古人相抱持。天空海闊數行淚，灑向人間總不知。」見（清）黃景仁：《兩當軒集》，卷8，頁193。

[2] （清）黃景仁：《兩當軒集》，卷7，頁181。

見此,秋氣旋乘之。觸物感斯集,不知何事悲。悾恫百年盡,俛首歸汙泥。精氣生已洩,那有魂相隨。矯枉而過正,亦受前賢嗤。我慕魯仲連,閱世同兒嬉。見首不見尾,焉能贊一辭。」[3]環境雖然盡力滿足人的欲求,但想要登高飛升,希望遠離因果束縛,卻發現足土固不離,無法超升,悲痛不已,又不耽於虛幻出世理想,而是仰慕魯仲連那種閱世又能如孩童嘻笑般進入宛若神龍的自由境界。

　　仲則短短人生卻寫下不少遊寺詩、宿寺詩,甚至詩中援引化用不少佛經術語、佛禪典故、意象,可見其佛學造詣不凡。仲則詩中雖然有些一反佛家思維,但其詩流露出人性關懷與生命意識,彰顯其愛天下之悲憫心,而其詩中的愛與悲憫不僅是儒家忠君愛民、憂國憂民,更是熱愛蒼生、為民請命、大慈大悲情懷。雖執著經世濟民從政抱負,但又深契佛教不住涅槃、關注世間,未必自覺流露佛教慈悲平等、悲智雙修。

　　「佛陀」是究竟解脫於三界輪迴的,真正圓滿覺悟的聖者,是濟渡眾生脫離苦海。一切事物,雲霞山海,森羅萬象,情與無情,皆是因緣所成。佛教認為一切法皆「空」,「空」是緣起無自性,離開緣起,即無宇宙,無人生,亦無生滅。龍樹菩薩在其《中論》書中,以否定方式來述論「空」,說其「不生亦不滅,不常亦不斷,不一亦不異,不來亦不出」[4]說明萬物生於「無」,終必回歸「無」,正如〈題文殊院〉所言:「雲霞境幻全宜佛,魑魅形空不喜人。」[5]此外,佛教認為人生是苦,苦諦為佛教四諦中第一諦,因此「佛」終極目標是要教人如何從苦中解脫出來。佛教所言苦諦有八種:生、老、病、死、

3　(清)黃景仁:《兩當軒集》,卷6,頁147。
4　(印度)龍樹菩薩造、青目菩薩釋、鳩摩羅什譯:《中論》(臺北市:大乘精舍印經會,1997年8月),頁1。
5　(清)黃景仁:《兩當軒集》,卷5,頁132。

怨憎會、愛別離、求不得、五蘊熾盛，則謂之八苦。這些苦是現實中每人皆會遭遇到，而黃仲則非但貧病，在乾隆三十三年秋天第一次參加江寧鄉試，名落孫山，後因生活所迫四處浪遊，也經歷愛別離、求不得之苦，在安徽創作〈雜感〉，詩曰：

仙佛茫茫兩未成，祇知獨夜不平鳴。風蓬飄盡悲歌氣，泥絮沾來薄倖名。十有九人堪白眼，百無一用是書生。莫因詩卷愁成讖，春鳥秋蟲自作聲。[6]

「仙佛茫茫兩未成」詩中以「仙」代表著長生與超凡脫俗，以「佛」象徵覺悟與涅槃。詩人表達在追求精神或道德之理想狀態時，依然感到迷茫與困惑。雖然修行道路是通往成仙或成佛的，但詩人感受到卻是「未成」狀態，不僅精神上仍在追求的路上，內心也常在寂靜與孤獨中不停地掙扎與鳴響。夜晚孤獨成為詩人困惑與內心不安的象徵，無法得到平靜與解脫。寫到想去成仙成佛逃離塵世煩惱不成，對未來充滿不確定感，凡夫俗子力量有限，未能如仙佛般法力無邊，得以成就大事。獨以微弱聲音在暗夜悲鳴。反映對自我修行之疑惑與對心靈解脫之渴望，表現修行過程中常有內心掙扎與困惑。藉由「風蓬」與「泥絮」兩種自然意象，表達情感與名聲之無常與脆弱。風中飄散悲歌氣象徵難以消除之悲傷，而泥絮沾染之薄倖名則揭示榮譽與名聲之短暫與脆弱。這些意象交織在一起，表現人生中之憂傷與不安，揭示名聲與榮譽背後之虛幻與脆弱。通過自然界變幻，反映人生無常與命運捉弄，寓意深刻，情感複雜。「十有九人堪白眼，百無一用是書生」表達對知識分子的一種諷刺與批評，認為這些學問在實際社會生

---

[6] （清）黃景仁：《兩當軒集》，卷1，頁15。

活中沒有實際用途，反而會被社會大眾視作無用之人。此觀點在重視實用主義與功利主義時代下確實如此。通過「白眼」與「無用」的描寫，揭示知識與學問在此時環境下的局限性與被誤解之悲劇。書生對生活毫無助益，處處遭人白眼，訴說冷漠無情的社會。詩中毫不掩飾對人世艱辛、虛偽的憤懣不平，儘管吟苦非福，仍如春鳥秋蟲表露真性情。詩中「仙」、「佛」是其逃離塵世美好的仙境願景，他知曉人終究無法逃離現實生活，又無法隨波逐流、趨炎附勢，充滿無奈心酸又堅持信念的矛盾人生。

　　禪宗是儒釋道三家融合的智慧思想體系，含有儒家的心性學說，以及老莊玄學自然主義哲學、超然物外的人生態度。「禪（dhyana）或稱禪那梵語是沈思，意譯為思維修或靜慮。」[7]。「禪」是認識人生心性之法門與體驗生活實踐之精神。禪宗主張出世修養卻不離入世精神，眾生與佛不二。南嶽慧思上堂示法「道源不遠，性海非遙。但向己求，莫從他覓。」之理時，體悟自性喜悅之詩偈曰：「頓悟心源開寶藏，隱顯靈通現真相。獨行獨坐常巍巍，百億化身無數量。縱令冨塞滿需空，看時不見微塵相。可笑物兮無比況，口吐明珠光晃晃。尋常見說不思議，一語標名言下當。」[8]意即「意念一旦頓悟，開挖出心源的寶藏，整個世間就顯現原真面目，整個人也獲得了獨立人格，自由精神。百億個化身，上天入地，無處不住；縱令俗物充塞的世間，我心仍一塵不染，隨精神自由馳騁。心情之悅無物可名狀，如珠的語言卻泉湧而出，尋常不可思議的一切事理如今都豁然開朗了。字裡行間洋溢著一股內心頓悟自性後，精神自由、思路開擴、語意中肯的喜悅。」[9]黃仲則一千一百八十首詩歌中涉及佛家詞彙約有一百四

7　周裕鍇：《中國禪宗與詩歌》（上海市：上海人民出版社，2000年），頁3。

8　（宋）普濟注著：《五燈會元》（上）（臺北市：文津出版社公司，1991年），頁119。

9　程亞林：《詩與禪》（南昌市：江西人民出版社，1998年，二版），頁160。

十四首,本章以此一百四十四首佛禪書寫詩歌來探析其佛禪思維。

筆者此章節以杜松柏《禪學與唐宋詩學》一書中將詩人以禪入詩的詩作內容分成四類來論述:「夫樂其說而精述其奧理者,禪理詩也;明其故實而入詩者,禪典詩也;適其居,友其人,投贈酬答者,禪跡詩也;狀物明理,托物起興,以有限見無限,使恍惚之禪機,著跡如見者,禪趣詩也。」[10]以下分四節來論述黃仲則詩歌的「禪跡詩」、「禪典詩」、「禪理詩」、「禪趣詩」。

第一節　禪跡詩

「禪跡詩」即「與禪師交往,或吟詩以表慕仰,或綴句以示悟境,或彼此酬和,或應禪人之請,將其建廟作堂,遊方坐化,付之吟事,故總名為禪跡詩。」[11]中國寺院除供奉三寶、安禪弘法等宗教功能外,因遍佈於山林之中,兼具隱逸、客宿、雅集等功能,文人遊寺可消除勞頓、養病修身、集會宴飲等,因此關注焦點多以摹繪景物為主。在黃仲則禪跡詩中「寺院」成為其遊賞的客觀場域,宗教意涵較薄弱,可說是單純遊佛寺詩,多敘寫行程,著力繪景,最後寫空寂、幽靜之味。唯有透過身臨目視這些山寺林園美景,才能開啟冰封固守的心鎖,當下感知,漸而觸發心靈,展現充滿靈動的文字,如:〈登千佛巖遇雨〉、〈游白沙庵僧舍〉、〈山寺偶題〉、〈別松上人〉、〈李繡川招集廣住庵看桂並贈叢輝上人二首其二〉、〈偕邵元直毛保之遊虞山破山寺遂天龍庵尋桃源澗四首其一〉、〈偕邵元直毛保之遊虞山破山寺遂天龍庵尋桃源澗四首其三〉、〈偕邵元直毛保之遊虞山破山寺遂天龍庵尋桃源澗四首其四〉等詩,以下分別論述之。

10　杜松柏:《禪學與唐宋詩學》(臺北市:新文豐出版公司,2008年),頁446。
11　杜松柏:《禪學與唐宋詩學》,頁481。

一　快哉今日觀

> 木落千山秋，天空一江碧。賈勇登巉巖，決眥瞰危壁。獵獵虎嘯林，陰陰龍起澤。膚寸足寸雲，倏已際天白。急雨翻盆來，疾雷起肘腋。同遊三兩人，相望失咫尺。飄然冷風過，煙霾漸消跡。雨腳移而東，長虹逗林隙。山翠湮淋漓，苔空見白石。快哉今日觀，橫寫百憂積。山川美登眺，嗟余在行役。陟高曠親廬，犯險乖子職。歸當置濁醪，孤酊奠驚魄。（35〈登千佛巖遇雨〉）[12]

此首五言古詩，二十六句，共一百三十字，押入聲字十一陌韻[13]。開首「木落千山秋，天空一江碧」二句描寫秋天來臨，樹葉凋落，萬山遍佈枯黃景象。「千山」指大範圍山脈，傳達秋天蕭瑟景象已遍布四周，象徵生命無常與時間流逝。「天空一江碧」描寫秋天空氣清澈，藍天如洗，遠望可見一江碧水，景色寧靜美麗。「一江碧」不僅描繪水的顏色，也表達遼闊清新之感。二句描繪一幅秋天自然景象：萬木凋零，山河呈現秋色，空氣清澈，水面碧綠，天與水融合，傳遞空靈、寧靜氛圍。

「賈勇登巉巖，決眥瞰危壁」詩中「賈勇」指詩人以勇氣登上峻峭山巖，「巉巖」指陡峭險峻山巖，暗示登山的艱難與挑戰。以「勇」字強調攀登困難，表達勇敢與堅定態度；「決眥」是睜大眼睛，目不轉睛專注凝視眼前情景，「瞰」指俯視，強調對眼前危險凝

12　（清）黃景仁：《兩當軒集》，卷1，頁11。
13　押入聲十一陌韻有：碧、壁、澤、白、腋、尺、跡、隙、石、積、役、職、魄共十三字。見余照春亭編輯，周基校訂，朱明祥編寫：《增廣詩韻集成》（高雄市：高雄復文圖書出版社，2011年），頁235-238。

視。描述登上高巖、俯瞰危崖的場景,強調攀登的高度與險峻,藉由細緻描寫表現人與自然對比,凸顯一種視野開闊與挑戰危險,將詩人與大自然的關係呈現一種震撼與雄渾的力量感。

「獵獵虎嘯林,陰陰龍起澤」詩中「獵獵」是擬聲詞,形容虎嘯聲響亮有力。虎嘯聲在林間回響,聲音宏大威猛,令人感到野性與威脅,不僅增加景象動感,也凸顯自然界力量與威嚴。「龍起澤」形容龍在陰暗的澤地中出現,可能指風或雲層變化,龍的形象象徵神祕與強大,藉此來表現大自然的神祕與威脅,也讓整個畫面更加壯麗且帶有超自然色彩。「陰陰」表達幽暗、隱祕氛圍,龍的出現增強此神祕之感。二句描寫大自然雄壯與神祕,藉由對虎嘯與龍起的描繪,傳達強烈視覺與聽覺效果,加深詩人所處景象的險峻與壯麗,讓整個畫面更加生動且充滿震撼。

「膚寸足寸雲,倏巳際天白」詩中「膚寸」指極短小距離,「足寸雲」是形容雲彩大小。描寫雲層似乎近在眼前,甚至可以觸及,彷彿就在身邊,通過此比喻表現其所處位置極為高遠,雲層彷彿只隔「膚寸」距離,增強畫面感,令人感受超然高度。「倏巳」表示瞬間、急速,「際天白」描寫與天際接觸之處,天空變得潔白,可能是晨曦或雲層變化,描寫天空由陰暗變為明亮過程,表現自然界瞬息萬變,尤其是在高山上的天際,景色極其變化無常,予人強烈視覺衝擊。二句描繪仲則在高山上感受,雲層似乎近在咫尺,而天際又在瞬間變化,表現高處遼闊與變幻莫測。

「急雨翻盆來,疾雷起肘腋」詩中「翻盆」形容大雨來得非常急促猛烈,彷彿是暴雨突然傾瀉而下,像翻倒盆子般,使讀者強烈感受雨水洶湧與突發性,令人彷彿置身狂風暴雨中心。「疾雷」描述雷聲猛烈,以「肘腋」表現雷聲近在耳邊,幾乎是與身體緊密相連程度,強調雷聲震撼力,令人驚心動魄,彷彿雷霆在身。二句通過強烈擬人

法與形象比喻，生動描繪暴風雨來臨時景象，展現大自然威脅與力量。藉由此驚險自然現象，強化整首詩中壯麗與震撼感，使讀者感受自然力量的巨大與不可抗拒。

「同遊三兩人，相望失咫尺」與兩三個朋友一同出遊，享受自然的美景，但由於內心隔閡或時間變遷，感覺彼此之間已經失去原本的親近。「三兩人」此數字透露人數不多，暗示寧靜的、偏遠的環境，有一絲孤寂感。然而，儘管與友人同處一地遊玩，彼此之間的距離卻突然變得遙遠。詩中「咫尺」原指極近距離，但「失咫尺」指雖然相望，卻感覺彼此之間的距離變得極為遙遠，象徵心靈上的隔閡疏遠。描繪一個微妙的、充滿孤獨感情境，表現在與人同行之時，卻依然感受距離與隔閡。仲則對友誼、人際關係隨著時間而漸行漸遠之感慨，或對孤獨與疏離的反思。

「飄然冷風過，煙霾漸消跡」詩中「飄然」表現冷風來得輕柔無聲，風的來臨並不劇烈，而是悄然經過。「冷風」強調秋冬時節涼意，傳遞寒意。「煙霾漸消跡」描述煙霧逐漸消散過程，隨著冷風吹過，煙霾慢慢消失，視野變得清晰，表達了自然景象的變化，冷風吹過帶來了清新的氣息，使得煙霾漸漸消散，象徵一種清明、澄澈的回歸，而此變化也暗示詩人心境轉變，從迷茫到清明，從困境到曙光。

「雨腳移而東，長虹逗林隙」詩中「雨腳」形容雨勢移動方向。「移而東」表示雨勢向東方移動，此描寫使人感受雨的變化與流動，畫面充滿動態感，傳達自然界的變化與流轉。「長虹逗林隙」描述彩虹在林間隙縫中的閃爍與變化，彷彿在與大自然中的空間玩耍。詩中「逗」字給人一種柔和、輕盈之感。「林隙」指森林中空隙，彩虹彷彿穿過樹林縫隙，營造美麗神祕景象。運用動態與靜態結合方式，展現自然界多重變化，而彩虹穿越林隙景象帶有詩意之美，表達在暴雨過後，天地間的光明與希望，暗示詩人心境轉變，從陰鬱到光明，從

困境到希望。

「山翠溼淋漓，苔空見白石」詩中「山翠」指山中青翠景色，可能是濃密樹木或山林綠色，「溼淋漓」形容這片翠綠景象在潮溼環境中顯得更加生動。「溼」表現自然溼潤，或剛經歷過雨水，予人一種涼爽清新之感。「苔」指長滿苔蘚石頭，「苔空見白石」形容苔蘚生長在石頭上，隨著溼氣增加，石頭本身露出白色部分清晰可見。苔蘚與白石相映，予人清幽、安靜之感。二句展現一幅清新、溼潤且寧靜山間景象，藉由對環境細緻描寫，令人感受自然溼潤氛圍與幽靜之美。

「快哉今日觀，橫寫百憂積」詩中以「快哉」表達詩人因當下景象而感到心情舒暢快樂與釋放，彷彿在經歷過困惑、煩惱之後，眼前景象帶來一絲心靈解脫。「百憂積」指內心積壓種種煩憂與壓力，隱喻情感思緒的無法排解。二句表達仲則心境轉變，從煩憂到釋然，展現面對自然景象後的心靈解脫，強調過去憂慮於此時暫時消解，自然界力量，不僅能帶來外在美，還能撫慰內心痛苦與煩惱。

「山川美登眺，嗟余在行役」詩中「嗟」表示詩人因無法長時間停留而發出嘆息。「余在行役」道出處於旅途中，無法靜心欣賞眼前美景，表現詩人內心無奈與惋惜，雖眼前景色美不勝收，但由於身處行役中，不能停留久享，令詩人感到一絲遺憾。「山川美登眺」描寫山川壯麗與美麗，詩人站於高處，俯瞰四周山川景色，感受自然界壯闊與悠遠。「美」強調景色引人入勝，彷彿詩人能從登高處一覽無遺欣賞大自然之美。二句表達其對大自然美景讚美，卻身處困境之無力感。儘管大自然美景如此迷人，但卻被迫處於奔波生活中，無法停留靜心享受，對現實與理想之間差距的感慨，此無奈與感慨增添詩句的情感層次，使整首詩更具哲理與情感深度。

「陟高曖親廬，犯險乖子職」詩中「陟高」是攀登至高處，「曖」是朦朧模糊之意。描寫從高處俯瞰時，能隱約見自己家鄉房

屋,此景令人親切之感,彷彿與家鄉距離縮短。「曖」強調遠望朦朧感,意味雖看見家鄉模糊景象,卻依然有一層隔閡。「犯險」指涉足危險或艱難處境,「乖子職」意味詩人覺得自己偏離自己應該履行責任。詩人在攀登過程中,雖然面臨險境挑戰,但卻感到此行為是偏離自己責任義務,感慨在追求自然壯麗與冒險同時,似乎忽略己身應承擔責任。二句表達仲則在登山過程中,既感受自然景色帶來親切感,又有對自身責任與義務的思考。處於高山之上,享受大自然壯麗,但內心卻有一種與現實生活的疏離感與責任感的衝突,反映人在面對自然與人生選擇時的掙扎與反思,也是對現實生活中困惑與情感掙扎的表達,透露出詩人內矛盾與無奈。

「歸當置濁醪,孤酹奠驚魄」末二句表達詩人對大自然的感悟以及回歸平靜生活的渴望。經歷行役、登山等疲憊後,詩人以「濁醪」與「孤酹」來象徵回家後對心靈安撫與釋放,借酒抒發情感、療愈心靈的方式。「奠」是祭奠,於此形容詩人透過飲酒來安撫、穩定內心情感波動,「驚魄」指內心驚慌、激動。如此描寫讓人感受在自然壯麗與生活繁瑣之間,詩人始終尋求心靈的平靜與安慰。詩人藉由獨自飲酒,來安撫內心驚懼不安,不僅是對大自然壯麗景象後的反思,也對身心疲憊後的一種內心慰藉。

仲則首八句描寫登千佛巖,地勢險峻,虎嘯龍吟之景,接續「急雨翻盆來,疾雷起肘腋」二句描寫遇雨之景,形容暴雨疾雷,以暴雨可翻盆、雷聲近在肘腋這樣的物象誇飾極差的天候狀況。如此暴雨讓同行之人即使距離很近也看不到對方,迅疾的冷風飄然而來,煙霧逐漸消逝無蹤。密集落地的雨往東移去,雨後長虹出現在山林間隙,溼透的青綠色山林,苔空白石現,如此描寫綠色視覺與清新嗅覺,使人沐浴森林芬多精,以達身心靈療癒。「快哉今日觀,橫寫百憂積」二句道出登巖峻、虎嘯龍吟之千佛巖之景,今日覽觀如此勝景,心裡為

之暢快適意,將鬱積於內心中種種憂患憂思全部傾瀉而出。千佛巖建在這巉巖、危壁山林之中,加上遇雨景況讓感傷失意的仲則感到悲傷憔悴、驚心動魄。山川如此之美讓人登高遠眺,仲則感傷哀痛自己仍因公務而出外跋涉,登高想念自己的家,侵犯險境違背不合子女對父母應盡的職責,回家獨自飲酒安神,安定驚動的心魄。結尾二句流露出登佛寺應可忘卻煩憂,然而此行卻將積鬱內心千百憂愁全部迸發出來,此詩一反歷來遊寺可洗滌塵俗擾事之心。

二 聽沈山磬涼

> 偶展登臨興,攀蘿到上方。江流送今古,僧話雜興亡。漱罷水泉冷,聽沈山磬涼。歸來林塢夕,高處尚斜陽。(36〈游白沙庵僧舍〉)[14]

首聯「偶展登臨興,攀蘿到上方」表達詩人隨心情興起,偶然有登樓興致。「偶展」是偶然展開,描述詩人一時興起,決定登上樓閣,開始其登樓旅程。接續描寫詩人攀爬藤蘿登上樓閣場景。「攀蘿」指借助藤蔓來攀爬,凸顯登高所需的努力,而「到上方」指登上更高之處,達到樓閣頂端,以此隱喻詩人追求更高、更遠境界。

頷聯「江流送今古,僧話雜興亡」以江水流動與僧人談論興亡為喻,通過這些自然景象與對話來表達歷史的無常與人事的興衰。「送今古」寓意時間流逝。江水綿延不絕,像是將過去與現在的歷史無情送走,象徵時間流動,過去與現在的興衰隨著江水而逝。詩中江水成為時間象徵,提醒人們歷史的更迭與無常。「僧話」是僧人談論的話

---

14 (清)黃景仁:《兩當軒集》,卷1,頁11。

題,「雜興亡」指僧人討論內容涉及各種事物興衰、興起與衰落,表達人們在談論歷史時,經常討論過去繁華與衰敗,並對這些無常的興亡進行反思。二句強烈表達時間的無情與歷史的興衰變遷。江水象徵流逝時間,僧人話語代表人們對過去興亡的思考與記憶。仲則於此表達對歷史興衰、人生無常之深刻感悟。藉由「江流送今古」與「僧話雜興亡」兩種對比,強調生命無常,引發對時間、歷史與生命的哲理性反思。

頸聯「漱罷水泉冷,聽沈山磬涼」詩中「漱罷」是漱口或洗臉,表達自然清新的生活狀態。詩人可能在泉水旁漱口,感受泉水帶來清涼與潔淨。此清冷泉水不僅是外在的,更象徵詩人心境的清明與澄澈。「沈山磬」是指山中的磬聲,磬是佛教寺廟中常用的一種樂器,聲音清脆且悠長。「聽沈山磬」表達詩人聆聽來自山中磬聲,此音予人寧靜與祥和之感。「涼」是涼爽之感,指磬聲帶來涼意,也象徵詩人內心清涼、平靜。二句描寫詩人漱口時感受水泉清冷,聆聽山中磬聲,此景與聲使其感到心靈清涼與平靜。

尾聯「歸來林塢夕,高處尚斜陽」詩中「歸來」道出詩人回到家鄉或其熟悉之處,此是歸途終點。「林塢」予人一種幽靜、隱祕之感,象徵詩人對寧靜生活嚮往與歸屬感。「夕」強調時間背景是黃昏日落前。描述詩人回到林間隱蔽地,正值夕陽西下之時,周圍景象予人清靜恬淡之感。雖是黃昏時分,但從高處仍可見夕陽餘暉,為整個畫面增添些許柔和光輝。

首二句道出作者偶然興起登臨白沙庵,而其地理位置險峻,「攀蘿」二字描寫出道路崎嶇,必須藉助攀爬的力量才能前進到達上方。從古至今,滾滾江流終不止息,不斷送舊迎新,江流見證歷史古今。僧人說道混合、摻入歷史興亡。「漱罷水泉冷,聽沈山磬涼」二句寫出用清澈泉水漱洗,使人涼爽,聽著沈山磬音,感受山林間的清涼寧

靜，置身山水之中，可一洗塵俗煩事。傍晚回到樹林、竹林中的棲息處，高處還有斜陽照，如此美麗黃昏的景色。

三　不及山僧有送迎

得得千山引去程，精藍小住一牽情。十年懷刺侯門下，不及山僧有送迎。（296〈山寺偶題〉）[15]

此七言絕句開首「得得千山引去程」詩中「得得」表達某種狀態的重複，強調行程艱難、持續。「千山」指無數的山脈，代表長遠旅程或困難道路。「引去程」指被這些千山引領著，意味詩人正在踏上漫長路程，面對一條長且困難道路，此路使其不禁回首、有所感慨。次句「精藍小住一牽情」詩中「精藍」是一種清澈、深邃的藍色，或形容某特定景象（如天空、湖泊光影效果）。「小住」表達詩人於此地短暫停留。「一牽情」透露詩人對此停留之地或當下所產生的情感牽引，是一種短暫卻深刻的情感聯繫，在旅程中某一停留的片刻，感受與某物之情感共鳴。二句詩表達詩人在面對漫長且艱難旅程時，停留於某個美麗而清新景象中，並在此短暫停留中產生一種情感牽引。此情感牽引可能是對某處留戀，或對某段時光、某種心境懷念。詩中強烈自然景象，如「千山」、「精藍」與情感交織，表現人在旅途中對所見景物感悟與情感依戀。仲則將旅行艱辛與美好停留時刻相對比，呈現一種矛盾但又和諧情感交融。第三句「十年懷刺侯門下」詩中「十年」表示時間長久，此「侯門」指有權勢貴族、官員的家門，「下」指身處此權勢圈子中。「懷刺」在此是心情描述，道出詩人在多年中，為

15　（清）黃景仁：《兩當軒集》，卷4，頁102。

仕途奔波，感受官場中權謀與不易，心中有些無奈、憤懣，甚至可能無法完全融入此境之中。末句「不及山僧有送迎」此句對比身為官員生活與隱居山中生活。「山僧」指隱居在山中僧人，代表遠離塵囂、無官場勾心鬥角的隱居生活。「有送迎」指山中僧人即使隱居，也會有人來訪、送行，此送迎儀式雖簡單，但卻能感受到一種人情溫暖與清靜關懷。與官場的繁忙與冷漠相比，山中的生活更顯得平和與真切。仲則在多年幕僚生活後，感到官場中充滿利益與爾虞我詐，與其渴望的清新、簡單生活形成鮮明對比。相比之下，山中僧人雖生活簡單，卻能享有彼此間的關懷與尊重，而質樸送迎儀式使其更加嚮往山中生活的恬淡與寧靜。

此詩作於乾隆三十七年，仲則二十四歲時遊山寺所作。「精藍」指佛寺、僧舍，精，精舍；藍，阿蘭若。十年來懷藏名片準備謁見侯門，寫出作客於幕僚之中，看見官場勢利、人情淡薄，不及初識山中的僧侶自然率性、真誠待人。

四　相失名山去

千峯趺坐處，而我一相尋。了了解人意，空空入道心。觸扉知虎脊，震榻是龍吟。相失名山去，塵緣愧我深。（377〈別松上人〉）[16]

此詩作於乾隆三十七年，仲則二十四歲。詩中的松上人，生卒年未詳。上人是佛教對於出家人之敬稱，指內有智德、外有勝行之僧人。[17]仲

16　（清）黃景仁：《兩當軒集》，卷5，頁136。
17　據丁福保《佛學大辭典》解釋：「上人，上德之人也。佛家謂內有德智，外有勝行。在人之上，故名上人。晉時稱釋子多曰道人，至鮑明遠始有秋日示休上人詩。

則一心連續不斷尋訪松上人，在千峯之中尋找松上人的趺坐之處。「了了」指聰明慧點，上人聰慧深解仲則的來意。「空空」是佛教語，指空的概念是沒有實性。仲則尋法訪松上人是十分恭敬虔誠，對於慈悲親切的上人開示，解除過客疑惑，指點迷津，即便沒有大徹大悟，但聆聽上人妙理佛法，亦能解除煩憂，如凡塵外的清涼劑，洗滌塵俗之擾，相當於心理治療，讓生命獲得重新出發的動力。

首聯「千峯趺坐處，而我一相尋」描寫在千山峯巒重疊之中，尋覓一個隱祕安靜處。「趺坐」是禪定姿勢，暗示一個能夠讓心靈得到平靜、遠離喧囂之處。詩人努力在尋找此處或狀態。此種尋求可能是對內心尋找，尋找一種能夠帶來安寧、啟發的空間，表達尋求內心平靜的過程，或向某理想境界、精神高峰努力的心情。

頷聯「了了解人意」表達對人心、人意的洞察與理解。瞭解他人的想法、情感與行為是一種智慧，也可說是對世界、人生的深刻理解。詩中「人意」不僅指個人心情、意圖，還可能包含對人性洞察與感知。「空空入道心」說明當一個人能夠放下自我、清空內心執念與偏見，便能進入「道心」狀態。「道心」是追求真理、智慧與心靈安寧的心境。此過程強調純淨無私、心無所著之境地。二句表達兩個層次的思想：一是通達與理解他人、世界的智慧，二是內心的修養與清空，進而達到一種心靈上昇華與道的體悟。可視為一個人在追求精神與智慧上的成長過程。

頸聯「觸扉知虎脊，震榻是龍吟」二句詩充滿強烈意象。「虎脊」是虎背象徵。當門扇輕觸，即能感知虎背存在。當我們接觸某些表象時，便能洞察其中深層力量或潛在威脅。虎背象徵力量、威嚴，

《能改齋漫錄》曰：『唐人多以僧為上人，如杜子美已上人茅屋是也。』《摩訶般若經》曰：『何名上人？佛言若菩薩一心行阿耨菩提，心不散亂，是名上人。』」見丁福保編纂：《佛學大辭典》（臺北市：新文豐出版公司，1985年），頁434。

也暗示即使是輕微接觸，也能揭示其潛在危險。此敏銳洞察力，能從細微徵兆中辨識大格局與潛在風險。「龍吟」是龍發出吼聲。當榻震動時，便能聽見龍吟聲。此意象表達某種強大內在力量，當外界事件變化發生時，便能感受內部巨大力量顯現。龍吟象徵一種非凡力量、威嚴，當榻震動時，此力量得以展現。從表象變化中，可以感知深層震動與力量，此是一種洞察內在動態的能力。運用「虎脊」與「龍吟」兩強大動物象徵以表達對事物深層力量之洞察。從微小接觸與變化中，能感知強大力量或潛在變動，暗示敏銳的洞察力與對事物本質的理解。

　　尾聯「相失名山去，塵緣愧我深」詩中「名山」指具有深厚文化、精神象徵之地，是歷史悠久山脈，象徵修行、智慧、心靈昇華之處。「相失」指與此「名山」緣分已斷，或因時間流逝、生活變遷而錯過。此語表達與曾心嚮往之地的分離，充滿失落與遺憾之情。「塵緣」是世俗的紛擾與牽絆，「愧我深」是對自己未能突破世俗塵囂，未能全然放下、心靈未能昇華的深深自責。此「愧」暗示對未能恪守初心、未能達到理想中的心境之悔恨與無奈。結尾二句以兩個層面情感收束全詩：一是對過去懷念，對曾理想精神境地、修行場所之失落；二是對自己未能擺脫塵世煩擾，未能堅守心靈理想的自責，將人在世間沉浮與內心糾結呈展而出，表達心靈疲憊與對更高境界渴望，蘊含緬懷過去與自責，具濃厚感傷與自省意味。

五　陰陰藏淨域

　　茲山海隅勝，佳名昔耳食。命儔得所導，快陟如舊識。千嵐忽霞燦，目光訝頻拭。萬樹霜楓林，豔此天地色。助以朝陽輝，絢爛斯雲極。入林甫一轉，已忘山南北。素石兼長松，彩翠相

鏤飾。紗繪不到處，化工展匠力。應接搖吾精，十步須九息。面面圍錦障，陰陰藏淨域。奚俟窮幽探，茲觀生未得。(650〈偕邵元直毛保之遊虞山破山寺遂天龍庵尋桃源澗四首其一〉)[18]

此詩作於乾隆三十九年，仲則二十六歲。此首五言古詩，二十二句，共一百一十字，據詩意分為兩大段論述。詩人從前就耳聞江蘇省常熟市虞山這名山勝地，呼喚邵元直同伴一起遊虞山，得到他的嚮導，很快登高爬上此山，有如舊時相識。山中迷漫著霧氣，忽然間彩霞燦爛奪目，驚訝連續擦拭雙眼。漫步在秋霜的楓林萬樹中，驚豔此天地絕色，加上朝陽光輝絢爛，宛如置身仙境。才剛剛進入樹林一圈，已忘魂不識方向。白石兼長松，鮮豔翠綠之色相互裝飾。連彩繡都做不到之處，自然的造化者竟然大展鬼斧神工。美景繁多，令人目不暇給，撼動我的精力，十步需要九休息。每一處有如被色彩鮮豔花紋圖案的絲織品團團圍住，深邃中暗藏人無法觸及的地方，詩中「淨域」是佛教語，原指彌陀所居之淨土，是寺廟別稱，此指「破山寺」即今「興福寺」。「常熟興福寺位於江蘇省常熟市城北虞山之麓，該寺始創於南齊，邑人郴州牧倪德光捨宅為寺，名『大慈寺』；相傳唐貞觀年間，有黑白二龍矯勇，衝進成溪，遂成破澗，故寺又名『破山寺』；唐懿宗咸通九年，敕賜大鍾及「興福寺」額，因名『興福寺』。」[19]而在趙豐梅〈虞山北麓興福寺〉一文提及：

興福寺初建於南朝的梁代，初名大慈寺。至梁大同三年（537年）改名為興福寺。其寺名的由來是：寺內正殿後有一巨石，

---

18 （清）黃景仁：《兩當軒集》，卷10，頁243。
19 顧敏：〈破山寺裡一沙門──記常熟興福寺監院慧文法師〉.《佛教文化》，2022年Z2，頁56。

石上紋理縱橫，自左看像『興』，自右看像『福』，遂以此命名。在唐代，興福寺又被稱為破山寺。據《常熟地方小掌故》記載，民國初年，僧人於寺內曲徑掘得一碑，上刻蘇州知府童尊題詩，詩云：「唐時舊寺今猶在，聞有高僧號破山。」據此詩，則興福寺之所以又名破山寺，是因為唐代時寺內有個叫破山的高僧。所以在唐詩中，除了常建的〈題破山寺後禪院〉外，還有釋皎然的〈遊破山〉和〈秋夜宿破山寺〉、吳融的〈送僧歸破山寺〉。[20]

由上可知「興福寺」初名「大慈寺」，後因唐代破山高僧故又名「破山寺」，而唐代詩人常建〈題破山寺後禪院〉一詩使寺更加盛名，成為江南四大名剎之一。如何窮盡探求幽勝之境，此地所見之景是畢生未曾見過，詩中流露作者遊覽名勝內心驚喜與震撼。

第一段：開首「茲山海隅勝，佳名昔耳食」二句指出此地是山水景色極為優美與歷史聞名之處。接續二句「命儔得所導，快陟如舊識」描述在獲得正確引導情況下，向前邁進、上升如此順利與自然，宛如與舊知重逢，心境親切無比，表達強調登山順暢。五、六句「千嵐忽霞燦，目光訝頻拭」描寫千山萬嶺忽然被霞光照耀，眼前景象變化迅速、光輝燦爛畫面，凸顯自然景色變幻與壯麗，令人驚訝，目光頻頻擦拭，彷彿不敢相信眼前美麗。七、八句「萬樹霜楓林，豔此天地色」描寫成千上萬楓樹在霜凍中變紅，展現美麗色彩，映照整個天地，展示大自然在秋冬交替時壯麗景象。九、十句「助以朝陽輝，絢爛斯雲極」描繪朝陽輝煌與雲彩變得五光十色，展現色彩斑斕、極具視覺衝擊力之自然景象，呈展詩人對自然光景讚美與敬畏。接續「入

---

20 趙豐梅：〈虞山北麓福興寺〉，《上海房地》2016年1月，頁26。

林甫一轉,已忘山南北」描述人進入森林後,完全沈浸於自然景色中,身心融入自然,失去對方向的感知,「山南北」象徵地理方向,而「忘」表示身心已完全融入大自然,表達身心放鬆以達心靈自由與忘我。「素石兼長松,彩翠相鏤飾」詩中「素」表示原始狀態,凸顯石頭自然質樸,描寫天然石頭與挺拔松樹並排生長,綠意盎然色彩展現自然景象既原始又精美如畫。「紗繪不到處,化工展匠力」詩中「紗繪」指用細膩線條色彩在紗布上繪製圖案,指細膩輕柔的繪畫方式。「不到處」點出就算此種細膩藝術亦無法覆蓋所有,必有其局限性。二句表達自然界神奇高超的工藝技巧能展現細膩紗畫無法所及之處的美麗,擁有無限可能,描寫此自然界的造化之功。

第二段:「應接搖吾精,十步須九息」二句開始「轉」,描寫詩人每走十步就需停下喘息九次,強調身心極度疲憊、力不從心狀態,表達作者在面對遊虞山時精力匱乏與體力透支。接續二句「面面圍錦障,陰陰藏淨域」詩中「面面」是四面各方向,「圍錦障」指用錦繡布料、美麗屏障圍繞。「陰陰」是陰暗或幽靜,給人一種安靜、隱蔽感覺;「淨域」是潔淨、純淨空間,描寫一個隱祕、清淨、遠離喧囂之處。二句描寫四周被華麗屏障圍繞,隱祕寧靜的空間隱藏其中,充滿安靜與和平氛圍。藉由「錦障」與「淨域」意象,展現寧靜、隔絕外界紛擾之美好境地。最後二句「奚俟窮幽探,茲觀生未得」詩中「奚俟」意味「何必等待」表現迫切態度。「窮幽」是深入探究幽深、難解事物、境界。「茲」是此時此刻,「生未得」是生命尚未能完全理解或實現某種理想。末二句總結全詩,作者表達何必去深究那些難以捉摸、深奧事物,因從目前來看,生命仍未完全獲得所期望目標,此語反映一種對生命、探索與目標之感悟,認為人不必過於執著於難以捉摸事物,而應注重當下,理解與追求生命中重要目標,強調「活在當下」思維。

六 每坐不忍移

> 登高易心瘁,況茲搖落辰。我行深林中,敗葉如隨人。前峯忽中斷,平野連城闉。人氣此焉聚,上結濛濛塵。誰知我曹樂,迥與太古鄰。日華轉壑底,霜氣清崖垠。更愛佳石淨,皺瘦無輪囷。每坐不忍移,撫之輒生溫。遙山萬千疊,何處平吾身。(652〈偕邵元直毛保之遊虞山破山寺遂天龍庵尋桃源澗四首其三〉)[21]

此首五言古詩,十八句,共九十字,因詩長,據詩意將本詩分為三段論述之。第一段共八句:開首二句「登高易心瘁,況茲搖落辰」詩中「登高」指攀登高處,象徵追求理想、目標或面對挑戰。「心瘁」是心力疲憊,形容在面對困難時,內心感到疲倦與精力耗盡。攀登高峰或追求遠大目標容易讓人心力交瘁,暗示追求理想與面對挑戰的艱辛與困惑。「況」表示更何況,強調後面所說的情況,「搖落辰」指時間流逝、生命衰敗或一種不穩定狀態。二句道出登高易使人心力交瘁,更何況正處於時光流逝、動搖不定時刻,感到生命脆弱與困頓。表達詩人對人生、理想、時間流逝感慨,內心疲憊與對生命現狀無奈,反映人在面對挑戰時艱辛,特別是當外部環境不穩定時,精神與體力易感到脆弱。三、四句「我行深林中,敗葉如隨人」表示詩人正行走於深林中,深林予人幽暗、寂靜之感,暗示詩人心境或所處環境孤獨、偏僻。而敗葉彷彿隨詩人同行而來,落葉紛飛,帶著孤獨、淒涼之情。落葉紛飛象徵時光流逝與生命消逝,反映詩人面對人生困境與孤獨時心境。五、六句「前峯忽中斷,平野連城闉」詩中「前峯」是前

---

21 (清)黃景仁:《兩當軒集》,卷10,頁243。

方山峰或高聳山巒,「忽中斷」指山峰突然中斷、斷開,形成一種突如其來景象,表現自然景觀變化與意外,給人一種視覺上驚訝與震撼。「平野」是廣闊平原,「連城」是連接著的城池、建築物,「闉」是城門,象徵城牆邊界、分隔,遼闊平原與城牆連成一片,給人一種廣闊且有封閉感。二句描寫眼前山峰忽然中斷,接著是開闊平原,與遠處城牆相連,形成一幅遼闊景象。將山脈斷裂與平原廣闊形成強烈對比,表現了自然與人文景觀交織。「前峯」與「平野」對比,或暗示人生道路上不同階段、境遇轉折。七、八句「人氣此焉聚,上結濛濛塵」描寫人群聚集於此地,暗示熱鬧、喧囂場面,導致空氣中瀰漫著灰塵,形成一種混沌、模糊景象,描寫人群聚集和由此引發環境變化,隱喻社會或人際關係中喧囂與混亂。灰塵的瀰漫象徵環境混亂,而人氣聚集暗示社會活動的紛繁複雜。

　　第二段共六句,從第九、十句開始轉入清淨之域:「誰知我曹樂,迥與太古鄰」詩中「誰知」意味誰能理解,表達一種困惑與孤獨感,暗示詩人樂趣、心境是難以被人理解。仲則的樂趣、心境,與太古時代遙相呼應,彷彿與古老世界相鄰,呈展詩人內心世界超越當下,與更遙遠古老的時代、精神相連,反映詩人內心獨特感受,表達詩人對常規世俗無法理解的孤獨與自信,展現心靈超脫與追求。仲則認為自己與古代思想、精神有某種聯繫,甚至超越當時世界,展現一種高度自我意識與精神獨立性。接續二句「日華轉壑底,霜氣清崖垠」詩中「日華」是太陽光輝,「壑底」是山谷底部。描寫太陽光輝照進山谷,而霜氣瀰漫在崖壁之上,形成一個清晨或秋冬時節寧靜、清冷自然景象,藉由「日華」與「霜氣」對比,表現自然界清新與寧靜。太陽光輝與霜氣清冷相互映襯,展現充滿詩意景象,傳達對大自然美麗與寧靜感受。其後二句「更愛佳石淨,皺瘦無輪囷」詩中「佳石淨」暗示這塊石頭沒有雜質、簡單而完美。詩人表達更喜愛這塊潔

淨、無瑕美麗石頭。「皺瘦」指石頭表面有皺紋或凹陷，形容石頭顯得瘦弱、乾癟，應是經過歲月洗禮、風化所形成紋理，「無輪囷」指沒有圓形印記或環狀結構，形容此石頭表面無明顯人工雕琢痕跡，保持天然質樸與簡單。二句通過對石頭外貌細緻描寫，表達對自然、質樸美的鍾愛。儘管此石表面皺褶、瘦弱，看起來並不完美，但其純淨自然之美令仲則更為喜愛，呈現質樸之自然美。

最後一段，共四句，從「每坐不忍移，撫之輒生溫」二句開始要收束全詩，當詩人坐下來時，因感到非常安寧愉悅，以至於不忍離開、改變當前狀態，對此境依戀，感到一旦安坐就不想打破此寧靜安逸。詩中「生溫」是產生溫暖感覺，描述只要輕輕觸摸它，就能感受到溫暖回饋。傳達仲則對某景物、人事深切依戀與珍惜，表露心靈上依賴與溫暖。「遙山萬千疊，何處平吾身」詩中「遙山」表現一種遙遠且無法觸及景象；「萬千疊」指山巒重疊，呈現山脈浩渺與壯麗，描繪一幅遼闊山景，山脈似乎無盡延展，給人深遠、無垠之感。在此遙遠且層層疊疊山巒中，何處能讓我安穩、平靜下來？表達詩人內心迷茫與無處安放情感，呈現一種對自我安定與歸屬渴望，傳達內心焦慮與不安。仲則面對壯麗、遼闊自然景象時，反而感到自己無法安定、找到歸屬感。仲則通過遊虞山破山寺途中自然景象描繪，表達內心迷茫、孤獨與對寧靜渴望。山的層疊象徵複雜人生、外部環境，而「平吾身」則反映對內心安寧追尋，表現出詩人對歸屬感與內心平靜渴望之情。

七　佳處吞八九

下山行別僧，歸逕屢轉右。鐘聲忽遞風，尋之越岡阜。依然邁精藍，行近不知有。逕造竹閣吟，坐聽澗聲久。尋源得奇絕，

石理若瓜剖。平落十畝寬,側撇千丈陡。想見春水生,百萬玉龍走。暝色沈鏡光,欲攬不在手。未窺山面全,佳處吞八九。劍門拂水崖,較此孰前後?明發更扳陟,斯遊庶無負。(653〈偕邵元直毛保之遊虞山破山寺遂天龍庵尋桃源澗四首其四〉)[22]

此首五言古詩,二十二句,共一百一十字。仲則下山別僧,歸途直接屢次向右邊轉向,代表行走速度變快。鐘聲迅速被風傳遞出去,追尋它已經穿越山丘。走近不知有佛寺精舍,依舊相遇,直接造訪竹閣吟,坐聽山澗聲長達一段時間。追尋探求其源頭得到神奇絕倫,石頭脈絡紋理有如瓜被剖開一般,水不傾斜的落下達十畝之寬,側邊甩落陡峭達千丈之高。作者想看到春水漲滿,水鳥活躍嬉戲的景象,以及數目眾多的瀑布奔瀉而下之景。然而夜晚已至,雖未完全見山全面之美,但已見八九分美景。

　　此組詩描寫作者遊覽虞山破山寺、天龍庵、桃源澗之山光水色,是一幅神祕絢麗的畫面,漫步其中,感受欣賞大自然鬼斧神工,超現實美感。

　　第一段,共八句,開首二句「下山行別僧,歸逕屢轉右」詩中「下山」表面寫詩人即將離開這片寧靜、深邃山林,實則象徵從某種精神、心境的高度走向現實世界。「行別僧」是與僧人告別,僧人象徵修行、寧靜、超脫等精神層面追求。描寫詩人離開一個修行地方,告別其中的精神寄託與寧靜狀態。仲則下山與僧人告別,走在回家路上,路途曲折,不斷地向右轉,而回家路途曲折,表示人生道路不易與反復。仲則或許在感歎離開寧靜修行生活,進入複雜世俗生活,人生的回歸與選擇充滿曲折與變數。三、四句「鐘聲忽遞風,尋之越岡

22　(清)黃景仁:《兩當軒集》,卷10,頁243。

阜」詩中「鐘聲」給人一種莊嚴、悠遠之感,「忽」字傳達鐘聲在某一時刻傳來的突發性,「遞風」是風將鐘聲帶向遠方,彷彿聲音隨風而散,給人一種悠揚、延續之感。鐘聲忽然隨風傳來,詩人順著聲音方向,越過山丘去尋找它的來源,藉由描寫鐘聲隨風傳播情景,表達詩人對某種情感追尋。「鐘聲」象徵某種召喚;「風」象徵無形的力量,使聲音遠遠傳遞。詩人通過越過山丘來尋找鐘聲來源,傳遞一種深入探求的精神。此詩或許暗示詩人對內心感悟或對某真理的追尋,表現一種與自然、心靈對話的深刻情感。五六句「依然邁精藍,行近不知有」詩中「精藍」指佛寺、僧舍,仲則依舊遇到佛寺精舍,即使走近了,依然無法察覺、意識到它的存在,儘管某些美好或純淨事物一直存在,但在某些時候,可能因距離或其他原因,無法真正察覺其存在,或許是對美好事物的忽視,暗示某些心靈深處的真實情感是無法輕易觸及。

　　七、八句「迸造竹閣吟,坐聽澗聲久」描寫詩人找到了一個寧靜的地方,在竹屋中吟詠,享受寧靜的時光,詩人長時間靜靜地坐著,聆聽溪流的聲音,進入一種心靈的沉靜與陶醉狀態。二句傳達詩人對大自然熱愛與享受,特別是通過「竹閣」與「澗聲」,構建一個理想隱逸生活場景。藉由「迸造竹閣」表達自己在自然中尋求寧靜與精神寄託,而「坐聽澗聲久」表現詩人完全融入自然,靜心聆聽自然之聲狀態。此自然聲音,令詩人感到心靈平靜與滿足,展示對自然的親近,傳遞一種寧靜、超脫之精神境界。

　　第二段從第九、十句「尋源得奇絕,石理若瓜剖」開始描寫詩人追尋源頭,最終發現一個極其奇特、與眾不同自然景象。詩中「石理」指石頭表面紋理;「瓜剖」是像瓜果切開後的形態,指裂縫切口非常平整、規則。這些石頭紋理、裂縫,像是瓜果被剖開後樣子,形狀規整、清晰,展現出一種自然奇妙與完美。通過細膩的自然描寫,

展現了詩人對自然奇觀的深刻發現與感悟。石頭的裂縫和紋理如瓜果被剖開後的形態，給人一種自然界中的完美與神奇。詩人運用此細緻比喻表現對大自然中微妙、獨特景象的欣賞，反映出詩人對自然親近，體現對自然美的獨特感知與深刻體驗。

接續二句「平落十畝寬，側撇千丈陡」描寫一片寬廣的平地，約有十畝寬闊，展現一片平坦景象，而旁邊有一座懸崖陡坡，陡峭得約有千丈高。「側撇」指向旁邊傾斜伸展，表示某方向的傾斜變化；「千丈」強調景物高大極遠。詩人通過對地形描寫，構建一幅地形起伏、壯麗險峻自然景象。藉由平坦與陡峭對比，展示自然景觀巨大反差與威力，既有開闊平原，又有險峻懸崖，展現大自然雄偉與多變。此對比不僅描繪自然景色，也暗示人生或心境的起伏與變化。

接續「想見春水生，百萬玉龍走」詩中「春水生」指春天的水源開始湧動、流動，象徵生命復甦與大自然活力。「百萬」表數量極多，「玉龍」形容水流奔騰如龍在奔跑，具強烈動態感與力量感，「走」意味流動奔騰。二句描寫成千上萬的水流像玉龍一樣奔騰不息，表現春水猛烈與奔放。仲則運用生動比喻與形象描繪，展現春天水流勃發與旺盛生命力。用「百萬玉龍走」以形容水流奔騰，既有視覺上壯麗，亦有情感上激蕩，表現春天帶來生機與動感。此充滿活力自然景象，傳達一種力量感和生命復甦，彷彿自然界中的每一滴水都在努力奔向遠方，充滿無限可能與希望。

「暝色沈鏡光，欲攬不在手」詩中「暝色」是暮色，給人一種寧靜、靜謐甚至有些悲涼之感；「沈」字形容光線逐漸消失，整個景象變得更加昏暗；「鏡光」是鏡面上的光，形容一種細膩而清晰光亮。二句描寫隨著暮色降臨，鏡中的光線逐漸暗淡，反射的光輝變得模糊，象徵時間流逝與美好事物漸行漸遠，雖然詩人想要抓住那瞬光輝美好，但它不在掌握之中，無法再觸及，象徵無法得到事物。

「未窺山面全,佳處吞八九」仲則通過對自然景象觀察,傳達對局部美的深刻感受。雖然未能完全見到山的全貌,但已被其中的美麗部分所震撼,幾乎讓他無法再關注其他地方。透過此局部的描寫,表達對自然景色讚美,也暗示對某種事物美好的一部分陶醉,強調細節中的美好,體現詩人對美的感知,凸顯美的局部可能比整體更加深刻與震撼的觀點。雖還沒完全看到山的全貌,但佳處已見八九分美景,詩中「八九」是強化美景的深邃與豐富。生命中美好的事物,我們無法全面掌握,但也值得珍惜,未窺全面之美,雖有遺憾,但令人遐想,感受到宇宙浩瀚與生命無窮。

最後一段:「劍門拂水崖,較此孰前後」詩中「劍門」是劍門關,是中國四川境內的一個著名山口,因其形似劍刃而得名,古時被認為是險要之地;「拂水」指水面被拂動、掠過,形容水面受到某力量的輕拂。劍門關的懸崖與水面相接的景象令人震撼,水面被輕輕拂動,形成一種險峻而又優美的自然景象,與其他景象相比,哪一個更為突出、值得稱讚呢?「劍門拂水崖」[23]是虞山十八景之一,地處藏海寺前,與桃源澗此景相較之下,誰前誰後?仲則通過描繪劍門關自然景象,表達對不同景觀的比較與思考。劍門關的景色雄偉、險峻,通過「拂水崖」此一細節,強調自然景觀的力量與細膩。詩人通過提出「孰前後」的問題,思考自然界中不同景象的優劣。此處既是對自然景觀欣賞,也是對人生事物間比較思考,帶有一種探索與審視精神。

「劍門拂水崖」是虞山十八景之一,地處藏海寺前,與桃源澗此

---

23 〈江蘇常熟市虞山拂水晴岩〉一文中寫道:「拂水岩」,地處藏海寺前。有呈丁字形的「長橋」、「香花」兩橋飛架在山崖上,橋下兩崖中豁,形成陡直峻峭的深谷。每逢雨後,河水流瀉成懸瀑,若遇西南風,則水自倒卷而起,如萬斛珍珠凌空飄灑。即使晴日,在橋上仍有細雨蒙面之感,故稱「拂水晴岩」。二〇一九年一月十六日由攜程攻略社區發表於文化(查詢日期:二〇二四年九月二十五日)原文網址:https://kknews.cc/culture/j5ak8xq.html

景相較之下，誰前誰後？明早再攀登，此遊但願不辜負這些美景。

「明發更扳陟，斯遊庶無負」詩中「明發」指天明時分出發，此時天光明朗，象徵新開始與希望。「扳」表示付出努力；「陟」是上升、攀登之意；「更扳陟」表示繼續攀登、努力向上。詩人正在用力向更高處前進，代表著持續的努力。在天明時分出發，繼續努力攀登，希望此次旅行不會辜負自己期望。末二句以明亮清晨為起點，堅定不移繼續追求更高的目標，無論是對自然景色探索，還是對心靈昇華，體現對自己行動的責任感與決心，期望通過不斷努力去實現某種理想或目標，表現一種積極向上、勇往直前的精神。

第二節　禪典詩

「禪典詩」乃以禪宗語錄、禪宗公案入詩，意指詩歌內涵上有「以禪喻詩」，即用禪語、禪典入詩。黃仲則諳熟佛教典籍，在遊寺詩中援引佛典、公案，甚至對佛語、佛典的運用，不停留於詞語泛化層面，趨近詩禪一體，形式上接近禪偈，除了呈現禪學見解外，更期望通過遊寺參禪，安頓身心、清淨內心的願望。然而仲則以佛為用，向外覓求，正如《五燈會元》卷十二守芝禪師所言：「向言中取則，句裡明機，也似迷頭認影」[24]，亦非第一義諦。沈德潛（1673-1769）為清‧釋律然《息影齋詩鈔》所撰序略云：「詩貴有禪理禪趣，不貴有禪語。」[25]以及紀昀批點《瀛奎律髓》卷四十七盧綸、鄭谷之作

---

[24] （南宋）普濟編撰，蘇淵雷點校：《五燈會元》（北京市：中華書局，1984年），頁708。

[25] （清）沈德潛：《息影齋詩鈔》序，收錄於（清）‧釋律然：《息影齋詩鈔》，收錄於《延綠閣集》，收錄於《清代詩文集彙編》（上海市：上海古籍出版社，2011年），第230冊，頁343。

云:「詩欲有禪味,不欲著禪語」、「詩可參禪味,不可作禪語。」[26]認為詩不貴有禪語,不可作禪語,然禪語禪典若能拈化得宜而入詩,更能充實詩人詞藻素材,能轉法華,不為法華轉。黃仲則禪典詩,如:〈雲棲寺〉、〈戒壇四松歌〉此二篇筆者已發表於期刊論文,故在此不論述。本論文在此分別探析〈丁酉正月四日自壽二首其二〉、〈西巖石佛像〉、〈龍興寺〉、〈黃龍洞〉、〈大佛石〉、〈虎跑泉〉、〈李繡川招集廣住庵看桂並贈叢輝上人二首其一〉、〈清明後七日雨中宿浮槎寺階下紫牡丹一本開盛有二百餘頭笴河夫子作歌命和其韻〉八首禪典詩,以下分別述之。

一　不禮金仙禮玉晨

> 不禮金仙禮玉晨,人間差覺敝精神。倘來事業慚青鬢,未了名心為老親。花笑喜逢初番信,酒香偷釀隔年春。相將且盡筵前醉,位置吾儕豈在人。(829〈丁酉正月四日自壽二首其二〉)[27]

此詩作於乾隆四十二年,仲則二十九歲。〈中元〉:「自禮金仙守夜分,不捲風簾養燈穗」詩中的「金仙」與〈丁酉正月四日自壽二首其二〉:「不禮金仙禮玉晨,人間差覺敝精神」詩中「金仙」謂佛,「玉晨」謂仙。據《佛光大辭典》記載「大覺金仙」曰:

---

26 (宋末元初)方回選評,(清)紀昀批點:《瀛奎律髓》(合肥市:黃山書社,1994年,諸偉奇等點校本),卷47,盧綸〈題雲際寺上方〉紀昀評點,頁1024。另見李慶甲集評《瀛奎律髓彙評》(上海市:上海古籍出版社,2005年,新一版),卷47,頁1681。《瀛奎律髓》卷47,鄭穀〈宿澄泉蘭若〉紀昀評點,頁1028。另見《瀛奎律髓彙評》卷47,頁1686。
27 (清)黃景仁:《兩當軒集》,卷13,頁310。

> 宋徽宗宣和元年（1119）嘗詔改佛陀為大覺金仙。宋史徽宗本紀：「宣和元年春正月乙卯，詔佛改號大覺金僊，餘為僊人大士，僧為德士，（中略）女冠為女道，尼為女德。」蓋時以佛教隸屬道教，謂佛為仙人之一，實寓貶黜之意。然印度古代，每稱棲隱山林修道之人為仙人，深含尊敬之意，而對佛陀，既視為超乎聲聞、緣覺等之大覺者，故特以「大覺」、「大仙」稱之；又因佛身為真金之色，故稱金仙，諸經中多用之，非如我國後世所含貶次於道流之意。[28]

由上可知大覺金仙是指佛陀之意，因佛身為真金之色，故稱金仙，並非指道教。首聯「不禮金仙禮玉晨，人間差覺敝精神」詩中「金仙」與「玉晨」是比喻性詞彙，代表高尚、神聖純潔的境界。「金仙」是佛陀，象徵神聖、崇高存在。詩人對於人世間缺乏精神追求之感慨與思考，詩人傳達人與神靈、純潔精神之間的差距。人們不再以敬重心態對待神聖存在，導致人的精神與思想漸漸敗壞、墮落，失去應有純潔與力量，流露其對理想境界與精神追求的渴望與失望。

　　頷聯「倘來事業慚青鬢，未了名心為老親」詩中「青鬢」象徵青春年華，意味詩人在年輕時未能實現自己所期待事業成就。仲則描述自己事業沒有達到理想高度，反而使得自己年華漸老、鬢髮斑白時感到羞愧。表達詩人對自己未能完成事業與責任的愧疚，同時也反映對父母孝心與責任感。藉由「青鬢」與「老親」描寫，將個人事業成就與家庭責任的衝突呈現出來，展現孝道與理想之間的矛盾。通過對「青鬢」與「老親」對比，體現詩人對自己未能在事業上有所成就的自責與愧疚，同時也表達其對父母的深厚感情與責任感。詩人意識

---

28 慈怡主編：《佛光大辭典》（高雄縣：佛光文化事業公司，1988年），頁913。

到，儘管年華老去、事業未成，但依然掛念父母，未能完全履行對子女的責任與父母期望。仲則展現內心的矛盾與無奈，一方面為未能達成事業目標而懊悔，另一方面則因未能盡到孝道而感到愧疚。

頸聯「花笑喜逢初番信，酒香偷釀隔年春」詩中「花笑」是擬人化描寫，表示花朵在春風吹拂下，綻放美麗笑容；「初番信」指初次消息，指春天到來。花朵在春風中綻放，彷彿喜悅迎接春天的第一縷信號。「酒香」是酒的芳香，象徵生活醇厚與悠長；「偷釀」形容釀酒過程，帶有一種悄然、隱祕之味，暗示時間悄然流逝；「隔年春」指一年過去後的春天，寓意時間流逝與季節交替。描寫酒香悄悄地釀成，經過一年時光，終於在隔年春天中展現出來。通過富有畫面感的描寫，表達了時間流逝、季節更替與內心情感的變化，同時也流露出詩人對生活的感慨與期待。

尾聯「相將且盡筵前醉，位置吾儕豈在人」詩中「相將」意為相互帶領或共同行動，表示朋友同伴之間陪伴；「且」表示暫且，含有輕鬆、放鬆之意；「盡」表示盡情、徹底，指痛快做某件事；「筵前醉」描寫在宴席前就已飲酒陶醉，形象表現詩人與朋友們暫時忘卻煩惱、盡情享受當下生活，反映詩人享受當下、放縱自我心境。「位置」指身分地位，我們的身分地位豈能由他人或外界來定義？我們自己的位置應由自己掌握，而非由社會看法或外界標準所決定。表達了一種對現實的超脫與對自由的追求，詩人藉由「筵前醉」與「位置」此二意象，傳達對功名、地位輕視，以及對當下生活享樂的放縱與超然。

二　恍見天女空中拈

　　高僧得句夢子瞻，石泉淙淙榆火炎。身遊一徹未來境，看花更使遊心饜。虛涼佛地盡諸相，恍見天女空中拈。一百六日過雖

第三章　黃仲則詩歌佛禪書寫類型 ❖ 145

瞥，七十九朵誰先占？桐風吹雨雲暗牖，眼界燦若初陽暹。山深地古春力厚，芳菲疇識先時晛。野禽銜瓣著佛頂，長蚑結網攀茅簷。不憂傖父肩上擔，時怯樵子腰間鐮。怪渠骨相匪枯槁，所置身處何其廉？問花毋乃太自苦，良久不語花口箝。花如道我代花答，託根有土百不嫌。魏家千葉本冠世，苦被俗論相髡鉗。有心終是恥王後，遺世獨立逃攻憸。非花我已得花意，卻笑積習徒沾黏。慈恩深院古所賞，顏色豈肯長淪淹。解留光豔照我輩，真識遠勝千夫兼。臨風顧影若意氣，為見學士拈髭髯。三章倏似大篇易，魂攝筆底花懨懨。藉令相見稍前後，空山韻事誰能添。深龕彌勒亦莞爾，笑我小綴言詹詹。夜分花睡我亦睡，切勿放下蘆花簾。（530〈清明後七日雨中宿浮槎寺階下紫牡丹一本開盛有二百餘頭笥河夫子作歌命和其韻〉）[29]

此詩作於乾隆三十八年，作者二十五歲於浮槎寺賞牡丹，笥河夫子朱筠命其和詩而作此詩。第一段開首二句「高僧得句夢子瞻，石泉淙淙榆火炎」詩中「高僧」指具高深佛學修養僧人，象徵智慧與覺悟；「得句」指高僧領悟到佛理中一句話或精義，通過冥思或修行獲得智慧；「夢子瞻」表示仲則通過「夢子瞻」來象徵自己在夢境中得到啟示或精神上覺醒。高僧通過修行得到某個深刻佛理或啟示，就像詩人夢中得到啟發一樣，傳達一種精神境界昇華。「石泉」指岩石中流出泉水，象徵清澈與純淨；「榆火炎」是火焰，榆樹枝條可作為燃料，象徵熱情與生氣。據《周禮・夏官司馬・司爟》卷三十記載：「春取榆柳之火。」[30] 本謂春天鑽榆、柳之木以取火種，後因以「榆火」為

---

29 （清）黃景仁：《兩當軒集》卷8，頁196。
30 《周禮・夏官司馬・司爟》：「司爟掌行火之政令，四時變國火，以救時疾。」鄭司農說以《鄹子》曰：「春取榆柳之火」。見（清）阮元校勘：《十三經注疏・周禮三》（臺北市：藝文印書館公司，2001年，初版十四刷），卷30，頁458。

典,以表春景。藉由「石泉淙淙」與「榆火炎」對比,描繪一種自然界和諧景象,水與火並存,象徵對立中的平衡。詩中「石泉」象徵高僧心境的清澈與靜謐,而「榆火」則象徵一種內心熱情與覺悟。通過對自然景象描寫與對高僧境界描繪,仲則表達對精神世界追求與感悟,同時也展示佛教思想中對內心淨化與覺悟之思索。

三、四句「身遊一徹未來境,看花更使遊心饜」詩中「身遊」指身體遊歷,象徵詩人處於一個身心放鬆、自由流動狀態;「一徹」即通達、透徹之意,表示對某個境界或理念的深刻理解;「遊心饜」中的「遊心」是心靈遊蕩、漂泊。二句描寫仲則自身遊走在一個通透、深入境地,心靈也通透於未來境界,欣賞花朵美麗,進一步使心靈更加得到滿足與愉悅,放鬆、無拘束漂遊在內心自由之境。從描寫身心放鬆與遊歷,傳達心境超然與寧靜。藉由「身遊」與「看花」行為,展現自己超脫於物質世界追求,尋找內心滿足與愉悅。看花不僅是視覺上享受,更是一種心靈上沉澱與放鬆,仲則借此達到內心平靜與自由,進而獲得精神上滿足,體現詩人追求自我心靈自由、安寧與精神愉悅之生活態度。

五、六句「虛涼佛地盡諸相,恍見天女空中拈」詩中「虛涼」是一種空靈、寂靜感覺,有禪宗意境,象徵一種無為、無欲精神境界。佛教教義中常提到「空」與「無相」,即一切事物本質上都是空的,無固定形態,故「虛涼」也傳達一個超脫塵世感受;「佛地」指佛陀所在聖地,象徵一種清淨、超凡境地;「盡諸相」指所有表象、形態,在佛教中,諸相的消失意味心境超脫,一切煩惱與形態不再束縛心靈。詩人描寫在一個清冷、空靈佛教境地中,感受所有表象消失,進入無相深層境界。「恍見天女空中拈」句中「天女空中拈」出自《維摩詰經》記載天女散華於諸菩薩及舍利弗等,天華不著諸菩薩,僅著於舍利弗等之體,乃因舍利弗等尚未泯絕思慮分別。《維摩詰所

說經‧觀眾生品》曰：

> 時維摩詰室有一天女，見諸大人聞所說法，便現其身，即以天華，散諸菩薩、大弟子上。華至諸菩薩，即皆墮落，至大弟子，便著不墮。一切弟子神力去華，不能令去。爾時天女問舍利弗：「何故去華？」答曰：「此華不如法，是以去之。」天曰：「勿謂此華為不如法。所以者何？是華無所分別，仁者自生分別想耳！若於佛法出家，有所分別，為不如法；若無所分別，是則如法。觀諸菩薩華不著者，已斷一切分別想故。譬如人畏時，非人得其便；如是弟子畏生死故，色、聲、香、味、觸得其便也。已離畏者，一切五欲無能為也；結習未盡，華著身耳！結習盡者，華不著也。」[31]

仲則描寫在一個空靈清涼佛教境地中，感受所有表象與形態消失，彷彿在此境界中，看見天女在空中輕盈拈花，揭示超凡、神祕啟示，表達一種超越世俗精神境界時，融合佛教思想與詩人對自然與超自然感知。仲則描寫心靈的覺悟與寧靜藉由「虛涼佛地」與「天女拈花」兩個意象，傳達神祕、充滿禪意之精神體驗與超越塵世追求。二句呈現佛教禪宗「空」與「無相」思想，通過「天女拈花」佛經典故，象徵一種超越現實的神性領悟，展現詩人超脫世俗、進入內心深處一種神祕體驗，傳達對精神世界的深入探求與頓悟。

七、八句「一百六日過雖瞥，七十九朵誰先占」詩中「一百六日」指一段具體時間，冬季一百零六日；「瞥」表達時間流逝迅速。描寫冬季一百零六日雖匆匆一瞥過了，反映詩人對時間流逝感慨，此

---

[31]（姚秦）鳩摩羅什譯：《維摩詰所說經》，《大正新脩大藏經》第14冊，No.475，卷中，頁547下。

時正是花開時節。「七十九朵」雖是一個具體數量，但可能不完全指現實具體事物數量，而是一種象徵生命、機遇、目標的重要性。在這些機會、目標中，誰將成為第一個抓住的人？使用了數位和時間的意象，可能通過數位和自然景象表達了一種時間的流逝、生命的短暫以及競爭或機遇的主題。其含義可能與人的經歷、機遇、或成長的過程密切相關。二句結合時間流逝與人生競爭的主題，表達人生中機會與時光流逝，強調在有限時間內，人們如何把握機遇、爭取先機。藉「一百六日」與「七十九朵」數字，設定人生節奏，時間短暫，機會有限，而人卻需爭分奪秒，抓住先機，誰能領先，誰就能占得先機，得以享受成功果實。

　　九、十句「桐風吹雨雲暗牖，眼界燦若初陽暹」二句描寫四月白白的油桐花被風吹來如雲雨般紛紛飄落至光線不足的窗上，目力所及範圍如初日升起的光彩鮮明耀眼。「桐風」指桐樹的風，桐樹展現清雅、安寧氛圍；「雨雲」暗示陰雨天氣或沉悶氛圍；「暗牖」指窗戶被陰雲遮掩，光線變得昏暗，給人封閉、壓抑之感。詩中「眼界」指視野、心境；「燦」象徵光明與希望。二句描述在風雨交加陰沉天氣中，營造內心情感上壓抑與不安，窗外景象使心境變得沉悶與壓抑。但當詩人抬起頭來，眼前景象卻如初升陽光，變得豁然開朗，照亮內心陰霾，帶來精神上振奮與清新。藉由「桐風」與「初陽」對比，描繪由沉悶到豁然開朗心境轉變。前半句「雨雲暗牖」營造一種陰鬱、壓抑氛圍，反映內心不安與低落；而後半句「眼界燦若初陽暹」象徵心境轉變與覺醒，表達內心重新獲得光明與希望的情感變化。通過自然景象描寫，詩人表現對內心波動細膩捕捉，同時也表達對希望與新生追求。

　　第十一、十二句「山深地古春力厚，芳菲疇識先時覘」二句寫到在此深山之地蘊涵著春天溫煦之氣催發萬物之力，正是開始觀察精通

花草芳香種類之時。詩中「山深」是深山，象徵一個遠離塵囂、寧靜且古老之地；「地古」表示土地古老，帶有歷史積澱，暗示此處具悠久歷史與自然原始狀態；「春力厚」是指春天的力量旺盛充沛，「厚」字強調春天的力量深遠強大。「芳菲」是花草芬芳與繁盛，形容春天萬物復蘇景象；「先時覘」指之前曾經觀望、察覺到的東西。二句描寫在深山古老之地，春天氣息格外濃厚，充滿生命力量，而此股春意力量，詩人早已預感並察覺到，彷彿春天到來並非偶然，而是曾經在某時刻就能感知。藉由對「山深地古」描寫，展現詩人對自然界與季節變化之深刻體悟。詩人對春天表現不僅是自然景象感知，也體現內心與大自然之間默契與共鳴。藉由「芳菲疇識」傳遞對自然規律敏銳洞察力與對生命力尊重，表達對春天生機勃勃季節之讚美。

第十三、十四句「野禽銜瓣著佛頂，長蚑結網攀茅簷」此處描寫野鳥銜著花瓣站於佛像頂上，長蚑在茅簷之上攀緣結網。詩中「野禽」象徵自由、自然與生命活力；「銜瓣」指鳥嘴中銜著花瓣，花瓣代表美麗、生命與自然饋贈；「佛頂」指佛像頂端，象徵佛至高無上位置或精神境界。「長蚑」指蚯蚓，象徵土壤、自然與基礎；「攀茅簷」指蚯蚓攀爬茅草屋頂屋簷，似乎在努力向上、向更高地方攀爬，代表在日常環境中，雖然看似不起眼，但依然努力追求更高精神境界。二句描寫在自然界中，野鳥銜著花瓣飛向佛頂，表達自然界中生命力與美好向佛教智慧與清淨精神追求匯聚，而蚯蚓在茅簷下結網並攀爬。此兩種生物行動似乎象徵自然界與精神世界交織，以及不同生命形式在追求與生長中所體現力量。鳥代表自由與靈性，蚯蚓象徵樸實努力與耐力。通過此對比，表達人類或生命力對比：一方面是自然之美與精神追求的高遠，另一方面是生活中堅韌與務實。此外，此兩種生物活動暗示「上」與「下」、「高」與「低」對比，表達在不同環境與境界下，所有生命都在各自的軌跡上努力與生長。通過「野禽」

與「長蚑」意象，以探討佛教或哲學思想中某種象徵意義。

　　第十五、十六句「不憂傖父肩上擔，時怯樵子腰間鎌」二句描寫村夫所擔負的重擔不會讓他感到憂慮，表現對生活堅韌與承擔責任精神，但卻時常心生畏懼害怕樵夫腰上鎌刀，意味對生活困難會有畏懼與不安。接續二句「怪渠骨相匪枯槁，所置身處何其廉」詩中「怪」是感到不尋常之意；「骨相」形容人體態外貌，描寫此人體態看起來不是枯萎、瘦弱的，而是似乎缺乏生氣或顯得不健康，有種令人不解外貌特徵，二句描寫他的體格相貌乾枯憔悴，其置身之處是如此的角落、側邊。通過對一個人外貌與環境描寫，表達對其貧困、簡陋生活條件批評與感慨，反映詩人對某種生活狀態、環境或人事不滿，甚至帶有一絲諷刺。二句通過外貌與環境對比，暗示貧困與簡陋生活對人的影響。透過兩者對照，表達對社會貧困、不公平現象的感慨批評。藉由「枯槁」與「廉」對比，凸顯某種生活的不合常理或不理想狀態，或許表達對貧困、生活壓迫之不滿。

　　第二段八句「問花毋乃太自苦，良久不語花口箝。花如道我代花答，託根有土百不嫌。魏家千葉本冠世，苦被俗論相髠鉗。有心終是恥王後，遺世獨立逃攻憸。」詩人用擬人法希望花不要自尋苦惱，問花許久花閉口不答。詩人自代花答，「問花毋乃太自苦，良久不語花口箝」二句通過人與自然互動，傳達情感表達與內心苦痛。詩人通過「問花」與「花口箝」意象，「花口箝」象徵壓抑與無言，或許是在表達花朵無法吐露自己心聲，更深層反映詩人內心無奈與無法言說苦楚，暗示自己內心情感與困境。詩人在勸花朵不要太過自苦，暗示對美好事物遭遇困境的同情，也反映自己對過度自我折磨之警覺。「問花」與「花口箝」對比，表現人與自然、人與內心之間關係。詩人通過問花的方式，表達對困境與痛苦反思，然而花沉默讓詩人感受內心封閉與困惑。「花」代表詩人自身情感與內在痛苦，表達一種無法言

說的無奈與沉默掙扎。

「花如道我代花答，託根有土百不嫌」詩中「花」是擬人，具人格化特質，「代花答」意味詩人不僅是在問花答案，而是代替花作答，象徵對自然界生命理解與承載。花朵的根依賴大地，無論土壤如何，根都不嫌棄任何地方，暗示無論環境如何艱難貧困，生命總能從中汲取養分與力量。詩人代替花朵作答，無論如何，生命存在都有其意義與價值。無論外界環境如何，內心根基能夠支撐並讓生命持續生長。藉由「花」與「土」比喻，表達對生活與責任理解，強調環境對生命重要性，但同時指出無論外在條件如何，生命根本力量來自內心堅持與對生活熱愛，正一種樂觀態度，表達對生活與生命力肯定。詩人通過代替花朵答話，表達對自然生命的共鳴與感悟，象徵人對自然理解以及面對困境時堅韌與不屈。

「魏家千葉本冠世，苦被俗論相髡鉗」，「魏家千葉」是指牡丹之名。宋代洛陽有兩種名貴牡丹品種，一是魏紫，千葉肉紅花，出於五代魏仁溥家；二是姚黃，千葉黃花，出於民間姚氏家。魏家千葉本是舉世無雙，但卻被世俗議論評價與偏見給局限束縛，表達對世俗偏見與批評之痛苦。仲則藉此表達對傳統觀念與社會壓力的批判與無奈，對於社會偏見與世俗眼光給人帶來困擾。

「有心終是恥王後，遺世獨立逃攻憸」二句表現詩人對權力、名望與世俗功利拒絕，強調獨立人格與清高生活的追求。對比兩種人生選擇：一是追逐名利、權力，最終卻可能帶來屈辱；二是遠離爭鬥、保持內心獨立與清明，逃避陰險權謀。仲則藉由此抒發，揭示對高位虛榮與權力鬥爭之批判，選擇一種超然物外、獨立於世、不受干擾之生活態度。此花有心最終不甘落人之後，遠離俗世而獨自生存，逃避諂佞奸邪的世俗之論。

第三段：「非花我已得花意，卻笑積習徒沾黏。慈恩深院古所

賞，顏色豈肯長淪淹。解留光豔照我輩，真識遠勝千夫兼。臨風顧影若意氣，為見學士拈髭髯。」八句，詩人雖非花卻已得花之意，「非花我已得花意，卻笑積習徒沾黏」詩中「積習徒沾黏」呼應第一段天女拈花，二句表達詩人已看透花的真意涵，不執著於表面外貌，而是從中獲得更深理解與智慧。此理解不僅是對花的欣賞，更是對事物本質洞察。詩人嘲笑那些固守習慣與成見的執迷不悟者，不擺脫陳舊思維，始終無法領悟事物本質，不僅無法獲得真正自由，亦無法領悟生活意義，反而讓自己處於停滯之中。

　　「慈恩深院古所賞，顏色豈肯長淪淹」詩中「慈恩深院」指浮槎寺，是古來皇帝所賞賜，姿色怎肯長久隱沒無聞。藉由「慈恩深院」與「顏色情感」對比，表達詩人對美好事物賞識與深情，同時揭示生命、時間與美麗無常。通過對過往景象回望與對未來光彩期待，傳達對事物暫時衰敗後復甦信心與對生命力讚美。

　　「解留光豔照我輩，真識遠勝千夫兼」二句道出慈恩深院釋放光彩豔麗照射我們這些志趣相投的人，真知灼見遠勝眾人。雖然外界光輝與榮譽可照耀我們，帶來短暫輝煌，但真正智慧與深刻洞察力才是最為珍貴，它遠超過任何世俗力量與追隨者。仲則藉由此語表露對內在智慧推崇，認為只有真正理解事物本質的人，才能在長遠時間與人生道路中立足，超越其他一切。表達對外在榮光與世俗評價的批判，同時強調內在智慧與真知灼見重要性。詩中「真識」是真知灼見，即是我們自性清淨心，亦是離生滅相之真心。藉由此二者對比，強調真正洞察力、智慧以及理解力，才是人最寶貴財富，能帶來持久力量，而非短暫名聲光輝。

　　「臨風顧影若意氣，為見學士拈髭髯」詩中「臨風」表現豁達、從容狀態；「若意氣」表現自信滿滿，氣質非凡。在風中回望自己影像，志得意滿，神采飛揚模樣意氣風發，為了見朱筠學士而用手指搓

揉鬍鬚般等候旨意。通過細節描寫，展示詩人自信個性及對朱筠學士風範崇敬，一種表露自我情感方式。仲則藉由「臨風顧影」與「拈髭髯」細節描寫，表現自信、從容及嚮往理想人物情感。藉由朱筠學士形象，暗示對知識、風骨與人格尊敬，表露對理想境界追求。

　　最後一段八句：「三章倏似大篇易，魂攝筆底花懨懨」詩中「三章」可能是指詩文中三個段落；「似大篇易」意味此三章寫起來像是一篇長篇似的，暗示創作速度與流暢。體現創作靈感迅速湧現，詩人能快速完成作品，似乎一氣呵成。二句描寫出作詩輕鬆與暢快，靈感來自這些花，靈魂與其交融，連花魂都攝於筆底，以致瘦弱無力之態。表現出作詩時心靈投入，「花懨懨」表現既嬌弱又憂鬱情感，有種美麗又淡淡憂傷之意境。詩中表現創作中靈感與情感交織，雖寫作順暢，但其中包含情感複雜性，詩人在創作中感到一種情感沉澱與無力。藉由「三章倏似大篇易」與「魂攝筆底花懨懨」對比，表達創作中矛盾心態：一是寫作順暢與靈感爆發，二是情感沉重與內心波動。表現詩人對創作過程細膩感知與對情感深度體驗，揭示藝術創作中辛苦與心靈掙扎。

　　「藉令相見稍前後，空山韻事誰能添」二句表達出人與人之間相遇微妙，對相遇與交流渴望，也流露孤獨感。詩中「藉令」意指借助機緣，「稍前後」表達時間上不確性與相遇難得，令人感受人相遇不易；在空山之中，那種對自然之美，有著獨特韻味與情感，人與自然之和諧美感是無以替代，「誰能添」既顯孤獨又無奈，如此難得瞬間是彌足珍貴。即便時間安排稍有前後變化，或許事情進展會有所不同，但在空山這寧靜中，那自然韻味與節奏已無可增添。「空山韻事」表達詩人對大自然、藝術之美的感悟，已達無可增添境地，對自然與藝術之美的深刻認同。「無可添」境界，體現詩人對自然獨特理解，及其對藝術與美之極致追求。

「深龕彌勒亦莞爾，笑我小綴言詹詹」詩中「深龕」指深藏在寺廟中龕位，即佛像所在處；「彌勒」是佛教中「彌勒菩薩」，是釋迦牟尼佛的繼任者，將在未來娑婆世界降生成佛，成為娑婆世界的下一尊佛，被尊稱為彌勒佛。彌勒被描繪為笑容可掬、慈悲寬厚形象，代表未來佛或幸福象徵。據《華嚴經》卷七十九記載：「或見彌勒，最初證得，慈心三昧。從是以來，號為慈氏。」[32] 及《大乘本生心地觀經》卷三偈曰：「彌勒菩薩法王子，從初發心不食肉，以是因緣名慈氏。」[33] 說明彌勒發心不食肉，故名慈氏。在《佛說觀彌勒菩薩上生兜率天經》（簡稱《彌勒上生經》）記載：

> 此阿逸多，具凡夫身，未斷諸漏，此人命終當生何處？其人今者雖復出家，不修禪定，不斷煩惱，佛記此人成佛無疑，此人命終生何國土？佛告優波離：諦聽，諦聽，善思念之！如來應正遍知，今於此眾說彌勒菩薩摩訶薩，阿耨多羅三藐三菩提記。此人從今十二年後，命終必得往生兜率陀天上。[34]

可知彌勒具凡夫身，未斷諸漏，不修禪定，不斷煩惱，開示出菩薩在五濁世中修行，不應落入自利的自我解脫，應注重現實世界，展現大乘菩薩對眾生關懷同情，佈施、持戒、忍辱積極救濟的精神。又《彌勒上生經》記載：

---

32 （唐）實叉難陀奉制譯：《大方廣佛華嚴經》，《大正新脩大藏經》第10冊，No.279，卷79，頁435中。

33 （唐）罽賓國三藏般若奉詔譯：《大乘本生心地觀經》，《大正新脩大藏經》第3冊，No.159，卷3，頁306上。

34 （劉宋）沮渠京聲譯：《佛說觀彌勒菩薩上生兜率天經》，《大正新脩大藏經》第14冊，No.452，頁418。

> 犯諸禁戒，造眾惡業。聞是菩薩大悲名字，五體投地，誠心懺悔。……此人欲命終時，彌勒菩薩放眉間白毫大人相光，與諸天子雨曼陀羅花，來迎此人。此人須臾，即可往生。[35]

經上說明若平時犯禁戒、造諸惡業，於菩薩面前禮拜懺悔，亦可立願往生，可見慈悲之至。而「中國一般寺廟供奉之笑口常開胖彌勒像為五代時之契此和尚，因傳說為彌勒化身，故後人塑像供奉之。而往生兜率天之信仰，自古與阿彌陀信仰同為佛教徒所重。」[36]由上可知彌勒形象是慈悲、笑口常開，故作者所見佛龕櫥櫃內的彌勒菩薩對其微笑。「莞爾」是輕微微笑，表現出溫和、從容態度。此處所言的「莞爾」是除了自我感覺外，更從實際法像觀之，雙重肯定。描寫彌勒菩薩在深邃龕位中也微微一笑。彌勒菩薩微笑象徵著寬容、慈悲與智慧。「笑我」是指彌勒菩薩笑話我；「小綴」指詩人所言只是零星小片段、零散東西；「詹詹」形容言辭繁瑣、拖沓，帶有自嘲之意，表明自己寫作時瑣碎、雜亂。仲則自覺自己言語有些多餘冗長，因此彌勒菩薩微笑自己，此笑容中蘊含對自我創作謙虛與自省。通過彌勒菩薩微笑，表現詩人對自己創作謙虛，表露對佛教思想中智慧與寬容敬仰。彌勒微笑象徵慈悲與超脫，似乎在指引詩人反思自己言辭，提醒在創作中追求更多深度與內涵。通過對彌勒菩薩笑容描繪，表現自我超越與對人生、創作審視，蘊含一種追求內在寧靜與智慧。

「夜分花睡我亦睡，切勿放下蘆花簾」二句描寫在夜晚，花朵已安靜睡去，詩人也跟隨它們進入睡眠狀態，享受這份寧靜與和諧。請不要隨意放下蘆花簾，因這樣可能會打破夜晚安靜與自然節奏，傳遞

---

[35] （劉宋）沮渠京聲譯：《佛說觀彌勒菩薩上生兜率天經》，《大正新脩大藏經》第14冊，No.452，頁420中。
[36] 慈怡主編：《佛光大辭典》（北京市：北京圖書館出版社，1990年），頁6424。

自己對環境安靜珍視，強調與大自然融為一體的寧靜心境。末二句詩人展現寧靜自得生活態度，表達對大自然安詳與和諧氛圍喜愛與保護。藉由「花睡」與「蘆花簾」細節，創造一種靜謐畫面，傳達內心寧靜與對平靜生活嚮往，也是於浮槎寺賞牡丹心靈饗宴。

三 天然金粟裝

> 古壁呼燈照，天然金粟裝。石開生外相，雲見定中光。已覺空山靜，還愁過客忙。大千煩惱意，合眼未能忘。（347〈西巖石佛像〉）[37]

此詩作於乾隆三十七年，仲則二十四歲在安徽描寫一尊石佛像之景，充滿禪意。首聯「古壁呼燈照，天然金粟裝」詩中「金粟」即「金粟如來」，是過去佛之名，相傳是維摩詰的前身。《淨名玄論》卷二曰：「復有人釋云：『淨名文殊，皆往古如來，現為菩薩。如首楞嚴云：文殊為龍種尊佛；發跡經云：淨名即金粟如來。』」[38] 隋吉藏《維摩經義疏》卷一曰：「有人言：文殊師利本是龍種上尊佛，淨名即是金粟如來。相傳云：金粟如來出思惟三昧經，今未見本。」[39] 二句描繪石佛像外表如同古老壁畫，透過燈光照耀，金粟般光芒閃耀。

頸聯「石開生外相，雲見定中光」詩中「石」象徵堅硬、穩定、永恆存在，而「生外相」是石裂開後所展現新景象。通過「石」與「開」結合，表現一種從堅固、靜態事物中產生新的、外在的形象變

---

37 （清）黃景仁：《兩當軒集》卷5，頁122。
38 （隋）吉藏法師造：《淨名玄論》，《大正新脩大藏經》第38冊，No.1780（東京市：株式會社國書刊行會，1988年）頁866上。
39 （隋）吉藏法師造：《淨名玄論》，《大正新脩大藏經》第38冊，No.1781（東京市：株式會社國書刊行會，1988年）頁913下。

化。「雲」象徵變化無常與流動;「中光」是雲層之間透過來的光,是陽光穿透雲層所產生光亮,象徵光明。當石頭裂開時,它產生一種外在形態變化,而雲在某一時刻安定下來,透過雲層灑下光芒,象徵內心寧靜與啟迪。詩人藉由此兩種自然現象對比,表達自然界中無常與穩定之間的辯證關係,展現自然界中變化與恆定,反映內心頓悟與寧靜。其實是承上言佛菩薩在定中證得虛明性,不被煩惱所纏,此句除了描寫自然界的神奇與美麗,也蘊含哲理,讓人思考事物的本質與現象的虛實。「雲見定中光」形容在雲層之中透出的光亮,象徵著希望與靈感,在困難迷茫中仍能找到方向和力量的感覺。

　　頷聯「已覺空山靜,還愁過客忙」已覺空山「靜」,不僅是指自然環境之靜,描摹大自然的靜態美,更可反映出佛教淨土的地方。「已覺空山靜」表達了自然的寧靜和詩人內心的平和,描繪了空山之中無人打擾的靜謐。這種寧靜讓人感受到心靈的舒適,與自然的和諧共存。「覺」有察覺,即發覺察知之意;覺悟,即由以往的困惑迷失中醒悟之意。若能覺醒本性與佛性無別,「佛是自性作,莫向身外求。自性迷,佛即是眾生;自性悟,眾生即是佛。」[40]詩人已體會到空山寧靜,然而心中仍然憂慮,害怕外面匆忙過客會打破這份寧靜。詩人藉由對「空山靜」與「過客忙」對比,揭示自己對內心寧靜的珍視與對外界干擾的擔憂,表現人們在追求平和與清淨過程中,往往難以完全避免外部世界干擾。詩人在享受寧靜同時,也感受外界干擾對自己內心平和的影響。仲則在此渴望寧靜心情,以及對外界喧囂與忙碌不安的排斥,更折射出其對世俗紛擾的避諱與對自然純淨、心靈安寧追求。

　　末聯「大千煩惱意,合眼未能忘」詩中「大千」是無量的、廣大

---

40 (元)宗寶編:《六祖大師法寶壇經》,《大正新脩大藏經》第48冊,No.2008,卷1,頁352中。

的,形容宇宙世界廣大,是佛教語,指「大千世界」,轉用於形容人間之紛紜諸相[41]。「煩惱」也是佛教語,「煩惱,又作惑。使有情之身心發生惱、亂、煩、惑、汙等精神作用之總稱。人類於意識或無意識間,為達到我欲、我執之目的,常沉淪於苦樂之境域,而招致煩惱之束縛。在各種心的作用中,覺悟為佛教之最高目的;準此而言,妨礙實現覺悟之一切精神作用皆通稱為煩惱。」[42]即心中煩亂不安。詩人以「大千」來形容這些煩惱的巨大與無窮,表現內心沉重與糾結。「合眼」表示想要入睡,但「未能忘」卻傳達內心掙扎,儘管閉上眼睛,詩人依然無法忘卻那些煩惱與痛苦,強調煩惱深深困擾,即使在試圖尋求寧靜時刻,心中依然充滿難以擺脫憂苦。藉由「合眼未能忘」,傳達煩惱對於內心強大影響力,也表現人在尋求平靜時,常會被內心不安所困擾。此內心無奈與痛苦,既是對生活中困境寫實,也是對人們心理深刻反思。此語也道出佛菩薩慈悲為懷,濟渡眾生,仲則感受空山寧靜,但仍為世間煩惱所苦,期待能閉上眼睛忘卻一切之煩憂。詩中表達一種寧靜與煩惱共存之心境,即使置身於空山靜地,內心仍念念不忘過往的煩惱,反映出對生活中煩惱與困擾的思索。此種情感在詩歌中巧妙地交織,令人深感共鳴。

四　人間除是法王知

上頭棟宇閱興衰,事去英靈失護持。雲氣何年接芒碭,山門猶自枕鍾離。聖朝寬大仍遺構,勝國蒼涼祇斷碑。欲叩恆河沙數劫,人間除是法王知。(514〈龍興寺二首其一〉)[43]

---

41 慈怡:《佛光大辭典》(北京市:北京圖書館出版社,1990年),頁751。
42 慈怡:《佛光大辭典》,頁5515。
43 (清)黃景仁:《兩當軒集》,卷7,頁189。

此詩作於乾隆三十七年，作者二十四歲。龍興寺位於安徽省鳳陽城北鳳凰山日精峰下，始建於明洪武十六年（1383），是明朝皇家寺廟，是明代開國皇帝朱元璋發源之地，其出家的於皇寺（皇覺寺）。[44]

首聯「上頭棟宇閱興衰，事去英靈失護持」二句對龍興寺景象的觀察，表達對歷史興衰、過去事物變遷之感慨。龍興寺見證興盛與衰敗歷史，暗示龍興寺與歷史的滄桑變遷。藉由「棟宇」象徵歷史變遷與事物興衰。「事去」指事情的結束或消逝，意味某時期或某成就的終結；「英靈」指英勇精神或靈魂，象徵曾經於某時或某地發揮過重要作用的人物；「失護持」意味失去這些英靈保護與支持。二句表達隨著事情消逝，那些曾經保佑或支撐力量也不再存在，暗示守護與支持的力量失落。通過建築衰變與英雄靈魂的失落，表現歷史變遷與人事無常。藉由「棟宇」與「英靈」對比，表達一個時代消逝與英雄失落，凸顯過去輝煌與當前失落之間的對比，感慨歷史變遷與時光流逝，表露出對逝去時光與失去庇佑之感傷。

頷聯「雲氣何年接芒碭，山門猶自枕鍾離」詩中「雲氣」象徵時間流轉與變化。「芒碭」是芒山、碭山的合稱，在今安徽省碭山縣東南與河南省永城縣接界。據說劉邦成為漢朝皇帝，正是得芒碭山之龍脈，才會成為開國皇帝。「山門」指寺廟、寺院大門或山的入口，象徵庇護與靜謐場所。佛教將空門、無相門、無作門稱作「三門」，後泛指寺院的大門，即山門，故山門又作山寺，為寺院別名，在此指

---

[44] 朱元璋出生於安徽鳳陽，出身極貧寒。元至正四年（1344），朱元璋出家於皇寺。元至正十二年（1352），於皇寺毀於戰火。明洪武十六年（1383），朱元璋在九華山（鳳陽縣內）的日精峯下另擇新址，重建大龍興寺，簡稱龍興寺。親自為寺院撰寫〈龍興寺碑〉碑文，御封「第一山」名，御書「第一山碑」，頒封龍興寺住持為六品印信僧官。龍興寺裏有三寶，即三銅：銅鐘、銅鍋、銅鼓，以及古剎牌樓、明清碑刻等文物。見滁州市地方誌編纂委員會編：《安徽省地方誌叢書‧滁州市志中》（北京市：方誌出版社，2013年），頁1513。

「龍興寺」。「鍾離」是地名,春秋為鍾離子國,秦漢為鍾離縣,明初以太祖朱元璋生於此,增設鳳陽縣,改鍾離為臨淮縣,治所在今安徽鳳陽縣東北。詩人感嘆此地雲氣連接,是開國皇帝之龍脈之處,龍興寺依舊在此。即使雲氣變幻,山門依舊安穩不變,傳遞一種不為時光變遷所影響的恆久感。通過描繪自然景象與山門靜態,傳達時光流逝與歷史不變的主題,蘊含對過往歲月感慨與對永恆之物思索。藉由「雲氣」與「山門」(龍興寺)對比,凸顯事物短暫與恆久之間的差異,雲氣隨著時光而流動,而山門卻始終屹立,暗示人類歷史或記憶會隨著時間流逝而改變,但龍興寺卻能抵禦時間侵蝕,依然保留歷史痕跡。二句表達仲則對時間、歷史與人事無常之感悟,傳達對那能抵擋歲月摧殘的龍興寺的敬意與對變幻無常之感傷。

頸聯「聖朝寬大仍遺搆,勝國蒼涼祇斷碑」詩中「聖朝」象徵國運昌盛、治理有道朝代;「寬大」指治國理念寬厚仁愛,寬容大度;「遺搆」指前代留下建築物或制度;「勝國」象徵曾經輝煌之勢的國家;「蒼涼」表示荒涼、凋零,暗示國家衰敗與荒涼。「斷碑」指殘缺的石碑,形容荒涼破敗景象,象徵歷史遺跡或曾經榮耀的喪失。當時朝代雖然寬大仁厚,仍遺留下這些建築,而過去繁盛國家,如今卻只剩斷碑殘垣,對歷史興衰有所感慨。通過對國家歷史與現實的對比,表現對往日輝煌感慨與對當下滄桑憂慮,展現詩人對時光流逝與政治變遷之深刻思索。

尾聯:「欲叩恆河沙數劫,人間除是法王知」詩中「恆河沙數」典源出自《金剛經・無為福勝分第十一》曰:

須菩提!如恆河中所有沙數,如是沙等恆河,於意云何,是諸恆河沙,寧為多不?須菩提言:甚多,世尊!但諸恆河尚多無數,何況其沙!須菩提!我今實言告汝,若有善男子、善女

人，以七寶滿爾所恆河沙數三千大千世界以用布施，得福多不？須菩提言：甚多！世尊！佛告須菩提：若善男子、善女人，於此經中，乃至受持四句偈等，為他人說，而此福德勝前福德。[45]

恆河是印度五大河之一，南亞的大河，發源於喜馬拉雅山，其源高且遠，河寬且長，河中沙多，佛陀說法以此譬喻數量極多，故佛經中常以像恆河中的沙子一般多，作譬喻形容數量極多，甚至多到不可勝數，象徵時間或事物的無盡。「沙數劫」中的「劫」在佛教中是一個極長的時間單位，表示世界的變遷與輪迴，也有不可測量的長久之意。「恆河沙數劫」形容無盡的、極為漫長的時光或變化，表示一個幾乎永恆的時間跨度。「『劫』是梵文劫簸（kalpa）的音譯，它在印度，並不是佛教創造的名詞，乃是古印度用來計算時間單位的通稱，可以算作長時間，也可以算作短時間，長可長到無盡長，短也可以短到一剎那。不過，通常所稱的劫，是指我們這個娑婆世界的長時代而言。」[46]詩中「法王」是指佛陀，是具備無上智慧與法力的佛教領袖，象徵著至高無上的智慧與理解，佛之尊稱。佛為法門之主，能自在教化眾生，故稱法王。據《佛說無量壽經》卷下曰：「佛為法王，尊超眾聖，普為一切天人之師。」[47]，《釋迦方志》卷上曰：「凡人極位，名曰輪王；聖人極位，名曰法王。」[48]又《維摩義記》曰：「佛於

---

[45] （姚秦）鳩摩羅什譯：《金剛般若波羅蜜經》，《大正新脩大正藏》，第8冊，No.0235，頁749-750。

[46] 聖嚴法師：《正信的佛教》（臺北市：法鼓文化，2015年），頁99。

[47] （曹魏）康僧鎧譯：《佛說無量壽經》，《大正新脩大藏經》第51冊，No.2088，頁275中。

[48] （唐）釋道宣：《釋迦方志》，《大正新脩大藏經》第51冊，No.2088，頁950上。

諸法得勝自在，故名法王。」[49]可知法王是佛教對釋迦牟尼的尊稱，借指高僧，佛於法自在，故稱法王。法王是釋迦牟尼成佛後，後世僧眾對其尊稱的名號之一。想要了知恆河沙數劫的奧祕，唯有法王才能知曉，對法王無上智慧讚嘆。仲則展現對佛教思想中佛陀智慧至高無上的敬仰，以及人在面對宇宙與時間無限浩瀚時的無力感。藉由「恆河沙數劫」此極端的時間比喻，傳達人渴求智慧與真理的無限願望，同時也意識自己有限與無法達到境界，唯「法王」佛陀能夠洞察這一切，掌握無窮真理。

五 慧公如可作

> 未絕三千級，先瞻丈六容。無門窺法藏，有地立雲蹤。我識泉皆眼，人言錫是龍。慧公如可作，應許叩玄宗。（582〈黃龍洞〉）[50]

此詩作於乾隆三十八年，作者二十五歲遊歷浙江杭州西湖棲霞嶺北的山半腰處見有個黃龍洞，是人造山洞，刻有慧開大師的石像而作此詩。慧開（1183-1260），宋代杭州禪僧，為南嶽下十八世，臨濟宗楊岐派。關於他的生平，據明代吳門華山寺沙門明河（1588-1640）撰《補續高僧傳》卷第十九感通篇「無門開傳」記載曰：

> 慧開，字無門，杭之良渚人。……嘉定（1208-1224）間，出世住安吉報國，遷龍興天寧、黃龍翠巖、蘇之開元靈巖、鎮江焦山、金陵保寧。淳祐（1241-1252）間還里，於西湖北山林

---

49 （東晉）慧遠：《維摩義記》，《大正新脩大藏經》第38冊，No.1776，頁432中。
50 （清）黃景仁：《兩當軒集》，卷9，頁220。

木幽蔭處，樂而居之。有石自山趾鬥折而上，谽谺不合如礪。師之來其下，劃然出泉，色紺而甘，洌澄若重淵。言者謂師自黃龍移是山，蓋龍隨師錫而歸也。遂呼其石處為黃龍洞，而峰為黃龍峰。是凡夏雨初霽，有物蜿蜒松上，氣菲菲而黃，其黃龍焉。時境內大旱，少保孟珙（1195-1246）、丞相吳潛（1195-1262）、鄭清之（1176-1251）奏師道行致泉自湧，龍時現，必能為蒼生救枯槁也。有旨，召入文德殿演法。師升座，無所說，唯嘿坐，雨應時大作，遠近普洽。上喜甚，問何以致是。師曰：寂然不動，感而遂通。上悅，賜號「佛眼禪師」，被以金縷伽梨，敕祠黃龍，曰「靈濟侯」。於黃龍峰下建護國仁王寺，撥平江官田三千畝，命師開山。師形體矬小，其赴召也，指日觀眾，而後逾閾，施重城於座，級而升焉，朝士多竊笑之。師誓弘法教，惟自諱報身不偉。洞之巔，有玉峰一片，削成插天，瑩如脂肪，高二丈餘。因命工肖己形，長丈許，飛雲隱其足，緣背光焰蔚起。鑿龍首，蟠繞右向，虛左實，可俯入。前施案焉，皆就石勢鏤之。幻若從地湧出，而登坐於空中者。私祝云：「願後有身視此。」[51]

「黃龍洞」原名為「護國仁王院」，又稱「無門洞」，相傳在南宋淳佑年間，江西黃龍山以求雨聞名的無門慧開禪師應邀住於此小庵修行，一日黃龍飛來震地，山後一石突然開裂，裂縫猶如「龍嘴」，噴出清泉，傳說黃龍隨慧開飛來，故名「黃龍洞」。不久，杭州旱災，理宗下詔請慧開求雨，慧開祈雨有功，獲賜金襴法衣並勅封為「佛眼禪師」，並將小庵改建為「護國仁王禪寺」。然而慧開生來矮小，登座說法時，都要加高其「獅子座」，因此常被聽法的僧侶竊笑，故命人於

---

[51]（明）明河傳：《續補高僧傳》，《大正新脩大藏經》第77冊，No.1524，頁261。

寺後山坡上鑿成石像，高達百丈，且經常膜拜此石像，期望下輩能長高。此後，人們將此尊石像加塑成慧開像。

首聯「未縋三千級，先瞻丈六容」詩中「縋」字是攀登、爬升，形容人向上攀登、追求目標；「三千級」是佛教用語，指佛法的層次境界。在佛教經典中，三千大千世界指極其廣袤的宇宙，而「級」表示不同的等級、層次。故「未縋三千級」指還未開始攀登到佛法或智慧的最頂層，表示追求之路還沒有開始或還未達到最高境界。詩中「丈六」指佛像大小，在佛教藝術中，丈六高的佛像是佛陀標準形象，以表示佛陀的完美與至高無上莊嚴。故「先瞻丈六容」指先觀望佛陀的莊嚴形象，或在追求智慧之前，先瞻仰佛陀的偉大形象，傳達一種通過敬仰佛陀形象來感悟其智慧與境界思想。仲則說其尚未開始攀登至佛法的最深層次之前，已先行瞻仰佛陀莊嚴形象，體現對佛陀敬仰與對佛法智慧追求。首聯強調佛法的超越與深邃，通過「未縋三千級，先瞻丈六容」傳達對佛法、對佛陀的無比尊敬，表露一種虔誠求知心態，或許也傳達佛教中「先觀佛像，後悟佛理」思想，暗示從對佛陀崇拜開始，逐步過渡到對佛法真諦領悟。詩人借此表達自己心靈追求與對佛法最終真理的敬畏。

領聯「無門窺法藏，有地立雲蹤」詩中「無門」是禪宗中常見概念，指沒有固定路徑門戶，禪宗強調「無門」悟道方式，認為真理無處不在，不需依賴某一特定途徑或方法來獲得。詩中「無門」有二解，一說是沒有門路；二說可以指「無門洞」，而此洞由無門慧開禪師所建，又可引申至其著作《無門洞》，由《無門關》禪典可知慧開禪師悟道因緣，其平生悟處是從「無」字得手，大弘「無」字法門，在《無門關》一書中，收錄了四十八則著名公案，第一則就是師觀曾教他看趙州狗子無佛性之「無」字話頭。詩中「法藏」是佛法的寶藏，象徵佛法的深奧與智慧。詩中「法藏」為佛教語，據《佛光大辭典》曰：

一說「法，謂法性；藏，為含藏。又作佛法藏、如來藏，意指如來藏中含攝無量之妙德。」二說「法，教法之意；藏，含藏之意。指佛陀所說之教法；以教法含藏多義，故稱法藏。或指含藏此等教說之聖教、經典等；經典含藏眾多之法門，故有此稱。」三說「納藏經典之府庫亦稱法藏，或寶藏、經藏、輪藏、經堂。」四說「梵名 Dharm kara。音譯作曇摩迦、曇摩迦留。意譯作法寶處、法處、法積、作法。為阿彌陀佛未成佛時之法名。」[52]

綜上可知應指佛陀所說之教法或納藏佛教經典之府庫。「無門窺法藏」意旨在沒有固定路徑或門徑的情況下，人們依然可以通過覺悟來洞察佛法奧祕，表示禪宗強調超越常規思維，去探索佛法真理。

「有地」即「有根基」或「實際存在的基礎」，禪宗強調從實際出發，依賴於實地修行與感悟；「立雲蹤」中的「雲蹤」表示禪宗教義中的空靈與無常。「有地立雲蹤」傳達在堅實基礎上，通過修行或覺悟，表現出無形無相的智慧與空靈境界。通過超越固定的門徑，洞察佛法的寶藏，在堅實的基礎上，展現出如雲般飄渺而自由的智慧。二句展示禪宗對「無門」的悟道方式與「有地」的實地修行的結合，表達通過禪定與修行，可觸及到深奧佛法真理，並達至一種超越形式境界。體現禪宗的思想，強調不拘泥於固定形式的悟道方式。禪宗注重的是直接體驗與內心覺悟，而非依賴外在的形式與方法。仲則藉由「無門窺法藏」與「有地立雲蹤」對比，傳達超越物質世界、進入深遠智慧之過程，既具實際根基，又不受限於形式束縛，最終達至自由、空靈境界。更闡明禪宗智慧並非遙不可及，而是通過實際修行與

---

[52] 上述四說，見慈怡主編：《佛光大辭典》（北京市：北京圖書館出版社，1990年），頁3428。

內在覺悟,逐漸能領悟到佛法真諦。在此過程中,雖無固定路徑或形式,依然可以藉由禪定與悟道實現突破,達到超越境界。

頸聯「我識泉皆眼,人言錫是龍」若從字面而言,仲則描寫見識到泉水湧出的穴孔,世人都說僧人所持的法器錫杖是龍的化身,此處描寫到黃龍洞湧泉的景貌,與黃龍洞由來之傳說。詩中「眼」象徵洞察力與對事物深刻理解,表示對事物有敏銳覺察力,在此指「佛眼禪師」。「龍」在中國文化中象徵神奇、力量與至高無上存在,是超凡脫俗象徵。「錫」是錫杖,為佛教出家僧侶所持法器,代指僧人,詩人藉由「泉皆眼」與「錫是龍」兩個意象來描寫黃龍洞的無開慧開禪師,提醒世人不要被外在文字表象所迷惑,要保持清明的心態,追求洞察文字背後真意。二句看出仲則對佛眼禪師無門慧開的崇敬。

尾聯「慧公如可作,應許叩玄宗」二句表達詩人對高深佛理智慧渴求,對佛法與禪宗尊敬。慧公如果再生、復生,應該會答應我來此叩問玄理。此詩從黃龍洞的由來,宋代無門慧開建寺造石像的典故切入,「我識泉皆眼」表面寫觸目所及,但此語典故指無門慧開經常奉詔為宋理宗說法,曾因祈雨應驗而獲賜金襴法衣並勅封為「佛眼禪師」。最後再以「慧公如可作,應許叩玄宗」作結。「可作」是「復生」之意,即若宋代無門慧開得以復生,應該會答應我(黃仲則)來此叩問「玄理」才是。若以對襯來說,「無門」對「慧公」,慧公即「慧開」當無疑,不可能是慧能。「雲蹤」對「玄宗」,「玄宗」也不可能是指人(唐玄宗),而是以參「話頭」喻「雲蹤」之捕捉。「玄宗」指佛教的奧妙教義或至高無上智慧,即對佛法的追求,特別是對於禪宗、禪理的深入探討。而「叩玄宗」是指向佛教禪宗的高深教義請教、尋求智慧。

〈黃龍洞〉的詩題「黃龍」,為臨濟宗底下兩大派:「黃龍派」、「楊岐派」其中之一,就無門慧開的師承及思想來說,是接續楊岐方

會、大慧宗杲楊岐派的「看話禪」。不過「黃龍派」的「默照禪」也是臨濟宗的一支，遠的來說，無門慧開接的禪法是「臨濟宗」。

為什麼臨濟宗的「看話禪」可以視作「玄理」？無門慧開迄今留有兩本書：《無門慧開禪師語錄》二卷、《無門關》一卷。《無門慧開禪師語錄》一開頭卷一的程公許〈序〉即說道：「無門老子早修杜多行。繼參臨濟禪。一十五處道場隨緣赴感。八萬四千偈頌信口入玄。籠罩古今。」，其中「八萬四千偈頌信口入『玄』」即指禪門玄理（不是走讀經之路，而是用「看話」直指人心，見性成佛）。

此外《無門關》一卷在內容上，提倡參禪須透祖師關，反對靜坐攝心，默默忘言的「默照禪」。慧開認為，所謂「祖師關」，簡單地說，就是趙州禪師在回答學僧「狗子還有佛性也無？」之間時說的「無」字。只要將這個「無」字參透，就能了卻生死大事。這與「看話禪」的宣導者大慧宗杲把公案中的某些典型語句（「話頭」）提取出來，當作參究的主張是一致的。

此首詩尾聯以無門慧開禪師若能復生給予指引與幫助，詩人願意向無門慧開禪師請教，深入探討佛法的至高智慧，表達對臨濟宗禪法智慧的追求。在禪宗中，智慧與覺悟是非常重要的，禪僧們通過自己修行與領悟，可達到直接體驗佛法真諦境界。仲則藉由「叩玄宗」的表達，呈顯自己向臨濟宗禪法的學習態度與求知心態。

六　遣化西方丈六仙

舊說明湖是海邊，人民城郭總茫然。卻餘精衛未銜石，遂有祖龍來繫船。骨立何心邀錦纜，尸驅差喜脫神鞭。山靈亦解滄桑恨，遣化西方丈六仙。（584〈大佛石〉）[53]

---

[53]（清）黃景仁：《兩當軒集》，卷9，頁221。

此詩作於乾隆三十八年，作者二十五歲。大佛石位於杭州西湖寶石山南麓的大佛禪寺，五代後周顯德二年（955），吳越王在此始建佛寺，時稱兜率寺。此石據傳是秦始皇纜船石，後被思淨鑿為石佛像，據宋代潛說友《咸淳臨安志》卷七十九中記載得知半身彌勒像所在地大石佛院：

> 相嚴院，天福七年（942）錢氏（吳越王錢佐）建。舊為十三間樓石佛院。治平二年（1065）改賜今額。淳祐三年（1243）重建。……大石佛院，陸羽《武林山記》云：自錢塘門至秦皇纜船石，俗名西石頭。宣和中僧思淨就石鐫成大佛半身。[54]

而宋代潛說友在《咸淳臨安志》卷七十九中論及杭州兜率寺時也提到思淨的彌勒像，其文曰：

> 兜率寺，顯德二年（955）錢氏建。宣和初毀，以其地為副將廨舍。有僧思淨，俗姓喻……就多寶山剗石為彌勒像。至七年，聖相成，因移請兜率舊額為寺。[55]

南宋以來文獻中不僅對此尊石佛像多有記載，並將其與秦始皇纜船石相聯繫。在南宋施諤《淳祐臨安志》卷九曰：

---

54 （宋）潛說友原纂修，（清）汪遠孫校補：《咸淳臨安志》卷79，見陳訓正、馬瀛等纂修：《中國方志叢書・華中地方》第49號，（臺北市：臺灣成文出版公司，1970年）。頁768。

55 （宋）潛說友原纂修，（清）汪遠孫校補：《咸淳臨安志》卷79，陳訓正、馬瀛等纂修：《中國方志叢書・華中地方》第49號，（臺北市：臺灣成文出版公司，1970年），頁768-769。

> 秦王纜船石,在錢塘門外,昔秦始皇東游泛海,艤舟於此。陸羽(733-804)《武林山記》云:自錢塘門至秦王纜船石,俗呼西石頭。北關僧思淨刻大石佛於此。舊傳西湖本通海,東至沙河塘,向南一岸皆大江也。故始皇纜舟於此。[56]

元代之後文人們繼續記述思淨及其石雕大彌勒像,及此尊石佛像在宋代以後情況。元末明初陶宗儀(1329-1410)在《南村輟耕錄》卷二十三記載曰:

> 大佛頭。宋高宗朝,錢塘喻氏出家為沙門,名思淨,建妙行院於北關,接待供僧三百萬,畫阿彌陀佛,入於神妙。楊侍郎傑贊為喻彌陀,人從而稱之。淨又於西湖之北鐫石為大佛頭,父老相傳云:此石乃秦始皇系纜石。蓋是時,皆浙江耳,初無西湖之名。始皇將登會稽,為風浪所阻,故泊舟此處。[57]

明代以後,大石佛院開始有官賜「大佛禪寺」名,舊額「兜率寺」即不再使用。據明代田汝成(1503-1557)於嘉靖二十六年(1547)前完成《西湖遊覽志》卷八記載:

> 寶石山麓為大佛禪寺、沁雪泉。大石佛,舊傳為秦始皇纜船石。宋宣和中,僧思淨者,當兒時見之,作念曰:異日出家,當鐫此石為佛。及長,為僧妙行寺,遂鐫石為半身彌勒像,飾

---

[56] (南宋)施諤:《淳祐臨安志》,《南宋臨安兩志》(杭州市:浙江人民出版社,1983年),頁171。

[57] (元)陶宗儀:《南村輟耕錄》卷23,張元濟等編:《四部叢刊三編·子部》第378冊,吳潘氏滂憙齋藏元刊本,頁84。

以黃金,構殿覆之,遂名為大石佛院。元至元間,院毀,佛像亦剝落。皇明永樂間,僧志琳重建,敕賜為大佛禪寺。[58]

由上述記載提供大佛石一些傳說,本文探源大佛石的由來可知大佛石與秦始皇縴船石、思淨鑿彌勒石佛像等相關來龍去脈,對研究本詩與彌勒信仰有重要歷史價值。

首聯「舊說明湖是海邊,人民城郭總茫然」詩中「舊說」表明過去歷史或傳聞,指過去人們對明湖認知,認為它位於海邊。此「舊說」在一定程度上可能不再適用或已經過時,隱含時光流轉與認知變化的主題。「人民城郭」指城鎮、居民與周圍城市環境,即便城鎮人民的生活在不斷變化,但他們似乎對周圍環境或歷史變化感到迷茫。過去說法認為明湖位於海邊,但隨時間推移,人們逐漸對這些記憶說法感到迷茫,彷彿對過去認知已失去清晰印象。詩人通過此對比,表達對時間流逝、歷史變遷、環境變化之感歎。對於昔日景象的回憶與現實的對比,含有對變遷與時光流逝之感慨,同時流露出對人們迷失在變化中的一種反思。

頷聯「卻餘精衛未銜石,遂有祖龍來繫船」中「卻餘精衛未銜石」這句話引申自精衛填海的傳說,象徵著不屈不撓的精神和持續追求目標的決心。它表達了對於未完成目標的惆悵與堅持,帶有深刻的哲理意義。精衛銜石典故代表意志堅定、不懼艱苦。「精衛」是中國神話傳說中鳥,本指炎帝幼女女娃溺死東海,化為精衛鳥,憤而銜木石以填東海。此典出自《山海經·北山經》:「又北二百里曰發鳩之山,其上多柘木,有鳥焉,其狀如烏,文首,白喙,赤足,名曰精衛。其鳴自詨。是炎帝之少女,名曰女娃。女娃遊於東海,溺而不

---

58 (明)田汝成:《西湖遊覽志》卷8,(清)丁丙輯:《武林掌故叢編》第10冊,(臺北:台聯國風出版社,1967年),頁5968。

返。故為精衛，常銜西山之木石以堙於東海。」[59]而詩中「精衛未銜石」意味精衛仍未完成它的使命，詩人通過精衛的形象表達對某種未完成願望任務的描述，「卻餘」二字點出此石是精衛銜石所遺留，將此石頭神話。「遂有祖龍來繫船」詩中「祖龍」指秦始皇，此典出自《史記・秦始皇本紀》卷六第六記載曰：「三十六年，熒惑守心，有墜星下，……因言曰：『今年祖龍死。』」《集解》：「蘇林曰：祖，始也。龍，人君象。謂始皇也。」[60]而「遂有祖龍來繫船」以祖龍秦始皇來幫忙繫船，象徵一種強大支持與力量。在南宋施諤《淳祐臨安志》卷九有記載秦王纜船石，在錢塘門外，相傳秦始皇東遊望海艤舟於此。詩中「繫船」意味控制、指引，象徵對命運掌控。結合精衛無盡努力，暗示在某種宏大或不可控的力量作用下，個人努力可能顯得微不足道，然而當此力量到來時，可能會重新為人們指引方向，給予新希望。二句具象徵與隱喻，借用「精衛」與「祖龍」形象，表達仲則對歷史、命運以及人與自然的關係之深刻思考。精衛的堅持是一個象徵，儘管力量微弱，卻努力不懈；而祖龍的到來象徵強大的力量、命運的主導，其出現可能是對精衛努力的回應，也可能是超越個人努力的一種象徵。仲則在此表達無論個人如何努力，最終命運或外部強大力量（如祖龍）才是決定事物走向關鍵。二句蘊含深刻哲理，強調在命運面前個人力量是有限性，儘管像精衛那樣不斷努力，最終結果並非由個人決定，而是由命運安排所定。「精衛未銜石」代表不懈追求，「祖龍來繫船」暗示一種超越個人控制的命運力量。言外之意，仲則自認為有如精衛般的努力，但最終結果往往掌握在更大的力量之手。

---

[59] （晉）郭璞撰、（清）郝懿行箋疏：《山海經箋疏》（臺北市：藝文印書館公司，1958年），頁140-141。

[60] （漢）司馬遷：《史記》一冊卷六〈秦始皇本紀〉第六（臺北市：大申書局，1978年3月再版），頁262。

頷聯「骨立何心邀錦纜，尸驅差喜脫神鞭」詩中「骨立」象徵人的堅硬與冷漠，「錦纜」是錦製精美的纜繩，有極其精美奢華的象徵。「邀錦纜」是向華麗的纜繩伸出手，意指無論人如何在死亡與困境中挺立，內心卻沒有力氣去追求外在虛華與表面裝飾，表現對外界奢華的無動於衷。「尸驅差喜脫神鞭」句中「尸驅」可解釋為驅使亡靈的方式，而「神鞭」指威力巨大神鞭，暗示一種強烈的控制或約束。傳說秦始皇築石橋，欲渡海觀日出處，時有神人能驅石下海，石去不速，神人輒鞭之。此典出自《太平寰宇記》卷二十引《三齊略記》云：

> 始皇造石橋渡海觀日出處，有神人召石，下城陽一十山石，遣東下，岌岌相隨如行狀，石去不駛，神人鞭之，皆見血。今驗召石山之色，其下石色盡赤焉。[61]

「脫神鞭」指從神的鞭策中解脫出來，意味擺脫命運或某種強制力量的控制，似乎獲得自由。此比喻暗示人處於一種機械式的生存狀態，表面上可能有所「喜悅」，但那並非真實內心感受，而是對外界影響與命運控制的逃脫。藉由描繪「骨立」與「尸驅」意象，呈現詩人對死亡、生命、內心世界之深刻反思。即便人們在物質世界中如何堅守、立足，內心卻往往對外界的浮華與虛榮失去興趣，甚至沒有力量去追求，與此同時，即使在死亡的邊緣，人仍可能被外部力量牽引或控制，表面上似乎「解脫」，實則仍然是命運的奴隸。詩人藉由這些意象表現一種對生死、外在影響力的認知，指出人在表面的存在狀態中可能並不真切地體驗生活，而是被外界的力量與無形枷鎖所支配。二句表達對於生死與情感的反思，特別是對於被困住的無奈感。「尸

---

61 （宋）樂史：《太平寰宇記》，收入《景印文淵閣四庫全書》469冊（臺北市：臺灣商務印書館，1983年）頁172。

驅」暗指亡靈，表達了對死亡的思考，而「神鞭」則象徵著束縛與控制。詩中「差喜」即差足自喜，自己覺得尚可自慰。整句詩在語言上富有力度，反映詩人對於人生無常之感慨，充滿對生命的冷峻洞察，對人類命運的深刻反思。呈展人類在死亡的威脅下，或在外界強權的束縛下，儘管表面上可能看似有「喜悅」，實際上卻如同被操控「尸體」，沒有真正自由與自主心靈。仲則在表達生命的脆弱與空虛，甚至是對自由的渴望，但也清晰意識到，人在許多時候並不真正擁有掌控自己命運的力量。

尾聯「山靈亦解滄桑恨，遣化西方六丈仙」詩中「山靈」指山中神靈，象徵自然力量、古老智慧與寧靜。「滄桑」是滄海桑田的略語，指歲月變遷、世事的滄桑與痛苦，暗示世事多變、人生無常。「解滄桑恨」意味山靈能夠理解並緩解人們對時光流逝、世事變遷的痛苦與遺憾。此「山靈」可視為象徵一種超越凡塵、具有治癒力量的存在，它通過對時間、歷史的理解，化解人們內心的痛苦與不甘。「遣化」指將某種變化或轉化帶到特定的地方。西方的「丈六仙」指佛的化身的長度，後亦借指佛身，是指佛教中佛陀的形象。詩中「丈六仙」代表超脫塵世、智慧與超凡脫俗的力量。「西方」、「丈六仙」都是淨土意象詞彙，阿彌陀佛淨土是指西方極樂世界，據《佛說阿彌陀經》記載：

> 爾時佛告長老舍利佛，從是西方過十萬億佛土，有世界名曰極樂。其土有佛，號阿彌陀，今現在說法。[62]
> 極樂國土有七寶池，八功德水充滿其中，池底純以金沙布地。四邊階道，金、銀、琉璃、頗梨合成。上有樓閣，亦以金、

---

[62]（姚秦）鳩摩羅什譯：《佛說阿彌陀經》，《大正新脩大藏經》第12冊，No.0366，頁346下。

銀、琉璃、頗梨、車璩、赤珠、馬瑙而嚴飾之。」[63]

西方極樂世界,沒有三惡道,國土以金沙布地,樓閣以金銀琉璃等眾寶作成。據《佛說無量壽經》曰:「諸有眾生,聞其名號,信心歡喜,乃至一念。至心迴向,願生彼國,即得往生,不住退轉。唯除五逆誹謗正法。」[64]說明除了犯五逆重罪和誹謗正法外,一念聞佛名號,誠心願生彼國西方極樂世界,亦得往生。再據《佛說阿彌陀經》曰:「不可以少善根福德因緣,得生彼國。……聞說阿彌陀佛,執持名號。若一日,……若七日,一心不亂。其人臨命終時,阿彌陀佛與諸聖眾現在其前,是人終時心不顛倒,即得住生阿彌陀佛極樂國土。」[65]由此可見,口唸「阿彌陀佛」即得生西方淨土,平易簡潔給人無窮希望。

二句充滿哲理與象徵意義,藉由「山靈」與「丈六仙」此兩個意象,表達對歷史變遷、時光流轉的深刻理解與超越。詩人以山靈為象徵,表示對世間痛苦與滄桑的洞察,並通過佛教的象徵性人物「丈六仙」來傳達一種超越苦難、超脫塵世的智慧。詩中的「解滄桑恨」表明,儘管世間充滿無常與痛苦,但此痛苦是可被理解並化解的,而通過「遣化西方丈六仙」,暗示通過智慧與超凡力量,痛苦可以得到撫慰與解決,傳達一種超越俗世紛擾、尋找內心安寧的思想。詩人借古老自然力量與佛教智慧,提醒人們儘管世事無常,人生苦難,在面對人生滄桑時,依然可通過智慧與超脫獲得內心的平和與安慰,從痛苦中得到解脫。

---

63 同上註。

64 (曹魏)康僧鎧譯:《佛說無量壽經》,《大正新脩大藏經》第12冊,No.0360,頁272中。

65 (姚秦)鳩摩羅什譯:《佛說阿彌陀經》,《大正新脩大藏經》第12冊,No.0366,頁347中。

七　龍象一怗然

> 性公元和間，掛瓢偶來此。愛此山氣佳，無泉亦將徙。道逢白鬚人，長跪乞留止。朝見雙於菟，乃是兩童子。盤旋忽不見，已有一泓水。問水何方來？南嶽幾千里。龍象一怗然，天人共歡喜。至今鳴絃聲，淙淙碧巖裏。青蒲偃其旁，綠蘿影其底。但啜泉味佳，其人可知矣。一彈幽澗音，再鼓松風起。（599〈虎跑泉〉）[66]

此詩作於乾隆三十八年，作者二十五歲。虎跑泉位於浙江、杭州西湖西南側大慈山白鶴峰下虎跑景區，慧禪寺院內。仲則在運用此詩將「虎跑泉」之來歷典故巧妙道出，以及虎跑泉風景秀麗、靜謐之美感。

首句「性公元和間，掛瓢偶來此」道出性空高僧在元和年間，偶然的情況下來到這裡，「掛瓢」是一種典型僧人生活方式，透過「掛瓢」意象，象徵僧人的清貧與隨遇而安之生活態度。「偶來此」表示偶然來到此地，強調一種隨性心態與對某地偶然體驗。此處暗示性空高僧並無刻意追求某種目的，是隨心而來，享受眼前景緻。二句表現性公高僧自在與寧靜，流露對超凡脫俗的生活方式之追求，並不執著於世俗成就名利，而是享受與自然和諧相處每一刻。藉由「掛瓢偶來此」體現性空高僧對清淨、自在生活之傾心與嚮往。藉由「掛瓢」與「偶來」傳達一種淡泊名利、不拘於形勢之心境，回歸自然、放下束縛，順其自然生活。「愛此山氣佳，無泉亦將徙」詩中「山氣」指的是山中的氣候與氣息，通常用來形容山間清新的空氣和自然的靈氣。描寫性空高僧特別喜愛此山的靈氣，可惜無泉將搬遷。「道逢白鬚

66　（清）黃景仁：《兩當軒集》，卷9，頁225。

人，長跪乞留止」說明在路上遇見一位白鬚老人，老人長跪請求他留住於此。這一情景不僅展現老人的虔誠，也暗示對於性公來此的渴望與尊重。「朝見雙於菟，乃是兩童子。盤旋忽不見，已有一泓水。問水何方來？南嶽幾千里。」作者用十二句詩道出虎跑泉歷史傳說，相傳在唐元和十四年（819年）性空高僧到此雲遊，喜歡此景清幽，便住於此，然因附近無水源，準備遷往他處，一夜忽夢神人告訴他，南嶽有一童子泉，當遣二虎將其搬於此。次日，果見二虎跑地作地穴，清泉隨即湧出。另一傳說是性公弟子大虎、二虎兩位弟子脫俗為虎，將西湖童子泉移至此，此為仲則筆下虎跑泉的傳說。

「龍象一怗然，天人共歡喜」詩中「龍」與「象」皆是極具象徵意義的動物。龍是中國文化中的神獸，代表著權力、神祕和祥瑞，與超凡脫俗、天命等概念聯繫在一起；而「象」被視為智慧、力量和堅韌的象徵。而「龍象」一詞為佛家用語，指出類拔萃之僧人，在此指性公高僧，道出虎跑泉景象神祕感，象徵著祥瑞和吉祥，天人歡喜讚嘆此景。

「至今鳴絃聲，淙淙碧巖裏。青蒲偃其旁，綠蘿影其底。」描繪了自然中的聲音與景色，像是琴聲在青翠深山中的岩石間迴響，營造出一種悠揚而靜謐的氛圍，展現了音樂的美妙。水聲「淙淙」增添了一份自然清涼與寧靜，呈現一種超脫塵世、悠然自得境界。表現音聲與自然景色相結合，既有聽覺表現，也有視覺描繪，體現一種空靈超塵、悠遠意境。「青蒲」指綠色蒲草，生長在溼地河邊植物，枝條長而柔軟，形態優美，予人一種自然、清新感。「偃」有「倒伏」或「彎曲」之意，暗示蒲草因風吹而呈現一種柔軟、彎曲的姿態，表現自然界中植物隨風擺動、隨環境生長形態。「綠蘿影其底」中「影其底」指綠蘿影子或藤蔓倒影映在蒲草之下，形成一種美麗視覺效果，彷彿是綠蘿與蒲草交織於一，表現生機與靜謐的美感。

末段四句「但啜泉味佳,其人可知矣。一彈幽潤音,再鼓松風起。」詩中藉由泉水的清甜和琴音清幽,與琴音引起山間松風的共鳴聲音,表達對山中生活的寧靜與美好。通過「啜泉味佳」與「彈幽潤音」的對比,傳達在寧靜環境中體會到的靈性和愉悅,充滿禪意與詩意之美。通過描繪彈奏出幽深溪谷中的清流聲,以及松林中風吹起的聲音,展現一種自然景色中的和諧與寧靜。此「彈」與「鼓」暗示人與自然互動,彷彿人通過輕輕的動作引發自然迴響,表現人與自然的和諧共鳴,象徵人在自然中找到精神寄託與心靈撫慰。

八 分明金粟全身現

捨宅空傳異姓王,討秋今讓客清狂。分明金粟全身現,和合旃檀一味香。佛地逢花宜破笑,人天入座且傾觴。主情卻比醇醪厚,何處尊前不故鄉。(741〈李繡川招集廣住庵看桂並贈叢輝上人二首其一〉)[67]

此首七律作於乾隆四十年,作者二十七歲於廣住庵時。首聯「捨宅空傳異姓王,討秋今讓客清狂」詩中「捨宅」即施捨住宅作寺院,「異姓王」是指皇族以外,因功而受封王爵的人。首二句描寫李繡川施捨住宅作為佛寺廣住庵之用,詩中「討秋」意指秋遊探勝,「清狂」點出如此秋景讓賞花秋遊者為之癡狂、放逸不羈。

頷聯「分明金粟全身現,和合旃檀一味香」詩中「金粟」是指「金粟如來」,佛教中用來象徵佛陀的智慧與法力。此「全身現」象徵著佛法的清晰顯現或智慧揭示。「分明」強調佛法或智慧得到完全

---

[67] (清)黃景仁:《兩當軒集》,卷11,頁274。

顯現,「和合」在佛教中有重要含義,指是不同元素、力量或特質的合一與和諧,「旃檀」是檀香,佛教中香木,用於寺廟或修行時點燃,代表淨化與祈禱精神力量。「一味香」指香味純淨無雜,意味一種單純、一致香氣,象徵著佛法的清淨與純潔。「和合旃檀」表達佛法的和諧與淨化之力。藉由「金粟」與「旃檀」的象徵,傳遞佛法智慧與淨化力量。「金粟全身現」強調佛法的顯現與智慧的徹底展現;「和合旃檀一味香」則傳達佛教教義的和諧與純淨,象徵無雜無私的佛法與其所帶來的精神洗禮。通過佛教象徵的「金粟」與「旃檀」香,表達佛法的顯現與智慧的清晰,同時也象徵佛法的和諧與淨化。二句借用此兩種自然象徵,表達修行的純淨與和諧之美,帶有深刻哲理性與寧靜意境。

　　頸聯「佛地逢花宜破笑,人天入座且傾觴」詩中「佛地」指佛教聖地,象徵著寧靜、莊嚴與智慧存在。「逢花」表示一種生命的美好與無常的體驗。「宜破笑」指在這種佛教聖地與花的環境中,應當放聲笑出,這種笑可能並非世俗的歡笑,而是對美好事物一種欣賞與接納,或是對人生無常的豁達反應,帶有一種超脫意味。「人天」指人類與天界的存在,天是佛教中理想的狀態,代表一種超凡境界。「人天入座」象徵人類與天界的結合或昇華,意味一種理想的存在狀態,或者指人間美好時光。「且傾觴」本是舉杯飲酒,象徵享受當下,活在當下情感,表達臨時歡愉與對人生美好時光珍惜。二句中「佛地逢花」意指在佛教境地中遇見花開之美好,象徵世俗與超然相互融合,「破笑」是破涕為笑,停止哭泣,轉為喜笑,在此佳景之中,人世間的苦痛紛擾均轉悲為喜。「人天」一詞指人界及天界,系六道、十界中之二界,皆為迷妄之界。[68]而「人天入座且傾觴」描繪人間快樂與

68　見慈怡主編:《佛光大辭典》(高雄縣:佛光文化事業公司,1988年),頁254。

共飲情景，表現輕鬆愉悅的氛圍。二句將點出在金桂花的廣住庵此佛門之地中與友人歡笑，與友人共飲、共用歡愉的情景。

尾聯「主情卻比醇醪厚，何處尊前不故鄉」強調主人盛情款待勝過濃烈精純美酒，表達對故鄉思念，凸顯強化離愁之感。兩句中將深厚感情與對故鄉懷念緊密聯繫，藉由「醇醪厚」以形容自己內心感情的深沉，並通過「何處尊前不故鄉」的疑問，傳達無論身處何地，心中最強烈的情感總是對故鄉的眷戀。仲則表達一種對故鄉無法割捨之情。藉由「醇醪」的比喻，揭示深厚感情力量與持久性，同時指出無論何時何地，此情感始終存在。「何處尊前不故鄉」不僅是對物理故鄉思念，更是對精神歸屬之追尋，體現「家」的概念，不僅僅是一個地理位置，更是一種情感歸屬，無論身處何種環境，心中最深的歸屬與牽掛永遠是故鄉。

第三節　禪理詩

「禪理詩」是詩人對心為宗本，明心見性，頓悟成佛的理解、體悟，禪悟。禪宗思維與藝術創作的思維模式有相同之處，即是「直覺」與「頓悟」。朱光潛認為：「形象是直覺的對象，屬於物；直覺是心知物的活動，屬於我。在美感經驗中，心所以接物者只是直覺，物所以呈現於心者只是形象。」[69]黃仲則藉由遊寺書寫識得佛法本來面目，以及對生命終極的領悟，「寺院」景象在仲則詩中是一種客觀存在，其遊寺目的並非禮佛賞景，亦非借佛洗心，而是省察自我心性，對自身命運、生命價值的思考，最終了悟萬法皆空，禪理詩可讓我們一窺仲則禪學的造詣。黃仲則禪理詩如：(〈慈光寺前明鄭貴妃賜袈裟歌〉、〈文殊院〉、〈題文殊院〉、〈題黃荊楊寺壁〉、〈偶題齋壁〉、〈浮槎山寺〉、

---

[69] 朱光潛：《文藝心理學》（臺北市：臺灣開明書局，1980年），頁5-6。

〈入山至戒壇〉、〈登千佛閣〉、〈僧伽塔〉此九篇禪理詩筆者已發表於期刊論文中，在此不論。）本文在此探析〈尋三元洞因登妙遠閣〉、〈小心坡〉、〈車中口占〉、〈題余少雲蕭寺吟秋圖〉、〈龍井五首其三〉、〈龍井五首其五〉、〈沙洲行〉、〈山閣曉起〉七首禪典詩，以下分別析論之。

一　暫就古佛同跏趺

寒江水落磯痕枯，磯石骨立無寸膚。磴危沙滑不受履，捨身縋穴千盤紆。倒行蒲伏盡歷級，始見斷壁嵌僧廬。海雲下棟獼接臂，河鼓隱竇蛇藏車。最高一閣小於艇，憑欄浩浩江聲麤。採石上峯翠窈窕，歷陽遠樹煙模糊。魚龍怪氣走虛壁，水深天闊無象無。晨鐘噪起四山鳥，晚汲唱過西巖漁。阻風間有遊客到，惡劄疥壁連篇書。或云名山恨僧占，縱以歸我能留乎！一身未了地上事，親在詎敢逃空虛。海門東望白雲盡，獨立縹緲餘心孤。等為過客且休歎，暫就古佛同跏趺。（308〈尋三元洞因登妙遠閣〉）[70]

此七言古詩，二十六句，共一百八十二字，作於乾隆三十七年，作者二十四歲遊安徽時所作。「三元洞，古稱『中元水府』、『定江神祠』，亦名『妙遠閣』、『三官洞』，位於安徽省馬鞍山市雨山區採石磯西側江邊，是採石磯五座天然石洞中最大的一座，宋米芾《畫史》上就有記載，素為江南勝景之一」[71]。由此可知「三元洞」又稱「妙遠閣」，

70　（清）黃景仁：《兩當軒集》，卷4，頁107。
71　見Baidu百度百科：「三元洞」詞。網址如下：（查詢日期：二〇二四年十月二日）
　　https://baike.baidu.com/item/%E4%B8%89%E5%85%83%E6%B4%9E/22135855

位於採石磯西側江邊。筆者將全詩分三段析論如下：

第一段十句「寒江水落磯痕枯，磯石骨立無寸膚。磴危沙滑不受履，捨身縋穴千盤紆。倒行蒲伏盡歷級，始見斷壁嵌僧廬。海雲下棟猨接臂，河鼓隱竇蛇藏車。最高一閣小於艇，憑欄浩浩江聲䶢」。首聯「寒江水落磯痕枯，磯石骨立無寸膚」詩中「寒江水落磯痕枯」表現一幅淒冷景象。寒冷江水已退去，露出被水浸泡過的磯石，這些磯石上留下的痕跡已經枯萎，象徵時間流逝與自然無情。此景引發對生命無常的反思，也是詩人心境的映射。「磯石骨立無寸膚」進一步強化孤獨的意象，磯石像骨骼一樣屹立在水邊，沒有任何覆蓋，表面光滑而無皮膚，裸露在外。如此描述讓人感到一種極度的孤獨與冷硬，似乎這些磯石無情對抗著一切，無所依附，與周圍環境格格不入，充滿堅毅卻又帶著孤寂力量，具強烈視覺衝擊與情感表達，描繪自然景象中的荒涼與冷寂，也隱喻詩人內心的孤獨與堅定，表達與世隔絕、孤獨堅韌之情。仲則在面對人生的困境，或許像那裸露磯石一般，既堅定又孤獨，無法依賴外界的任何支持，只能在冷酷的現實中屹立。

「磴危沙滑不受履，捨身縋穴千盤紆」詩中「磴」指山中陡峭階梯或岩石，此處「危」表達道路險峻。沙石滑不穩，無法支撐腳步，暗示攀登困難與危險，彷彿一切都充滿不確定與艱難。此意象是對人生中困難與挑戰之隱喻，無論多謹慎，仍無法完全避免失足危機。「捨身縋穴千盤紆」此句進一步強調面對困境時冒險精神與決心。「捨身」表現對冒險無畏，甚至願意放下生命危險；「縋穴」是形容通過山洞、裂縫等險峻之地，「千盤紆」顯示此種道路曲折與艱難。此處所描述的攀登，不僅是體力上挑戰，也是心理上對極限挑戰，通過艱困道路來達成目標。兩句詩描繪一幅極度險峻、困難重重的攀登畫面，它帶有強烈冒險精神，且表達面對險難與困境時無畏態度。此不僅是對自然描述，亦可視為對人生哲理性反思：即便遭遇重重困

難,仍勇敢面對,克服艱難,既表達對險峰的挑戰,也蘊含對生命力、堅韌與勇氣之肯定。

「倒行蒲伏盡歷級,始見斷壁嵌僧廬」詩中「倒行蒲伏」是形容在極其艱困環境下,表現逆行或倒退動作,「倒行蒲伏盡歷級」此語具象化,形容人彎曲行進,經歷很多難度層次。此中隱含在面對困難時,有時需要逆向思考或採取不同策略之意境。詩中「始見」指瞬間發現,「斷壁」形容破損、毀壞牆壁,而「嵌僧廬」顯示此破壁中被嵌入一座小僧舍,可能是隱匿在山中,或在極險之處建造的僧舍。在經歷艱難跋涉後,終於找到庇護所。此處「斷壁」與「嵌僧廬」象徵人心隱祕與難以觸及真理,歷經人生困難試煉後,最終在找到一絲安寧與啟示。兩句詩表達對艱難困境的耐心堅持以及對智慧的追尋。詩中「逆行」意象,面對人生困境,看似無路可走,卻在不經意中找到突破口,領悟深層智慧,在艱辛的攀登過程中,最終有新突破與發現。

「海雲下棟猱接臂,河鼓隱竇蛇藏車」二句描寫海上雲霧積聚,像是猿猴手臂一樣連在一起。雲霧瀰漫與凝結彷彿一群猿猴在樹枝間攀爬,形象充滿動感。「河鼓」指河流中因為水流激湍而發出的轟鳴聲,此聲讓人感覺河水的力量與深沉。「隱竇」暗指蛇隱藏在山洞中,此意象讓人聯想隱祕、詭譎力量,而「蛇藏車」意指隱匿於車下的蛇,象徵某種潛在的危險或事物的隱匿,而河流鼓動水波的聲音像是蛇藏車一樣隱藏在水流的深處,寓意隱藏的危險或事物潛藏不顯,暗示事情背後的複雜性與不可見的一面。仲則運用生動的自然景象,表達隱匿與顯現、暴露與隱藏之間的辯證關係,將事物表面與內在之間呈現對比,充滿張力感,將平靜河流與隱藏危險緊密相連,令人感受到自然的壯麗,又表達隱藏於平靜表象下的潛在威脅。

「最高一閣小於艇,憑欄浩浩江聲龘」詩中「最高一閣」指塔樓、樓閣的頂層,此是觀景最高點。詩人用「高」來形容其位置之

高，但接下來卻以「小於艇」來反襯，如此對比令人感受一種壓倒性的自然景觀，即使站在最高處，與浩瀚天地相比，人類的建築與存在依然顯得微不足道。此處藉由「閣」和「艇」進行對比，表達人與自然的懸殊與對比，人在大自然的浩瀚面前是如此渺小，整句表現極為宏大壯麗的景象。「憑欄浩浩江聲麤」此句強調聽覺上的震撼，詩人「憑欄」站於欄杆前，聆聽江河聲音，此江聲浩大粗獷，給人一種空間開闊與自然雄渾。此處「浩浩」與「粗」加強江河的力量與磅礴，彷彿那江水不僅流動著，還在轟鳴，帶著一種粗獷且不容忽視的氣勢。此二句表現詩人站於高處所感受天地間壯麗景象，通過對比「閣」與「艇」的大小，表達人於大自然面前的渺小；而通過聆聽江河之「浩浩」與「粗」，表現自然之盛大永恆與無窮。

第二段十句「採石上峯翠窈窕，歷陽遠樹煙模糊。魚龍怪氣走虛壁，水深天闊無象無。晨鐘噪起四山鳥，晚汲唱過西巖漁。阻風間有遊客到，惡劃疥壁連篇書。或云名山恨僧占，縱以歸我能留乎」。「採石上峯翠窈窕，歷陽遠樹煙模糊」詩中「採石」在此形容奇岩怪石、嶙峋山巒之地。「上峯」指山巔、山峰，強調此景高遠壯麗。「翠窈窕」表現山峰綠意盎然，山間翠綠如婀娜女子般，以此賦予自然景象高遠清麗。「歷陽」古地名，今安徽省境內。「遠樹」強調樹木遙遠，看似渺小，卻依然顯現堅韌與生機。「煙模糊」一語使此景帶有一層神祕朦朧感，煙霧繚繞使遠樹看起來迷濛不清，彷彿隱藏著歷史祕密。作者描繪遠望景象，樹與煙交織，呈現一種迷離、詩意美感，充滿生機、夢幻之氛圍。

「魚龍怪氣走虛壁，水深天闊無象無」詩中「魚龍」指水中神奇生物，暗示自然界奇異與不可預測。「怪氣」指自然中不明現象、神祕氣流，像是迷霧、霧氣或水中波動，或像龍、魚在水中游動形態，給人一種動態感覺。「走虛壁」是指這些氣流或水波穿過虛無壁障，

讓整個景象顯得虛幻、無常。作者運用意象生動描寫讓人感受到一種超現實氛圍，似乎進入一個不受現實束縛夢境，或處於一個幻想世界。「水深天闊無象無」此句更加深化自然景象之遼闊與神祕。「水深」指水很深邃，暗示見不到底的廣大無邊。「天闊」強調天空開闊、無限，兩者結合營造極其寬廣、無垠空間感。「無象無」表示無法用具體的形象來描述這一切，一切都像是無形、無象，難以捉摸，這使得詩句意境更加深遠、抽象。此外，「無象無」不僅指景象的抽象難以言喻，也象徵一種極度自由與無拘無束之境界，無論是自然界還是人心，似乎都處於一種無所依附、無限開放的狀態。此二句表達自然界之神祕壯麗，呈現一種無法言喻之浩渺感，既震撼又深沈。首句「魚龍怪氣走虛壁」描述一種動態的、奇異的自然現象，而「水深天闊無象無」則讓整體景象更加開闊、無邊，充滿哲理性與抽象感，景色變化無窮，有如三千世界，因此觸動內心世界。仲則以此景象揭示人對大自然的崇敬與無限嚮往，但同時也感受自身渺小與無力。

「晨鐘噪起四山鳥，晚汲唱過西巖漁」詩中「晨鐘」指清晨寺廟中鐘聲，此鐘聲象徵著一天的開始，提醒人開始新的一天。「噪起」表示鐘聲響起，四周山林、鳥類因此被驚動，鳥兒啁啾聲也隨之起來。此「噪」字並不完全是負面的，表達一種晨間喧鬧，彷彿這是一天最初的生命力迸發，萬物隨著鐘聲而醒。此句生動描繪清晨自然景象，鐘聲與鳥鳴交織，喚醒沉寂山林，充滿生機與活力，給人清晨的寧靜與朝氣、希望與活力。「晚汲唱過西巖漁」詩中「晚汲」指傍晚時分人們去水邊汲水的場景，此為較安靜悠閒的活動，象徵著一天的結束。「唱過」指汲水人唱著歌走過，此歌聲帶著一種悠揚、愉快氛圍，與「晚汲」相得益彰，呈現安逸感。「西巖漁」指在西邊山間溪流附近有漁民在捕魚唱著歌，漁網或小舟正劃過水面。此句展現傍晚景象，晚間勞作與寧靜歌聲相互交融，給人一種平和、安詳之感。

「唱過」與「漁」交織，是傍晚日落時分的一個溫暖畫面。二句詩表現一個一天中最具生命力和韻律感的時刻，清晨鐘聲與鳥鳴交織，喚醒大自然；傍晚汲水歌聲與漁歌回響，充滿生活的節奏音韻。詩人藉由簡單的日常生活與自然景象，表達對平凡日常熱愛，呈現人在自然中與時間流動的和諧，不僅表現自然美麗，也隱含對人日常生活中勞動與安寧的讚美。清晨與黃昏的對比，帶來時間上的節奏感，也凸顯人與自然、勞動與休息的交替與平衡。

「阻風間有遊客到，惡劄疥壁連篇書」詩中「阻風間」是描寫作者當時在某個特殊地理位置，風勢被阻擋或轉折，造成一種特別局面。「有遊客到」說明雖然風勢不順，遊客依然抵達，途中停留、駐足觀望。此句暗示人與自然力量的博弈，人在環境中的渺小與無奈。「惡劄疥壁連篇書」此語更加生動，但帶有些許負面情緒。「惡劄」指惡劣的書法，形容字跡潦草；「疥壁」指牆壁上長有疥瘡，形容牆面破損髒亂不堪；「連篇書」指牆上充斥著這些潦草不堪的書寫文字。此處通過形象描繪，表現隨意與無序狀況，反映出作者對當前情境的不滿，旅行中偶爾遇到荒涼與無意義，但儘管生活中充滿各種不可控因素，人仍然要在這些不完美中前行。

「或云名山恨僧占，縱以歸我能留乎」詩中「或云」表明此是作者聽來的或某些人所言，「名山」是歷史悠久、風景壯麗、名氣極大的山，往往是歷代文人墨客或僧侶修行的聖地，因其風景如畫、清幽靜謐而吸引大量修行者與旅人。然而詩中的「恨僧占」卻透露對此種占據的不滿。此處「僧」並非指某一具體僧人，而是象徵那些在這片名山中「占據」某種精神或文化領地的人。詩人感覺此處原應屬於更多人共用，或這些僧人所代表的孤高隱逸生活方式讓仲則有遙不可及之感，「或云名山恨僧占」指仲則聽到他人所言，名山本應是所有人的，有些人對於僧侶佔據這些山地表示不滿或怨恨，認為僧侶在這些

名山的存在阻礙普通人對山水的欣賞或占有,隱約有著矛盾情感,「恨」字顯現情感上的衝突和無奈。「縱以歸我能留乎」讓人感受到一種強烈的自問與反思。詩人問自己,即使能夠回到這片名山,如果心境不變,是否能夠「留」住那份寧靜與逍遙?這是一個自我挑戰的問題,反映詩人內心掙扎,是否能在名山的寧靜與隱逸中尋找到真正的自我?或是否能在喧囂與浮躁中保持一份內心的清明?於此對「留」的反思,不僅是對一個具體地方的依戀,更是對生活方式、對心境的追尋。此二句既有對外部自然景象描寫,又蘊含對內心世界探索。名山象徵著理想化生活空間或心靈歸宿,但「恨僧占」卻流露矛盾情感,既渴望此佳景,又對某些生活方式感到疏遠或無法完全融入。而「縱以歸我能留乎」進一步深挖此種內心掙扎,讓人思考當人面對理想與現實的差距時,能否在這片理想中的場所找到真正的心靈歸屬。二句表達仲則對名山情感與對人生意義的思考。對名山占有問題,呈現出對權力與占有的反思,進一步引發對自己在其中角色的質疑,詩人通過「能留乎」的疑問,揭示人對於自我存在的無常,在無常中尋求內心寧靜的哲理性表達。思考人生中的留存與消逝、事物的擁有與失去,表達了一種淡泊名利、超脫的心境。無論回到何處,最終能夠「留下」的只是自己心中的寧靜與感悟,對於外界的名利與得失,毋須太過於執著。

　　末段六句「一身未了地上事,親在詎敢逃空虛。海門東望白雲盡,獨立縹緲餘心孤。等為過客且休歎,暫就古佛同跏趺」。「一身未了地上事,親在詎敢逃空虛」二句點出自己一生未完成,仍然捲入塵世事務當中。詩中「一身」不僅指自己,還暗示生命全部,內心的事情和外在的責任交織,仍有許多未了的事,無法輕易放下。自己在世間責任與牽掛,體現對親人與現實依戀,表明在家人仍在身邊的情況下,自己無法逃避責任與現實的苦痛,反映仲則在面對人生、家庭重

擔時,無法脫離現實,無法逃避世俗的困擾與責任。即便內心渴望逃離一切,去尋求片刻的空虛與解脫,但現實中的親情牽絆又讓人無法輕易放任自己的孤獨與空虛,有著無奈的掙扎,既有對現實親情義務責任的承擔,也流露對內心渴望解脫之情。

「海門東望白雲盡,獨立縹緲餘心孤」描寫作者站於海門遠望,眼前是無盡白雲,表達一個開闊的視野和對遠方的嚮往,表現一種空靈、遼闊視野,讓人不禁思緒萬千。「縹緲」形容色彩輕盈,如夢似幻的藍色,表現作者孤獨與寂寞心境,「餘心孤」是自我反思的表達,身處在廣闊的天地間,內心卻依然感到孤獨、疏離。兩詩句充滿孤寂與超脫氣息,對比外在無邊的大海與白雲,和內心的空虛、孤獨,既是自我反思,也是對人生無常與宇宙無窮之感悟。

「等為過客且休歎,暫就古佛同跏趺」此語頗具禪意,彷彿描繪超脫、平和之境界。我們在此塵世中如同過客,不必為一時的苦難而歎息,暫時安靜下來,偶爾停歇,歇息片刻,與古佛一同靜坐,安然自得,尋找一份內心的平靜與安慰。以「過客」形容人生,讓人想起人生如夢,瞬息萬變,不要過度執著於世間得失與痛苦,而「古佛」在中國文化中常是象徵安定、平靜的存在,象徵智慧與永恆,於此可能寓意心境的平和與靜謐。「跏趺」是禪定的姿勢,意味放下萬象、回歸內心寧靜,此境界能讓人暫時脫離世間塵囂。二句表達出對人生如夢、過客匆匆之感慨,並透過佛陀的方式來修習禪定,通過冥想來清淨心靈,放下對外執著,傳達一種嚮往寧靜、尋求內心安寧之情。反映作者對人生哲理的思考與對心靈寄託之追求。

二 提心一跏坐

世險不到處,茲坡名小心。側棧受半履,石滑不可任。上嶺怒

欲壓,下有無窮深。削壁絕捫據,長雲蕩其陰。飛空苦無具,至此毛髮森。人言小心度,我以無心臨。同遊少人色,牛喘逼汗淋。對之忽大笑,劃然搖井參。山靈喜顏色,樂奏來仙禽。提心一趺坐,萬態何沈沈。(372〈小心坡〉)[72]

此五言古詩,全詩二十句,共一百字。此詩作於乾隆三十七年,作者二十四歲三入徽州遊黃山時登小心坡所作。「小心坡」位於黃山的「天都峰」與「玉屏樓」之分岔路口,往玉屏樓方向再上坡數十米即是「小心坡」。因小心坡的坡長達數十米,右邊依傍著險峻陡峭岩壁,左邊緊臨深谷,此路地勢高峭險要,行至此地,得倍加小心,故名小心坡。以下將全詩分三段論述之:

第一段從「世險不到處,茲坡名小心。側棧受半履,石滑不可任。上嶺怒欲壓,下有無窮深。削壁絕捫據,長雲蕩其陰」共八句。首聯「世險不到處,茲坡名小心」詩中「世險」是世間危險、艱難險阻,指困苦挑戰之地。「不到處」意味此危險與挑戰並非無處不在,是在某地並不常見。表示儘管世界上確實有許多險惡與挑戰,但並非所有地方皆充滿險境。「茲坡」指「這座山坡」,於此代表具體環境,通過「名小心」以表達對此地警惕,提醒人們在此需要更加小心謹慎,避免陷入困境或遭遇不測。強調即使看似平凡處,亦需特別小心謹慎。表明對世間險阻的警惕與思考,強調在登高時需要保持謹慎,詩人對於險峻之地的警覺。二句展現詩人對世事深刻洞察。藉由「世險」與「名小心」,以表達深層警覺與自我保護意識,傳達對生活中隱藏危險之警惕,對人生中時刻需謹慎行事思考。無論是在人生路上,還是在具體環境中,過於輕視與疏忽可能會帶來不可預測後果。

---

72 (清)黃景仁:《兩當軒集》,卷5,頁133。

故詩人提醒我們在特定時刻要小心行事,保持清醒與警覺,呈展深刻生活哲理——在面對世事時,要保持審慎與警覺,以避免潛在風險。

　　三、四句「側棧受半履,石滑不可任」詩中「側棧」指一條側面狹窄小道或棧道,可能是在山崖或懸崖邊緣的路徑。「受半履」意味半隻鞋子踩在此棧道上,暗示行走者處於一種不穩狀態,可能是步履蹣跚或險些失足。用此形象描繪,表達處於危險境地時微妙平衡感。「石滑不可任」中「石滑」指石頭表面光滑,容易滑倒。「不可任」是提醒人們在此環境中不能掉以輕心,必須小心謹慎,不能任意行動,避免因為不慎跌倒或遭遇危險。二句形象描繪一個險峻環境,傳達在險境中必須小心謹慎,不能放鬆警惕之生活哲理。不僅描寫一個具體險惡環境,更借此警示人們在面對生活中困難挑戰時,須保持警覺與謹慎。就像站在懸崖邊小道上,任何不小心舉動皆可能帶來不可預見後果。故詩人提醒我們要時刻保持冷靜與小心,特別是在處境不穩、容易引發危險時刻。通過描述自然中險峻情境,提醒人們在面對挑戰時要保持高度警覺小心。此生活中警示,不僅是對自然環境感知,亦暗示人生路上不確定性與時刻需謹慎行事之智慧。

　　五、六句「上嶺怒欲壓,下有無窮深」描繪山峰壓迫而來的氣勢與深淵的無盡與深邃,兩句展現自然的壯麗與威嚴。詩中「上嶺」是山的頂端或山脊,「怒欲壓」形容山頂處氣勢洶湧,彷彿隨時可能壓下來的威勢。此表達帶有強烈緊迫感與威脅感,可能是在描寫暴風雨來臨前的氣象或險峻山嶽的壓迫感,予人一種迫在眉睫之壓迫氣氛。「下有無窮深」指山下深淵或懸崖,形容山下險惡地形,深不可測,予人一種無窮無盡深淵感。此「無窮深」描寫強化上下之間的巨大反差,凸顯困境可怕與無處可逃之壓迫感。二句描繪一個充滿威脅的自然景象:山頂氣勢壓迫與山下深淵相互映襯,予人一種上下極端對比,傳達面臨困境時那種無法逃避之壓迫感與深遠危機。仲則不僅描

寫自然險峻與宏大，亦反映內心緊張與焦慮。詩人可能借此表達人生中面臨困境與挑戰：在某時刻，我們彷彿被困在一個無路可逃環境中，既有來自上方壓迫，又有來自下方深淵，令人感到無所適從。以「怒欲壓」與「無窮深」象徵生活中壓力、困境以及無法輕易逃脫之無望感。

　　通過極具衝擊力的自然景象，展現困境中的壓迫感與無望感。不僅描述自然界險惡，亦隱喻人生中面臨巨大壓力時無助與恐懼，提醒人們在困境中應保持清醒、謹慎，尋找突破困境辦法。二句描繪一種極為險峻且具有強烈壓迫感之自然景象，同時蘊含深刻哲理，表達對困境與挑戰感受。

　　七、八句「削壁絕捫據，長雲蕩其陰」詩中「削壁」是陡峭、險峻懸崖，形容山壁如同被削去般，極其垂直、銳利。「絕捫據」意指此懸崖無法攀援，予人無法觸及、無從憑藉之感。整個景象凸顯山體高峻與險惡，似乎無任何支撐物可依靠，帶有一種孤立無援之意境。「長雲蕩其陰」中「長雲」可能指在山頂或山間漂浮雲霧，給整個環境增添一種神祕氛圍。而「蕩其陰」意味此雲霧飄蕩在懸崖陰影之中，予人一種陰森或寂靜之感。雲霧漂浮與山體陰影交織，帶有一絲幽深與寧靜。二句生動描繪一幅自然景觀：一面高峻懸崖令人無法攀登，雲霧在其陰影中飄蕩，整個景象充滿險惡與神祕感。此環境不僅令人感受大自然雄偉威嚴，亦隱喻人在面對困境時之無力與迷茫。詩中充滿對自然力量敬畏，同時也是對人生境遇象徵。懸崖陡峭與無法攀登，雲霧飄蕩與陰影，似乎暗示在面對人生巨大挑戰時，人常感到無助與渺小。無論是面對困境，還是追尋目標，有時就像面對此座「削壁」般，顯得不可逾越、難以觸及。而「長雲蕩其陰」則提醒人們，困境和陰霾也許並非永久，雲霧最終會飄散，陰影終將被陽光驅散。通過對險峻山壁與飄蕩雲霧的描繪，展現自然景觀雄偉神祕。仲

則描繪一個極為險峻且具有自然美感景象，富有畫面感，並通過對環境細膩描寫，展現自然界雄偉與神祕，暗示人在面對困境時無力與迷茫，同時也傳遞困境並非永恆，最終總會有曙光。

　　第二段從「飛空苦無具，至此毛髮森。人言小心度，我以無心臨。同遊少人色，牛喘逋汗淋。對之忽大笑，劃然搖井參」共八句。「飛空苦無具，至此毛髮森」詩中「飛空」形象指代在高空中飄蕩或無依無靠狀態。「苦」字表明此痛苦體驗，似乎詩人試圖在空中飛行、漂浮，卻無依靠工具來支持自己，感受一種孤立無援之狀。而「無具」指缺乏支撐與幫助，象徵缺乏安全感或無法依靠境地。「至此毛髮森」中「至此」是達到某地或境地，暗示詩人已進入某特定狀態或環境。此地「毛髮森」形容詩人驚恐或震撼至發抖狀態，因「毛髮森」有「毛髮豎立」之意。表達詩人在某一時刻深感恐懼、震驚，甚至產生一種無法控制生理反應，毛髮豎起，暗示遇到強烈驚嚇震撼。二句描繪詩人在身處高空困境中，因缺乏依靠而感到無助與痛苦心情。而「毛髮森」強調其因震驚恐懼而產生強烈生理反應，表露詩人身處境地帶給其深刻衝擊。二詩句充滿壓迫感與危機感，展現人在面對未知或巨大挑戰時之無助與恐懼。飛空無具足工具，意味人失去支撐與安全感；而毛髮豎立，是對此恐懼不安之生理體現。傳達人在極端環境中內心極度不安、無助以及對生命存在之脆弱感。仲則描繪人在面對困境或空曠之地時的恐懼與無助，展現對生命與自然界強大力量之敬畏。詩人借此表達困境中人的脆弱與迷茫，同時也暗示在無依靠支撐時，人恐懼感會達至極點。

　　接續二句「人言小心度，我以無心臨」詩中「人言」指他人言論或忠告，「小心度」即小心謹慎面對某種情境或挑戰。「度」指度過危險、複雜或微妙時刻。「我以無心臨」中「我」指詩人自己，「無心」是沒有心機、沒有過多考慮，或沒有負擔、心態輕鬆。「臨」表示面

對或遇到,意即詩人自己在面對同樣情況時,心態上並不感到焦慮擔憂,反而表現得很從容、無所畏懼。二詩句通過對比表達兩種態度:一是他人的謹慎與小心,二是詩人自己以一種無所畏懼、輕鬆自然心態面對事物。仲則似乎想表達,別人可能會在某些境遇中感到擔憂,提醒要小心,而其卻無多餘心思,反以平靜心態去應對。此態度可能來自於自信、超脫或對局勢深刻理解。仲則於此反映一種豁達人生態度,藉由「無心臨」傳達在面對複雜或挑戰時,若過於擔心或謹慎,反而易增加心理負擔,而以一種輕鬆、無心態度,可能會助人更好應對困境。在表達超脫於世俗心境,強調內心平靜自然,此態度能助人更從容面對生活中挑戰。通過對比他人小心與自己無所畏懼態度,表現其超然物外心境,呈展積極心態,在面對困境時,不必過於焦慮謹慎,輕鬆自在心更有助於解決問題。詩人通過反應自己與常規認知不同心境,表達對事物之豁達與超脫。傳達對世俗評論之關注,亦表明詩人面對人生選擇時之淡然態度,強調其順其自然之心境。

承上,「同遊少人色,牛喘逋汗淋」詩中「同遊」指與仲則一同旅行遊覽之人,「少人色」指詩人在旅行過程中,同行的人非常少,周圍顯得空曠寂寥,甚至可感受孤獨氛圍,暗示人煙稀少、環境荒涼,予人孤獨冷清之感。「牛喘逋汗淋」中「牛喘」是牛因勞累困頓而氣喘現象,說明最能吃苦的牛在艱苦行程中疲憊不堪。「逋」指動物因疲倦勞累而走得很慢,形容牛已無法快步行進,顯得特別辛苦。「汗淋」形容牛已累到流汗不止。描繪牛在艱難旅途中辛苦勞累,暗示詩人自己亦感受類似疲憊。二句通過描繪旅行中孤寂與疲憊,反映詩人心中寂寞與艱難。旅行中幾乎無其他人同行,周圍是寂靜空曠,牛也因勞累而喘息不止、汗水溼透,呈現艱苦景象,不僅是對自然景觀描寫,亦折射詩人內心孤獨與疲憊。「少人色」讓人感受人際隔閡與疏離,而「牛喘逋汗淋」生動描寫使讀者感同身受,感受旅途辛苦

勞累，借景抒發自己心境，暗示生活孤獨與不易。此孤獨不僅來自人際隔閡，亦來自與自然生命之艱難搏鬥，顯示詩人面對艱苦環境時無奈與沉默。描寫同行人少，更顯得環境險峻，因疑心而害怕外，也寫出爬小心坡勞動後喘息與流汗情景，更道出此行之艱辛。

「對之忽大笑，劃然搖井參」詩至此轉折，心境大轉。句中「忽大笑」此笑顯得有些出乎意料，表現詩人對眼前事物的輕鬆與豁達。「劃然搖井參」中「劃然」表某景象或現象發生得非常突然顯著；「搖井參」更為抽象描寫，指井水因某原因突然被擾動，井中出現不尋常現象。井水搖動攪動象徵某種突如其來變化，或是由一笑所引發某種反應。二句表達詩人在某特定場合突然發笑時，周圍或自然界某種奇異反應。笑聲的突發不僅改變個人情緒，也引發周圍環境某種波動變化。藉由「搖井參」此不尋常描寫，傳達笑聲所引起的精神與環境變化，或某種象徵意義上的翻轉。通過幽默與奇異的描寫，揭示一種輕鬆態度。詩人以「大笑」來展現超然心境，而「搖井參」描寫表現一種外界對此心境反應，似乎一笑之間能夠攪動周圍環境，傳遞一種精神上力量的象徵意義。通過大笑與井水波動，暗示笑聲能帶來突然變化，展現出詩人面對困境環境時的幽默與豁達。有時候，一笑可以改變事物軌跡，也許在暗示笑聲背後有著強大精神力量，能夠帶來轉折改變。詩人表達對生活困境的豁達面對，即使在不確定環境中也能保持笑意與超脫。仲則不僅呈現於表面上笑聲與自然現象，更深層反映對生活、環境以及自我心境的一種超然與從容態度。

最後一段從「山靈喜顏色，樂奏來仙禽。提心一跌坐，萬態何沈沈」共四句，「山靈喜顏色，樂奏來仙禽」詩中「山靈」指山中精靈或自然神，被賦予某種靈性或神祕力量；「喜顏色」指山靈因某種原因而感到高興，臉上呈現愉快神情。「顏色」是表情上喜悅，也象徵自然景色美麗與生命蓬勃。意味自然界在某時刻煥發出光彩，或景色

特別宜人、和諧，令山靈感到欣慰與喜悅。「樂奏來仙禽」中「樂奏」指美妙音律；「仙禽」是神話傳說中鳥類，為神聖、祥和象徵。以「樂奏」與「仙禽」相結合，描繪鳥兒歌聲與自然和諧相融，彷彿仙禽以其歌聲為大自然奏響樂章，表現一個充滿靈氣與生機自然景象，山中神靈與仙禽共同營造一個如詩如畫境界。藉由「山靈」與「仙禽」兩個充滿神祕與靈性意象，表達大自然和諧美好。山靈因大自然美麗生機而感到喜悅，而仙禽歌聲為此片土地帶來音樂與生氣。此景象象徵人與自然深度融合，以及自然界中無形力量與美好。描寫山靈與仙禽互動，創造一個富有生氣與神祕感自然場景，傳達詩人對自然深愛與讚美。二句蘊含人與自然和諧共存的美好意境，借山靈喜悅與仙禽歌聲，表達自然界的生命力與靈性，傳達詩人內心愉悅與感悟，傳達一種精神上愉悅與祥和，營造一種富有詩意境界。

「提心一趺坐，萬態何沈沈」詩中「提心」是在心境上集中精神；「趺坐」是禪宗中坐姿，盤腿端坐，禪坐之意，用於冥思修行時。一種冥想或專注狀態，詩人通過此坐姿來表達內心專注、清靜以及心靈昇華。此時，詩人嘗試拋開一切雜念，全身心投入一種寧靜思維狀態中。「萬態何沈沈」中「萬態」指萬千種變化或世間萬象。詩人在感歎外界種種變化、紛繁複雜的事物看似讓人沉重，或讓人陷入無盡紛擾與沉思中。然而，在「提心一趺坐」的冥想狀態下，這一切外界變化已不再那麼重要，似乎內心已超越此外在紛擾。二句展現詩人在靜坐冥思時之心境變化。「提心一趺坐」表示詩人努力讓自己處於一種寧靜、專注狀態，而「萬態何沈沈」是在反思外界種種變化如何讓人感到沉重、紛擾，但在冥思狀態下，這一切變得不再令人煩惱。詩人通過此二句表達對心靈寧靜之追求，以及對紛繁複雜世界之超脫與淡然。蘊含深厚禪理，反映詩人對內心平靜與外界紛擾之間思考。「提心一趺坐」是冥想與修行表現，強調通過專注來找到內心寧

靜。而「萬態何沈沈」表明在冥想時，詩人能意識到外界複雜與煩擾，但卻能超越此干擾，保持心境安定與清明。仲則表達人通過專注與寧靜，可達至超越世俗之智慧與自由，借冥思與超脫來表達對生命複雜性之淡然與對內心深處清明之追求，體現一種超越塵世煩惱、保持心靈純淨之哲理與智慧。

三 雲煙付生滅

> 上車多睡魔，輪喧心更寂。清景紛相迎，好句倏難覓。旋得亦旋忘，雲煙付生滅。轉念林泉佳，應有幽人宅。對面或相違，而況阻朝夕。長吟招隱篇，誰識車中客？（465〈車中口占〉）[73]

此詩作於乾隆三十七年，作者二十四歲。此五言古詩，詩題「口占」是口中念出而不用筆墨起草的詩文。開首四句「上車多睡魔，輪喧心更寂。清景紛相迎，好句倏難覓」道出仲則一上車就有難以驅離的睡意，即使車輪轉動的聲音大而嘈雜，此時心更是寂靜。清麗的景色紛紛映入眼簾，但要在這急速之中寫出精緻句子卻難以迅速尋求。對自然美景與創作靈感之間難以把握之感慨。仲則表達在面對大自然之美時，寫作靈感與語言表達有時並不容易立即湧現，往往需要時間去體會與琢磨，傳遞在美好事物面前無法輕易表達的感動與挑戰。好句子一時難以找到，即使很快得到也很快忘了，體現詩人創作時心情，對於靈感的難以捉摸與語言表達的瞬息變化。即使有靈感產生，卻常在瞬間流逝，難以長久保存與捕捉。將創作過程中靈感不穩定、難以持久的真實寫照。

---

[73] （清）黃景仁：《兩當軒集》，卷7，頁170。

「旋得亦旋忘，雲煙付生滅」即使一時得到靈感，寫出了好句，也會很快忘記，而這些靈感就像雲煙一樣，隨著時間流逝而生滅，無法長久保存。詩中「雲煙」在此比喻那些瞬間閃現的靈感，因為它們來得快，去得也快，像雲煙一樣無法捉摸與長久保持。表現詩人對創作過程之感慨，人的靈感與創作往往是稍縱即逝。仲則心境中充滿對於創作難度的理解與無奈，也暗示了人生無常，無論是靈感，還是世間事物，皆像雲煙般不可預測，隨時消逝。「生滅」是佛教語，「生」是依因緣和合而有，「滅」是依因緣離散而無。「雲煙」指雲氣、煙霧是虛無飄渺之物，都是依因緣和合而來的，聚散無常。詩中「生滅」即生住異滅，乃佛教中解釋「無常」之意。宇宙中一切現象都是此生彼生、此滅彼滅的互存關係，此中沒有恆常存在。詩中「旋得亦旋忘」可以理解為人得到某種東西，但又隨即忘卻，象徵對名利、世間事物之超脫與放下。「雲煙付生滅」表現世事如雲煙般變幻無常，生滅隨時間流轉，強調隨順自然、放下執著、超越生死智慧，呈現一種超脫心境，提醒人不要執著於事物得失，順應自然，坦然接受生滅無常，有著禪宗之味。

　　「轉念林泉佳，應有幽人宅」詩中「念」即念頭、想法、心念，以根對塵所起之念，念念生滅，即妄念；若離根塵，真淨明妙，虛徹通靈之念，即正念。陳德中〈正念的核心概念〉一文提及：

> 「正念」（英語：Mindfulness）的概念最早源自於佛法，「Mindfulness」原意是指「有意識地覺知當下身心與環境，並保持客觀、允許、不評判的態度」它是由形容詞「Mindful」而來，原意是留意、留心或用心；加上「ness」後，它成為一個名詞、意指一種狀態，因此我們可以說，Mindfulness 是一種「保持

留心的狀態」,而非「正確的念頭」或「正向的思考」。[74]

仲則筆下轉念的「念」,應指保持留心的狀態,有意識知覺當下在林泉的身心與環,感受山林之美。詩中「林泉」指出山林、泉石乃文人雅士隱居之地,而「幽人」是指幽隱山林之人,選擇於過著遠離塵囂、與世無爭生活之隱士。二句點出轉念一想,林泉之地是如此美好,在此林泉美麗之景,應有隱居雅士於此過著隱逸生活。「轉念」二字表明仲則的心境情感發生變化,從之前創作困惑與對靈感難以捕捉的無奈感慨中,轉向了對隱逸生活的理想化憧憬,反映出其對內心安寧與脫離繁囂之渴望,表達追求心靈平靜之情。展現仲則對自然熱愛與對隱逸生活嚮往,且蘊含對人生理想境界之追求,轉個負面念頭,人生就開闊,有意識地覺知當下身心與環境,並保持客觀態度面對人生。

「對面或相違,而況阻朝夕」二句表達即使兩人面對面當下亦可能存在隔閡與意見上不合,更何況因時間距離的阻隔而感到無奈與寂寞,暗示人際關係中固有的隔閡與矛盾。而「而況阻朝夕」則進一步強調,在日常生活點滴中,我們還會面臨時間、環境或外界的種種限制與困難,這些困難比起人與人之間的分歧更加深刻與現實。仲則表達對人際關係的複雜性與生活中的種種不如意之感慨,傳達一種對人與人之間矛盾、隔閡的認識,也流露無奈與對現實的接受。

「長吟招隱篇,誰識車中客」詩中「長吟」是長時間的吟詩或思索,表達詩人內心的沉思與反思,「招隱篇」意指徵召隱居的人出仕,如《楚辭·招隱士》,「招隱篇」可以理解為一篇召喚隱士之詩。「誰識車中客」則是在問有誰能認識車中的旅人,如此自問自答表現

---

[74] 陳德中:〈正念的核心概念〉,《正念領導力》(臺北市:悅知文化精誠資訊公司,2020年),頁63-64。

黃對自己身世與遭遇之孤獨感。仲則感嘆自己在官場的無奈與困境，並自問有誰能理解自己真正的內心，反映詩人自我探索與對世事無常之感慨，對人生命運深刻思考。二句點出仲則在吟詩寫作無非渴望引來志同道合的人賞識，而「誰識車中客」更反映仲則對於世人無法理解其心境之感慨。

四　優鉢香中共佛燈

> 去年九月我別君，城南古寺夜打門。酒寒燈瘦話徹昔，秋聲但覺不可聞。今年揖我街西館，脫手新圖水初剪。樹樹西風葉葉秋，迸作商聲落吟卷。我攜襆被來結鄰，蕭然二月無好春。花無一枝樹無葉，豈獨秋風能惱人。瀟灑雙丸此愁送，壞塔殘碑日摩弄。優鉢香中共佛燈，摩尼龕上分僧供。百年聚散只須臾，此景他年不可摹。更回蕭寺吟秋筆，為作蒲團看劍圖。（1011〈題余少雲蕭寺吟秋圖〉）[75]

此首七言古詩作於乾隆四十六年，作者三十三歲。「去年九月我別君，城南古寺夜打門。酒寒燈瘦話徹昔，秋聲但覺不可聞」開首四句表達仲則和余少雲的別離，詩中強調出具體時間是「去年九月」，代表無法忘懷過去之情。仲則在夜晚到達城南古寺，並敲打寺門，此處「夜打門」亦象徵詩人在孤獨夜晚，尋找對往日情景的回憶。詩中「古寺」象徵著寧靜、過去歷史。敲打寺門的動作，像是對過去的再次觸摸。仲則透過對「去年九月」的回憶和「夜打門」的動作，表達與故人別離後的思念、渴望和對時間無情流逝的感慨。詩中「酒寒」

75　（清）黃景仁：《兩當軒集》，卷15，頁374。

的「寒」不是具體的溫度,而是一種情感表現,表達飲酒的冷清寂寞。酒是聚會、慰藉的象徵,但於此仲則卻在孤寂夜晚,獨自飲酒,感到冷清。「燈瘦」形容燈光微弱,象徵夜晚沉寂,亦形容詩人精神狀態微弱、困倦。「話徹昔」道出仲則回憶過去與故人談話交往情景,如此回憶隨著時間流逝,逐漸變得模糊,已不再容易言說。「秋聲」象徵孤寂、蕭瑟,也許是風聲、落葉聲、自然界聲音,帶著淒涼之情,使人感到時間流逝與自然變遷。「但覺不可聞」句中「不可聞」並非無聲,而是指即使有聲音存在,卻聽不見、感受不到。仲則可能因心中孤寂與沉重,無法聆聽到周圍聲音,而呈現心境上封閉與隔絕。仲則獨自一人在寒冷秋夜喝著酒,燈光微弱,回憶著與故人往日情事。隨著這些回憶的逐漸遠去,不可聞有著無法言喻的哀傷,彷彿封閉了心境,表達詩人內心孤寂與對過去時光懷念。

「今年揖我街西館,脫手新圖水初剪」句中「今年」道出現在、當下,「揖」是拱手行禮,「揖我」於此表達對詩人親切問候。「街西館」指街道西邊某座館子或客舍,或許是故人所居或詩人曾經遊覽之處,表現懷舊之情。詩中「脫手」意指從手中放開、釋放。「新圖」指的是新畫的圖畫或計劃,象徵著新的開始、重拾舊夢或重繪記憶。「水初剪」描述水面上的波紋剛被劃過,象徵著時間或動作剛開始,此是變動與過程的意象,時間如水一般,永遠無法停止。而「脫手新圖」又暗示過去某些舊事情感被放下,且迎來新希望。二句包含著懷舊、時光流逝之情,通過具象「水」與「新圖」的描繪,使人感受詩人對舊時光回望,以及面對現實和未來思考。

「樹樹西風葉葉秋,迸作商聲落吟卷」句中「樹樹」用疊字增強畫面感,彷彿詩人將視線投向滿目樹木之景,人感受到景物繁茂,但卻又是秋季,隱約透出孤寂氛圍,而「西風」帶來蕭瑟之感,更增強秋天淒涼氛圍。「葉葉」強調秋天樹葉紛飛,呈現出一幅秋葉飄零畫

面。葉子是生命象徵,它們的凋零代表生命無常與季節更替。「迸作」此詞表現強烈動態感,意味著樹葉隨風飛舞,像是爆發或突然的動作,不僅指葉的飄落,更有種動盪不安之情感。「商聲」是古音調,是悲切、哀傷之音調,於此指秋風中樹葉碰撞所發出之音,亦象徵秋天淒涼與悲傷。而「迸作商聲落吟卷」是詩人情感的自然流露,通過「商聲」和「吟卷」表現出悲傷心境,暗示於此景中深深沉浸,甚至引發對往事的追憶與哀傷。二句有著濃厚的秋意與傷感,透過「商聲」的音樂性描述,詩人將自然的景象與自己內心感受緊密結合,表達了秋天所帶來的寂寥與憂愁,不僅是具象,更蘊含時間流轉、生命無常。

「我攜襆被來結鄰,蕭然二月無好春花。無一枝樹無葉,豈獨秋風能惱人」描寫到仲則帶著行囊來「結鄰」,去新的地方和周圍鄰居交往,尋找依附感,顯示其內心孤獨和漂泊無依。然而冬去春來之際的二月景象卻是冷清、淒涼,詩中「蕭然」有凋零、寂寥之意,沒有春天應有的生機與溫暖,藉景抒情,道出詩人對時局、對人生的感慨。甚至「花謝」、「樹無葉」,表現枯萎之景,象徵事物衰敗、生命無常,此景更讓人感到孤寂悲涼。而「秋風」並非唯一惹人憂慮,暗示除自然季節變化,詩人內心情感也相當糾結,更深層表達詩人對人生不如意的無奈與哀愁。

「瀟灑雙丸此愁送,壞塔殘碑日摩弄」仲則以「雙丸」直指眼睛,活靈活現,加上「瀟灑」不拘小節、灑脫、輕盈。這兩顆眼睛,於此象徵詩人內心的澄澈。而「此愁送」暗示詩人心頭愁緒,然此愁苦並非直接顯現,而是藉由這雙眼隱隱流露,仲則將自己心中愁苦、無奈隱匿在眼中,默默地送走這些愁思。緊接著「壞塔殘碑日摩弄」此句畫面感極強,表達「壞塔」與「殘碑」景象,此皆時光流逝後破敗景象,象徵過往輝煌與成就已逐漸被摧毀,亦暗指世事無常。古塔

與古碑之倒塌破損，正如詩人所處情境，展現其心中荒涼、無力感。「日摩弄」中的「摩弄」指出時間流逝與風、自然界摧殘，使其逐漸磨損衰敗。二句詩融合視覺與時間的元素，既描繪內心痛苦，又展示外界衰敗與破壞。詩人以「雙丸」來暗示自己情感，而「壞塔殘碑」意象更進一步強化此種對衰敗感受。仲則心中愁緒，如同塔碑的損壞一般，是無法阻擋的，且隨時間流逝而愈加清晰。

「優鉢香中共佛燈，摩尼龕上分僧供」詩中「優鉢」即是「香鉢」是佛教用語，是佛教徒用來盛香的器具。而「優鉢香」象徵佛教清淨、香火純潔，以及對佛法的敬仰與祈求。在佛寺中，常點燃燈火以示對佛祖尊崇，「佛燈」則是指供奉佛祖的燈光。「共佛燈」展現出香火與佛燈共同象徵著對佛祖的虔誠與光明的指引。香氣的煙霧在「優鉢」中升騰，與寺中的佛燈，營造一個佛教清淨氛圍，顯示出一種淨化心靈、與佛法共振的境界。詩中「摩尼」指佛教中的寶珠或珍寶，通常象徵智慧、光明或神聖力量，與佛法的神聖和純潔相聯繫。據《佛光大辭典》記載：

> 摩尼，梵語 mani，巴厘語同。又作末尼。意譯作珠、寶珠。為珠玉之總稱。一般傳說摩尼有消除災難、疾病，及澄清濁水、改變水色之德。又梵語 Cintā-mani，音譯為真陀摩尼、振多摩尼、震多摩尼，意譯如意寶、如意珠，又作如意摩尼、摩尼寶珠、末尼寶、無價寶珠；凡意有所求，此珠皆能出之，故稱如意寶珠。有言摩尼系由摩竭魚腦中所取出；或言為帝釋天所持物碎落而來；亦有言由佛舍利所變者。千手觀音之四十手中，右手即持日精摩尼，左手則持月精摩尼。日精摩尼，又作日摩尼，為可自然發出光熱照明之摩尼；月精摩尼，又作月光摩尼、

明月摩尼、明月真珠、月愛珠,可除人熱惱,而予清涼。[76]

「摩尼燄上分僧供」句中「燄」是火焰,於此指出是摩尼珠所發出的燈火,而「燄上分僧供」則是指將燈火奉獻給僧侶或佛陀,作為供養,此為一種佛教的儀式行為。摩尼寶珠的光芒上升且照亮周圍僧侶,將其供養。「分僧供」象徵著佛光普照,亦表達佛教徒供奉僧侶、向佛陀獻上虔誠心意。仲則通過「優鉢香」、「佛燈」、「摩尼燄」、「僧供」等描寫表現對佛教儀式之深刻體驗。詩中充滿神聖與純淨象徵,表達對佛法敬仰與對心靈淨化之追求。整體氛圍清幽,給人一種禪意深遠、寧靜致遠之感。此處描寫不僅是佛教儀式的具象表達,亦流露出仲則對佛教禪學理解與心靈寄託。

「百年聚散只須臾,此景他年不可摹」詩中「百年」象徵著漫長的一生,此並非指具體年數,而是用以比喻時間長短。「聚散」指的是人與人之間的相聚與分離,人生中有許多相聚與離別的瞬間。詩人在此說明人生這些聚散無論看似漫長,實際上都是「只須臾」,只是一瞬間,反映時間無情流逝與人生短暫無常。而「此景他年不可摹」則進一步強調時間流逝與瞬息萬變特性,詩中「此景」指的是當下情景、此刻所處心境。即便未來,此景亦無法再重現,表達對當下時光無常深刻感悟。人生的聚散終究只是瞬間的過程,生命中的每一刻都是獨一無二、無法複製的,仲則詩風深刻且富哲理,充滿對生命的細膩思索。

「更回蕭寺吟秋筆,為作蒲團看劍圖」二句描寫再度回到「蕭寺」,此象徵詩人尋找內心平靜之處,可遠離塵世煩擾,專心寫詩,表達對時光流逝之感慨,感受秋天孤寂、愁緒。「蒲團」是佛教寺廟

---

[76] 慈怡主編:《佛光大辭典》(高雄縣:佛光文化事業公司,1988年),頁6067。

中用來禪修的蒲團,是禪宗修行中一種常見坐具。此處「蒲團」暗示詩人心境的平靜,或其想要專心修行或思考。而「劍圖」應是一幅劍的畫像。古代劍不僅是戰爭工具,亦象徵力量、忠誠、剛毅與決斷。仲則在「蒲團」上靜坐、修行,卻又將目光投注在「劍圖」上,這可能是一種心境的表達,即使身處靜謐、安定環境中,內心依然充滿對過去豪情、奮鬥的追憶。末二句表達仲則內心的矛盾與掙扎。一方面,他回到蕭寺,尋求心靈平靜,試圖通過「吟秋筆」來表達對時光、人生的思索;另一方面,他又對過去的理想奮鬥、豪情有著不捨與牽掛,此種情感表現在「為作蒲團看劍圖」中,即便心靈尋求寧靜,內心卻難以擺脫對過去積極求仕生活之嚮往、理想的執著,很能體現仲則貧困身世之感與情感的矛盾。

五 跌坐每生溫

> 舊說湖山石,茲窺眾妙門。浪蒼天補色,窈峭地掀根。面久無留影,捫多已有痕。更憐幽草碧,跌坐每生溫。(602〈龍井五首其三〉)[77]

此詩作於乾隆三十八年,作者二十五歲。「龍井」位於浙江省杭州市西湖區,此詩是作者遊杭州西湖所作。首聯「舊說湖山石,茲窺眾妙門」詩中「舊說」指的是過去聽說的、書籍或他人傳述的「湖山石」是西湖山水、石景。「茲」是指現在;「窺」有窺視、察看之意,在當下對事物察覺或探索。「眾妙門」是指神奇深奧之門。詩人過去對於西湖山色的認知是局限的,當自己身臨其境,親自窺視時,才開始洞

---

[77] (清)黃景仁:《兩當軒集》,卷9,頁226。

察這些自然景觀的深奧與妙處。

　　頷聯「浪蒼天補色，窈峭地掀根」詩中「浪蒼」指波濤洶湧海面，蒼色給人一種深沈、遼遠之感。「補色」是表達色彩調和，「天補色」指天邊顏色，或指天空中雲霞與日光、水面形成交織效果，描繪一種天與海交相輝映、風雲變幻的景象，顯示自然界的浩瀚無窮、場景壯麗廣闊，給人一種無邊無際的空間感。「窈峭」是指幽深險峻崎嶇的山地、地勢，形容地形的高峻險要。「掀根」是動作的強烈感，將根基掀起，於此象徵著一種劇烈的力量，將大地山川的靈動與崇高，掀起地面的根基，展現大自然的宏偉磅礴。這些詞語交織成一幅波瀾壯闊景象，既有平靜自然之景，又有激烈動作感，充滿力量動感。頷聯描述一個壯麗險峻之自然景，表現詩人對於大自然力量的敬畏與感受。

　　頸聯「面久無留影，捫多已有痕」詩中「無留影」取自《五燈會元》卷第十六越州天衣義懷禪師（933-1064）云：「鴈過長空，影沈寒水，鴈無遺蹤之意，水無留影之心。若能如是，方解向異類中行。」[78] 雁飛越寒水，沈影水中，在禪僧眼中，此為無心之舉，無留影之心，是無心無念。整句詩意指長時間不見事物不再有印象，而經常接觸的事物卻無可避免留下痕跡，上句表達時間流逝對於記憶的淡化，雖然無留影之心，是淡然不執著、無滯礙自由境界，然而下句卻轉，將「捫多已有痕」道出這些情感經歷卻是深深烙印人心，蘊含著無論時間與經歷都會在人心靈上、人生路上留下不可磨滅痕跡的哲理。

　　尾聯「更憐幽草碧，趺坐每生溫」表現詩人對幽靜碧綠草地憐愛，在此綠意盎然草地上，心中感受到一種寧靜與溫暖。「趺坐」是指盤腿端坐，是禪修靜思時的姿勢，仲則描述自己在草地上禪坐時，

---

[78] 〈越州天衣山義懷禪師〉，收入（宋）普濟集：《五燈會元》卷16，載《卍新纂大日本續藏經》第80冊，No.1565（東京市：國書刊行會，1975-1989年），頁835。

心靈感到溫暖，不僅是身體上的溫暖，更是內心寧靜與舒適，透過自然景象描繪，表達詩人對自然的親近，對靜謐環境的喜愛，透過冥想靜坐獲得內心溫暖與平靜，此詩富有禪意。

六　寥寥此夜禪

> 一按太虛記，長懷玉局仙。煙霞無改色，丹碧是何年？寂寂諸天雨，寥寥此夜禪。明朝下山路，回首定悽然。（604〈龍井五首其五〉）[79]

此詩作於乾隆三十八年，作者二十五歲。首聯「一按太虛記，長懷玉局仙」詩中「太虛」是空虛無物、虛無的世界，是宇宙中無窮無盡的空間。在道家、佛教皆將「太虛」指代無形無象的極高境界，是一個超越物質世界的空靈狀態。「一按」即按下某個東西或進行某種動作，開啟某個心靈開關，啟動一種精神意識的狀態，暗示詩人在一個瞬間達到某種開悟、高層次的理解，讓其進入更高境界。仲則通過「按下」通向太虛門扉，非常生動描繪進入一個無限的精神世界，感悟超越物質存在的空靈境界。長期懷念追求「玉局」仙，詩中玉局象徵一種至高無上、完美的境界，往往與神仙世界或極樂世界聯繫一起。「仙」是中國神話中神仙，代表超凡脫俗、無所不能的存在，通常居於仙境或高山之巔，遠離世俗塵囂。仲則長期懷有對「玉局仙」嚮往，此「仙」應是一種理想無憂無慮的境界，渴望如仙人般脫離世俗煩憂，進入一個完美的、無欲無求的理想世界，象徵希望自己能超脫塵世，達到超凡脫俗之精神境界。

---

[79]（清）黃景仁：《兩當軒集》，卷9，頁226。

領聯「煙霞無改色，丹碧是何年」二句指出自然景色中的煙霧和霞光不曾改變，依然如故，展現自然界恆久不變，超越時間流逝，「丹碧」代指山川色彩，然而仲則疑問這些色彩代表何年代歲月？有著時光流轉、歷史變遷之感慨，表達自然景色始終如一，但人事已非。雖時光流逝、人事變遷，然美麗景色不受歲月影響的永恆感，予人一種超越時間靜謐與安寧。

頸聯「寂寂諸天雨，寥寥此夜禪」詩中「寂寂」是無聲、寧靜，表現一種深遠寧靜與空曠氛圍。「諸天」是無數的天，指宇宙浩瀚空間；而「雨」指細雨或無聲的降水，可說是象徵冥思、沉澱、洗滌心靈的過程，於此傳達一種天地間的寧靜，彷彿只有細雨之聲，整個宇宙在沉寂中降下雨水，予人一種極其安靜、孤寂感受。上句寫外在景象，下句轉向內心感受，「寥寥」意味空曠、孤寂，表示一種寧靜、空靈、深邃的夜晚氛圍，而「此夜禪」指出在此靜謐夜晚，禪修氛圍愈加深遠，傳達於此寧靜夜晚，透過禪定，心境達到無所求、無所著的境界。「禪」是一種悟道、清淨、超脫的境界，意指仲則此刻通過修禪獲得寧靜與清明。兩句詩表達一種極致寧靜與深沈禪修境界，一種超然物外、心境空明的禪意。外界細雨與空靈夜晚映射出詩人內心的禪定與靜謐，藉由「雨」與「禪」兩者的象徵，描寫在宇宙與時間的浩渺背景下，禪修者的心靈進入極度清明、安寧的狀態，不僅對外界景象的描寫，更是對心靈深處的體悟與反照，融合自然景象與禪理的和諧，予人一種恍若進入禪境、忘卻世事的寧靜感。

尾聯「明朝下山路，回首定悽然」寫道詩人第二天早晨要下山，離開山中禪院，詩中「下山」是離開，象徵離開清靜、超然的之處，回歸塵世。當仲則回頭望向自己所經之處、景象或情感時，必然感到悽然的情緒，詩中「悽然」是悲傷、惆悵、遺憾，因離別而產生不捨與憂傷，暗示離別時對過去寧靜生活的懷念與對未來的不確定感。藉

由「下山」與「回首」道出詩人從寧靜的山中禪院生活走向塵世繁華的情境，回頭一望，心中無限惆悵與感傷，告別清靜、無擾之境，走向紛擾複雜的世界。

七　明歲水生無我住

> 門前洲渚春水生，浩淼遠與淮流平。吳舳楚舸泊門下，睡鄉咿軋皆艫聲。經時臥病出門望，但見短草搖天青。水落不知處，草青行復枯。行人如豆馬如蟻，出沒草際行蠕蠕。若教此地不為浸，豈非萬頃真膏腴。長淮樹底渺難辨，極浦征帆有時見。帆影還爭落日飛，鼓聲或遞回風便。一行雁帶高颸來，散作秋陰滿淮甸。搘筇獨立何蒼然，萬里勢落蕭遼天。客魂久已迷下蔡，地氣莽欲開中原。世情生落盡如水，何必桑田與滄海。等閒風景傷羈人，我客茲邦已彌載。故鄉昨日郵筒來，石田犖確生蒿萊。老親日日倚門望，試問遊子何時歸？沙洲行復別伊去，明歲水生無我住。（744〈沙洲行〉）[80]

此首為七言歌行體，中間夾雜一句五言，全詩三十二句，共二百二十字。作於乾隆四十年，作者二十七歲。全詩分三段析論如下：

　　第一段十二句「門前洲渚春水生，浩淼遠與淮流平。吳舳楚舸泊門下，睡鄉咿軋皆艫聲。經時臥病出門望，但見短草搖天青。水落不知處，草青行復枯。行人如豆馬如蟻，出沒草際行蠕蠕。若教此地不為浸，豈非萬頃真膏腴」。開首「門前洲渚春水生，浩淼遠與淮流平」描繪春天時，門前小洲與沙灘上水草茂盛景象，以「春水」生動

---

[80] （清）黃景仁：《兩當軒集》，卷11，頁275。

表現春天江水漲起之景,暗示自然生機和繁榮;以「浩淼」形容遼闊水面,江面上水波蕩漾,江水延綿無際,似乎與遠方淮河水流相接,營造一種寬廣、空靈、寧靜景象。「吳舳楚舸泊門下,睡鄉呀軋皆艫聲」詩中「吳舳」和「楚舸」意指來自吳地和楚地的船隻,「舳」與「舸」皆為古船名。二句描寫江邊船隻來來往往,停泊在仲則門前情景,通過具體的地名與船隻的稱呼,反映當時江南一帶繁忙的水路交通。「睡鄉」是夜晚寧靜狀態,讓人感到安靜,如同進入夢鄉。「呀軋」是模擬船隻移動時,船舵或船身在水中的摩擦聲,而「艫聲」是船隻發出的艙內或船板的響聲,藉此表達一種隨著船隻運行所伴隨的、充滿生活氣息的水鄉場景,「睡鄉」與「艫聲」相互交織,增強了整首詩的悠遠與靜謐感。四句將自然景色與人文景象交織,呈現出春江月夜之美麗與詩人內心之寧靜。

「經時臥病出門望,但見短草搖天青」二句描寫詩人長時間臥病,這樣的病痛不僅讓其身心疲憊,甚至帶來孤獨和無奈。在病中走出門向外看到小草倒映於水面的天空中隨風搖曳,清新景色令人感到舒心與慰藉,試圖換換心情,尋求安慰與放鬆的方式。詩中「短草」不僅是一個自然景物描寫,也暗示生命脆弱與無常,而「搖天青」營造一種微風拂過之景,表達一種清新、生動而又寧靜氛圍,兩句有著微妙的對比,病中的無力與大自然的生機勃勃,隱含著作者堅韌與對生命力感悟,此景象徵著仲則病後重獲的希望與力量。

「水落不知處,草青行復枯」二句描寫水位下降後,水流不再有確定的方向與去向,水流的消失帶來無法尋覓的結局,像是命運的無常,讓人迷茫與困惑。草木有生有死,春天嫩草綠意盎然,但隨著季節變遷,草會再度枯萎,對自然循環的寫照,暗示生命無常,以水逝、草枯象徵人在面對生命變化時的無奈與無助。

「行人如豆馬如蟻,出沒草際行蠕蠕」詩中「行人如豆」是指從

遠處看，行人小得像豆粒一樣，藉由比喻表現距離的遙遠，將遠景中的人描寫成極其微小；「馬如蟻」將遠處的馬比作蟻蟲，強調馬在遠處的微小，有著視覺對比效果，帶有一種寧靜、疏遠的感覺。「豆」、「蟻」是具象比喻，有象徵意涵，代表人和馬的微不足道，承認自己在宇宙和自然面前的微小與無力。「出沒草際行蠕蠕」描寫人和馬在草地上來來往往的模樣，由於距離遙遠，人和馬在草地上往來模樣像昆蟲一樣爬行一般，「蠕蠕」一詞形容動作緩慢，又暗示景象的細微與微觀，二句通過比擬將遠距離的景象形象化，使人感受遠景的寧靜、渺小與模糊。

「若教此地不為浸，豈非萬頃真膏腴」二句這片土地如果不被水淹沒，本應是一片肥沃的沃土、適合耕種。以「若教…不為」假設語氣強化出土地在水源滋潤下的肥沃程度。此種假設和反問式的結構，加深語氣的強烈感與表達的情感力度。「萬頃」與「膏腴」於此不僅是具體的土地肥沃的描述，還象徵富饒、繁榮、生命力，此表達暗示著自然界中萬物生長的潛力，且與人們生計息息相關。字面上雖是描述土地肥沃與水源關係，但實際上隱含對自然資源的敬畏，以及人類生活與自然環境相互依存的哲理，背後折射仲則對自然環境和土地的感懷，亦有些遺憾與惋惜。

第二段十句「長淮樹底渺難辨，極浦征帆有時見。帆影還爭落日飛，鼓聲或遞回風便。一行雁帶高颶來，散作秋陰滿淮甸。搘筇獨立何蒼然，萬里勢落蕭遼天。客魂久已迷下蔡，地氣莽欲開中原」。「長淮樹底渺難辨，極浦征帆有時見」詩中「渺難辨」強調景物的模糊與遙遠，表現視距的廣闊，暗示人在自然面前的渺小與無力。「極浦」是遠處的江岸，是視線的極限，而「征帆」是遠航的船帆，「有時見」象徵著航行者孤獨與堅定，船帆隱約可見，也象徵人生的追求、目標，儘管在無垠世界中顯得微不足道，但仍是前行的動力與方向，

在人生長河中，面對浩瀚無垠的時空，在迷茫未來中帶著一絲希望、光芒。仲則通過「樹底渺難辨」與「征帆有時見」的對比，表現自然景象的模糊與明確，強化遠距離所帶來的朦朧與寧靜。二句描寫長江兩岸樹木在遠處已經模糊不清，遠處的河口，偶爾能見一艘帆船身影。藉由樹木和帆船的模糊描寫，不僅增強景色遼闊感，也為整體氛圍增添一份悠遠與寧靜韻味，遠景的渺小與模糊，將自然界浩瀚、無窮景象與人們在其中的微小、孤獨呈現出來。

「帆影還爭落日飛，鼓聲或遞回風便」二句描寫遠處帆船影像與落日光輝交織在一起，猶如帆船和夕陽在空中「爭鋒」，富有張力的畫面感，運用「還爭」此動詞，帶有競爭、較量之意，強調帆船與夕陽互動，彷彿在時空交織中，形成奇妙動態景象。也暗示時間流逝，夕陽西下，帆船依然在航行，象徵一種寧靜中蘊含的生命力與持續性。詩中「鼓聲」和「風」將聽覺的元素與自然環境緊密結合。鼓聲隨風而傳，時而響亮，時而消失，給人一種聲音流動、不可捉摸之感，此描寫手法使得整個場景顯得更加生動且富有層次，其中的「或遞」一詞強調鼓聲和風的交織與變化，呈現出一種微妙的流動感。鼓聲隨著風向不同，傳遞出或近或遠的效果，增強場景動態感。二句詩刻畫一幅充滿動感與變化的自然畫面，融合視覺與聽覺元素。船帆的「爭」與「落日」的競爭，象徵人在面對時間、命運的追逐與抗爭；而鼓聲的回應象徵心靈共鳴與生命回聲，帶有一絲悲涼與無常。「帆」、「落日」、「鼓聲」、「風」這些元素在詩中互動交織，營造一種遼闊、開放的景象，以此動態景象表達自然界無窮變化與生命力，有著時光無情流逝感慨。

「一行雁帶高飆來，散作秋陰滿淮句」詩中「一行雁」是一群候鳥，在秋天從北方遷徙到南方過冬。「高飆」是指雁群飛行時的高遠姿態，「飆」字本身有迅速、迅捷之意，強調雁群飛行的速度與力

量。描寫秋天候鳥遷徙，高飛雁群在空中劃過，呈現出一種壯麗的景象。而「散作秋陰」是雁群飛過後，雁影覆蓋整片天空，「秋陰」暗示秋天的陰鬱與生命的衰退。「淮甸」是淮河兩岸的田野，象徵大自然開闊與寧靜。詩中以「高颺來」強調雁群動態，象徵著時間、生命流動和季節更替；又以「散作秋陰」描繪出靜謐影像，運用動靜對比使詩更加生動。二句表現出雁群在空中飛過後所造成陰影，此影像與秋天陰鬱景象相契合，表現秋天淒清、空靈氛圍，隱含對季節變遷、時間流逝與生命無常之感悟。

「揩筇獨立何蒼然，萬里勢落蕭遼天」詩中「揩筇」是手持拐杖，以此表現其靜立的姿態。「獨立」強調詩人獨自一人，與周圍的自然景象相對應，產生一種孤高之感。「何蒼然」表現周圍景象的蒼茫、寧靜，暗示詩人所感受到的孤寂和宇宙浩大。「萬里」強調視野遼闊；「勢落」是天際即將入夜，太陽已西沉，萬里無雲，天色逐漸變暗，這一景象極為壯觀，或指秋冬之時，萬物處於衰退之狀，描繪出一幅大天地的畫面，將眼前的天空與地平線展開，將視野推向無窮，形成壯闊意境。「蒼然」形容景象的空曠與寧靜，「蕭遼」表現出大地空曠、寂寥之感，此視覺與情感縮合使詩更富感染力。「揩筇獨立」暗示詩人的孤立與對人生、對大自然的深思；「萬里勢落」則強調了天地之間的遼闊與空寂，兩者對比，暗示生命中的孤獨、時間的流逝與萬物的無常。仲則立於遼闊天地之間，象徵人生孤獨感，自然景物不僅是外在寫照，更是詩人內心世界的反映。

「客魂久已迷下蔡，地氣莽欲開中原」詩中「客魂」是身處異鄉的仲則對故鄉思念，將自己比作「客」，表示已長時間離開故鄉漂泊在外的心情，將自己思念比作「客魂」，形象表現其離鄉孤獨感。「下蔡」是蔡州，今河南省南陽市，曾客居之處。表達詩人長時間身處他鄉，內心的思念與迷失，心靈依然困擾於思鄉之情。「地氣莽」是大

地的氣息鬱鬱蔥蔥，形容自然界生機勃勃，「欲開中原」指詩人對中原大地期待，象徵此片土地逐漸繁榮的景象，也對自己未來的期待。仲則以「客魂」的迷茫對比「地氣莽欲開」的生命力，以此對比突出人在自然面前的渺小與無奈，表達思鄉與對未來期待。將個人情感與自然景象相縮合，營造出一種情感與自然互動氛圍。

第三段十句「世情生落盡如水，何必桑田與滄海。等閑風景傷羈人，我客茲邦已彌載。故鄉昨日郵筒來，石田縈磑生蒿萊。老親日日倚門望，試問遊子何時歸？沙洲行復別伊去，明歲水生無我住」。從「世情生落盡如水，何必桑田與滄海」二句開始仲則表達對世事無常之感慨。詩人通過「如水」來描繪人生情感流轉，表達世事易變與流動無常的觀念。而「桑田與滄海」這一極端的比喻進一步強調萬物變遷的巨大尺度，表示天地萬物變遷，也暗示人生巨大變遷與無常。此處「何必」表達對時間、人生的超脫態度，暗示人不必過分執著於自然或人生的變遷，因一切都在時間流動下逐漸消逝，對世事變遷的一種超然看待，無需為變化而焦慮困惑，呈現對無常的豁達與釋然，展現其詩哲理深度。仲則遭逢貧困生活，世情生落如水，體會生命殘缺的本質，誠如《佛說八大人覺經》：「世間無常，國土危脆；四大苦空，五陰無我；生滅變異，虛偽無主。」[81]了知世間無常是必然現象。

「等閑風景傷羈人，我客茲邦已彌載」詩中「等閑」是平常、看似不起眼的景象，暗示那些平凡景象最能觸動人心。此處「風景」不僅指具體自然景象，還隱喻詩人心境的象徵。仲則以「傷」字來表達這些景象對異鄉人的觸動，強調身處他鄉的孤獨寂寞。「羈人」是漂泊在外的人，詩人自指為客，體現其對身為異鄉客之感受。將「等閑風景」和「傷羈人」的感情對比，表達對異鄉景象的敏感與深切的情

---

81 （後漢）安世高譯：《佛說八大人覺經》，《大正新脩大藏經》第17冊，No.0779，頁715中。

感波動，藉景以反襯人內心之情感波動，以對比加強詩句之情感張力。「已彌載」意指仲則於此地漂泊長時間，暗示長久時間與思鄉之切，呈現詩人在外漂泊多年，無法回鄉之惆悵無奈，對歲月流逝之感慨，時空交錯的情感深度。

「故鄉昨日郵筒來，石田縈磑生蒿萊」詩中「故鄉昨日」表達時間流逝，是過去的故鄉，帶有懷舊之味。而「昨日」強調時光的遺失，意指那段時間永遠無法回來。「郵筒來」暗示著來自故鄉的信。郵筒象徵訊息的傳遞與溝通，亦或是詩人對故鄉記憶的象徵，儘管「昨日」已過去，但透過「郵筒」此具體形象，再次與故鄉聯繫起來。「石田」是荒涼的田野，象徵貧瘠荒涼之地，是詩人心中故鄉象徵性之場景。「縈磑」在此用以表現一種繞著、盤旋之意，暗示情感記憶無窮回響，故鄉的印象與感情深刻盤繞在詩人心頭。「蒿萊」指荒草、野草，以「生蒿萊」強化故鄉荒涼之景，象徵曾經繁榮但現已荒蕪之處，對此感到無比惆悵與無奈。二句詩表達仲則對故鄉深情懷念與對時間流逝的無力感，「郵筒」、「石田」、「蒿萊」等皆富象徵性意象，以「郵筒」代表溝通與記憶，以「石田」和「蒿萊」象徵故鄉的荒涼與時間的變遷，使整首詩情感更加具體深刻。詩人通過「昨日郵筒來」的回憶與「石田縈磑生蒿萊」的荒涼景象進行對比，此對比不僅強化時間流逝，更凸顯仲則心中故鄉的變化與失落，使其感到無比失落與痛苦，展現時空的無情變遷，以及對故鄉那無法觸及的深情。

「老親日日倚門望，試問遊子何時歸」詩中「倚門望」是具象描寫，讓人感同身受，感受到母親在等待中的不安和渴望。而「試問」是反詰語氣，藉由提問，表現母親心中的焦急無奈。此問不僅是對遊子的提問，也是對時間和命運的反問，增強詩的情感力量。二句表達母親對仲則深切思念期盼，日復一日在門前等待其歸來情景，表達親情深沈與牽掛，藉由反詰語氣傳達遊子離家後的孤獨與母親的盼望，

同時亦反映遊子離鄉的孤獨與愧疚。

　　「沙洲行復別伊去，明歲水生無我住」詩中「沙洲」是指江河中的沙洲，此種地貌象徵著一種脆弱、變動的境地，作為自然景象，暗示詩人所處的時空流動與變化，也象徵行走的途中，表示詩人與友人分別離去的場景。「行復別」描述詩人再次出行，即將與某人某地分別。「復別」即兩次分離，暗示既有過一次離別，這次又將分開。此種反覆離別，增強仲則內心的無奈與傷感。「伊」是「他」之意，詩人將要離別某人或某處。以此抽象描述，象徵人與人、土地之間的告別。詩中「水生」不僅指水位上升變動，也象徵自然變化與流動，對應著時間生命流逝，不再停留的現實。「明歲水生無我住」指時光流逝，明年水流依舊，但已沒有自己駐足其中，暗示離別後無法回歸的現實，人生如水流般，透過隱喻方式表達離別、生命無常，亦含感傷與思索未來之意。

　　「明歲水生無我住」詩中「無我住」一詞是佛教語，包含「無我」和「住」兩個概念。「無我」是佛教核心概念，意指「無我執」。萬物並非由固定不變的自我所構成，而是由不斷變化的因緣所形成，「無我」是不該固守自我觀點，應認識一切現象皆無常，且沒有一個固定、獨立的「我」。「住」在佛教中指的是心靈的狀態或定力，是一種持續的覺察或冥想。仲則詩中「住」並非指某個具體的地點，而是指心的安住、穩定狀態。因此「無我住」是指在無我，無自我執著的狀態下，心靈的安住、覺察。在沒有對自我的執著中，心靈依然能夠保持清晰、穩定、安住的狀態，超越自我執著，達到內心的平靜與覺醒。亦誠如《大方廣圓覺修多羅了義經》：「知幻即離，不作方便，離幻即覺，亦無漸次。」[82]，「水落不知處，草青行復枯」萬事萬物皆是

82　（唐）佛陀多羅譯：《大方廣圓覺修多羅了義經》，《大正新脩大藏經》第17冊，No.0842，頁914上。

自生自滅，塵緣皆是虛假的幻相，人之靈明覺性本自清淨，迷悟就在一念之間，即「前念迷即凡夫，後念悟即佛，前念著境即煩惱，後念離境即菩提。」[83]。正如馬祖道一禪師言：「若欲直會其道，平常心是道。……只如今行住坐臥，應機接物盡是道。道即是法界。乃至河沙妙用，不出法界。」[84]將當下解脫的頓教禪法與生活結合為一。其實禪在不經意的事物間，不須去尋找，不著一物，心無所住，即在當下會心之處。二句詩表達仲則對於即將到來的離別和未來命運的深沉感慨，藉由沙洲自然景象與離別意象，強調人生旅程、命運變化與分離無常。沙洲是個易被水流沖刷之地，象徵人的漂泊與無常，無論是人的情感還是人生道路，皆如沙洲一般，易被時間與命運的洪流所沖刷。詩中以「沙洲」意象代表脆弱與流動的生命，以「水生」意象來象徵時間流逝與不斷變化的命運，此自然景象令人感受一種無可抗拒的變化力量。再以「行復別」與「無我住」對比，強調時間和空間之分別，特別是在時間的流動中，人的存在是微不足道。運用反襯增強詩人內心的無奈與對未來的無力感，表達仲則對離別感傷與對未來命運的無奈，既然無我住，就應心無所住，無我執，流露禪思之味。

八 酣眠即道心

　　一榻重嵐裏，酣眠即道心。澗幽琴響枕，雲厚絮添衾。不識夜長短，那知山古今。來宵塵驛夢，何處更相尋？（532〈山閣曉起〉）[85]

---

83 （元）宗寶編：《六祖大師法寶壇經》，《大正新脩大藏經》第17冊，No.0842，頁350中。

84 （宋）釋道原：《景德傳燈錄》，《大正新脩大藏經》第51冊，No.2076，卷28，頁440上。

85 （清）黃景仁：《兩當軒集》，卷8，頁198。

此詩作於乾隆三十八年,作者二十五歲,首聯「一榻重嵐裏,酣眠即道心」二句描繪出作者置身於重重雲霧繚繞山林之中,周圍被雲霧包圍,隔離塵世喧囂,沈睡安睡之際,身心放鬆,心境安寧,彷彿無所執著,便是一種道的體悟,呈現出與自然相融合的寧靜與內心沈靜。道出詩人躺在床榻上,身處在重重山嵐之中。「重嵐」是指山中濃厚的霧氣或雲霧,整個環境都被濃厚霧氣包圍,顯得幽靜而隱祕的氛圍。此景令人感到遠離世俗喧囂,沉浸於大自然懷抱中,營造一種寧靜、隔世之感。山嵐既象徵自然神祕,又反映詩人內心澄明與寧靜。「酣眠即道心」表達詩人在安睡中,達到「道心」境界。「道心」源自道家與禪宗哲學的概念,在禪宗中,是指禪修者在修行過程中所體驗到內心的覺悟與悟道的心境。禪宗的「道心」強調內心的無執無求,去除一切對世界的執著,使自己的心靈自由地流動。正如詩中「道心」,當其酣然入睡時,心境無所牽掛,完全放鬆,此種放鬆與安寧的狀態便是一種道的表現。「道心」也是看破、放下、開悟,愈放下愈究竟,愈徹底放下就成佛,放下對於世緣不再貪戀,真正能放下世間名聞利養。詩中「道心」,指一個學佛者的向道之心,是直心、正心、真心、慈心。何謂「道心」?在《星雲法語》曰:「直心無諂是道心,正心無邪是道心,真心無偽是道心,慈心無暴是道心。」[86]而「道心」即是尋找內在你自己的心,你把自己的心找回來,能夠將自己的心安止,安止自己的心才是真正的道心。而安止自己的心是超越生死的,根本沒有煩惱,是解脫的。詩中「酣眠」並非單純的睡眠,而是一種無我無欲、完全順應自然的心境,意即禪宗的放下所有執著,顯示詩人達到心靈的寧靜與空靈。二句描繪一個超脫的境界,透過「酣眠即道心」表達仲則在隨意安眠中達到道的體悟,

---

86 第九十七課〈道心〉,《星雲法雨》,見金玉滿堂編輯小組:《098金玉滿堂》第5冊(高雄縣:佛光文化事業公司,2014年),頁400。

一種心靈的自由，而非刻意追求理解。在此境界中，詩人已經不再執著於形而上的道理，而是將道融入到每一個自然的瞬間，達到與自然的無縫連接，這也是禪宗所提倡的「無所求，無所執」的心態，顯示其對「道」的深刻理解和體悟，也表現此時心靈平靜和自由。

　　領聯「潤幽琴響枕，雲厚絮添衾」詩中「潤幽」是形容山澗溪流隱祕且幽靜，「琴響」是指遠處傳來的琴音在寧靜的山澗中顯得格外悠揚和清晰。仲則將琴音與自然聲響融為一體，表現山中悠閒與寧靜，彷彿琴音成為山澗一部分，在寧靜環境中迴蕩。而「枕」不僅是具體床枕，也象徵詩人臥在山中時，心靈安逸、與自然深度融合。「雲厚」描寫天上雲層厚重，濃密雲霧彷彿把整個山谷包圍在其中，形成一種溫暖、柔和的氛圍。「絮」是指輕柔棉絮，於此用以比擬為被子或蓋被的柔軟舒適感。「添衾」意味在此厚重雲層下，彷彿是大自然為詩人加添一層被子，這層「衾」代表著安寧、溫暖和舒適。將此景象比擬成被雲霧包圍，如同被棉被輕輕覆蓋，達到一種身心放鬆、恬靜的境界。二句詩描繪仲則暫居山水中的寧靜生活。當詩人躺臥於床上，周圍山澗發出琴音，而天空中雲層厚重，彷彿被雲氣所包圍，此景營造一種超凡脫俗、無憂無慮之心境。琴音與雲霧交織，既表達自然幽深與寧靜，更反映詩人心隨境轉的安詳與愉悅，與自然和諧共處，達到心靈的平和與自在，表現對道的追求與體悟。二句描寫澗水聲如琴弦般回響悠揚，伴隨入夢，好似安撫人心；雲朵厚重像被綿軟的被子包裹著，令人溫暖寧靜之感，呈現出夜晚山間景象，氣氛寧靜神祕，讓人感受自然之美與詩人對此景深情。

　　頸聯「不識夜長短，那知山古今」仲則表達隱居山中，對時間無所覺察。夜的長短對其而言已不再重要，他不再關心世俗的時間流逝。詩中「夜長短」不僅指具體時間，而是一種隱喻，意味其超越世俗時間概念漸行漸遠，完全融入自然節奏與寧靜中，其心境已像自然

一樣不受時間束縛,達到「物我兩忘」之境界。「夜長短」象徵時間的流逝,詩人沈浸在自然當下情境中,以至於對晝夜變化失去感知,對時間長短無知的狀態,因心境與外界隔絕,也不在意時間長短,呈現超脫的態度,內心對世俗紛擾、時間束縛已無所掛礙。而「山古今」是指時間悠久與變化,山脈歷經滄桑,見證無數歲月變遷。仲則反問自己是否能感知山的長遠歷史與變化,「山」代表著無盡歲月與時間流轉,從自然中體悟到自己只是一個短暫存在。二句話意境表達人是如此渺小與無知,無法把握時間的流轉,在浩渺宇宙和漫長歲月中,顯得微不足道。於此境之下,心境或許可達超脫,既不在意時間流逝,亦無法真正理解自然無盡變化,就以悠然自得態度順應自然,放下執念。「那知山古今」更進一步表達其對山的「古今」變遷的無所謂。山自古以來屹立不倒,然而人類的歷史、興衰則不斷更迭。於此仲則指出自己對山的「古今」歷史並不關心,他並非無知,而是達到對時間與歷史無所執著的心境。山是自然的一部分,無論歲月如何變遷,它總是保持著自己的姿態,而人的興衰則無足輕重,表達人對自然萬物的微不足道。他遠離塵世,暫居山中,不再關心時間的流逝或世事的變遷。仲則通過「不識夜長短」表達自己超越日常時間觀念,而「那知山古今」則進一步強調人類與大自然相比的渺小與無常。山的存在超越人類歷史,無論是「古」還是「今」,它依舊靜靜地屹立於世,而人的興衰、日月的變遷則顯得微不足道。詩中蘊含著禪宗哲理,禪宗強調「無所求」,放下所有執著與欲望,與自然和諧相處,達到心靈寧靜的禪境。

　　尾聯「來宵塵驛夢,何處更相尋」詩中「來宵」可指「今夜」或「昨晚」,暗示在夜晚浮現著某種回憶或情感。「塵驛」是「塵土」和「驛站」的結合,驛站是旅行過渡之處,暗示著人生漂泊,曾到過之處。「塵」是繁華、塵世的意象,象徵世間的浮躁與短暫。「驛」是古

代驛站,是一個中途停歇、過渡之地,「塵驛」象徵繁華、過渡之地,可能是人生某一時間或繁華世界中片段。而「夢」則意味這一切是短暫的、如夢般的美好,此「夢」是對過去美好時光追憶,也隱含對現實無奈與不確定,營造一種浪漫而又略帶哀愁情感,也象徵不真實、轉瞬即逝之事物,甚至對理想、美好過去的追尋。來到夜晚,塵世驛站如夢般模糊,對過去、對時光流逝的反思,也對人生短暫的感懷,有種感傷與不確定之情,彷彿夜晚是短暫旅途,隱約表達這些美好將隨時間流逝,終成一場夢。二句道出作者在夜晚回顧過往的美好時光,隨著時間遠去,留下的只有虛無的夢境。「何處更相尋」表達出往哪裡尋找之味,讓人感到無奈、迷茫,呈展詩人對過去某種美好事物深深懷念,且感到一種追尋無門的無奈。詩中「何處」表達對某些無法再回到的事物的追問,對過去某些美好記憶的無法尋找,充滿對過去眷戀,以及對未來無所依託的空虛與迷茫。

第四節　禪趣詩

　　「禪趣詩」即「禪境詩」,乃以詩寓禪,以禪入詩,以詩境表禪境,以詩心會禪心,在山林景色的描繪中蘊含禪機禪趣。仲則從未放棄士人的責任感,但對窳敗政治的抗議和精神上的失落感,以接近超功利的寺院法門龍象,一方面緩解身心的痛苦,一方面表達超然物外之姿。仲則追求的「靜」是佛家絕棄苦患,「寂」是擺煩惱,投入大自然懷抱,努力尋求自心寧靜,品嘗不生不滅的寂靜境界,悟得禪趣的心情,透過「靜中有動」的藝術表現形式展現出來,在山林佛寺禪境中,從聽覺上拾到流水潺潺之聲、風吹松動之音、鳥鳴蟬聲,從視覺上遙望山空碧天、涼月古剎的空靈靜態畫面,在動與靜之交融中喚起靜穆與崇高的通感效應,將自我融入宇宙流變之中,感受宇宙內在

律動與心靈深處的空寂之樂,將思緒消融於物境之中,在大自然中體驗與造化同性的寧靜淡泊的心境,詩中呈展空靜超脫無住之心,山林之中泉水、澗水、松風、鳥語、綠意盎然,生機勃勃,顯得空寂靜謐,幽深渺遠,難以言傳的禪境,一種內心說不出的感覺,是訴諸直覺的獨特領悟,讓人有著虛靜無礙的精神解脫,物我兩忘。《六祖壇經》:「外離一切相,名為無相,能離於諸相,則體清淨」[87]如此才能達到無住,不執著於外物,才能實現心無雜的無念。而禪宗的坐禪目的就是要達到「外於一切善惡境界」,故心念不起,唯見自性的境界,便是禪境。《金剛經》曰:「離一切諸相,則名諸佛」[88]由此可見,禪境的特徵是離相、無相。禪境思維是一種不斷地回歸內心,尋求解脫。「禪境的最高追求是佛教的『涅槃』,即生命的『不生不滅』之境,此時心無一念,『泊然若死』而歸於冥寂。」[89],然而禪的境界,並非空無虛幻境界,而是靜穆觀照與飛躍生命構成的心靈狀態,禪境非空亦空、非寂亦寂,不偏執於空寂,在虛實、動靜、主客雙向交流之間,展現的真如境界。

心若有覺性、靈敏之性,則山水皆可使生命從混沌中趨於醒覺,若無內在留意,則不能有此契機。宗白華《美學與意境》說:

> 禪是動中的極靜,也是靜中的極動,寂而常照,照而常寂,動靜不二,直探生命的本源。禪是中國人接受佛教大乘義後認識到自己心靈的深處而燦爛地發揮到哲學與藝術的境界,靜穆的

---

87 (元)宗寶編:《六祖大師法寶壇經》,《大正新脩大藏經》第48冊,No.2008,卷1,頁353上。

88 (姚秦)鳩摩羅什譯:《金剛般若波羅蜜經》,《大正新脩大藏經》第8冊,No.0235,卷1,頁750上。

89 顧祖釗〈簡論意境與禪境之別及其絞纏〉,《社會科學文摘》第4期(2017年),頁109。

觀照和飛躍的生命構成藝術的兩元，也就是「禪」的心靈狀態。[90]

可知「禪」是在動靜之中，依然能直探生命本源，能意識心靈深處的境界。而李澤厚《漫述莊禪》曰：「一經了悟，人心、佛道以及自然都失去各自的獨立自足性，渾然一體，直達生命的本原。由此而生成的心境是一種極為自然淡遠、溫柔優美的感受和情趣。」[91]正如胡應麟《詩藪》所言：「禪則一悟之後，萬法皆空，棒喝怒呵，無非至理。詩則一悟之後，萬象冥會，呻吟咳唾，動觸天真。」[92]。曹溪說法本在山林之中，故神龍元年武則天、唐中宗詔惠能入京弘法時，惠能辭曰：「願終林麓」[93]。其實禪林本在自然山水之中，據《楞伽師資記》記載五祖弘忍故事，有人問弘忍：「學道何故不向城邑聚落？要在山居？」弘忍曰：

大廈之材，本出幽谷，不向人間有也。以遠離人故，不被刀斧損斫，一一長成大物後，乃堪為棟梁之用。故知棲神幽谷，遠避囂塵，養性山中，長辭俗事，目前無物，心自安寧。從此道樹花開，禪林果出也。[94]

---

90 宗白華：〈中國藝術意境之誕生〉，《美學與意境》（臺北市：淑馨出版社，1989年），頁213。
91 李澤厚：〈漫述莊禪〉，《中國社會科學》第1期（1985年），頁143。
92 胡應麟：《詩藪》（上海市：上海古籍出版社，1979年），頁25。
93 「神龍元年上元日，則天、中宗詔云：『朕請安、秀二師宮中供養。萬機之暇，每究一乘。』二師推讓云：『南方有能禪師，密授忍大師衣法，傳佛心印，可請彼問。』今遣內侍薛簡，馳詔迎請，願師慈念，速赴上京。師上表辭疾，願終林麓。」（元）宗寶編：《六祖大師法寶壇經》，《大正新脩大藏經》第48冊，No.2008，卷1，頁359下。
94 （唐）淨覺集：《楞伽師資記》，《大正新脩大藏經》第85冊，No.2837，卷1，頁1283下。

中國禪宗修行與自然山水關係密切,從佛祖與迦葉之拈花微笑;《指月錄》慧忠國師的「青青翠竹,總是法身;鬱鬱黃花,無非般若」[95];《景德傳燈錄》記載「問如何是天柱家風?師(崇慧禪師)曰:『時有白雲來閉戶,更無風月四山流。』問亡僧遷化向什麼處去也?師曰:『灝嶽峯高長積翠,舒江明月色光暉。』」[96]皆以自然山水來表顯禪境與禪悟,正如李澤厚所言:「禪宗非常喜歡講大自然,喜歡與大自然打交道。他所追求的那種淡遠心境和瞬刻永恆,便經常假借大自然來使人感受或領悟。」[97],宗白華說:「中國自六朝以來,藝術的理想境界卻是『澄懷觀道』,在拈花微笑裡領悟色相中微妙至深的禪境。……禪是動中的極靜,也是靜中的極動。寂而常照,照而常寂,動靜不二,直探生命的本源。……靜穆的觀照和飛躍的生命構成藝術的兩元,也是構成『禪』的心靈狀態。」[98]由此可知從自然山水中可見禪境流露其中,人在自然山水之中就能有禪那種淡遠、寧靜之心,更能創作出禪趣詩。

「禪是一種讓人放下一切,尋找本真、與自身對話、心靈覺醒,一切皆空的自由境界」[99],而「禪宗文化最初是反語言的,禪宗比任何哲學學派都更看重直觀和直覺」[100],運用比喻、象徵的方式來呈顯出禪境,借用意象將境界具體化,甚至脫俗化,達到空靈的藝術境界,使得禪境更加含蓄,意境深遠。黃仲則一千一百八十首詩歌中,

---

95 (明)瞿汝稷編集:《指月錄》(臺北市:新文豐出版公司,1970),卷6,頁112。
96 (宋)楊億:《景德傳燈錄》,《大正新脩大藏經》第51冊,No.2076,卷4,頁229下。
97 李澤厚:《李澤厚哲學與美學文選》(臺北市:谷風出版社,1987),頁116。
98 宗白華:〈中國藝術意境之誕生〉,《美學與意境》(臺北市:淑馨出版社,1989),頁213。
99 張芸:〈論禪學思想影響下的美學設計──以無錫靈山拈花灣設計為例〉,《美與時代》(上),第6期(2017年),頁14-15。
100 張節末:《禪宗美學》(杭州市:浙江人民出版社,1999年),頁202。

第三章　黃仲則詩歌佛禪書寫類型 ❖ 223

出現「鐘」六十八次、「磬」十次,而在一百四十四首佛禪書寫詩歌中,出現「寺鐘」三十四次、「磬」五次。鐘聲深沈、洪亮、綿長,具敲醒人心,而磬聲高響明澈、悠揚清脆,具震懾人心。鐘磬之聲呈現佛寺的莊嚴特質。「鐘」是寺院報時、宣告事情的訊號、集眾所敲打的法器,如《大佛頂如來密因修證了義諸菩薩萬行首楞嚴經合論》卷第三云:「食辦擊鼓,眾集撞鐘;鐘鼓音聲,前後相繼」[101],更有敲醒迷夢,使人覺醒之意,在佛教中具有斷煩惱、長智慧、增福壽、脫輪迴、成正覺的功效。如佛寺早上〈聞鐘偈〉:「聞鐘聲,煩惱輕,智慧長,菩提生,離地獄,出火坑,願成佛,度眾生」[102],晚上〈鳴鐘偈〉云:「願此鐘聲超法界,鐵圍幽闇悉皆聞,聞塵清淨證圓通,一切眾生成正覺。」[103]正如《敕修百丈清規》所言:「大鍾,叢林號令茲始也。曉擊則破長夜警睡眠,暮擊則覺昏衢疏冥昧。」[104]而《淨土指歸集》曰:「聞鐘磬聲,增其正念,惟長惟久。」[105]可見佛門鐘磬餘韻,具增正念,淨化心靈之功效。

　　周裕鍇《中國禪宗與詩歌》曰:

　　　　鐘聲是不可捉摸的東西,動亦靜,實亦虛,色亦空,動靜不二,象徵著禪的本體和詩的本體……鐘聲從靜寂中響起,又在

---

101 （唐）天竺沙門般剌密諦譯:《大佛頂如來密因修證了義諸菩薩萬行首楞嚴經合論》,《卍新纂大日本續藏經》第22冊,No.0272,頁23中。
102 （唐）寶華山弘戒比丘讀體彙集:《毗尼日用切要》,《卍新纂大日本續藏經》第60冊,No.1115,卷1,頁157上。
103 （清）古杭昭慶萬壽戒壇傳律比丘書玉箋記:《毗尼日用切要香乳記》,《卍新纂大日本續藏經》第60冊,No.1116,卷1,頁168下。
104 （元）僧德煇奉勅重編:《敕修百丈清規》,《大正新脩大藏經》第48冊,No.2025,卷8,頁1115中。
105 （明）大佑集:《淨土指歸集》,《卍新纂大日本續藏經》第61冊,No.1154,卷2,頁389下。

靜寂中消失,傳達出來的意味是永恆的靜,本體的靜,把人帶入宇宙與心靈融合一體的那異常美妙神祕的精神世界。[106]

上述說到鐘聲象徵禪的本體和詩的本體,將人帶入宇宙與心靈融合一體的精神世界,故鐘聲在山林幽澗之中迴響,更顯得清幽寂靜,更顯出禪意。寺中的鐘磬聲能觸動人心,萌生淡泊閒靜之情。悠遠清揚之音撫慰塵世困頓心,更能警醒幻海迷客,象徵著來自山林的召喚,盼眾生脫離紅塵苦海,亦象徵著作者在禪境之中,內心世界智慧之體悟。

山林景色中,除了佛寺鐘聲外,更有潺潺水聲。筆者考察黃仲則一千一百八十首詩歌中,出現「水」三百七十六次,而在一百四十四首佛禪書寫詩歌中,出現「水」五十八次、「瀑布」三次[107]、「池」八次、「潭」四次、「瀑」三次、「溪」十三次、「江」三十一次、「河」十九次、「井」六次、「渠」兩次、「泉」二十三次。水具有幽深、清涼、澄淨,能洗滌汙濁、照映事物的特質,在佛禪書寫的詩歌中屢見不鮮,例如〈夜從慈光寺步至茅蓬菴再浴湯泉〉:「耳受萬瀑聲,神清不離舍」[108]詩中透過傾瀉的瀑布描寫禪居環境的靈動與古寺的清幽,喻其能清淨塵垢,六根清淨。〈題黃荊榻寺壁〉:「鐘聲只和車前鐸,鉢水難清陌上塵」[109]、〈袁陶軒約早起看瓶荷盛開二首其二〉:「盛來盡化楊枝水,那得開花不可憐」[110]、〈沙洲行〉:「世情生落盡如水,

---

106 周裕鍇:《中國禪宗與詩歌》(高雄市:麗文文化事業公司,1994年),頁118-119。
107 〈夜從慈光寺步至茅蓬菴再浴湯泉〉:「耳受萬瀑聲,神清不離舍」、〈黃山尋益然和尚塔不得偕邵二雲作〉:「瘡癬洗澗瀑,劍術教猿猱」、〈雲棲寺〉:「回峯閃綠埋倒景,急瀑掛練飛長霓」。
108 (清)黃景仁:《兩當軒集》,卷5,頁129。
109 (清)黃景仁:《兩當軒集》,卷5,頁144。
110 (清)黃景仁:《兩當軒集》,卷9,頁214。

何必桑田與滄海」、「沙洲行復別伊去，明歲水生無我住」[111]、〈偕王秋塍張鶴柴訪菊法源寺三首其三〉：「身離古寺暮煙中，歸怯秋齋似水空」[112]、〈水西和對巖韻〉：「神仙富貴兩茫茫，惟有活溪流不死」[113]、〈登千佛巖遇雨〉：「木落千山秋，天空一江碧」[114]、〈游白沙庵僧舍〉「江流送今古，僧話雜興亡」[115]、〈題橘洲僧樓〉：「此間自古多離別，日暮江空我欲愁」、「寒江水落磯痕枯，磯石骨立無寸膚」[116]、〈尋三元洞因登妙遠閣〉：「最高一閣小於艇，憑欄浩浩江聲龐」[117]、〈遊九華山放歌〉：「此時望江江渺然，鵝毛一白粘遙天」[118]、〈龍興寺〉：「欲叩恆河沙數劫，人間除是法王知」[119]、〈僧伽塔〉：「遂令淮泗失乾土，恆河沙恐填難平」、「低眉者誰坐泉底，嶺來經八十里」[120]、〈由慈光寺至老人峯〉「一泉噴巖下，陰磵走滉瀁」[121]、〈黃山松歌〉：「清泉洗根瀉泬溰，瑤草分潤生蒙茸」[122]、〈黃山尋益然和尚塔不得偕邵二雲作〉：「夜誦感石裂，泉聲應嘈嘈」[123]、〈車中口占〉：「轉念林泉佳，應有幽人宅」[124]、〈由烟霞嶺至紫雲洞精舍〉：「君聽幽澗泉，泠

---

111 （清）黃景仁：《兩當軒集》，卷11，頁275。
112 （清）黃景仁：《兩當軒集》，卷13，頁319。
113 （清）黃景仁：《兩當軒集》，卷4，頁117。
114 （清）黃景仁：《兩當軒集》，卷1，頁11。
115 （清）黃景仁：《兩當軒集》，卷1，頁11。
116 （清）黃景仁：《兩當軒集》，卷2，頁34。
117 （清）黃景仁：《兩當軒集》，卷4，頁107。
118 （清）黃景仁：《兩當軒集》，卷5，頁142。
119 （清）黃景仁：《兩當軒集》，卷7，頁189。
120 （清）黃景仁：《兩當軒集》，卷22補遺，頁530。
121 （清）黃景仁：《兩當軒集》，卷5，頁130。
122 （清）黃景仁：《兩當軒集》，卷5，頁133。
123 （清）黃景仁：《兩當軒集》，卷5，頁135。
124 （清）黃景仁：《兩當軒集》，卷7，頁170。

冷幾時竭」^{125}、〈雲棲寺〉：「蘚堦四漫泉溅溅，藤壁獨裊煙淒淒」^{126}、〈虎跑泉〉：「愛此山氣佳，無泉亦將徒」、「但啜泉味佳，其人可知矣」^{127}、〈偕邵元直毛保之遊虞山破山寺遂天龍庵尋桃源澗四首其二〉：「枯澗積葉深，葉底暗泉吐」^{128}。上述詩句皆與水有關且蘊含「禪」意之詩歌，可見水在佛禪書寫詩歌中屢見不鮮。

本節針對黃仲則描寫山林景色中蘊含的禪趣、禪境的詩，如：〈題畫〉、〈山寺〉、〈偕邵元直毛保之遊虞山破山寺遂天龍庵尋桃源澗四首其二〉、〈張鶴柴招集賦得寒夜四聲四首其三〉、〈僧舍客感〉、〈新月〉、〈題上方寺〉七首禪趣詩，以下分別析論之。

一　一聲何寺鐘

淙淙獨鳴澗，矯矯孤生松。半夜未歸鶴，一聲何寺鐘。此時彈綠綺，明月正中峯。髣髴逢僧處，春山第幾重？（31〈題畫〉）^{129}

此首五言律詩，首聯「淙淙獨鳴澗，矯矯孤生松」中「淙淙獨鳴澗」指山澗中水聲，形容流水清澈、聲音悠揚，「淙淙」是流水聲，給人一種安靜、孤獨卻又有生命力感覺；「矯矯孤生松」是形容松樹孤高挺拔、矯健獨立姿態，強調它在孤獨中依然堅強，生命力頑強。二句表達一種孤高、堅韌的精神境界。仲則運用此景來隱喻人的孤獨與堅持，尤其是在人生的困境中，仍保持自我、不屈不撓態度，呼應其對

125　（清）黃景仁：《兩當軒集》，卷9，頁220。
126　（清）黃景仁：《兩當軒集》，卷9，頁225。
127　（清）黃景仁：《兩當軒集》，卷9，頁225。
128　（清）黃景仁：《兩當軒集》，卷10，頁243。
129　（清）黃景仁：《兩當軒集》，卷1，頁10。

於自己命運與人生感慨，凸顯其對隱逸生活嚮往，並將其理想化成此自然景象的形象。

頷聯「半夜未歸鶴，一聲何寺鐘」描寫在深夜時，一隻鶴尚未歸巢，這隻鶴象徵孤獨與不安，也暗示詩人處於迷茫的境地，聽見寺廟鐘聲響起，此鐘聲象徵佛教清淨、冥思與超脫，暗示人生中的覺醒。二句意境帶有一些憂傷與反思情感，表達對孤獨、無常感受。深夜未歸的鶴與寺鐘的回響充滿孤獨、無奈與超然的氛圍，暗示仲則對人生、命運之感悟。

頸聯「此時彈綠綺，明月正中峯」詩中「彈綠綺」是彈奏「綠綺」（古代弦樂器），描述某人在夜晚、靜謐時刻彈奏樂器，傳達音樂的優美與和諧，增添寧靜氣氛。而「明月正中峯」描寫月亮正掛在山頂情景，強調山峯高聳與月亮皎潔，使整個畫面更加清新、平靜，表達優雅寧靜自然景象，具強烈視覺與聽覺效果。仲則通過描繪清幽夜晚與音樂之妙此景象，傳達其對宇宙、人生及自我反思之感慨。月亮與音樂結合，顯得特別和諧，也象徵詩人內心平靜與思索。

尾聯「髣髴逢僧處，春山第幾重」詩中「髣髴」表示模糊、隱約之意，形容詩人彷彿在某處遇見僧人，此種感覺是不確定的，像是記憶中某個片段突然浮現，好似回憶一個曾經的瞬間，彷彿這一切是那麼遙遠，又是那麼難以捉摸。「逢僧處」指遇見僧人，象徵宗教寧靜與對心靈安慰。僧人常被視為隱士，代表遠離塵囂、追求內心寧靜的生活。詩人感覺自己彷彿在隱祕山林中遇到一位修行僧人，此景引起其對隱逸生活嚮往。「春山第幾重」則是指春天的山層層疊疊，隱約不見的山巒層層疊疊，象徵一種遙遠而美麗自然景象。詩中「春山」指春天山景，詩人透過春山的層次來描繪自然景色的美麗與深遠，「第幾重」指山層的遠近，意即詩人似乎在尋找這片山中有多少層山巒，象徵著他在思考、尋覓那片理想中的隱逸之地。二句表現了詩人

對隱逸生活嚮往,通過描繪春山景象,表達對自然、對遠離塵囂生活的嚮往與追求。彷彿在此山水之中,感受平靜與寧靜,以此種隱逸生活方式來對比自己現實中的困境與無奈。隱逸生活是理想追求,仲則因身心常受壓力,使其更渴望嚮往脫離世俗、寧靜隱居生活,然此種理想往往與現實艱難與無奈形成對比。二句意境帶有模糊、夢幻之感,表現詩人對人生與命運隱約之感悟。此「僧」與「春山」之景,帶有超脫之味,將自然景色與內心寧靜縮合起來,表達對人生無常、孤獨和超脫的反思,並在大自然中尋找心靈寄託。

此詩是描寫山居幽深空寂之景,將空寂之情意融入詩畫之中,「半夜未歸鶴,一聲何寺鐘」詩中深夜失家之鶴、孤鳴之鐘營造空寂甚至有寥落之意境。正如黑格爾《美學》曰:「在藝術裡,感性的東西是經過心靈化,而心靈的東西也借感性化而顯現出來了。」[130]又曰:「藝術作品所提供觀照的內容,不應該只以它的普遍性出現,這普遍性須經過明晰的個性化,化成個別的感性的東西。」[131]而「一聲何寺鐘」及「髣髴逢僧處」均是畫外之意,將原本幽靜之境呈展出更加空靈超脫的禪境。詩歌象徵「主體所描述或重塑的對象客體意象是有限制的,但所要表達或寄託的主體的情感、意念世界是幽遠的、無限的」[132]禪詩美學是突破有限形象的拘囿,使主體心態超越現實範疇,趨向於自由無所限,透視出主體審美的情感,增添了空靈飄逸之氣,正如《金剛經》所言:「應無所住而生其心」[133]方能突破有限形象,心境自由馳騁。

---

130 黑格爾著,朱光潛譯:《美學》第1卷(北京市:商務印書館,1979年),頁49。
131 黑格爾著,朱光潛譯:《美學》,頁63。
132 吳公正:《中國文學美學》(南京市:江蘇教育出版社,2001年),頁242。
133 (明)朱棣集註:《金剛經集註》(臺北市:文津出版社公司,1989年),頁103。

二　鐘聲滿翠微

> 晚林藏古剎，地僻到人稀。遙望隔松塢，逕來敲竹扉。笑迎僧有相，驚竄鼠多機。嗒爾忘言說，鐘聲滿翠微。（63〈山寺〉）[134]

首聯「晚林藏古剎，地僻到人稀」詩中「晚林」指出傍晚時分的樹林給人一種靜謐、幽深之感覺。一座隱祕古寺被隱藏在濃密樹林中，與外界隔絕，營造隱逸寧靜之氛圍。「古剎」象徵禪修與靜謐生活。「地僻」點出地理位置偏僻，此處人跡罕至，生活安靜、無塵囂，暗示理想的隱居生活。詩人在此表達對遠離塵世、尋找內心寧靜之嚮往。仲則身心俱疲，在詩中以「晚林」、「古剎」表達對隱居生活嚮往，期望能遠離世俗煩憂，在大自然中尋找內心寧靜與安慰之渴望。

頷聯「遙望隔松塢，逕來敲竹扉」描寫詩人從遠處觀望一片松樹圍繞山谷，松樹被視為長壽、堅韌的象徵，此景象給人一種深遠、幽靜之感。「逕來」指直接來到，「敲竹扉」是敲響竹製門扉。「竹」是隱逸之地的象徵，竹門代表隱居者住所。此處敲門動作，是象徵暗示詩人來至此幽靜之地，尋求心靈平靜、與世隔絕的生活。仲則藉由「松塢」、「竹門」等幽靜自然景象，表現隱逸生活嚮往，於此可遠離世俗煩憂，達到心靈寧靜與平和。

頸聯「笑迎僧有相，驚竄鼠多機」詩中「笑迎」道出詩人愉快迎接僧人，而「有相」指僧人特定形象，於此描寫詩人心境的轉變，從現實忙碌與困境中回望那種隱逸生活，隱喻詩人對僧人生活的認同與嚮往。「驚竄」表示因受到驚嚇而快速逃竄，而「鼠多機」形容鼠類活動頻繁，充滿活力，在此隱喻詩人所處的現實生活中，有許多突如

134　（清）黃景仁：《兩當軒集》，卷1，頁21。

其來的狀況與麻煩,使其無法安穩、心神不寧。詩中「鼠」象徵現實生活中的困難、那些不斷出現、令人生厭的干擾。二句表達仲則對隱逸生活的嚮往與現實無奈,看似歡迎那位僧人,希望與僧人一同過上寧靜的隱居生活,然現實生活中卻充斥無所不在的困擾與不安,就像驚慌逃竄的老鼠,象徵生活中的困境與干擾,藉由「笑迎僧」與「驚竄鼠」對比,表達自己對隱逸的理想與現實煩惱的矛盾,使仲則內心充滿掙扎與無奈,將其內心世界與他所處環境生動綰合,深具寫實性與隱喻性。

尾聯「嗒爾忘言說,鐘聲滿翠微」詩中「嗒爾」是形容身心俱遣,物我兩忘的神態。「忘言」是不借言語而心領神會,相知於心。此處可見黃仲則內心愉悅融入山寺僧人景物,似乎在這山林靜境得到暫時禪悟。正如禪宗第二十二祖摩拏羅尊者傳法偈:「心隨萬境轉,轉處實能幽。隨流認得性,無喜復無憂。」[135]心能隨各種境遇而轉,但莫離自性,不被情緒所擾,禪悟後超越憂喜執著煩惱,安閒寧適。詩人以「忘言」來表達其在當下的境地中,言語已無法充分表達其心境。鐘聲是一種清脆而莊重音響,而「翠微」是描寫青色遠山,在此描寫隨著山中寺廟鐘聲的回響,滿溢在青翠的山谷之中。鐘聲於此不僅是時間象徵,也代表一種對內心寧靜的追求,且進一步強調自然與寧靜的和諧。藉由「鐘聲」與「忘言」來表現詩人內心已融入此寧靜自然環境,一切言語與思考皆無法表達那種清靜,鐘聲的回響,像是心靈召喚,帶領仲則進入一種超脫境界,使其放下世俗言語,與自然合一。用「鐘聲」象徵超越世俗、回歸自然之理想境界,鐘聲與自然景色融合,營造一種深遠、寧靜感,使語言與煩惱都顯得微不足道,

---

135 (宋)釋道原編著:《景德傳燈錄》(臺北市:新文豐出版公司,1986年,三版),頁35。

二句具強烈音韻與禪境之美。此詩將「松」、「鐘聲」意象的連用，以此襯托出山寺古剎的寂靜清幽的氛圍，營造清高空靈之境。

三 嘹嘹雁相語

> 誰云秋山空，林暗日卓午。寺門影遙紅，幽敞形搆古。高僧一指禪，破山作山祖。石幢鐫寶文，珠閣散花雨。寺後竹千頃，一綠上眉宇。松間就僧飯，窗際聞樵斧。枯澗積葉深，葉底暗泉吐。度彴登山椒，憩足匪一所。回頭俛僧寮，繚曲見窗戶。高處何所聞，嘹嘹雁相語。(651〈偕邵元直毛保之遊虞山破山寺遂天龍庵尋桃源澗四首其二〉)[136]

此首五言古詩作於乾隆三十九年，作者二十六歲遊於江蘇破山寺。「破山寺」即今江蘇常熟境內著名佛寺禪院，又叫「興福寺」。首句「誰云秋山空，林暗日卓午」詩人以反問語氣形式道出誰說秋天山景空曠無物、樹木凋零、萬物沈寂？表達自己對此看法不同，認為秋天山景並非空無一物。「林暗日卓午」描述午後景象，「林暗」指樹林中光線昏暗，流露一種靜謐氛圍，而「日卓午」描寫中午太陽仍高掛於天，雖是白晝，光線卻未能照進濃密樹林，使林間光線微弱，予人一種靜謐深邃之感。二句對秋山與林間景象進行描寫，詩人反駁「秋山空」觀點，通過對秋天景象描寫，強調秋天的山並非完全空曠無物，而仍有其獨特風景與韻味。林間的陰暗與午日的光照，儘管是白晝，森林深處仍隱藏神祕氣息。

三、四句「寺門影遙紅，幽敞形搆古」描述寺廟大門影像，因夕

---

[136] （清）黃景仁：《兩當軒集》，卷10，頁243。

陽光照透過門口投射出來，將門外影像染上一層紅色光輝。「遙紅」是一種微弱悠遠光芒，為整個寺廟增添神祕與寧靜氛圍。通過光影、建築形態及古老氛圍，描寫寺廟內部寬敞幽靜空間感。「形搆古」強調寺廟古樸與安靜，透過建築風格與空間設計，凸顯時間的沉澱與歷史的韻味。寺門紅影與古老建築樣式，不僅營造寧靜且具歷史感氛圍，亦隱含詩人對超脫俗世、尋求內心安寧之渴望。在此境中或許能夠擺脫外界紛擾，進入一種心靈沉澱與冥想狀態。

　　五、六句「高僧一指禪，破山作山祖」此句運用禪典，「高僧」指惠能大師，「指禪」是惠能以一指示法、通過一個簡單動作表達深奧禪理。傳說惠能在其禪宗傳法過程中，經常用指頭輕輕一指來示現禪理，此一指象徵禪宗的「直指人心，見性成佛」之理，也反映禪宗追求簡單直接、不假修飾教義。惠能的禪宗思想主張「無念為宗」，強調直指人心，認為每個人本具佛性，通過簡單心法體驗，就能領悟禪的真義。其禪理強調直觀與實踐，不依賴文字、儀式的修行方式，此一創新理念使禪宗思想突破過去框架，成為後來禪宗發展重要基礎。「破山作山祖」表達惠能打破當時僧侶對禪宗傳承的既定看法，用「指禪」來突破禪宗傳統教義，創立自己獨特的禪宗觀念。惠能並未依照傳統禪宗規矩修行，而是突破以往框架，創立南宗禪教義，為禪宗發展做出重大貢獻。「破山」象徵其突破舊有的障礙與界限，「作山祖」表明其成為新的禪宗宗派的創立者，為後來的禪宗發展奠定基礎。二句出自唐代禪宗大師惠能的事跡，表達禪宗惠能大師突破傳統束縛、獨創一派的精神境界。此是對惠能大師的禪理與禪宗教義之讚美，且具哲理性，反映禪宗精髓。

　　七、八句「石幢鐫寶文，珠閣散花雨」詩中「石幢」是佛教寺廟中一種紀念性石刻，用以立於寺廟前記錄佛教經文、法理或某些紀事。此處「鐫寶文」指刻在石幢上寶貴經文，這些文字被精細刻劃在

石幢上，意味傳承與智慧永恆。詩人以此描寫表現寺廟古老與神聖，隱含對佛教文化敬仰。「珠閣」指寺廟中樓閣，以珠寶、寶石等材料裝飾精美，形成華麗視覺效果。「散花雨」形容樓閣中花瓣飄落景象，彷彿從閣樓上撒下花雨。此景象渲染環境之美，亦表現寺廟寧靜與神聖，花瓣飄落的意象可以理解為一種佛教祝福或涅槃象徵。二句通過描述寺廟中石幢與珠閣，呈現一個極具宗教氣息的寧靜神聖場所。石幢上鐫刻經文象徵永恆智慧與佛教教義，而珠閣中花雨則帶有一種浪漫與祥和氛圍，將自然與宗教、精神與物質巧妙融合，營造和諧宗教空間，渲染寺廟之神聖與美麗，亦表達仲則對此環境敬仰與對佛教文化嚮往。

「寺後竹千頃，一綠上眉宇」描述寺廟後方竹林延展至千頃，「千頃」是對竹林面積誇張描寫，強調竹林廣闊無邊，不僅營造悠遠、寧靜自然氛圍，也映射詩人心靈開闊與平和。後句描述竹林的翠綠色調彷彿上升至詩人眉宇之間，形成一種意境延伸。此「綠」代表大自然生命力與清新，也象徵詩人心境寧靜與恬淡，此表現方式透露「心隨景變」，在此片竹林包圍下，詩人與自然融為一體，達到心境的平和與安詳。二句以竹林為背景，表現自然與心靈相通境界。仲則藉由描寫竹林這一自然景象來映射心靈的清明與超脫，心境得到安慰與昇華。

「松間就僧飯，窗際聞樵斧」描述詩人在一片松樹間，與僧人共進餐飯情境。松樹是象徵隱逸與高潔，而僧人吃飯簡樸生活，代表遠離塵世、清心寡慾修行方式。此處「松間」暗示自然中隱逸生活，與外界喧囂隔絕、回歸自然之處。詩人身處禪院，窗邊隱隱聽見樵夫伐木聲。此聲打破寺廟寧靜，同時又象徵自然力量與生活真實。樵斧聲與詩人所處禪意環境形成對比，提醒人們生活的現實與勞動必然性，反映一種自然與生活融合。二句描繪仲則對禪門隱逸生活體驗，通過

松樹、僧飯、樵斧的景象，表現對禪宗清靜、簡樸與世隔絕的熱愛與嚮往。在此境中，雖有樵斧聲，揭示禪宗對日常生活的接受與融入，無論是靜默修行還是日常勞作，都是同樣重要的存在。

「枯澗積葉深，葉底暗泉吐」描寫一條枯澗溪流旁，落葉積得很深的情景。澗水代表流動的水，此用「枯澗」指溪水乾涸，表現自然景象衰退與寧靜。「積葉深」是落葉多到深得可堆積起，營造秋冬季節寂靜氛圍。然在深積落葉之下，有一股隱匿泉水從底下流出，雖這股泉水不顯眼，但它卻依然在悄悄地流動、湧現。此股隱祕泉水的「暗吐」意味它在葉層下默默存在，象徵生命與自然力量的無形存在與持續，即使外界安靜、看似無動於衷，內在力量依然在默默運行。通過描寫自然景象，表現禪宗隱逸生活的寧靜與深遠。「枯澗」與「積葉」景象營造靜默、秋冬時節氛圍，暗示外在環境靜止與變遷，而「葉底暗泉吐」則凸顯隱祕而持續的生命力，寓意即便在看似寂靜世界中，生命與力量依然在默默流動，此景象符應並體現仲則對禪宗哲理的理解。

「度彴登山椒，憩足匪一所」詩中「彴」指山間陡峭崎嶇之地，描寫詩人穿過崎嶇小徑，攀登山間路程，「山椒」指山間景物，描述詩人登山過程，暗示堅定超然行為。而詩人走至山中後，並未在某固定場所休息，而是隨意停下腳步休憩。此處「匪一所」指不是固定之處，表現詩人對物質與形式放下，表現禪宗中「無所依」精神狀態，不拘泥於某固定場所，而是隨時隨地、順其自然地生活。二句通過描寫登山過程與隨意休憩情境，表達詩人不受外界束縛、隨性自在的生活態度，體現禪宗內心自由、無所依附、無所住之境界。

「回頭俛僧寮，繚曲見窗戶」二句描寫詩人回頭看到靜坐僧人，詩中「寮」是靜默狀態，指僧人靜坐安靜地修行，並見窗外景象被曲折路徑或竹林所包圍，形成一種纏繞的、錯綜複雜的視覺效果。此

「繚曲」是視覺上曲折與繞行，形容視野景象呈現迂迴、隱祕樣貌。「窗戶」作為一個觀察外界的視覺通道，象徵詩人對外界感知與思索。仲則藉由對「僧寮」描寫，反映禪宗中修行者安靜與深入，表達對內心寧靜追求，表現禪院中寧靜氛圍與詩人內心觀照；而「繚曲見窗戶」則暗示外界景象曲折與深遠，象徵禪宗思想中「入定」與「心境」，唯心靈澄明，才能見真實世界與自我。

「高處何所聞，嘹嘹雁相語」二句描寫詩人站於高處觀察周圍景象情景，聆聽周圍聲音，身處高處聽不見繁華世界喧囂，而是關注自然聲音。此提問其實表達對外界音聲遠離，不關注塵世吵雜，反而期待自然界聲音，以雁群在空中發出清脆、高亢叫聲，彼此在相對語為背景，將雁群「嘹嘹」音如同心靈回聲，藉此反映與世隔絕的清新感與心境安定，整首詩充滿禪境與禪趣之味。

四　千花真有藏

> 不識林中寺，誰尋月下蹤？潮音初浩蕩，塵夢一惺忪。古殿驚棲鶻，空壇擾怪松。千花真有藏，我欲叩南宗。（梵聲）（912〈張鶴柴招集賦得寒夜四聲四首其三〉）[137]

此詩作於乾隆四十三年，作者三十歲。首聯「不識林中寺，誰尋月下蹤」描述詩人身處一片樹林之中，不識其中寺廟。「林中寺」代表著隱祕之處，可能隱於林中難以辨認，藉此以表達其對此隱藏寺廟的迷茫，象徵其對隱逸生活與禪宗境界迷惑、未曾深入理解。進一步強調在月光下，詩人無法追尋具體蹤跡。「月下蹤」指月光照耀下的蹤

137　（清）黃景仁：《兩當軒集》，卷14，頁339。

跡,卻難以尋覓,此景象反映詩人對於禪宗境界無法捉摸,似乎在追尋中迷失,暗示對禪宗哲理困惑與探索。二句表現仲則在尋求隱逸生活過程中,刻畫一種迷茫與探索過程,既無法識得隱於林中寺廟,亦無法於月光下找到指引跡象,象徵對於真理尋求中,人往往感到迷失,然此正是禪宗修行過程:需放下執著,通過冥想與體悟以達真正覺悟。

頷聯「潮音初浩蕩,塵夢一惺忪」描述潮水聲音由遠及近,逐漸變得浩蕩、激烈。「潮音」用以象徵自然界中一種宏大、悠遠聲音,「初」表明這股潮音是剛開始,逐漸展開。此股聲音在詩人耳邊響起,暗示大自然力量開始覺醒,與詩人內心醒悟相呼應。而在聽到潮音後,突然從夢幻般塵世迷夢中清醒過來。「塵夢」指人在現實生活中迷惑與無知,「一惺忪」指剛從夢中驚醒,眼神還有些迷離狀態,反映一種從無明到覺醒過渡。此過程代表從俗世迷茫中走向清明心境,也象徵禪宗修行中自我覺察瞬間。二句仲則表達從迷夢中覺醒過程,潮音浩蕩象徵大自然力量覺醒,而塵夢的「惺忪」則是對比,凸顯詩人內心從困惑與迷茫中慢慢清醒,達到超越現世塵囂之覺悟狀態。此轉變是禪宗修行中重要一環,代表通過對自然與內心覺察,擺脫無知與迷惑,進而實現心靈覺醒。運用了「潮音」與「夢境」兩意象,表現人從塵世迷茫中,經過自然啟發與反思,達到禪宗核心思想:內心清明與覺悟。

頸聯「古殿驚棲鶻,空壇擾怪松」描述一隻鶻驚飛,棲息在古老寺廟殿堂之中。「古殿」象徵寺廟悠久與寧靜,而驚飛的鶻突如其來的打破此份寧靜,帶來一絲動盪與不安。此畫面也反映人心或環境中不期而至的干擾,儘管寺廟本應是安靜之處,但總有外來擾動,有對人生中無常與不穩定之感慨。後句描述空蕩壇子被擾動,且周圍有棵怪異松樹在風中搖動。空壇本應清靜無為,但它卻被周圍環境、內心

波動所擾亂。「怪松」暗示非凡、不尋常的存在，此「怪」字不僅指松樹外形特殊，亦或代表其所帶來特殊氛圍、情感。「擾」字反映外界環境干擾與困惑，亦或暗示心境中不安與波動。二句表現自然景象中不安與變動，藉由寺院內景描寫以反映隱逸生活中潛在波動。古殿中「鵑」與空壇旁「怪松」，皆象徵外界不期而至干擾，與心境中不穩定、無常相契合。儘管禪宗推崇是一種超然心境，但仲則用此畫面表達現實中無法避免干擾與不安，暗示禪修中也會面對外界與內心種種波動。

尾聯「千花真有藏，我欲叩南宗」詩中「千花」象徵自然界中多種美麗與繁華，代表世界各種事物與現象。而「真有藏」暗示這些表面花卉背後隱藏更深層意義。此「藏」指這些外在美麗景象背後，蘊藏一種深邃智慧真理。「南宗」是禪宗南方支派，源自禪宗六祖惠能（638-713年）與北宗禪宗形成對比，核心思想強調「頓悟」而綜「漸修」，通過一種突然、直接領悟以獲得佛性，不需依賴長時間修行過程，直指人心，見性成佛。惠能南宗禪認為眾生皆有佛性，在《壇經‧付囑品》曰：「我心自有佛，自佛是真佛；自若無佛心，向何處求佛？」、「但識眾生，即能見佛；若不識眾生，覓佛萬劫不能得見也。」、「一念愚則般若絕，一念智即般若生」、「佛是自性作，莫向身外求」[138]「心」是我們對境生起的念頭、思想，因有色、聲、香、味、觸、法的六塵緣影存在，心才從各別緣影領受其形象，產生意識，生出種種意識心念，對境起心。而「性」是心的本原，其無形無相，但能使我們對境起心，在佛經上「性」有很多異名，如：「真如」、「如來藏」、「佛性」、「真心」、「一真法界」、「大圓勝慧」等。只

---

[138] 郭朋校釋：《壇經校釋》（臺北市：文津出版社公司，1995年），頁51、108、109、110。

因眾生迷而不覺，不知有此佛性，只執著緣影的生滅，變為妄心。「心」與「性」原是一物，如水與波，同屬一物。猶如電雖不能目見，但能照明、發動電器皆是它起作用。佛經稱性是體，心是用。這些六塵緣影既是虛幻，一旦夢醒，即了知身心世界本是空。「我欲叩南宗」，表達仲則想向禪宗求教，通過南派禪宗教義來獲得內心覺悟與智慧。此「叩」字有敲門求教之意，表達仲則渴望向禪宗虔誠學習、尋求啟發之情。二句表達仲則對南禪的智慧渴望與對禪修生活追求。仲則認識自然界中萬象如千花，表面繁雜多變，背後必隱含更深層真理，而渴望通過向禪宗求教，尋求此真理的啟示與領悟，呈展其對禪宗生活敬仰與對心靈解脫渴望。詩中的「千花」與「南宗」分別象徵表面現象與深層禪宗智慧，藉此對比，表達其對禪宗真理追求，並體現禪宗對頓悟與內省的重視。

五 試聽十二芙蓉漏

借得蒲團坐上方，偏因結習感蒼茫。蟲聲先候滿山館，雨氣四時寒石牀。自是客情多黯淡，更兼風景足淒涼。試聽十二芙蓉漏，一入空宵分外長。（1109〈僧舍客感〉）[139]

首聯「借得蒲團坐上方，偏因結習感蒼茫」表達詩人借來一個蒲團（即禪宗修行時所用坐墊），在寺院安靜處靜坐。蒲團是禪宗修行中常見用具，「借得蒲團」象徵修行禪坐與冥思開始。詩人坐在蒲團上，表達其在修行過程中虔誠與專注。「偏因結習感蒼茫」反映詩人在修行過程中心境變化。雖然已開始禪坐，但「偏因結習」指修行中

---

139 （清）黃景仁：《兩當軒集》，卷21補遺，頁506。

因為長時間的習慣養成，使其感到內心沉靜與某種習慣束縛。而「感蒼茫」表現其在修行過程中所感受內心空寂與心境變化，此情感像是與天地萬物遼闊與無垠產生聯繫，感覺心境空虛，超越日常孤獨感。二句表現詩人通過禪進修進行內心探索，雖然修行初期可能會有一些習慣的拘束，但最終會進入一種深刻反思與體悟，感受內心蒼茫與空虛，此是禪修中經歷孤寂與冥思，表現其對禪修深刻體悟過程。

領聯「蟲聲先候滿山館，雨氣四時寒石牀」描述在山中寺廟僧舍，首先聽到是蟲鳴聲音。「先候」指蟲鳴在此片山區先驅，象徵自然節奏與生命循環。蟲聲作為自然背景音，可能讓詩人感受一種恬靜氛圍，同時也反映隱逸生活中與大自然和諧共生。「雨氣四時寒石牀」此句描寫寺廟中一個寒冷環境，暗示即使四季更替，石牀依然保持寒氣。「雨氣」指雨水帶來寒冷溼氣，象徵自然界中寒冷與清冷。「石牀」本是清冷，此描述強化禪院生活中簡樸與艱苦。即使身處其中，也能感受寒氣四溢，反映僧舍孤寂與清冷。二句表達僧舍生活中身心冷寂與自然界融合。蟲聲、雨氣、寒氣，此自然現象象徵僧舍生活孤寂與超然，仲則似乎沉浸於大自然清冷與寧靜中，但此生活也與外界的隔絕，有種寒冷孤寂之感。

頸聯「自是客情多黯淡，更兼風景足淒涼」詩中「自是客」指詩人身處於外地，並非真正主人，因此有種身為「外來者」疏離感。此種「客情」讓詩人心境感到黯淡，流露與本土生活格格不入孤寂感。「多黯淡」表達詩人內心孤獨、落寞與不安。而風景「淒涼」強烈呼應詩人內心孤寂。風景淒涼可能指寺院中清冷自然景象，如寒冷石牀、孤獨山間、無人打擾環境等，此景象增強詩人內心孤寂與冷清感。二句表達詩人身處僧舍環境中孤獨與冷清。身為「客」，使其心境更加黯淡，而自然景象也無情加重此情感，藉由「客情」與「風景」兩個元素對比，反映其內心疏離與無根感，體現隱逸生活的矛盾

性與修行中孤獨感。

尾聯「試聽十二芙蓉漏,一入空宵分外長」詩中「十二芙蓉漏」指寺院中使用漏壺,漏壺常被用來計時,發出滴答聲音。此「十二」可能指一整夜時間,芙蓉則是形容漏壺美麗形式。詩人聽著漏壺發出滴水聲,此聲在夜晚寧靜中尤為清晰。表達詩人在寂靜夜晚聆聽漏壺滴水情景,從此現象中感受時間流逝。「空宵」是寧靜、空曠夜晚,而「一入」則指進入此寧靜夜晚後,詩人感受時間延長,彷彿此寂靜無窮無盡,使得夜晚顯得格外漫長,充滿沉思與感悟,「一入空宵分外長」表達夜晚漫長。二句表達詩人在寂靜山寺僧舍聽漏聲時,感覺夜晚變得更加漫長與寂靜,使其進入一種超然境界,與周圍空靈環境相融合。此情景與心境反映禪宗中「寂靜」與「空」哲理,藉由時間流逝與自然聲音互動,表現其內心空寂與清澈。詩中「芙蓉漏」與「空宵」兩意象,不僅描繪安靜夜晚,也表達仲則對時間流逝深刻體會,呈顯禪宗修行中內心平靜與感悟。

六　頓鐘林外寺

開簾延暝色,涼月已如鉤。頓使碧天遠,平含萬古愁。頓鐘林外寺,薄霧水西樓。悵好幽人夢,依依不可留。(189〈新月〉)[140]

首聯「開簾延暝色,涼月已如鉤」道出詩人打開窗簾,見暮色逐漸加深,夜幕降臨,涼爽月光像一鉤銀鉤般掛在天上。這樣的描寫展現了秋夜的寧靜與清涼,讓人感受到秋天的寂靜和月色的美麗,意境清幽。

140　(清)黃景仁:《兩當軒集》,卷3,頁63。

頷聯「頓使碧天遠，平含萬古愁」描繪月光映照下，天空突然變得遙遠無邊，令人感到無盡愁緒彷彿貫穿萬古時間。藉由夜晚景象，表現心中悲愁與對過去無限思索，與前句相呼應，加強秋夜景色空靈與孤寂，傳達無法言喻哀愁，使人不禁思考生命與時光無常。以秋月為背景，透過月亮光輝與天空遼闊以表達詩人內心孤寂與愁緒，渲染深沉之感。

　　頸聯「頓鐘林外寺，薄霧水西樓」描寫遠處寺廟鐘聲傳來，隱約聽見鐘聲從林間寺廟傳來，「頓」有隱約、微弱之意，表達鐘聲悠遠與微弱。詩中林外寺的「頓鐘」是佛寺道場報時的法器，除了凸顯山林寂靜外，體會清靜幽遠之感受，更提醒人珍惜時光。而水邊的西樓被薄霧籠罩，霧氣輕盈，像是將西樓包圍住，整個景象顯得朦朧而迷人。二句描寫一幅幽靜、朦朧江南水鄉景象，鐘聲輕輕傳來，霧氣籠罩著水面上樓閣，畫面充滿詩意與遐想，藉由「頓鐘」與「薄霧」來表達寧靜又帶有神祕氛圍。

　　尾聯「悵好幽人夢，依依不可留」感慨美好夢境無法長久停留，隨著時間流逝，終究要消散。詩人表達對美好時光的無奈與惆悵，夢中的寧靜與美好是短暫的，無法長久停留在現實中。詩人表達對美好瞬間的憧憬與悵惘，雖然心中充滿不捨，卻清楚知道它終究無法持久，正如夢境一般，短暫且無法捉摸。與前面描寫的秋夜景象相結合，詩人似乎在感慨人生無常與短暫，表達對內心寧靜與幽夢之渴望，但此夢境終不能於現實中留下，反映對時光流逝的感傷以及無法控制命運之無力感。

七　飽聽鐘磬聲

　　精藍敞幽麓，我至喜新晴。欲借伊蒲供，飽聽鐘磬聲。松風有

餘籟,嵐氣不勝清。試問安禪者,能忘入世情?(1140〈題上方寺〉)[141]

此詩作於江蘇泰州市。「上方寺」是中國佛教禪宗、臨濟宗磬山派的嫡傳法脈,初建於明朝崇禎年間,清初達到鼎盛。首聯「精藍敞幽麓,我至喜新晴」詩中「精藍」形容天空藍色非常清澈、明亮,象徵晴朗與純潔天空。「敞」表示開闊、寬廣,形容天空開闊及視野寬廣。「幽麓」指山麓,通常是陰涼而靜謐之處。在此用「精藍」與「幽麓」對比,表達晴朗天氣下山麓景象之清新與美麗。「我至喜新晴」此句表達詩人因天氣轉晴而感到愉快。「新晴」暗示一場雨後天氣回復,使詩人心情舒暢,對自然界變化產生積極感受。二句通過描寫天氣晴朗時景象,表達仲則對自然景色喜愛,顯示其內心愉悅與寧靜。晴朗天空與清新山麓景象予其精神上舒展,使其對周圍環境感到滿足快樂。將晴朗天氣與內心清新感受相連結,表現對山寺生活喜愛。首聯為整首詩提供一個積極開端,表達詩人對自然感恩,暗示其在禪宗修行中所追求心境——即對外界美好景象感知與內心平靜愉悅。藉由「精藍」與「新晴」表達其對晴朗天氣愉悅,此晴空萬里景象,非但是自然美,更與其內心寧靜、清明相呼應。仲則對這自然風光描寫有著清澈明淨意境。

頷聯「欲借伊蒲供,飽聽鐘磬聲」詩中「伊蒲」是一種蒲團,是禪宗修行中坐墊。表達詩人渴望能借來蒲團,坐於其中,用以修行。「借」字表明詩人並非常住於此,希望能暫時借蒲團以供自己修行。「鐘磬」是佛寺中樂器,「鐘」用以報時或召集僧人,「磬」是禪宗禮佛時打擊樂器。而「飽聽」表示詩人希望在此寧靜環境中,充分沉浸

---

141 (清)黃景仁:《兩當軒集》,卷22補遺,頁521。

在鐘磬聲中，感受其所帶來精神上洗禮與清澈。鐘磬聲象徵佛教教誨，使詩人得以在此境中放空自己，進入禪宗心境。二句表達詩人對禪修生活渴望，希望能夠借來蒲團，專心修行，在此清靜環境中聽鐘磬聲，從而達到內心平靜與安寧。鐘磬聲音不僅是外界音響，更是對心靈喚醒，使人進入一種禪定境界，將自然與佛法達到和諧共融。鐘磬聲描寫，除了表現禪宗修行宗教氛圍外，還反映詩人對禪定重視與追求，表達一種超越塵世寧靜心境，通過自然與宗教儀式之交織以達內心平和與清明。飽聽上方寺清淨鐘磬聲，有著心念之回歸之意，將迷失於塵世之心收回。聽聞鐘磬聲當下，心念能止息安住，保持清明。

頸聯「松風有餘籟，嵐氣不勝清」詩中「松風」是松樹間吹過的風，「餘籟」是指風聲中餘音。松樹枝葉在風中搖動，發出聲音是清脆而悠長，此「餘籟」強調風聲延續與回響。松樹與風的交響，彷彿是自然音樂，帶來一種和諧、安靜氛圍。而「嵐氣」是山間的霧氣或雲霧，「勝清」意味此股霧氣清澈、淡薄，不至於厚重混濁。詩人描繪在山中環境中，清新空氣與霧氣營造一種空靈氛圍。此「清」不僅指空氣清新，也暗示心境清澈與寧靜。二句表現超凡脫俗自然美，通過松風與山嵐描寫，表達禪修生活中寧靜與和諧。松樹風聲與山間清霧共同構建一個寧靜、清新環境，此景不僅是外在自然景觀，也反映詩人內心澄明與安逸。詩人通過這樣的自然描寫，表現了他對隱逸生活的嚮往與對清淨心境的追求。詩中「松風」與「嵐」所帶來寧靜氛圍，象徵心境安定與超脫，表達對隱逸生活喜愛與對禪修中清淨心境追求。

尾聯「試問安禪者，能忘入世情」詩中「安禪」即安住於坐禪之意，靜坐入定，修習禪法；「安禪者」指那些修習禪定、追求心靈平靜的人。六祖惠能對安禪的理解，在《壇經・坐禪品》曰：

此法門中,一切無礙,外於一切境界上念不起為坐,見本性不亂為禪。

外離相曰禪,內不亂曰定。外若著相,內心即亂,外若離相,內心不亂,本性自淨自定,祇緣觸境,觸即亂,離相不亂即定。外離相即禪,內不亂即定,外禪內定,故名禪定。[142]

又《壇經・定慧品》曰:

一行三昧者,於一切時中,行住坐臥,常行一直心是。[143]

由上可知坐、臥皆是禪定,自性清淨,本心不亂,時刻保有禪心,即在禪定中。洪州禪馬祖道一的心要是:「平常心是道」,平常心即真心,不受任何私欲障蔽的心。然而坐禪並非閉目靜坐,而是無念,唐君毅先生在《哲學論集》一書說:

「於境而離境」即無境界相,是即無相,無相無念而心不亂即禪之工夫。故曰:「外離相為禪,內不亂為定」,禪定之工夫要在能即念即相而離相離念,坐禪非閉目靜坐之謂。[144]

可知於境而離境,對境不亂,才是真正坐禪的境界。而晉廬山慧遠〈念佛三昧詩集序〉:「夫稱三昧者何。專思寂想之謂也。思專則志一

---

142 上述兩引文出自郭朋校釋:《壇經校釋》(臺北市:文津出版社公司,1995年),頁37。

143 郭朋校釋:《壇經校釋》(臺北市:文津出版社公司,1962年),頁27。

144 唐君毅:《哲學論集》(臺北市:臺灣學生書局,1991年),頁331。

不分。想寂則氣虛朗清。氣虛則智恬其照。神朗則無幽不徹。」[145]說明禪定能讓人進入三昧狀況，精神專一，氣虛神朗，即能照見萬物。

詩人用「試問」來發問，表示其在思索修行者是否能夠達到一種理想心境。「能忘入世情」道出是否能夠忘卻世間的繁華與牽絆，超脫於世俗情感與欲望。禪宗強調「無念」境界，不為世事所困擾，心境清澈而安定。於此，仲則並非只是提問，而是反思禪修者是否能夠完全忘卻塵世牽掛，進入禪定境界，以達到心靈清淨與解脫。通過此問題以表達對禪宗修行中理想境界思索。禪修者若能真正「忘入世情」，便能達到一種超脫於俗世心境，不受外界事物影響，保持內心寧靜與清明。尾聯反映禪宗修行中一個核心問題，如何從繁忙塵世中解脫，保持內心安寧，此是對禪修者提醒，禪定不僅僅是身體靜止，更是心靈放下與解脫。仲則試圖表達若能真正做到「忘入世情」，才能達到真正禪。仲則此詩不僅描繪外在景象，更關注於心境轉化與靜謐。

吳言生《禪宗詩歌境界》一書中曰：

> 禪宗詩歌表達了獨特的禪悟體驗，其審美境界範型是一切現成現量境，能所俱泯直覺境，涵容互攝圓融境，隨緣任運日用境。現量境觸目菩提，不容擬議；直覺境水月相忘，空明澄澈；圓融境珠光交映，重重無盡；日用境飢餐睏眠，脫落身心。[146]

由上可知禪詩是一種「直覺體驗」，一種跳脫物質感觀邏輯的本質直觀，是觸目菩提的現量境，將自然山水看作是佛性的顯現，「青青翠竹，盡是法身；鬱鬱黃花，無非般若。」無論是青青翠竹還是蓊鬱青

---

145 （唐）道宣：《廣弘明集》，《大正新脩大藏經》第52冊（臺北市：佛陀教育基金會，1990年），頁351。
146 吳言生：《禪宗詩歌境界》（北京市：中華書局，2002年），頁295。

山,只是譬喻說法,不能執以為真。又《林間錄》卷上:「佛法在日用處,行住坐臥處,吃茶吃飯處,語言相問處,所作所為處。」[147]正如惠能說:「佛法在世間,不離世間覺,離世覓菩提,恰如求兔角。」[148]禪宗是一種對於佛法實踐,並非離開日用別求玄妙的作為,強調隨緣任運的精神,而是落實日常生活中。龐蘊禪師有首著名偈云:「日用事無別,唯吾自偶諧。頭頭非取捨,處處沒張乖。朱紫誰為號,北山絕點埃。神通並妙用,運水及搬柴。」[149]如此簡明地指出禪機與禪悟,神通妙用在於日常當中。

　　仲則在山林景色的描繪中蘊含禪機禪趣,正如《維摩詰經・佛國品》曰:「隨其心淨則佛土淨。」[150]以佛眼見世界,本自清淨,眾生平等,本無煩惱可言。極力欲求悟道安心之法,其實就是《六祖壇經・般若品》所言:「憎愛不關心,長伸兩腳臥。」[151]心中沒有貪瞋恨愛,就沒有要排斥什麼,也無追求什麼,就可以把兩腳伸得長長的安心睡覺,因此習佛修禪可使內心安定,擺脫俗世塵勞煩惱。《六祖壇經》又云:

　　　　何名無念?無念法者,見一切法,不著一切法,遍一切處,不著一切處,常淨自性,使六賊從六門走出,於六塵中不離不染,來去自由,即是般若三昧,自在解脫,名無念行。[152]

147　(唐)釋惠洪:《林間錄》收於《景印文淵閣四庫全書》子部,卷上(臺北市:臺灣商務印書館,1986年),頁2。

148　(元)宗寶編:《六祖大師法寶壇經》,《大正新脩大藏經》第48冊,No.2008,頁351下。

149　(南宋)普濟編集:《五燈會元》卷3〈馬祖一禪師法嗣・龐蘊居士〉(北京市:中華書局,1984年),頁87。

150　賴永海釋譯:《維摩詰經》(臺北市:佛光文化事業公司,1997年),頁38。

151　李申釋譯:《六祖壇經》(臺北市:佛光文化事業公司,1997年),頁79。

152　郭朋校釋:《壇經校釋》(臺北市:文津出版社公司,1995年),頁60。

六祖說明人無論面對什麼境遇,皆能不被影響,保持本心清淨,不被六賊(眼、耳、鼻、舌、身、意六識)所繫縛,不被色、聲、氣、味、觸、法六塵所汙染,就不生煩惱,排除雜念,使心神平靜,隨遇而安,自在解脫,即是「般若三昧」。

在黃仲則登山訪寺詩的山林幽靜景色中,看似一切生機勃勃,卻又顯得那麼空寂靜謐,幽深渺遠,將大自然蘊含微妙禪機,仲則企圖在山林寺中尋求自我解脫,卻未能完全使自己心境融入自然之中,獲得心與境的和諧統一,而是給人一種人在景外,理附景後之感。正如〈題上方寺〉尾聯「試問安禪者,能忘入世情」,內心深處難以消解的痛苦在此禪境中暫時獲得解脫罷了,在山寺之中追求那種寧靜淡遠心境與剎那間獲得豁然開悟。

黃仲則世路與禪路皆艱困,極力走入山林靜境與佛寺禪修養病修心,盡量隱入清淨環境之中,藉由此擺落貧病悲苦,然而卻在心上繫掛這條習禪的路,亦不得真正清淨。

第四章
黃仲則詩歌佛禪書寫的主題精神

第一節　詩人主體參與

　　叔本華將痛苦視為人的本質義，認為「人生即痛苦」[1]。無論源自外在環境或自身病痛，皆引發內心負面情緒。而苦難也是宗教的核心概念。筆者考察黃仲則一千一百八十首詩中出現佛禪相關詞彙有三百二十三次，一百四十四首，並留下大量與佛寺相關的足跡，如此因緣與其貧病苦難人生有關。

一　寺中養病

　　黃仲則為了養病，在京期間，屢試屢第，索居城內窮困潦倒，肺病舊疾再起，好友洪亮吉將其送往京西法源寺養病，待身子好些，兩人便應孫星衍之邀，前往西安謀職。然好景不常，黃仲則因事又不得不返回京城，不多時，肺病嚴重，只好再度前往法源寺修養。於此期間，創作〈惱花篇時寓法源寺〉、〈偕王秋塍張鶴柴訪菊法源寺三首〉等詩篇。在此以「章法學」角度切入探析〈惱花篇時寓法源寺〉一詩，探討其因肺病至北京法源寺養病詩篇。

---

[1] 叔本華說：「至於個人生活，則任何一部生活史也就是一部痛苦史；因為任何人的一生按規律說都是一連串不斷的大小不幸事故，……。」（德）叔本華（Arthur Schopenhauer, 1788-1860）：〈意志與痛苦〉，收錄在李瑜青主編：《叔本華哲理美文集》（臺北市：臺灣先智出版，2002年），頁403。

黃仲則因肺病至北京「法源寺」中養病，希望在寺中靜心養病，忘卻苦難人生。然寺中丁香花開，遊客如織，眾聲吵雜，於此作〈惱花篇時寓法源寺〉一詩。筆者首先探源「法源寺」封存千年悲憫歷史，以及法源寺以丁香聞名遐邇，而「香」與破除「我執」的佛法，有著不解之緣。本小節試圖從「辭章學」來分析此詩章法結構，探討其內容意蘊，細究其運用「凡目凡」章法結構，以「賓主」、「因果」法強化「因花致客真被惱，求寂得喧毋乃窮」，以「虛實」法將花擬人自語本自開落，惱花實乃作者內心褊狹。最後自省萬物自化之理，境隨心轉，強化出全詩的核心思想，生命安頓之道。

　　黃仲則自幼體弱多病，一生投謁無功，在乾隆四十五年（1780），時年三十二歲因肺病翻劇，喘嗽雜衄吐，臥病同僵蠶，隔年便至北京「法源寺」中寄宿養病，希望在禪門清淨之地靜心養病，消解病痛纏身之苦，忘卻苦難人生。但卻因法源寺以丁香花聞名遐邇，適逢花季群花爭妍，各地遊客大量湧入，車馬之聲不絕於耳，如此眾聲吵雜，甚至連交淺的賓客不時來訪，讓養病中的作者更不得安寧，「瞋」心一起，因無法控制外在紛擾的環境，於是產生不愉悅、憤怒與煩惱。作者開始面對當下煩惱，想到脫離現場又不得，只好轉嫁惱怒爆發於這些繁英繽紛，進而開始一連串的假想消滅、剷除它們，創作了神轉折的〈惱花篇時寓法源寺〉一詩。筆者首先考察探源「法源寺」（又稱「憫忠寺」）封存千年悲憫歷史，從憫忠寺的由來得知奠祭陣亡將士英靈，愛國與堅守名節志士，有助於感受黃仲則詩中百感交集深意，以及有著「香剎」之稱的緣故，又因丁香花開之時，香氣襲人，以香與佛法有著不解之緣，以香通達解脫，又與本詩轉折出乎意料有著密切相關。作者在此詩中思慮前後不一，可謂是神轉折，本小節試圖從辭章學來分析此詩之章法結構，藉由章法結構來探討其內容意蘊與全詩的核心思想，更藉由此詩來呈現作者如何面對煩惱？如何調

伏、化解煩惱？如何展開一場心靈探索與生命書寫的開悟，呈展出生命安頓之道。

（一）〈惱花篇時寓法源寺〉創作背景

黃仲則在乾隆四十五年，三十二歲時移家南還，八月應山東學使程世淳之邀，客其幕中，一直到入冬接到吳竹橋來信後，方回北京。[2] 此次投謁程世淳是徒勞無功，故在〈得吳竹橋書趣北行留別程端立二首其二〉詩云：「將心託鴻爪，到處一留痕」[3]心如鴻爪，處處留痕，但雪泥鴻爪，隨生隨滅。而他自小體弱多病，在那年〈即事〉一詩自言：「轉恐春氣回，鬱熱肺病舉。驗之今果然，喘嗽雜嘔吐」[4]、〈濟南病中雜詩七首其二〉：「肺病秋翻劇，心忡夜未寧」[5]，甚至在〈除夕述懷〉詩中提到「仍復驅我來，臥病同僵蠶」、「今如病馬伏，不任驅驂驔」[6]，於時在隔年到北京法源寺中養病。〈惱花篇時寓法源寺〉一詩便是作於乾隆四十六年（1781），仲則時年三十三歲，「按集中詩，是年於法源寺養痾，稚存時訪之，因同看花。」[7]且洪亮吉也有〈法源寺訪黃二病因同看花〉[8]一詩可證。

法源寺，又稱憫忠寺，是北京城內現存歷史最悠久的佛寺。「法源寺始建於唐貞觀十九年（645年），原名憫忠寺。那時北京稱為幽州，憫忠寺處在幽州城東南隅。唐太宗李世民御駕親征遼東高麗前，曾在此誓師。但三次東征未能取得勝利，反而因傷亡慘重不得不班師

2　黃逸之：《清黃仲則先生景仁年譜》（臺北市：臺灣商務印書館，1970年），頁59。
3　（清）黃景仁：《兩當軒集》，卷15，頁370。
4　（清）黃景仁：《兩當軒集》，卷14，頁342。
5　（清）黃景仁：《兩當軒集》，卷15，頁367。
6　（清）黃景仁：《兩當軒集》，卷15，頁374。
7　毛慶善、季錫疇纂：《黃仲則先生年譜》，見（清）黃景仁：《兩當軒集》，頁622。
8　詳參（清）洪亮吉：《洪亮吉集》（北京市：中華書局，2001年），頁493。

回朝。唐太宗為祭奠陣亡將士而敕令建廟設壇，開始時稱憫忠祠。憫者，憐恤憂傷也，忠者，忠於皇帝社稷之烈士也。儒家講『忠孝』，佛教、道教講『超渡』，憫忠寺原本可以看作三教合一的道場。」[9]但憫忠寺並非建於唐太宗，「生前未能如願，直到武則天萬歲通天元年（696年）才完成工程，賜名『憫忠寺』。唐末景福年間（892-893年）修建了『憫忠閣』」[10]。其後到了元至元二十六年（1289），《千家詩》的編著者，南宋遺臣「曾任江西信州太守的謝枋得因南宋滅亡而蟄居閩中，後被元人俘獲，拘禁於憫忠寺。元朝統治者並不是要殺他，而是透迫其做官。謝枋得拒而不從，絕食死於寺中。他的母親也深明大義，聞噩耗而泰然處之。」[11]，千古奇冤的抗清名將袁崇煥，因「明朝末代皇帝崇禎被清軍的反間計所乘，臨危奪帥，拘捕袁崇煥，於崇禎二年（1625）九月初七寸磔（凌遲）袁崇煥於西市（明時刑場）。袁崇煥死得十分慘烈，受蒙蔽的京城百姓亦指忠為奸，竟活食其血肉腔腸，連骨頭都被搗碎，只剩下血肉模糊的頭顱，被懸於高杆之上『示眾』。袁崇煥的部下余義士冒死盜其頭顱，祕送法源寺，願請法師為之超度。」[12]法源寺深埋著歷史忠魂枉死，英烈受辱，義無反顧的愛國、堅守名節。由於歷史久遠，寺內建築屢建屢毀，較大的兩次毀壞，「一次是遼清寧年間（1057）大地震，寺內主要建築悉遭破壞，重建後又於明初毀於兵燹，志書載『寺與塔皆毀，遺址僅存』。……待明王朝穩定後，為祝福『皇圖永固，聖壽萬年』，重新修建憫忠寺，改名為崇福禪寺。清初幾位皇帝都虔信佛教，雍正時朝廷撥專款善，並欽定為律宗寺廟，賜名『法源寺』」[13]清朝統治者不希

9　孟慶：〈叩開法源寺歷史之門〉，《中國宗教》第4期（2003年），頁50。
10　曉沙：〈北京城內歷史最悠久的古剎法源寺〉，《臺聲》第7期（2007年），頁73。
11　孟慶：〈叩開法源寺歷史之門〉，《中國宗教》第4期（2003年），頁51。
12　曉沙：〈北京城內歷史最悠久的古剎法源寺〉，《臺聲》，第7期（2007年），頁74。
13　孟慶：〈叩開法源寺歷史之門〉，《中國宗教》第4期（2003年），頁50。

望出現像謝枋得這樣忠於舊王朝的人物,因此「雍正改『憫忠』為『法源』,並在御制碑文中解釋『法』即『心性本源』,目的在以戒為法,『導民為善』,做『忠國孝親』的清王朝的順民。」[14],甚至在「一七八〇年,乾隆帝親臨寺院,賜御書『法海真源』匾額,懸於大雄寶殿門楣至今。」[15]從唐代的憫忠寺,到明代的崇福禪寺,再到清代的法源寺,見證朝代更迭,愛國志士的犧牲,信仰的堅持,法源寺在深沈的悲憫中封存著千年往事。

　　清代法源寺有著「香剎」之稱,因前庭後院遍著紫丁香、白丁香,有「香雪海」之美稱,每年暮春時節,寺內花香襲人,紫丁香滿樹緋紫,燦如彩霞;白丁香似雪壓枝,皎潔玉透。丁香與古剎的組合,有氣候的因素,有風雅的需求,但值得注意的是,以破除「我執」為旨歸的佛法,似乎與香有著不解之緣。《華嚴經‧入法界品》第三十九之八:五十三參中「參鬻香長者」,有「善男子!我善別知一切諸香,亦知調合一切香法,所謂:一切香、一切燒香、一切塗香、一切末香,亦知如是一切香王所出之處……如是等香形相生起、出現成就、清淨安隱、方便境界、威德並用及以根本,如是一切,我皆了達」[16],以香通達解脫。亦有「善男子!人間有香,名曰:象藏,因龍鬥生。……若因風吹入宮殿中,眾生嗅者,七日七夜歡喜充滿,身心快樂,無有諸病,不相侵害,離諸憂苦,不驚不怖,不亂不恚,慈心相向,志意清淨」[17],以香修行靜心。《楞嚴經》卷五有「香嚴童子即從座起,頂禮佛足而白佛言:『我聞如來教我諦觀諸有為

14　孟慶:〈叩開法源寺歷史之門〉,《中國宗教》第4期(2003年),頁51。

15　曉沙:〈北京城內歷史最悠久的古剎法源寺〉,《臺聲》第7期(2007年),頁74。

16　(唐)地婆訶羅譯:《大方廣佛華嚴經入法界品》,《大正新脩大藏經》第10冊,No.0295,卷67,頁361上。

17　(唐)地婆訶羅譯:《大方廣佛華嚴經入法界品》,《大正新脩大藏經》第10冊,No.0295,卷67,頁361上。

相。我時辭佛，宴晦清齋，見諸比丘燒沈水香，香氣寂然來入鼻中，我觀此氣非木、非空、非煙、非火，去無所著來無所從，由是意銷發明無漏，如來印我得香嚴號。塵氣倏滅妙香密圓，我從香嚴得阿羅漢。佛問圓通，如我所證，香嚴為上』。」[18]，以香悟空悟道。由上可知香道即是佛理，丁香花香縈繞法源寺之中，去無所著，來無所從而了知無生滅之相，以香通達解脫，以香靜心修行，以達禪悟圓通。

（二）〈惱花篇時寓法源寺〉之內容意蘊

〈惱花篇時寓法源寺〉是一首七言古詩，全詩四十二句，二百九十四字，其詩如下：

> 寺南不合花幾樹，鬧春冠蓋屯如蜂。遽令禪窟變塵術，曉鐘未打車隆隆。我時養疴僦僧舍，避地便擬東牆東。花開十日不曾看，鍵關不與花氣通。漸驚剝啄多過客，始覺門外春光濃。數弓地窄苦揖讓，一面交淺勞過從。翻書奪席苦拉邋，應門熒茗煩奴僮。因花致客真被惱，求寂得喧母乃窮。斫花徑擬借蕭斧，深根鏟斷繁英空。不然飛章乞猛雨，使李褪白桃銷紅。不憂人譏煞風景，焚琴煮鶴寧從同。花如顧我啞然笑，雜以諧謔通微風。爾今窮瘁實天予，豈有生氣回春容。無人之境詎可得，徒使冰炭交心胸。非人誰與聖所訓，有怒不遷德則崇。去留蹤跡孰相強，曷不掉臂空山中。同生覆載各有志，我自開落隨春工。客來客往豈有意，而以罪我徒褊衷。對花嗒然坐自失，何見不廣儕愚惷。明當邀客坐花下，為花作主傾深鍾，焚

---

18 （唐）般剌蜜地譯：《大佛頂如來密因修證了義諸菩薩萬行首楞嚴經》，《大正新脩大正藏》第19冊，No.0945，卷5，頁125下。

香九頓法王座,祝客常滿花常穠。(〈惱花篇時寓法源寺〉)[19]

　　第一段,開首四句「寺南不合花幾樹,鬧春冠蓋屯如蜂。邃令禪窟變塵術,曉鐘未打車隆隆」描寫法源寺繁花盛開,遊客如織。寺的南邊多少不該、不當開花的丁香樹,慶祝迎接春天的到來,那些達官貴人眾多成群的聚集到來,於是讓僧人聚集習禪之所、佛門清淨之地變成了俗世滾滾紅塵,寺院中的晨鐘都還沒敲打,那些賞花者的車馬之聲已聲勢浩大的來了。接續四句「我時養痾僦僧舍,避地便擬東牆東。花開十日不曾看,鍵關不與花氣通」帶出作者出場,我當時就在法源寺的僧房寄居調養疾病,因養病需要清淨,避免塵世吵雜煩亂之音就遷居到東牆的法源寺僧房去居住。此時法源寺的名花丁香花期開了十日多了,我依然不曾去賞花,「鍵關」是指閉門,終日閉門不願讓花朵開放的香氣熏人而破除了禪定的功夫。

　　接續「漸驚剝啄多過客,始覺門外春光濃。數弓地窄苦揖讓,一面交淺勞過從。翻書奪席苦拉邏,應門賣茗煩奴僮。因花致客真被惱,求寂得喧毋乃窮。」八句帶出作者並非不喜歡百花盛開,而是不喜歡因花開引來眾多訪客,擾人清淨。「剝啄」是形容輕輕敲打門戶的聲音,即叩門之音。漸漸驚覺原來叩門之聲多於過客,才發現門外春天的景色濃厚。在這狹小之地很辛苦的多次彎曲身子的行禮、禮貌性的打招呼,「過從」指相往來、應付之意,一面之交的交情很淺卻如此辛勞的應付。「翻書奪席苦拉邏」因仲則見解高明,議論超過當代名流,壓倒眾人,小有名氣,但卻因此得辛苦應付這些一面之緣訪客的到來不斷的拉雜,可見仲則養病需要休息清淨,卻因為花開引來這些一面之交的人不斷的來打擾清修,只好煩請奴僮去開門應對訪客並幫忙烹茶待客。「因花致客真被惱,求寂得喧毋乃窮」,因為這些丁

---

[19] (清)黃景仁:《兩當軒集》,卷15,頁377。

香花開引來眾多賞花賓客,如此喧雜打擾養病中的我,真是氣惱人,詩中「毋乃」是豈非、莫非、未免、只恐,表示推測的語氣,「窮」在此是指求寂得喧的處境達到極點,代表環境吵雜到極點。

　　第二大段,「斫花逕擬借蕭斧,深根鏟斷繁英空。不然飛章乞猛雨,使李褪白桃銷紅。不憂人譏煞風景,焚琴蒸鶴寧從同。花如顧我啞然笑,雜以諧謔通微風」八句作者開始想像如何對峙這吵雜的環境,如何趕走這些賞花賓客,唯一方法就是無花可賞,於是想出了「斫花」以刀斧砍削花木,打算借用「蕭斧」這種古代兵器斧鉞,據《說文・艸部》:「蕭,艾蒿也。从艸,肅聲。」清段玉裁注:「與肅同音通用。蕭牆、蕭斧皆訓肅。」[20]因斧鉞用於刑罰,故取嚴肅之義。拿起鏟子將深埋土底的根削斷挖斷,以致繁花盡空。「不然飛章乞猛雨,使李褪白桃銷紅」詩中「飛章」是指報告急變或急事的奏章,迅疾上奏章,出自《後漢書・李固傳》:「李固字子堅,漢中南鄭人,司徒郃之子也。……順帝覽其對,多所納用,即時出阿母還舍,諸常侍悉叩頭謝罪,朝廷肅然。以固為議郎。而阿母宦者疾固言直,因詐飛章以陷其罪,事從中下。」[21]此語言不如迅疾上奏章乞求老天下了一場猛烈的暴雨,「使李褪白桃銷紅」詩中李花白、桃花紅,在此以此概括群花之意,直接打落那些繁花。「不憂人譏煞風景,焚琴蒸鶴寧從同」詩中「煞風景」亦作殺風景,使美景大為減色,指俗而傷雅,使人敗壞興致,不必擔憂人們譏笑我損壞美好景色,在歡娛的場合,使人掃興,就如同「焚琴蒸鶴」一般,把琴當柴燒,烹煮鶴來吃,像我這樣庸俗的人所做的極殺風景的事。「花如顧我啞然笑,雜以諧謔通微風」作者此處將花擬人,即使想要如此對待這些繁英,然

20　(清)段玉裁:《說文解字注》(臺北市:藝文印書館公司,1999年,七版二刷),頁35。

21　(南朝劉宋)范曄:《後漢書・李杜列傳》,《景印文淵閣四庫全書》253冊(臺北市:臺灣商務印書館,1983年),卷93,頁305、307。

而繁花依然沈靜不語只是對我微笑,甚至這些繁花很少以詼諧逗趣,語言滑稽而略帶戲弄的方式與微風說話溝通,意指繁花只顧自己的爭妍盛開,無視於外在環境如何對待自身。看到此情此景,在此不禁讓作者醒悟到萬物自化的禪意。

從本想斫花到了悟萬物自化之理,於此作者心境翻然一轉,「爾今窮瘁實天予,豈有生氣回春容。無人之境詎可得,徒使冰炭交心胸。非人誰與聖所訓,有怒不遷德則崇。去留蹤跡孰相強,曷不掉臂空山中」八句,詩中「爾今」是指今後,如今生活得窮困且過度勞苦、勞累實在是上天安排的,哪能因自身的不悅而討厭環繞在春天的景色。無人的環境豈可得,哪裡容易找,「徒使冰炭交心胸」只是讓寒冰和炭火塞進我的懷中,此語頗似陶淵明雜詩中「冰炭滿懷抱」之語。人生最痛苦的都是求之於人的事,「冰」與「炭」都是外物,非內心所生所予,他人之於我,往往不是太冷就是太熱,使人心寒或灼傷,想要脫離現實世界來到無人之境,沒想到人還是跳脫不了塵世之擾。接續「非人誰與聖所訓,有怒不遷德則崇」二句回歸現實的理性面,儒家思想根深蒂固深埋作者心胸,誰入了你的心,誰能擾亂你的心,其實心是操之在己,不遷怒才是古聖先德所訓所推崇的。自己的去留沒人強迫,何不揮手不顧而去?

接續四句「同生覆載各有志,我自開落隨春工。客來客往豈有意,而以罪我徒褊衷」轉化到花的自語,將花擬人,道出萬物同生於天地之間,彼此覆育承載包容著,每個人都有自己的志向和願望,不能勉為其難,我們這些花朵隨著春天時節到來自開自落。賞花遊客自己要來來往往,哪是我們繁花有意圖、故意使他們到來的?「褊衷」是指褊狹的內心,因客往來吵雜而怪罪我們繁花盛開,只是作者內心褊狹而已。

最後一段,「對花嗒然坐自失,何見不廣儕愚惷。明當邀客坐花下,為花作主傾深鍾,焚香九頓法王座,祝客常滿花常穠。」經過擬

人化的花朵申辯闡釋萬物自化之理後,作者猛然明白,對著花沮喪失意的樣子,譏笑自己見識不足,現在才明白此理,見聞不廣與愚蠢相當。「焚香九頓法王座」句中「法王」據《佛光大辭典》曰:

> 佛之尊稱,王有最勝、自在之義,佛為法門之主,能自在教化眾生,故稱法王。《無量壽經》卷下(大一二‧二七五中):「佛為法王,尊超眾聖,普為一切天人之師。」又釋迦方志卷上(大五一‧九五〇上):「凡人極位,名曰輪王;聖人極位,名曰法王。」(《長阿含》卷三〈遊行經〉、《維摩經》卷上〈佛國品〉、《法華經》卷五〈安樂行品〉)[22]

由上可知「法王」是佛之尊稱,佛是法中之王,佛於一切法中無不自在,無不主宰,法師升大座稱「登法王座」,法王座是代佛宣揚佛法。作者決定明天邀請賓客於此賞花品茗,焚香九叩頭祭拜佛菩薩,祝願法源寺香客常滿且花常盛開濃豔。

(三)〈惱花篇時寓法源寺〉之章法結構

「章法結構」是作者構思作品時的邏輯思維,藉此分析可確切明瞭文章主旨與思想內涵。「凡目法」定義:在敘述同一類事、景、情、理時,運用了「總括」與「條分」來組織篇章的一種章法。演繹式的思考會形成「先凡後目」的結構。所以「凡」是總括,具有統括的力量;「目」是條分,條分的項目是並列的,因而有一種整齊美。[23] 本詩以「凡目凡」為主結構,首尾呼應,前後強化出全詩重點,以見作者心境轉折與生命安頓之道。

---

[22] 慈怡:《佛光大辭典》(北京市:北京圖書館出版社,1990年),頁3339。
[23] 見陳滿銘:《篇章結構學》(臺北市:萬卷樓圖書公司,2005年),頁124-125。

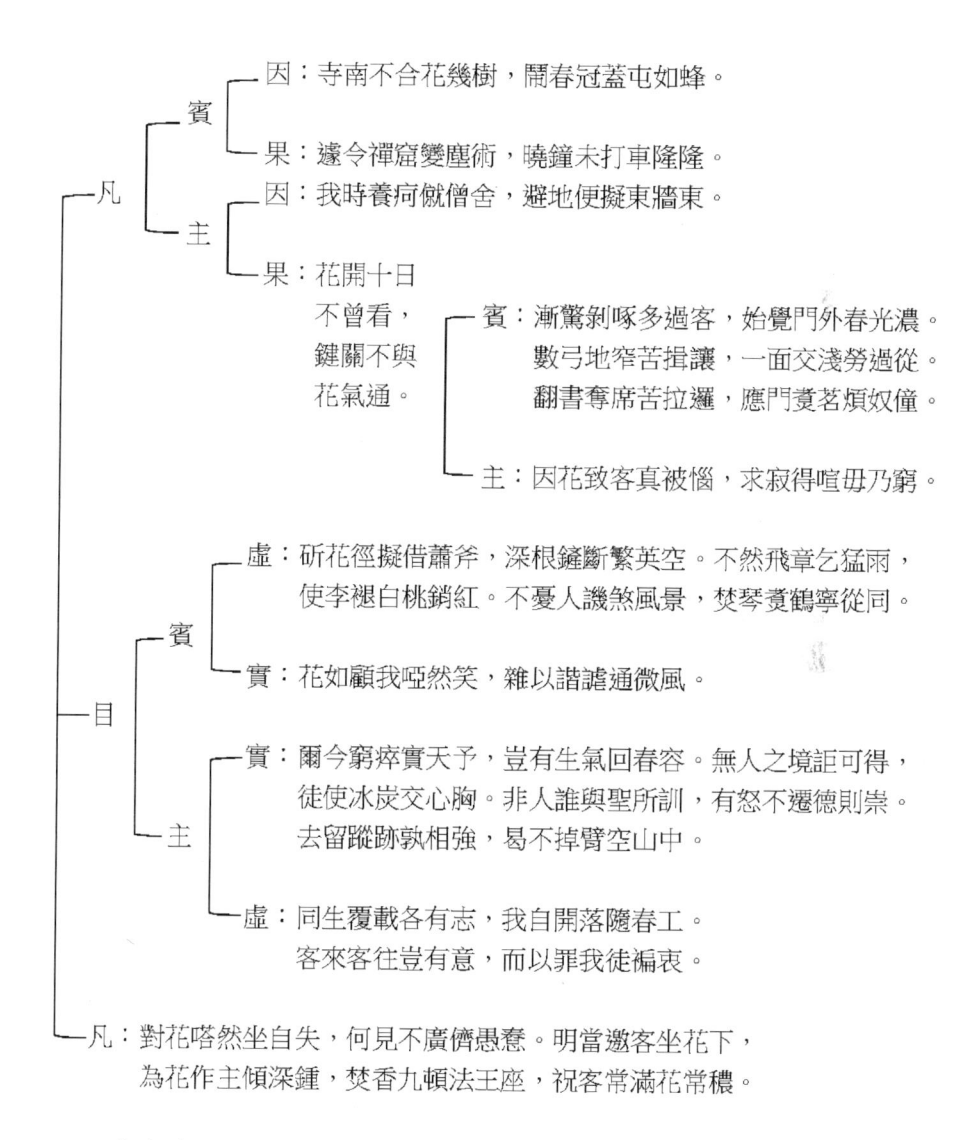

第四章　黃仲則詩歌佛禪書寫的主題精神 ❖ 259

```
         ┌─賓─┬─因：寺南不合花幾樹，鬧春冠蓋屯如蜂。
         │    └─果：遽令禪窟變塵衢，曉鐘未打車隆隆。
    ┌─凡─┤
    │    └─主─┬─因：我時養疴僦僧舍，避地便擬東牆東。
    │          └─果：花開十日
    │             不曾看，   ┌─賓：漸驚剝啄多過客，始覺門外春光濃。
    │             鍵關不與   │     數弓地窄苦揖讓，一面交淺勞過從。
    │             花氣通。   │     翻書奪席苦拉邋，應門賣茗煩奴僮。
    │                        └─主：因花致客真被惱，求寂得喧毋乃窮。
    │
    │          ┌─虛：斫花徑擬借蕭斧，深根鏟斷繁英空。不然飛章乞猛雨，
    │    ┌─賓─┤     使李褪白桃銷紅。不憂人譏煞風景，焚琴煮鶴寧從同。
    │    │    └─實：花如顧我啞然笑，雜以諧謔通微風。
    ├─目─┤
    │    │    ┌─實：爾今窮瘁實天予，豈有生氣回春容。無人之境詎可得，
    │    │    │     徒使冰炭交心胸。非人誰與聖所訓，有怨不遷德則崇。
    │    └─主─┤     去留蹤跡孰相強，曷不掉臂空山中。
    │         │
    │         └─虛：同生覆載各有志，我自開落隨春工。
    │                客來客往豈有意，而以罪我徒褊衷。
    │
    └─凡：對花嗒然坐自失，何見不廣僑愚憃。明當邀客坐花下，
          為花作主傾深鍾，焚香九頓法王座，祝客常滿花常穠。
```

　　由上表可看出，此詩主要以「凡目凡」、「賓主」、「因果」、「虛實」等章法來組織其內容材料，形成其結構。試析〈惱花時寓法源寺〉一詩如下：

首先在「凡」的部分：仲則在此以二層「賓主」的方式，以「寺南不合花幾樹，鬧春冠蓋屯如蜂。遽令禪窟變塵術，曉鐘未打車隆隆」四句為「賓」位，道出丁香花開的位置在法源寺內南邊，花開時節卻讓原先清靜禪門變成塵世車水馬龍熱鬧之地，先從地理位置帶出法源寺丁香出場；再以「我時養痾僦僧舍，避地便擬東牆東。花開十日不曾看，鍵關不與花氣通」四句為「主」位點出作詩緣由，本是寄居法源寺清靜養病，卻因花季擾亂了靜養的作者。

1.在第一層「賓主」的部分，各以「因果」方式，首先帶出二句：「寺南不合花幾樹，鬧春冠蓋屯如蜂」是「因」位，描述法源寺周遭繁花盛開地物景貌；接續二句：「遽令禪窟變塵術，曉鐘未打車隆隆」是「果」位，因繁英景色，卻讓清靜佛門之地變成喧囂的塵世，在此先道出法源寺地物景貌，是「賓」位的部分。接續帶出「主」位作者的出場，「我時養痾僦僧舍，避地便擬東牆東」二句是「因」位，因養病才至此地；在「果」位二句「花開十日不曾看，鍵關不與花氣通」結果卻遇上花季遊客如織，作者只好閉門不出，不願壞了清修養病。

2.在第二層「賓主」的部分，以「漸驚剝啄多過客，始覺門外春光濃。數弓地窄苦揖讓，一面交淺勞過從。翻書奪席苦拉邐，應門賣茗煩奴僮。」六句為「賓」位，開始敘述自己靜養的日子一直被訪客打擾，一面之緣的交情很淺，卻得如此辛苦應付，藉由「賓」位帶出「主」位出場，更加凸顯「主」位：「因花致客真被惱，求寂得喧毋乃窮」二句才是真正問題所在，因繁花盛開才引來眾多賞花賓客，才不斷被打擾清靜養病的日子，本想來至佛門之地可獲得清靜，可安心靜養身子，沒想到此時節此處環境卻吵雜至極點。

在「目」的部分，先以「賓主」為主結構，再分別以兩組「虛

實」的結構敘述，以虛構、設想的方式和真實、實際現況對比呈現，凸顯出「實」的部分更加發人深省。在「賓」的部分：以「斫花徑擬借蕭斧，深根鏟斷繁英空。不然飛章乞猛雨，使李褪白桃銷紅。不憂人譏煞風景，焚琴煮鶴寧從同」六句為「虛」位，是作者的虛構、假想的，作者開始想像趕走賞花賓客，就是無花可賞，一連串的想像借蕭斧來斫花、不如上奏章乞求老天下場暴雨打落群花，如同焚琴煮鶴一般做個庸俗之人。但上述那些都是作者心裡假想之事，回到現實中，繁花只顧爭妍盛開，無視外在，以「花如顧我啞然笑，雜以諧謔通微風」二句為「實」位，帶出後面「主」位，讓作者省悟到萬物自化之理。在「主」的部分：以「爾今窮瘁實天予，豈有生氣回春容。無人之境詎可得，徒使冰炭交心胸。非人誰與聖所訓，有怒不遷德則崇。去留蹤跡孰相強，曷不掉臂空山中」八句為「實」位，是作者自省之語，如今生活貧病困苦皆是天意，豈能怪罪繁花盛開的春容，無人之境在現實生活中更是不可能之事，萬事萬物皆是因緣和合，生命本是共同體，花開花落皆是自然現象，怪罪誰擾亂自己的心，其實心是操之在己，無人強迫去留。接續再帶出花的自語：「同生覆載各有志，我自開落隨春工。客來客往豈有意，而以罪我徒褊衷」四句為「虛」位，將花擬人，說出作者內心褊狹，其實也是作者藉由花的口吻，再次強調出自己褊狹之心才會惱怒繁英。

　　最後再以「凡」的部分，收束全文，以「對花嗒然坐自失，何見不廣儕愚惷。明當邀客坐花下，為花作主傾深鍾，焚香九頓法王座，祝客常滿花常穠。」六句點出全詩主旨，作者明白自己惱花是修養不夠，心念一轉，境隨心轉，從惱花進而轉化為賞花，甚至祝願法源寺香客常滿花常穠，將煩惱伏滅，從而禪悟找到生命安頓之道。

(四)生命安頓之道

人生在世,無法事事盡如人意,無論外境或內心造成煩惱與不安,皆會使生命無法安頓與自在。〈惱花篇時寓法源寺〉是一首教人如何面對煩惱,教人如何化解煩惱,是一篇心靈探索與生命書寫的開悟詩。仲則的煩惱怎麼來的?有一種煩惱、壓力、痛苦是由自身的身體、生理所帶來的,另一種是由心理帶來的痛苦、煩惱,但卻與生理有相關連,因生理方面帶來的痛苦是無可奈何,但我們心理往往卻將此膨脹至無限。本節中闡述黃仲則將如何伏滅自己心理的煩惱與想像出來的痛苦?如何轉境成智?以達致安頓生命。

1 煩惱之生起與伏滅

仲則在養病之際,面對繁英、眾聲吵雜,「瞋」心一起,無法控制外在紛擾的環境,於是產生不愉悅、憤怒與煩惱。誠如在《成唯識論》所言:

> 云何為瞋於苦苦具憎恚為性,能障無瞋不安隱性惡行所依為業,謂瞋必令身心熱惱起諸惡業,不善性故。[24]

可知瞋必令身心不安穩,起熱,自惱惱他,於是真實「面對」當下的煩惱情境,首先想到方法就是「脫離現場」,將自己遠離吵雜的環境,詩中言「我時養疴傍僧舍,避地便擬東牆東。花開十日不曾看,鍵關不與花氣通」,自我脫離吵雜環境就是即使外在環境繁花盛開,也不從眾去賞花,獨自閉門靜養。沒想到想要自我與世隔絕,卻因花

---

[24] 護法等菩薩造,玄奘奉詔譯:《成唯識論》,《大正新脩大藏經》第31冊,No.1585,卷6,頁31中。

開引來賓客不斷來打擾清修,無法真正脫離現場:「漸驚剝啄多過客,始覺門外春光濃。數弓地窄苦揖讓,一面交淺勞過從。翻書奪席苦拉邋,應門責茗煩奴僮。」仲則心理百般不願意這樣世俗化的交淺禮貌應門,卻不得不違逆心理意向,從俗寒喧,面對凶險的俗世,不敢表露他的情緒,因為不斷的壓抑自己的不悅,累積久悶氣,進而「轉嫁」爆發在一個無辜的對象身上:「因花致客真被惱,求寂得喧毋乃窮」仲則開始想像如何對峙這些爭妍群花,於是想到方法就是「消滅」、「剷除」它們,就可以一勞永逸,開始進入自我幻想之中借斧斫花,「斫花徑擬借蕭斧,深根鏟斷繁英空。不然飛章乞猛雨,使李褪白桃銷紅。不憂人譏煞風景,焚琴煑鶴寧從同」不怕庸俗做出殺風景之事,在自我世界用幻想解決惱人的繁英,用幻想得到渲洩,解除煩惱,但回過神來,現實中群花依舊爭妍,「花如顧我啞然笑,雜以諧謔通微風」,無視於外在環境如何對待自身。仲則看到此情此景,不禁猛然驚醒,反省究竟是什麼使自己煩惱、痛苦?真正「覺察」煩惱出自何處?清楚地對煩惱不安之理解與掌握,懇切地反省找出煩惱來自何處,修正自己的偏見,不再逃避,勇敢的面對真實的人生。

「爾今窮瘁實天予,豈有生氣回春容。無人之境詎可得,徒使冰炭交心胸。非人誰與聖所訓,有怒不遷德則崇。去留蹤跡孰相強,曷不掉臂空山中」此八句已經對煩惱之分析、解消、調伏與對治有了看法,仲則了悟並反省自我,不再抱怨春容,從中獲得成長並開啟智慧。而世尊早已開示,自省是為人處世方針,更是安身立命基礎,如《法句經・雙要品》第九二十有二章曰:

不好責彼,務自省身;如有知此,永滅無患。[25]

---

[25] 尊者法救撰,(吳)天竺沙門維祇難等譯:《法句經》,《大正新脩大藏經》第4冊,No.0210,卷1,頁562上。

《法句經‧塵垢品》第二十六十有九章曰：

　　見彼自侵，常內自省，行漏自欺，漏盡無垢。[26]

《法句經‧利養品》第三十三有二十章曰：

　　夫欲安命，息心自省，不知計數，衣服飲食；夫欲安命，息心自省，取得知足，守行一法；夫欲安命，息心自省，如鼠藏穴，潛隱習教。約利約耳，奉戒思惟，為慧所稱，清吉勿怠。如有三明，解脫無漏，寡智鮮識，無所憶念。[27]

強調須常息心自省，檢示自身是否能戒除貪瞋癡，常保「三明」，如此便能身心清淨無染。雖然最終歸結還是逃離當時的處境時空：「去留蹤跡孰相強，曷不掉臂空山中」，但作者此際已可將本來惱怒外在環境的負面的經驗，扭轉成幫助自己心靈成長的經驗，填補了生命的漏洞，正如《六祖壇經‧般若品》所云：

　　凡夫即佛，煩惱即菩提。前念迷即凡夫，後念悟即佛。前念著境即煩惱，後念離境即菩提。[28]

要人身在娑婆而心不染著，身苦而心不苦，世間一切皆是緣影，一切

---

[26] 尊者法救撰，（吳）天竺沙門維祇難等譯：《法句經》，《大正新脩大藏經》第4冊，No.0210，卷2，頁568中。
[27] 尊者法救撰，（吳）天竺沙門維祇難等譯：《法句經》，《大正新脩大藏經》第4冊，No.0210，卷2，頁571中。
[28] （元）宗寶編：《六祖大師法寶壇經》，《大正新脩大藏經》第48冊，No.2008，頁350中。

皆是因緣所生，既是緣影，何必惱怒，開始在心念上脫離煩惱的苦境，伏滅心中的煩惱。

2、境隨心轉，轉識成智

人生於世，我們的心境多少會受到外在環境的影響，因此「心」與「境」是分不開的。據《華嚴經》中記載爾時，覺林菩薩承佛威力，遍觀十方而說頌言：

> 心如工畫師，能畫諸世間，五蘊悉從生，無法而不造。[29]
> 若人欲了知，三世一切佛，應觀法界性，一切唯心造。[30]

「心如工畫師」指出萬法唯識，「一切唯心造」說明三界唯心，因此佛法所言「萬法唯心」誰要是懂了，即是開悟。正如《入楞伽經》所言：「心生種種生，心滅種種滅」[31]，唯有當我們的心不被外境所轉，才能得到真正的自在，境隨心轉則悅，心隨境轉則煩。

仲則從惱花「因花致客真被惱，求寂得喧毋乃窮」到「對花嗒然坐自失，何見不廣儕愚惷」，再到「明當邀客坐花下，為花作主傾深鍾」就是一種當下開悟、當下放下煩惱，即獲得解脫。當年佛陀在菩提樹下悟道，當下破除我執，當下放下，當下覺悟開悟，才在禪定中見到滿天星斗。佛陀覺悟到世間的煩惱只是假名，生死無非假相，然眾生無知，執假為真，計較人我是非，因我執，世上的紛擾、痛苦隨

---

29 （唐）於闐國三藏實叉難陀奉制譯：《大方廣佛華嚴經》，《大正新脩大藏經》第10冊，No.0279，卷19，頁102上。

30 同上註。

31 （元魏）天竺三藏菩提留支譯《入楞伽經》，《大正新脩大藏經》第16冊，No.0671，卷9，頁565中。

之而來，去除我執，當下得大解脫、大自在，即能度一切苦厄。在《中阿含‧七品法‧漏盡經第十》曰：

> 有七斷漏、煩惱、憂慼法。云何為七？有漏從見斷，有漏從護斷，有漏從離斷，有漏從用斷，有漏從忍斷，有漏從除斷，有漏從思惟斷。[32]

上述記載七種針對煩惱之斷除之法。然欲斷除煩惱，必須先覺知煩惱從何而來？對此加以因應斷除。佛陀體證因緣生滅之法則，發覺眾生最大痛苦煩惱源，是對「我」與「我所」之執著，如《成唯識論》中所言：「謂於五取蘊執我我所」[33]若能去除我見的執著，煩惱便可消除。又《般若波羅蜜多心經》云：

> 觀自在菩薩。行深般若波羅蜜多時。照見五蘊皆空。度一切苦厄。[34]

若當能夠觀自在，便能度一切苦厄，活得自在沒有煩惱。煩惱從心來，仲則於此明白「同生覆載各有志」，萬物之間，相互成因，互為因緣，生命彼此是共生共存，我即眾生，眾生即我，萬物一體，應該相互尊重共容。

　　仲則在深刻自省中正視自我、超越自我，心境開闊走向圓融。仲

---

32 （東晉）罽賓三藏瞿曇僧伽提婆譯：《中阿含經》，《大正新脩大藏經》第1冊，No.0026，卷2，頁432上。

33 護法等菩薩造，（唐）玄奘奉詔譯：《成唯識論》，《大正新脩大藏經》第31冊，No.1585，卷6，頁31下。

34 （唐）玄奘譯：《般若波羅蜜多心經》，《大正新脩大藏經》第48冊，No.0251，頁848下。

則坎坷的經歷促使其反省涉世多艱的人生意義，自省而後達，超脫物外，坦然面對。「焚香九頓法王座，祝客常滿花常穠」二句是開悟後的仲則對佛陀菩薩的此認清煩惱本源是自己的意識，對症下藥，於此惱花時能斷除我執，「境隨心轉」，將它轉化為智慧、佛性、光明，即「轉識成智」。唯識宗所言的「轉識成智」是有理論層次的，是將眾生的「八識（眼識、耳識、鼻識、舌識、身識、意識、末那識、阿賴耶識）」，轉成佛的「四智（成所作智、妙觀察智、平等性智、大圓鏡智）」。據《佛光大辭典》曰：

> 轉識得智，又作轉識成智。瑜伽行派及唯識宗認為經過特定之修行至佛果時，即可轉有漏之八識為無漏之八識，從而可得四種智慧。即：（一）前五識（眼、耳、鼻、舌、身識）轉至無漏時，得成所作智（又稱作事智），此智為欲利樂諸有情，故能於十方以身、口、意三業為眾生行善。（二）第六識（意識）轉至無漏時，得妙觀察智，此智善觀諸法自相、共相，無礙而轉，能依眾生不同根機自在說法，教化眾生。（三）第七識（末那識）轉至無漏時，得平等性智（又稱平等智），此智觀一切法，自他有情，悉皆平等，大慈悲等，恆共相應，能平等普度一切眾生。（四）第八識（阿賴耶識）轉至無漏時，得大圓鏡智，此智離諸分別，所緣行相微細難知，不妄不愚，一切境相，性相清淨，離諸雜染，如大圓鏡之光明，能遍映萬象，纖毫不遺。[35]

又《成唯識論》卷十曰：

---

[35] 慈怡：《佛光大辭典》（北京市：北京圖書館出版社，1990年），頁6626。

> 智雖非識而依識轉,識為主故說轉識得。又有漏位智劣識強,無漏位中智強識劣,為勸有情依智捨識故,說轉八識而得此四智。[36]

由此可見轉「煩惱」成「菩提」,即是達到「轉識成智」。有心識才有世間,若無心識,就感受不到世間的存在。據《宗鏡錄》卷四云:「決無離心之境,定有內識之心。」[37]以及《宗鏡錄》卷六十二曰:「隨福見異,垢淨唯心;業自差殊,食無粗細。」[38]因此「轉識成智」就是將眾生的迷執煩惱轉化成清淨無垢的圓滿智慧,唯心淨土,除去自我偏執,達觀面對世間一切。正如《楞嚴經》曰:「若能轉物,則同如來。」[39]《五燈會元》卷二記載四祖道信大師云:

> 境緣無好醜,好醜起於心。心若不強名,妄情從何起?妄情既不起,真心任遍知。[40]

外在物質環境、人事環境本身並無好壞、美醜、對錯之分,好壞都是我們的分別心,順己意則心生歡喜,逆己意不免瞋恨憂惱。其實無論順境、逆境都是增上緣,不隨外境起惑造業,任一境界都是在成就我

---

36 (唐)玄奘奉詔譯:《成唯識論》,《大正新脩大藏經》第31冊,No.1585,卷10,頁56上。

37 (唐末五代)慧日永明寺主智覺禪師延壽集:《宗鏡錄》,《大正新脩大藏經》第48冊,No.2016,卷4,頁436下。

38 (唐末五代)慧日永明寺主智覺禪師延壽集:《宗鏡錄》,《大正新脩大藏經》第48冊,No.2016,卷62,頁770中。

39 (唐)天竺沙門般剌蜜帝譯:《大佛頂如來密因修證了義諸菩薩萬行首楞嚴經》,《大正新脩大藏經》第19冊,No.0945,卷2,頁111下。

40 (南宋)普濟編輯:《五燈會元》,《卍新纂大日本續藏經》第80冊,No.1565,卷2,頁48中。

們的智慧,如此面對一切的人事境緣即能心平氣和。心念一轉,轉煩惱為菩提,人生自能柳暗花明,世界自能海闊天空,轉念,生命才有活水,才能妥善經營生命中遇到的每個因緣,用般若智慧來超越人生。

　　北京「法源寺」封存著悲憫的千年歷史,暮春之際,丁香花香縈繞著寺中,來無所住,去無所從的無生滅之相,流露出香道即是佛道。黃仲則於此養病時作〈惱花篇時寓法源寺〉一詩運用「凡目凡」章法結構,以「賓主」、「因果」法點出煩惱生起主因是「因花致客真被惱,求寂得喧毋乃窮」,作者原是要脫離塵世,求靜於寺中靜心養病,沒料到卻求寂得喧,交情甚淺的訪客不斷叨擾,想要脫離現場不得,進而轉嫁惱怒繁英,再以「虛實」法中的「虛」位將作者想像借斧斫花,但花依舊笑春風,將花擬人自語「同生覆載各有志」說明萬物一體,共存共生,之間互為因緣,而花本自開落,因客往來吵雜而受到牽連怪罪,何其無辜,實在是作者內心褊狹。以及「實」位論述了作者自省「爾今窮瘁實天予,豈有生氣回春容。無人之境詎可得,徒使冰炭交心胸」、「去留蹤跡孰相強,曷不掉臂空山中」了悟萬物自化之理,「煩惱即菩提」、「心生種種生,心滅種種滅」,於此將煩惱之心伏滅,境隨心轉,「境緣無好醜,好醜起於心」,最後再以「凡」收束全詩,禮拜敬仰「焚香九頓法王座,祝客常滿花常穠」,「轉識成智」強化出全詩的核心思想,生命安頓之道,是一篇心靈探索與生命書寫的開悟詩。

　　佛家教世間人看破一切世間苦,提供受苦難人生與病痛生命一個對話場域,讓病者透過佛理漸修,使心靈達平和之自我療癒。而寺院對疾病心情是最佳的安頓所,仲則因病至寺院養病療心,即是緊扣病苦與病程所對治之「自我治療」,在〈惱花篇時寓法源寺〉一詩可見黃仲則如何透過疾病而經歷了自我生命的治療與開拓,因借宿寺中而讓疾病開啟層層增上之精神世界,窺探其對疾病時的堅毅與脆弱,置

身寺院之中，煩悶之餘的精神修行，深切感受疾病對生命威脅的恐懼外，並透映出個體強烈的生命意識。

二 困窘旅宿佛寺

黃仲則因生活困窘，在旅途中大多借宿在佛寺僧舍，因此很多詩篇創作於佛寺僧齋，如：〈僧舍夜月〉、〈僧齋夜詠〉、〈僧舍上元〉、〈江口阻風宿僧寺〉、〈中元僧舍〉、〈山寺偶題〉、〈大雨宿青山僧寺〉、〈清明後七日雨中宿浮槎寺階下紫牡丹一本開盛有二百餘頭笤河夫子作歌命和其韻〉、〈僧齋夜坐〉、〈僧舍客感〉、〈僧舍寒甚醉而作歌〉、〈遇雨止雲谷寺二首〉。在此小節以「文本細讀法」角度切入探析〈僧舍夜月〉與〈僧齋夜詠〉二首詩之禪心療癒。

月見塵世變化，卻獨立於世俗，歷來文人多喜於月夜中詠懷心志，品味人生。在禪門月夜之中，「獨處」更可沈澱心靈，療癒生命。本文選取黃仲則於作客王昶幕中時，與署中眾人格格不入，在閒暇時獨遊佛門淨地對月詠懷之作的兩首律詩，分別探析七律〈僧舍夜月〉與五律〈僧齋夜詠〉二首詩中以沈靜之心，領悟佛法禪意，與其他對月詠懷之作有截然不同的風格。詩中以「彌勒」的笑顏與忍辱的精神療癒身心，笑看貧病苦難人生，無論雲影爭月，坐聽松濤，任隨其性，無動於心；以「維摩」的身困而道不困，對病苦的超越，最終明白「遠跡」、「定心」、「避縛」、「逃聲」皆是攀緣心，一切唯心造，心不染著，生命自癒。

仲則因生活困窘多借宿寺中，因此也寫下不少遊佛門寺廟詩歌，反而為習禪提供了自然媒介，在禪療過程中，去染就淨，在佛門清淨之地，夜暮之中，更可以禪心來進行自我療癒。仲則天才特亮卻身世坎坷，情思積鬱便多難眠之夜，故「暮夜詩」是黃仲則詩歌中重要的

主題之一，筆者統計其《兩當軒集》一千一百八十首詩歌中，出現「夜」字共四百○三次，而詩題出現「夜」字有一百○七首[41]，依據詩歌內容夜詠之作也有六十多首，如：〈對月〉：「鍵戶謝人事，茅堂夜色虛。月明經客久，風意逼秋初。親老貧猶健，交稀病更疏。還遲卜居願，吾亦愛吾廬。」、〈安慶客舍〉：「月斜東壁影虛龕，枕簟清秋夢正酣。一樣夢醒聽絡緯，今宵江北昨江南。」、〈不寐〉：「不寐憂心折，支頤達夜闌。神虛警微響，屋古動蕭寒。氣候三秋盡，羈孤一夢難。明朝清鏡裏，應有二毛看。」、〈別老母〉：「慘慘柴門風雪夜，此時有子不如無」[42]，內容多抒發感人生如寄、客心悲傷之作，如：〈二道口舟次夜起〉：「覆浦輕雲薄似紗，暗潮汩汩蕩舟斜。舟雖暫繫仍為客，夢為無聊懶到家。五夜驚風眠岸荻，一漢明月走江沙。微軀總被無田累，來往煙波閱歲華。」、〈舟夜寒甚排悶為此〉：「春江異風候，今昔變炎涼。袍少故人脫，綿餘慈母裝。寒醒五更酒，濃壓一篷霜。此際惟珍重，誰憐在異鄉。」[43]，親情之作，如：〈重九夜坐偶成〉：「香甜飯飽粟千房，病眼看花也自黃。五度客經秋九月，一燈人坐古重陽。霜蟲頻訴夜寒壁，鄰樹忽飄風過牆。還向衰親添笑語，恐驚時節在他鄉。」、〈夜坐書懷〉：「今夜燈前兒女意，依依猶似慰眠餐。」[44]，愛情之作，如：〈綺懷十六首其十六〉：「露檻星房各悄然，江湖秋枕當遊仙。有情皓月憐孤影，無賴閑花照獨眠。結束鉛華歸少作，屏除絲

---

[41] 僅詩題出現「夜」字，如：〈秋夜曲〉、〈寒夜曲〉、〈僧舍夜月〉、〈春夜聞鐘〉、〈夜泊聞雁〉、〈湘江夜泊〉、〈夜與方仲履飲〉、〈春夜雜詠〉、〈江上夜望〉、〈夜登小孤山和壁間韻〉、〈僧齋夜詠〉、〈十八夜偕稚存看月次韻〉、〈中秋夜遊秦淮歸城南作〉、〈重九夜偶成〉、〈當塗夜遣懷〉、〈夜坐寫懷〉、〈夜臥忽醒輾轉不寐〉……等。

[42] （清）黃景仁：《兩當軒集》，卷2、卷6、卷4、卷3，頁53、162、98、68。

[43] （清）黃景仁：《兩當軒集》，卷3，頁70、71。

[44] （清）黃景仁：《兩當軒集》，卷13、卷3，頁322、65。

竹入中年。茫茫來日愁如海,寄語羲和快著鞭!」[45],懷故交好友之作,如:〈寒夜檢邵叔一師遺筆因憶別時距今真三載為千秋矣不覺悲感俱集〉:「三年誰與共心喪,舊物摩挲淚幾行。夜冷有風開絳幄,水深無夢到塵梁。殘煤半落加餐字,細楷曾傳養病方。料得夜臺聞太息,此時憶我定徬徨。」、〈三十夜懷夢殊二首其一〉:「削跡少歡思,中宵影自娛。勞生常鹿鹿,即事每烏烏。到枕江聲近,聞鐘夜氣孤。因懷舊遊伴,猶憶故人無?」、〈夜坐懷曹以南〉:「回風飄飄捲庭綠,南枝啼烏北枝續。林深屋古蕭無人,遊子徬徨坐中宿。我所思兮隔雲岑,十年久斷瑤華音。山中見月倘相憶,夜長漫漫惟素心」[46],描清麗景色之作,如:〈江上夜望〉:「推篷失孤鶴,雙槳倚蘭皋。雲淨江空處,無人月自高。」、〈喜新涼〉:「經旬苦焦暑,一雨快披襟。萬綠煙生樹,初絃月照琴。當風人意定,移簟竹香深。即此新涼夜,因知造物心。」[47],紀夜宴諸事之作,如:〈冬夜左二招飲〉、〈十三夜復飲左二齋頭〉、〈二十三夜偕稚存廣心杏莊飲大醉作歌〉[48],傾訴現實人生價值之作,如:〈夜起〉:「詩顛酒渴動逢魔,中夜悲心入窨歌。尺錦才情還割截,死灰心事尚消磨。魚鱗雲斷天凝黛,蠡壳窗稀月逗梭。深夜燭奴相竊語,不知流淚是誰多?」[49],這些暮夜詩歌反映出黃仲則人生經歷,在深夜獨坐時,表現出不與世俗妥協心志,遺世獨立的高潔人格和悲劇人生。在夜中,「月」是暗夜中一道光亮,指引著方向。「月」擁有高度的自由,雖見塵世變化,卻獨立於世俗,自古以來,文人多於月夜之中詠懷傾訴心志,無論孤寂、失落、憂傷、惆悵、相思等任何情懷,藉由溫柔蘊藉的月色來撫慰人心。

---

45 (清)黃景仁:《兩當軒集》,卷11,頁265。
46 (清)黃景仁:《兩當軒集》,卷3,頁61、74、78。
47 (清)黃景仁:《兩當軒集》,卷2、卷3,頁44、87。
48 詳見(清)黃景仁:《兩當軒集》,卷2、卷3,頁59、60、62。
49 (清)黃景仁:《兩當軒集》,卷7,頁187。

筆者統計綜觀黃仲則一千一百八十首詩歌中出現「月」字共有三百〇一次,有三十九首詩歌以「月」字為詩題,其中「明月」出現二十三次,「落月」十次、「月落」、「缺月、月缺」各九次,「殘月」八次,「孤月」、「半月」、「斜月、月斜」各四次,「涼月」三次,「霜月」兩次,而滿月的「月圓」一詞彙僅出現在〈中元僧舍〉:「初見秋月圓,臥病客心折。經魚沸夜潮,風馬戛簷鐵。強步臨前溪,光景渺悽絕。瀼露樹頭明,紅燈草根滅。人鬼半天涯,悽魂斂商節。辭家今半年,感此涕如雪。三嘆歸幽齋,寒螿伴嗚咽。」[50]此詩將病苦悲嘆與思鄉情懷交織一起,呈現淒苦憂傷的基調。與〈元夜獨登天橋酒樓醉歌〉:「天公憐我近日作詩少,滿放今宵月輪好。天公憐我近日飲不狂,為造酒樓官道旁。……甕邊可睡亦遂睡,陶家可埋應便埋。只愁高處難久立,乘風我亦歸去來。明朝市上語奇事,昨夜神仙此遊戲。」[51]此詩呈現瀟灑俊逸與淒涼憂苦心境交織於心。兩首詩中,但還是呈現惆悵之感、淒苦憂傷的基調。由上統計可見黃仲則選取月意象多是「落月」、「缺月」、「孤月」、「半月」、「霜月」等冷性詞彙來呈現內心情懷多是「孤獨寂寞」意象的詩,如〈夜泊聞雁〉:「獨夜沙頭泊,依人雁幾行。恩恩玉關至,隨我度衡陽。汝到衡陽落。關山我更長,悽然對江水,霜月不勝涼。」[52],「相思別離」意象的詩,如〈春夜雜詠十四首其十四〉:「春殘月將缺,如此異鄉何。」、〈十七夜偕張秀才嘉會談是夜有月三疊前韻〉:「再逢興會宜招尋,豫恐離鄉間秦越。送君出門復入門,不忍多看是殘月。」[53],「懷舊感傷」意象的詩,如〈殘月〉:「殘月缺半規,窈然碧虛色。臨茲芳讌空,坐增華序惜。鏡掩漢宮

---

50 (清)黃景仁:《兩當軒集》,卷4,頁92。
51 (清)黃景仁:《兩當軒集》,卷14,頁341。
52 (清)黃景仁:《兩當軒集》,卷2,頁30。
53 (清)黃景仁:《兩當軒集》,卷2、卷11,頁42、268。

秋,花飛洛城夕。停觴一徘徊,終古愁不得。亮無媧皇石,誰鍊陰精魄?」、〈夜偕蔣大蕩槳青波湧金之間乘興直過孤山至六一泉〉:「橋外寒雲柳外村,廿年心事此中論。三更涼月白墮水,十里芰荷香到門。何處招和靖鶴,此間應有謫仙魂。湖山滿目誰相餉,扣棹長懷地主恩。」[54],「貧病悲嘆」意象的詩,如〈病中〉:「一身憂患百以群,此時病辭意中事。所嗟作客當途窮,居停生厭僮僕棄。冷風吹滅牀頭燈,殘月照見紙幃弊。」[55],寄託鬱塞不平、愁苦不堪意象的詩,如〈癸巳除夕偶成二首其一〉:「悄立市橋人不識,一星如月看多時。」、〈旅館夜成〉:「斜月陰陰下曲廊,燕眠蝠掠共虛堂。牀頭聽劍錚成響,簾底看星作有芒。綠酒無緣消塊壘,青山何處葬文章?待和燭舅些須語,又恐添渠淚一行。」[56]用漸漸西沈的斜月,翻轉飛掠的蝙蝠,懸掛於床鏗然作響的寶劍,烘托出淒冷的氛圍,用感傷寄託鬱塞不平,蘊涵著身世之感。而對月詠懷之作僅有四首出現在佛寺的「僧舍」、「僧齋」,如〈僧舍夜月〉、〈僧舍上元〉、〈中元僧舍〉、〈僧齋夜詠〉。高友工先生在〈文學研究的美學問題(下)〉一文提到他將「律體的一種自有的『美典』(esthetics),視作『抒情精神的核心』」[57],呂正惠先生又說:

> 感情才是人生唯一的「真實」,是瀰漫於世界裡的唯一令人關心的「真實」,是逃也逃不掉,躲也躲不開的「真實」。……中國人是唯感情、唯感性的,簡單的說,是「唯情」的。這種情

---

54 (清)黃景仁:《兩當軒集》,卷3、卷21補遺,頁64、506。
55 (清)黃景仁:《兩當軒集》,卷21補遺,頁495。
56 (清)黃景仁:《兩當軒集》,卷9、卷10,頁236、254。
57 高友工:〈文學研究的美學問題(下)〉,《美典:中國文學研究論集》(北京市:三聯書店,2008年),頁85。

之本質化、本體化的傾向，就是中國抒情傳統的重大特色之所在。而這重大特色，就在律詩這一形式中找到最完美的表現。……因此，律詩可以說是中國抒情傳統的典型形式，也就是在這一意義上，高友工先生才會說，律詩是中國抒情文學的美典。[58]

由上可知律詩是中國抒情傳統的典型形式，也是中國抒情文學的美典。而歷來學者皆針對清代黃仲則詩歌內容探究「貧」、「病」、「悲」、「苦」，多以「秋」、「夜暮」、「月」、「詠懷」為主題，多關注其悲悽哀怨一面，或探討幽苦成因、人格弱點、懷才不遇，集中研究其不幸孤獨感，認為黃仲則整日於悲苦中咀嚼生命沈痛，然筆者發現其除了獨遊名山外，更遍遊佛寺之作，如：〈登千佛巖遇雨〉、〈游白沙庵僧舍〉、〈山寺〉、〈訪曹以南五明寺〉、〈題橘洲僧樓〉、〈龍興寺〉、〈雲棲寺〉；或因生活困窘，旅途中借宿佛寺僧舍之詩，如：〈僧舍夜月〉、〈僧舍上元〉、〈僧齋夜詠〉、〈江口阻風宿僧寺〉、〈中元僧舍〉、〈山寺偶題〉、〈大雨宿青山僧寺〉等；甚至還有身弱特地至禪寺養病之詩作，如：〈惱花篇時寓法源寺〉、〈偕王秋塍張鶴柴訪菊法源寺〉三首。故本小節擇取黃仲則一首七律與一首五律在僧舍月夜中感懷的詩，見其唯情、感性又擅長律詩展現抒情美典，黃仲則的律詩，深得唐人佳處，有李賀奇崛幽峭、瑰麗清冷迷離之風，有李商隱的典麗蘊藉，有溫庭筠穠麗纏綿，又有杜甫的沈鬱蒼涼之感，取眾家之長，更能自闢宇宙。本小節以新批評的角度「文本細讀法」[59]，對詩歌進行分析性的細讀，甚至「詩中的每一個詞都必須細究詳察，不僅明白它

---

58 呂正惠：《抒情傳統與政治現實》（臺北市：大安出版社，1989年），頁177-178。
59 文本細讀法是二十世紀燕卜蓀出版於1930年的《含混的七種類型》一書帶起的風潮。

的本意,還要仔細探索它能引伸的所有暗示意義,既要從局部掂量它又必須從整體上把握它。這樣,才有可能深入詩歌語言『非真實』陳述的奧妙及其精微之處」[60],對通篇主題仔細找出其隱喻或象徵,留意詩句中每個字詞與意象之間的組合,挖掘其更深的內涵,選取黃仲則在寺廟僧舍、僧齋對月詠懷之作兩首律詩,以文本細讀法分別探析七律〈僧舍夜月〉與五律〈僧齋夜詠〉詩中所流露濃厚的禪意與其他的對月詠懷之作有截然不同的風格,以及藉著禪心來療癒身心。

(一)〈僧舍夜月〉與〈僧齋夜詠〉之創作背景

清代詩人黃景仁(1749-1783),字漢鏞,一字仲則,為文以黃仲則署名,江蘇常州府武進縣人。據《清史列傳・文苑傳三》記載「景仁體羸」[61],甚至在其二十二歲前的詩中已見自傷二毛之意,如〈不寐〉:「明朝清鏡裏,應有二毛看」[62]、〈當塗旅夜遣懷〉:「黃金欲盡花枝老,鏡裏二毛空裊裊」[63]、〈城南晚步〉:「身計無一成,少壯已二毛」[64]等皆自言早衰。據《黃仲則先生年譜》記載「乾隆三十二年丁亥,先生十九歲,娶趙夫人。常熟邵編修齊燾主講常州龍城書院,先生從學焉。春遊銅官山,秋應江寧鄉試,遂至杭州。」[65]但於此時作〈和仇麗亭五首其五〉詩中竟自嘆「一夕清霜似鬢絲」[66],可見十九歲此時已自嘆早衰。黃仲則早生華髮,體弱多病的健康情一直令其師

---

60 趙一凡、張中載、李德恩主編:《西方文論關鍵詞》(北京市:外語教學與研究出版社,2007年),頁685。
61 周駿富:《清史列傳》,《清代傳記叢刊》第9冊(臺北市:明文書局,1985年),頁991。
62 (清)黃景仁:《兩當軒集》,卷4,頁98。
63 (清)黃景仁:《兩當軒集》,卷3,頁73。
64 (清)黃景仁:《兩當軒集》,卷2,頁54。
65 毛慶善、季錫疇纂《黃仲則先生年譜》,見(清)黃景仁:《兩當軒集》,頁616。
66 (清)黃景仁:《兩當軒集》,卷1,頁27。

邵齊燾擔憂，在〈勸學一首贈黃生漢鏞〉序中言：「黃生漢鏞，行年十九，籍甚黌宮，顧步軒昂，姿神秀迥。……家貧孤露，時復抱病，性本高邁，自傷卑賤，所作詩詞，悲感悽怨。」[67]，認為黃仲則若太用功，會使其精疲敝[68]。甚至在〈和漢鏞對鏡行〉詩云：「多病多愁乖宿心，長夜幽吟獨惆悵。對鏡行，怨且悲，勸君自寬莫傷懷，勸君自強莫摧頹。功名富貴真外物，前言往行皆吾師。輕狂慎戒少年習，沈靜更於養病宜。」[69]由此詩可見其師亦知黃仲則喜歡夜裡作詩感懷[70]，其師勸其寬心莫傷懷，沈靜養病。而黃仲則早衰除了自幼身弱、多病多愁外，早衰多與其家計緊絀貧困有關，如〈客中聞雁〉詩云：「我亦稻粱愁歲暮，年年星鬢為伊加」[71]。筆者統計黃仲則《兩當軒集》一千一百八十首詩中，出現「病」字多達一百〇六次，扣掉詩題，以及非言己病，也多達七十七次，甚至「病」字出現在詩題多達十九首[72]，自言「作詩苦少病苦多」[73]，在二十一歲時作〈病癒作歌〉曰：「我曾

---

67 （清）邵齊燾：《玉芝堂詩文集》，《四庫全書存目叢書》（臺南市：莊嚴文化事業公司，1997年），頁557。
68 〈跋所和黃生漢鏞對鏡行後〉：「然以其體弱多病，又不欲其汲汲發憤以罷敝其精神」見（清）邵齊燾：《玉芝堂詩文集》，《四庫全書存目叢書》，頁516。
69 （清）邵齊燾：《玉芝堂詩文集》，《四庫全書存目叢書》，頁558。
70 黃景仁夜裡詠懷之作，除〈僧舍夜月〉、〈僧齋夜詠〉、〈中元僧舍〉、〈僧舍上元〉四首外，另有長夜幽吟獨愁悵詩，如：〈對月詠懷〉、〈對月感懷〉、〈夜坐寫懷〉、〈夜坐有懷〉、〈當塗旅夜遣懷〉、〈重九夜偶成〉、〈旅夜〉、〈冬夜〉、〈初九夜〉、〈秋夜〉、〈秋夕〉、〈七月八日夜雨偶成〉、〈夜坐懷曹以南〉、〈夜坐懷呈思復〉、〈七夕懷容甫採石〉二首、〈二十夜〉等。
71 （清）黃景仁：《兩當軒集》，卷1，頁23。
72 以「病」字為題詩共有十九首詩：〈途中遘病頗劇愴然作詩〉二首、〈病癒作歌〉、〈微病簡諸故人〉、〈人日病癒強步觀城西水上合樂〉、〈仲遊行病甚〉、〈九月白門遇伍三病甚恐其不可復治後聞其強病相送而餘已發矣因綜計吾二人聚散蹤跡作為是詩伍三見之當霍然也〉、〈臥病宣城秋將至矣偶憶舊遊感而有作〉、〈病中雜成〉二首、〈濟南病中雜詩〉七首、〈病中〉、〈味辛病癒兼非病中和章作歌歸之〉。
73 （清）黃景仁：〈味辛病癒兼示病中和章作歸之〉，《兩當軒集》，卷21補遺，頁496。

大小數十病,雖脫鬼手生則殘」[74],在二十二歲時作〈步從雲溪歸偶作〉云:「多時縱腰腳,百病成一慵」[75]可見早衰多病已在其作品中不斷出現,疾病影響其生活甚深,因此多藉由夜晚賞月詠懷排遣無奈痛苦的心聲,如〈十八夜偕稚存看月次韻〉:「久病倍添明月好,此時真共故人看」[76]、〈三疊夜坐韻二首其一〉:「寒深老屋燈逾瘦,病起閑門月倍新」[77]。

據《黃仲則先生年譜》記載:「乾隆三十四年己丑,先生二十一歲,春遊杭州、徽州,夏遊揚州,秋歸里,冬謁湖南按察使王公太岳,客其幕中。三十五年庚寅,先生二十二歲,仍客湖南王公幕中,春登衡嶽,夏歸里,秋應江寧鄉試。」[78]可知黃仲則二十一歲冬天開始,便向貴人投謁,開始過仰人鼻息生活,二十二歲先是作客王太岳幕中,夏天回鄉去,便作〈閑居感懷〉[79]詩云:「多言竟何成,謏詞徒結習」,處於「邪陷正色衰,神迕鬼氣人」困境,詩中寫道在王太岳幕中當時為求生計,只得俯仰由人。黃仲則於乾隆三十四年,時年二十一歲於佛寺僧舍月下詠懷作〈僧舍月夜〉一詩,隔年於僧齋月夜時作〈僧齋夜詠〉一詩,二詩作於其師邵齊燾去逝之後[80],應是作客王昶幕中時,與署中眾人格格不入,在閒暇時獨遊名勝,月下夜裡在佛

---

74 (清)黃景仁:《兩當軒集》,卷2,頁31。
75 (清)黃景仁:《兩當軒集》,卷2,頁58。
76 (清)黃景仁:《兩當軒集》,卷2,頁54。
77 (清)黃景仁:《兩當軒集》,卷13,頁330。
78 毛慶善、季錫疇纂《黃仲則先生年譜》,見(清)黃景仁著,李國章標點:《兩當軒集》(上海市:上海古籍出版社,1983年),附錄第三,頁616-617。
79 (清)黃景仁:《兩當軒集》,卷2,頁57。
80 據毛慶善、季錫疇纂《黃仲則先生年譜》記載:「乾隆三十三年戊子,先生二十歲,夏遊徽州,秋應江寧鄉試。又按先生〈過全椒哭凱龍川先生〉詩序云:『戊子鄉試,公同考入闈,景仁受知於公,薦而未售。』又按,邵先生卒於是年,哭之以詩。」見(清)黃景仁:《兩當軒集》,頁616。

門清淨之地詠懷之作,以沈靜之心領悟佛法禪意。「僧齋」一指僧人房舍,二或請僧供養齋食,兼有誦經略儀。「齋」指潔淨身心,設齋飯供養僧寶之意,使施者因之遠離煩惱,去除心縛,得清淨心,果報無量。「僧齋」無論是寺院讓俗人舉行齋供持素,以誦經祈福法會,或是單純指僧舍而言(〈僧齋夜詠〉屬此),黃仲則的僧齋是居住於佛寺僧舍,二詩皆是浪遊之際,借宿於僧舍,於月夜之中詠懷之作。本文選取〈僧舍夜月〉、〈僧齋夜詠〉二首是於「僧舍」、「僧齋」夜間感懷、詠懷之作與其他地點夜間感懷、詠懷詩作大多呈現早衰、多病是迥然不同的風格,但可知疾病是黃仲則禪療自悟的媒介,病體衰落造成人身心思力懶怠,自然對仕運渴求鬆懈,如此反而更能超脫,反省自身對建功立業的執著,在病中蘊含退隱閒居靜謐。雖也寄寓求宦艱難之情緒,或許佛門淨地讓人心靈沈澱,暫拋塵世紛擾之故,在病中禪療可調適在事功糾纏中所帶來的束縛痛苦,若心沒有破執,刻意求隱入境,執著隱居求靜,擺脫躁動執著以靜心息慮過程,終不得究竟。

(二)〈僧舍夜月〉與〈僧齋夜詠〉之內容意蘊

黃仲則因生活困窘,在旅途中大多借宿在佛寺僧舍,故有很多詩篇創作於佛寺僧舍,但在佛寺僧舍內對月感懷僅有四首詩,在此探討黃仲則二首富有禪思的律詩,一首七律〈僧舍夜月〉與另一首五律〈僧齋夜詠〉,筆者將兩律詩對照探討,發現同是在僧舍、僧齋的月夜之中詠懷,但對佛法領悟的心境卻是不同的,以下分別探析二詩之內容意蘊。

1 〈僧舍夜月〉之內容意蘊

在僧舍之夜月中,環境之靜謐,有助於塵勞者覺悟心中本來清淨世界,在榮華銷盡的明淨月夜中,可了脫染業之心,但作者此詩借月

意象表達出人生理想,詩云:

> 寂寂諸天夜氣中,闍黎粥後飯堂空。低頭雲影時爭月,入耳松濤獨受風。遠跡已堪鄰虎豹,定心可許問魚龍?一龕彌勒遙相對,歲久琉璃焰不紅。[81]

首聯「寂寂諸天夜氣中,闍黎粥後飯堂空」二句道出寂靜無人聲的天界、天空,夜間的清涼之氣,和尚僧人們吃畢粥後,群體用餐的膳房食堂空無一人。詩中「寂寂」是指寂靜無人聲。「諸天」是佛教語,指護法眾天神。據《佛光大辭典》曰:「依諸經言,欲界有六天(六欲天),色界之四禪有十八天,無色界之四處有四天,其他尚有日天、月天、韋馱天等諸天神,總稱為諸天。據《普曜經》卷六載,釋尊在菩提樹下成道,諸天皆前來慶賀。〔古今著聞集卷二〕」[82]又《長阿含經》卷一曰:「佛告比丘:『毗婆尸菩薩生時,諸天在上,於虛空中手執白蓋寶扇,以障寒暑、風雨、塵土。』」[83]可見諸天指神界的眾神位,後泛指天界、天空。此處「夜氣」是指夜間的清涼之氣。「闍黎」,是佛家語,梵語的音譯,「阿闍梨」的略稱,是教育僧徒的軌範師,意指高僧,泛指和尚、僧人。開首二句道出佛寺中平時最熱鬧的膳房都寂寥冷清無人聲,更顯出夜間的寂靜清幽,將作者獨處的時空描繪的對味,藉由外在景物的描寫來呈顯內心的寂靜,在整體情境氛圍之渲染下,值此清夜,仲則百感交集,無心睡眠,於群動俱息之際,展開夜月下心靈的旅程。

頷聯「低頭雲影時爭月,入耳松濤獨受風」二句描寫黃仲則低著

---

81 (清)黃景仁:《兩當軒集》,卷1,頁22。
82 慈怡主編:《佛光大辭典》(北京市:北京圖書館出版社,1990年),頁6297。
83 (姚秦)竺佛念譯:《長阿含經》,《大正新脩大藏經》第1冊,No.0001,頁5下。

頭（俯首沈思）時看到雲影不時和月光爭輝，意指雲影不時遮掩月亮的光輝。而中聽、悅耳的風吹松樹所發出像波濤般的聲音，獨自在夜裡受到風的侵襲。「松濤」指風撼松林，聲如波濤。在這僧舍的夜裡，望著雲影爭月，坐聽松濤，別有一番情趣。清涼月色中細聆風起時松濤陣陣奔襲而來，身體感官全面展開探索，浸潤於自然氛圍之中，是作者置身自然空間細膩體察的感受。此二句是深入體察自然環境千變萬化之奇情變貌，投入自然懷抱之中，在這天地萬物互為映襯之中，作者意識到人與自然環境同樣感受孤立與寂寞，在清涼月色中獨自品味雲影爭月、松濤受風，更添孤清，此種品賞必是清醒且孤獨。

頸聯「遠跡已堪鄰虎豹，定心可許問魚龍」二句描寫作者來此已遠離塵世，事已違異常情，怎麼能夠忍受承受有著居住在隔壁附近的虎豹這種情況呢？想要放心、安定心緒，必得詢問蟄寢於深淵、寂寞冷清、呼風喚雨的魚龍可否？作者來此僧舍本已遠離塵世，卻又鄰虎豹，感情又怎麼能承受鄰虎豹這種打擊呢？詩中「虎豹」是泛指危害人的各種猛獸，亦比喻凶殘的惡人。「定心」是指心緒安定，放心。詩中「魚龍」是指沈潛於深淵之中，古爬行動物名，全體似魚，生於海洋，四肢似鰭無刺，適於游泳，眼大嘴長，牙齒尖銳，肉食，體長四尺至四丈，於侏羅紀最繁盛。在古籍中更記載魚龍互變的例子，如辛氏《三秦記》云：「河津一名龍門，水險不通，魚鱉之屬莫能上，江海大魚薄集龍門數千，不得上，上則為龍也。」[84]，《水經注‧河水》卷四云：「《爾雅》曰：鱣，鮪也。出鞏穴，三月則上渡龍門，得渡為龍矣，否則，點額而還。」[85]此為「魚躍龍門」典故，魚躍過龍

---

[84] （東漢）辛氏撰，劉慶柱輯注：《三秦記輯注》（西安市：三秦出版社，2006年），頁95。

[85] （後魏）酈道元：《水經注》，收入《景印文淵閣四庫全書》573（臺北市：臺灣商務印書館，1983年），卷4，頁61。

門,就會化成龍,升天而去,用以比喻中舉飛黃騰達之事。另一說,在《漢書‧西域傳》中記載古代一種雜耍戲「魚龍戲」,「魚龍者,為舍利之獸,先戲於庭極,畢乃入殿前激水,化成比目魚,跳躍漱水,化霧障日,畢,化成黃龍八丈,出水敖戲於庭,炫耀日光。」[86]可見魚可化龍,有其超凡能力,魚龍本為一體,魚有著龍的特徵。黃仲則詩歌常出現「魚龍」意象,如「臥榻魚龍看變化」[87]、「隻影夜抱魚龍宿」[88],那些詩中魚龍或許可視為懷才不遇困頓無成、乞食江海的詩人化身,在這意象上寄託渴望飛黃騰達卻抑鬱難成。但此處「魚龍」應是指潛沈水中大型動物,魚龍在大海中翻騰震盪,揚起波濤,使得處處生波。「遠跡」即遠離塵世、隱居之意,然後又得忍受鄰近虎豹,「定心」即安心、靜心、放心之意,就得詢問魚龍可否?

　　詩中寫「鄰虎豹」、「問魚龍」,從反面來凸顯正面,讓「遠跡」、「定心」的立意更加明顯,黃仲則試著遠離世俗來到寺廟僧舍想要擺脫心中煩惱憂愁,然而實際上,擺脫人生那些打擊挫折的困境,並不在身的避世逃脫,而是自己心的問題,如《華嚴經》曰:

譬如工畫師,不能知自心,而由心故畫,諸法性如是。心如工畫師,能畫諸世間,五蘊悉從生,無法而不造。如心佛亦爾,如佛眾生然,應知佛與心,體性皆無盡。若人知心行,普造諸世間,是人則見佛,了佛真實性。心不住於身,身亦不住心,而能作佛事,自在未曾有。若人欲了知,三世一切佛,應觀法

---

86 (漢)班固:《前漢書》,收入《景印文淵閣四庫全書》251冊(臺北市:臺灣商務印書館,1983年),卷96下,頁267。

87 見(清)黃景仁:〈贈明分司春巖次蔣清容先生韻二首其一〉,《兩當軒集》,卷10,頁240。

88 見(清)黃景仁:〈荻港舟次徐遜齋太守罷官歸滇南〉,《兩當軒集》,卷2,頁51。

界性，一切唯心造。[89]

由此可知萬法唯心造，唯心所見，可知世間一切皆是因緣和合而成，能照見五蘊皆空，正如《維摩詰經》曰：

心垢故眾生垢，心淨故眾生淨，心亦不在內，不在外，不在中間，如其心然，罪垢亦然，諸法亦然。[90]

而《六祖壇經・疑問品三》曰：

自性迷即是眾生，自性覺即是佛。……貪欲是海水，煩惱是波浪，毒害是惡龍，虛妄是鬼神，塵勞是魚鱉。……煩惱無，波浪滅；毒害忘，魚龍絕。[91]

邪心如同大海水，煩惱就是大海中的波浪，有波浪就會危險，就是毒害。清代劉熙載《藝概》曰：「正面不寫寫反面，本面不寫寫對面、旁面，須知睹影知竿乃妙」[92]是一種「反常合道」的表現手法，創造出富有張力、立意超凡脫俗之詩趣。

尾聯「一龕彌勒遙相對，歲久琉璃焰不紅」二句描寫一個彌勒佛龕遠遠地與月亮遙遙相對著，時間久遠了，佛前的琉璃燈座的焰光、

---

[89] （唐）實叉難陀譯：《大方廣佛華嚴經》，《大正新脩大藏經》第10冊，No.0279，頁102上。

[90] （姚秦）鳩摩羅什譯：《維摩詰所說經》，《大正新脩大藏經》第14冊，No.0475，頁541中。

[91] （元）宗寶編：《六祖大師法寶壇經》，《大正新脩大藏經》第48冊，No.2008，頁352中。

[92] （清）劉熙載：《藝概》（臺北市：廣文書局，1969年），卷2，頁14。

火光、輝光已經不再那麼鮮紅。「龕」是供奉佛像、神像、神位對象或聖物的木製小閣子，如佛龕、神龕。「彌勒」，彌勒菩薩，是釋迦牟尼佛的繼任者，將在未來娑婆世界降生成佛，成為娑婆世界的下一尊佛，被尊稱為彌勒佛。據《華嚴經》卷七十九記載：

或見彌勒，最初證得，慈心三昧。從是以來，號為慈氏。[93]

以及《大乘本生心地觀經》卷三偈曰：

彌勒菩薩法王子，從初發心不食肉，以是因緣名慈氏。[94]

說明彌勒發心不食肉，故名慈氏。在《佛說觀彌勒菩薩上生兜率天經》（簡稱《彌勒上生經》）記載：

此阿逸多，具凡夫身，未斷諸漏，此人命終當生何處？其人今者雖復出家，不修禪定，不斷煩惱，佛記此人成佛無疑，此人命終生何國土？佛告優波離：諦聽，諦聽，善思念之！如來應正遍知，今於此眾說彌勒菩薩摩訶薩，阿耨多羅三藐三菩提記。此人從今十二年後，命終必得往生兜率陀天上。[95]

彌勒具凡夫身，未斷諸漏，不修禪定，不斷煩惱，開示出菩薩在五濁

---

[93]（唐）實叉難陀奉制譯：《大方廣佛華嚴經》，《大正新脩大藏經》第10冊，No.279，卷79，頁435中。

[94]（唐）罽賓國三藏般若奉詔譯：《大乘本生心地觀經》，《大正新脩大藏經》第3冊，No.159，卷3，頁0306上。

[95]（劉宋）沮渠京聲譯：《佛說觀彌勒菩薩上生兜率天經》，《大正新脩大藏經》第14冊，No.452，頁418。

世中修行，不應落入自利的自我解脫，應注重現實世界，展現大乘菩薩對眾生關懷同情，佈施、持戒、忍辱積極救濟的精神。又《彌勒上生經》記載：「犯諸禁戒，造眾惡業。聞是菩薩大悲名字，五體投地，誠心懺悔。……此人欲命終時，彌勒菩薩放眉間白毫大人相光，與諸天子雨曼陀羅花，來迎此人。此人須臾，即可往生。」[96]經上說明若平時犯禁戒、造諸惡業，於菩薩面前禮拜懺悔，亦可立願往生，可見慈悲之至。此外，在《大智度論》卷十五記載：「菩薩於諸煩惱中，應當修忍，不應斷結。何以故？若斷結者，所失甚多，墮阿羅漢道中，與根敗無異，是故遮而不斷，以修忍辱，不隨結使。」[97]阿羅漢是「此生已盡，所作已辦，梵行已立，不受後有」強調世間是苦，三界猶如火宅，生死輪迴是苦，世間無安樂之地，為了對治此，積極從事禪定，努力斷除貪嗔癡等煩惱，以期離苦。然而菩薩為了度眾生，雖有能力斷煩惱而不斷，雖有煩惱卻不被繫縛，彌勒菩薩不修禪定，不斷煩惱，鼓舞大乘菩薩行者，不離人世間，欲化五濁惡世為人間淨土。「琉璃是外來語，傳自西域，源於巴厘文的 Veluriyam。」[98]琉璃又稱流離、瑠璃、瑠瓈，璧流離是中國古代稱來自西域寶石之名。據《魏書·西戎傳》記載：

> 大月氏國……世祖時其國商人販京師，自云能鑄石為五色瑠璃，於是採礦山中，於京師鑄之。既成，光澤美於西方來者。詔為行殿，容百餘人，光色映徹，觀者見之，莫不驚駭，以為

---

[96] （劉宋）沮渠京聲譯：《佛說觀彌勒菩薩上生兜率天經》，《大正新脩大藏經》第14冊，No.452，頁420中。

[97] （印度）龍樹菩薩造，（姚秦）鳩摩羅什譯：《大智度論》，《大正新脩大藏經》第25冊，No.1509，卷15，頁169上。

[98] （美）薛愛華（Schafer, Edward Hetzel, 1913-1991）著，吳玉貴譯：《撒馬爾罕的金桃：唐代舶來品研究》（北京市：社會科學文獻出版社，2016年），頁557。

神明所作。自此中國瑠璃遂賤,人不復珍之。[99]

可知人造琉璃技術來自大月氏商人傳入中國。而琉璃被譽為佛家七寶之一(金、銀、琉璃、頗梨、車渠、赤珠和瑪瑙)。詩中「琉璃」是指琉璃燈座,「焰不紅」代表時間久遠,琉璃燈座的光焰不再那麼光彩奪耀人。在佛教中,彌勒菩薩具有慈悲、忍辱、寬容與樂觀,象徵光明的未來。但詩中卻以「焰不紅」作結,明白世間常道,有生必有滅,時間久遠,光焰光澤必然不再燦爛,連佛燈皆然,何況人世,想通此理,就無須傷神懊惱。

〈僧舍夜月〉全詩一韻到底,首句入韻,隔句押韻[100]。詩起首以「東」韻的基調,正如王易《詞曲史・構律篇》說「寬洪和暢」,[101]以胸懷寬闊、氣量弘深的聲情連接「中、空、風、龍、紅」等上平聲一東韻寬洪、節奏和暢的字眼,運用聲音渾厚洪亮的音律來表達作者當時的寬平情緒感情,呈現寬厚仁慈的心境,展現心情寬和洪大且節奏和暢之聲情美。

2 〈僧齋夜詠〉之內容意蘊

「僧齋」請僧而供養齋食,兼有誦經略儀,謂之「僧齋」。寺院讓俗人舉行齋供持素,供養佛、法、僧三寶,以誦經超渡祖先或為群

---

99 (北齊)魏收奉敕撰:《魏書》,《景印文淵閣四庫全書》262冊(臺北市:臺灣商務印書館,1983年),卷102,頁483。
100 〈僧舍夜月〉詩押韻的字:「中、空、風、龍(二冬韻,一東二冬通用)、紅」押上平聲一東韻,隔句押韻,一韻到底。見(清)余照春亭輯:《增廣詩韻集成》(香港:文光書局,1949年再版),頁2、3、4、5、7。
101 王易《詞曲史》下冊〈構律第六〉曰:「韻與文情關係至切:平韻和暢,上去韻纏綿,入韻迫切,此四聲之別也;東董寬洪,江講爽朗,支紙縝密,魚語幽咽,佳蟹開展,……此韻部之別也。此雖未必切定,然韻近者情亦相近,其大較可審辨得之。」見王易:《詞曲史》(臺北市:廣文書局,1960年),頁283。

己祈福之法會盛事。然此詩從詩意判讀僅作僧人房舍之意,黃仲則居住於僧舍,在夜晚時感懷之作,詩云:

> 一臥維摩室,閑身耐寂寥。經魚敲落月,佛火引深宵。避縛思捐劍,逃聲欲棄瓢。何因老松檜,風雨尚蕭騷。[102]

首聯「一臥維摩室,閑身耐寂寥」二句道出作者居住在可能供奉著維摩詰像的寺廟僧舍中,或是形容其住的僧舍如維摩室。詩中「維摩室」是佛教語,指維摩詰居士的方丈室,室雖只一丈見方,但包容極廣。據《維摩詰所說經・文殊師利問疾品》記載:

> 於是長者維摩詰現神通力,即時彼佛遣三萬二千師子座,高廣嚴淨,來入維摩詰室,諸菩薩、大弟子、釋、梵、四天王等,昔所未見。其室廣博,悉皆包容三萬二千師子座,無所妨礙。[103]

可見維摩室廣博,可包容三萬二千師子座,仲則用以形容僧舍廣大,僧舍乃僧人居所,維摩詰不論神通力或心性廣大,能含容萬象。「閑身」指沒有官職的身軀,黃景仁是布衣百姓的身分,在此忍受獨自一人寂靜冷清。

頷聯「經魚敲落月,佛火引深宵」二句描寫寺中敲著木魚誦經到月亮消失,意指誦經到深夜,供佛的油燈不斷燃燒到半夜以後。詩中「經魚」是指圓形魚形的木魚,誦經時所用,置於案上,佛教法器。相傳魚晝夜不合目,故刻木像魚形,擊之以警戒僧尼當晝夜思道。而

---

102 (清)黃景仁:《兩當軒集》卷2,頁53。

103 (姚秦)鳩摩羅什譯:《維摩詰所說經》,《大正新脩大藏經》第14冊,No.0475,卷2,頁546中。

「佛火」指供佛的油燈香燭之火。這兩句可見寺中誦經法會一直到半夜才結束。

　　頸聯「避縛思捐劍，逃聲欲棄瓢」二句描寫黃仲則為了躲避、防止被束縛，認真思考捐劍之事，詩中「捐劍」一詞來自項羽「棄書捐劍」之典故，是比喻胸懷大大志的人不屑於小事。據《史記・項羽本紀》記載：「項籍少時，學書不成，去學劍，又不成。項梁怒之。籍曰：『書足以記名姓而已，劍一人敵，不足學，學萬人敵。』於是項梁乃教籍兵法。」[104] 此處以項羽學兵法之事，道出黃仲則曾有建功疆場之志，因不愛受束縛，無法接受被形式約束的制義，詩中雖只言「捐劍」，但實際是「棄書捐劍」的省語。在此時〈對月詠懷〉一詩又自稱：「讀書擊劍好身手，野性束縛難為堪」[105]如此野性難馴怎願意被束縛呢？黃仲則歌詠項羽共有四首詩歌：〈陰陵〉[106]一詩寫項羽在陰陵大澤迷路之事，但詩中避談項羽兵敗、迷路、被騙諸事，而是寫項羽「上馬星馳」成功突圍，「如大王言空斬將」的武功蓋世，但最後卻以「大澤常多失道人」雖敗猶榮。〈東阿項羽墓〉[107]一詩讚許項羽慷慨就死，甚至在死前將頭顱贈予故人呂馬童，讓對方領賞，最後以「多少英雄末路人」感同身受，自我開解。〈烏江弔項羽〉[108]詩

104　（漢）司馬遷：《史記》，《景印文淵閣四庫全書》243冊（臺北市：臺灣商務印書館，1983年），卷7，頁186。
105　（清）黃景仁：《兩當軒集》，卷3，頁79。
106　〈陰陵〉：「帳中徐泣尚沾巾，上馬星馳數騎塵。如大王言空斬將，從漁父問詎知津。荒城尚竄驚弦獸，大澤常多失道人。見說英靈且來往，深楸月黑走青燐。」見（清）黃景仁：《兩當軒集》，卷7，頁185。
107　〈東阿項羽墓〉：「將軍之身分五體，將軍之頭走千里。擲將贈友歡平生，漢王得之下魯城。可憐即以魯公瘞，想見重瞳炯難閉。至今燐火光青熒，猶是將軍不平氣。昔奠絮酒烏江頭，知君毅魄羞江流。懷古復過彭城陌，知君英靈愁故國。兩地招魂不見君，卻從此處弔孤墳。美人駿馬應同恨，多少英雄末路人！」見（清）黃景仁：《兩當軒集》，卷11，頁284。
108　（清）黃景仁：《兩當軒集》，卷8，頁194。

末「王氣東南來尚早，不須亭長在江濱」深感項王兵敗如其所言「天亡我也」悲憤天意如此。〈烏江項王廟〉[109]詩中「誰言劉季真君敵，畢竟諸侯負汝深。莫向寒潮作悲怒，歌風臺址久消沈。」將項羽失敗歸咎於諸侯背叛，否則劉邦非對手，此後劉邦大業完成後高歌「大風起兮雲飛揚」臺址已消沈許久，而項王廟卻受歷代憑弔。由上可知黃仲則讚賞同情失敗英雄項羽，亦流露出自己無路請纓之悲憤。

詩中「逃聲」一詞有二解，一是指隱匿自己的心聲，此語出自《列子‧湯問》「伯牙善鼓琴」之典故，「伯牙游於泰山之陰，卒逢暴雨，止於巖下；心悲，乃援琴而鼓之。初為霖雨之操，更造崩山之音。曲每奏，鍾子期輒窮其趣。伯牙乃舍琴而嘆曰：『善哉，善哉，子之聽夫。志想像猶吾心也。吾於何逃聲哉。』」[110]。二解是與「棄瓢」此語同出自「許由棄瓢」之典故，漢代蔡邕《琴操‧箕山操》曰：

> 許由者，古之貞固之士也。堯時為布衣，夏則巢居，冬則穴處，飢則仍山而食，渴則仍河而飲。無杯器，常以手捧水而飲之。人見其無器，以一瓢遺之。由操飲畢，以瓢掛樹。風吹樹動，歷歷有聲，由以為煩擾，遂取損之。[111]

記載堯時高士許由隱居於箕山，常以手捧水喝，人贈其瓢，其用過後掛於樹上，後嫌風吹瓢動聲吵，就此扔掉，後比喻隱逸傲世之意。黃仲則運用此典道出自己如許由性格高潔，不與人同流合汙，來此寺廟

---

109 （清）黃景仁：《兩當軒集》，卷22補遺，頁528。
110 （周）列禦寇：《列子》，《景印文淵閣四庫全書》1055冊（臺北市：臺灣商務印書館，1983年），卷5，頁622。
111 （漢）蔡邕撰，（清）孫星衍校輯：《琴操》，《續修四庫全書》1092冊（上海市：上海古籍出版社，2002年，華東師範大學圖書館藏嘉慶十一年刊平津館叢書本），卷下，頁152。

有著想要遠離俗世之意。

　　尾聯「何因老松檜，風雨尚蕭騷」二句描寫老松檜在冷落淒清的風雨之中，不斷傳來風吹雨打樹木聲音。前二句說來此寺廟有著想要清修遠離俗世塵擾，但外面的老松檜在風雨中仍不斷發出聲響，可見僧舍夜裡雖然不平靜，更能凸顯作者不為外在打擾的定力。「松檜」即松樹與檜樹（柏樹），是常綠喬木，松柏之意，高可達二十米，幹聳直，皮粗厚，葉如針，壽命長達數百年。詩中「風雨」除了刮風下雨之意，更有比喻危難和惡劣的處境，「蕭」有寂寥冷清之意，或是狀聲詞風聲之意。「騷」有擾亂、憂愁之意。而風雨蕭騷有著風力強勁，風吹雨打樹木之聲，「蕭騷」應是形容風吹樹木的聲音，景色蕭條淒涼之意。詩中以老松檜在風雨之中，表現出歷久不衰以及時窮節乃見，在危難關頭，才能顯出其節操心志。黃仲則用此二語作結，其實言外之意，作者對於外在風吹樹木之聲無動於衷，無論外在環境變化如何，作者此時的心境依然沈穩、不受在外干擾。作者在風雨蕭騷寒冷的黑夜裡，佛響深夜，仍可保持一顆清明的心，獨自陶醉於自我的世界中。

　　〈僧齋夜詠〉全詩一韻到底，首句不入韻，隔句押韻[112]。詩起首以「蕭」韻的基調，正如王易《詞曲史・構律篇》說「蕭篠飄灑」，[113]以姿態輕鬆自然、不呆板的聲情連接「寥、宵、瓢、騷」等下平聲二

---

[112] 〈僧齋夜詠〉詩押韻的字：「寥、宵、瓢、騷（下平四豪，二蕭四豪通用）」押下平聲二蕭韻，隔句押韻，一韻到底。見（清）余照春亭輯：《增廣詩韻集成》（香港：文光書局，1949年，再版），頁69、71、77。

[113] 王易《詞曲史》下冊〈構律第六〉曰：「韻與文情關係至切：平韻和暢，上去韻纏綿，入韻迫切，此四聲之別也；東董寬洪，江講爽朗，支紙縝密，魚語幽咽，佳蟹開展，真軫凝重，元阮清新，蕭篠飄灑……此韻部之別也。此雖未必切定，然韻近者情亦相近，其大較可審辨得之。」見王易：《詞曲史》（臺北市：廣文書局，1960年），頁283。

蕭韻飄灑、節奏和暢的字眼，運用飄揚的音律來表達作者當時的自在情緒感情，呈現灑脫的心境，展現心情飄揚自在之聲情美。從韻部角度觀之，可窺略作者賦予該詩可能之情感，但在周濟《宋詞四家選‧序論》曰：「東真韻寬平、支先韻細膩、魚歌韻纏綿、蕭尤韻感慨，各具聲響，莫草草亂用。」[114]此詩聲情在飄揚灑脫之餘，更蘊含感慨之意。

（三）〈僧舍夜月〉與〈僧齋夜詠〉之禪心與生命療癒

黃仲則〈僧舍夜月〉與〈僧齋夜詠〉此二詩作於月夜之中，詩人獨處在佛寺僧舍的寂寥夜裡所引起的思緒，「禪」指的是心專注時的狀態和品質，指的是「定」。此時正可如《雜阿含經》所言：「禪思住，內寂其心，精勤方便，如實觀察。」[115]法鼓文理學院佛教學系主任鄧偉仁教授於二〇一八年八月二十一日下午在溫哥華道場以「佛教現代主義的審視：佛教禪修與身心療癒」為題專題演講內容說：

> 「禪修」（Skt. citta-bhavana, Meditation）一詞其實是現代用語，比較多是屬於佛教傳統下的「修」，指的是心的修持，包括訓練心的專注，和貪、嗔、癡、煩惱等不善心的去除，同時培養洞察力以認識萬物真實相的般若智慧。從當代緬甸禪師馬雜湊尊者（1904-1982）引用《大般涅槃經》裡佛陀治癒自身疾病的例子說明，佛教禪修的治病並非醫學上去除疾病本身的治病概念，更多是指「心」的輕安。需要有一定的戒行和禪定的功夫，加上體證佛法苦、空、無我的智慧，雖然身有痛而不受干

---

114 （清）周濟：《宋詞四家選》（臺北市：藝文印書館公司，1967年），頁3。
115 （宋）求那跋陀羅譯：《雜阿含經》，《大正新脩大藏經》第2冊，No.0099，卷3，頁17中。

擾、惱害,因此不苦。佛教禪修的目的是修持定、慧以破除無明,了脫生死輪迴。[116]

由上可知佛教禪修的治病是「心」的輕安,非醫學上去除疾病本身的治病,而是體證佛法苦、空、無我的智慧,雖身有病而不受干擾、惱害,因此不苦,而黃仲則藉由禪的身心療癒亦是如此。

二詩分別出現「彌勒」與「維摩室」這兩個佛教意象詞彙,這兩尊佛菩薩,必有其深刻禪意。在佛教中,彌勒菩薩具有慈悲、忍辱、寬容與樂觀,是光明與未來的象徵意義,彌勒菩薩笑臉迎人,教人心量開闊,對於是非善惡皆能包容,能懷著慈悲之心同體大悲,同感其苦,憐憫眾生,甚至有著超人唾面自乾的忍辱精神,以廣大心量寬容他人,最重要是知足常樂,清心寡欲,展現瀟灑自在。〈僧舍夜月〉作者以「彌勒菩薩」的忍辱、寬容對比出己身「遠跡已堪鄰虎豹,定心或許問魚龍」遠離塵世仍無法定心,借著避世僧舍來擺脫心中煩憂與生活困境,最終發現心量問題,一切唯心造。維摩詰菩薩也稱維摩詰居士,他並未出家,而是以在家居士的形象積極行善、修道,是金粟如來之化身。維摩示病是要醫治眾生病,親證空性本來無生,讓眾生明白疾病根源在於執著。維摩說法的房間「維摩室」雖只一丈見方,但包容極廣,可容下數萬名與文殊齊來探病的天人、菩薩、大弟子等,還可放上三萬二千張高廣獅子座,其中居住十二年的天女告訴大家:「維摩丈室」日夜發光,光源非來自日月,凡進入此室,世間雜念煩惱一掃而空,〈僧齋夜詠〉作者以「一臥維摩室」目的是避縛、逃聲,掃除世間煩惱,開闊身心。然而《維摩詰所說經》主張不斷煩

---

116 鄧偉仁:〈佛教現代主義的審視:佛教禪修與身心療癒〉專題演講,見「溫哥華道場:禪修,生命的探討?身心療癒?」由法鼓山溫哥華道場提供,二〇一八年八月二十九日。

惱、不滅煩惱即能解脫,是心離、心不染著,正如「世人雖在生命中遭逢各種的磨難,然其真正的本性是無有絲毫垢染與增減。」[117],「出淤泥」是心出,心不住於煩惱顛倒之中。

〈僧舍夜月〉詩中「低頭雲彩時爭月」的「雲影」與「歲久琉璃焰不紅」的「琉璃焰」都是虛幻不實的,正如《金剛般若波羅蜜經‧六如偈》云:

> 一切有為法,如夢、幻、泡、影,如露亦如電,應作如是觀。[118]

而《維摩詰所說經》曰:

> 諸法皆妄見,如夢、如炎,如水中月,如鏡中像,以妄想生。[119]

《金剛經》以夢、幻、泡、影、露、電六種譬喻和《維摩詰經》以夢、焰、水中月、鏡中像來描繪宇宙萬物「有為法」的虛幻不實,說明人生總總痛苦是盲目追求「虛妄」,煩惱是虛妄所造成的,看破煩惱,破除虛妄,一切如夢,皆是泡影,即可達到真正的快樂。而《六祖壇經》曰:「菩提自性,本來清淨。但用此心,直了成佛。」[120]禪修融於日常行臥之中,雲影爭月、松濤受風,任其隨緣縱意,動靜無心,無論真焰與琉璃焰皆無礙於心,似魚龍游水,而不滯於水。又《六祖

---

[117] (西藏)東杜法王(Tulku Thondup, 1939-2023),丁乃竺譯:《無盡的療癒:身心覺察的禪定練習》(臺北市:心靈工坊文化事業公司,2001年),頁335。

[118] (姚秦)鳩摩羅什譯:《金剛般若波羅蜜經》,《大正新脩大藏經》第8冊,No.0235,卷1,頁752中。

[119] (姚秦)鳩摩羅什譯:《維摩詰所說經》,《大正新脩大藏經》第14冊,No.0475,卷1,頁541中。

[120] (元)宗寶編:《六祖大師法寶壇經》,《大正新脩大藏經》第48冊,No.2008,卷1,頁347下。

壇經・般若品》：「但自卻非心，打除煩惱破。憎愛不關心，長伸兩腳臥。」[121]內心不執著於是非貪病，不會隨境而起煩惱，如人寢疾而臥，所有攀緣心皆息滅，「憎愛不關心，長伸兩腳臥」即唐釋慧海曰：「見一切色時，不起染著。如人臥疾，攀援都息，妄想歇滅，即是菩提。」[122]故人心只要不執著於外相，就能流露出無悲無喜靜謐感。

「一龕彌勒遙相對，歲久琉璃焰不紅」詩中出現「彌勒」是具凡夫身，未斷諸漏，不修禪定，不斷煩惱，開示出菩薩在五濁世中修行，注重現實世界，對眾生關懷同情。唐代末年禪門出現一位傳奇色彩的高僧布袋和尚，被認為是彌勒菩薩的化身，據《宋高僧傳》〈唐明州奉化縣契此傳〉記載其：

> 形裁腲脮，蹙頞皤腹……有偈云：「彌勒真彌勒，時人皆不識」句。人言：「慈氏垂跡也。」……示人吉凶必現相表兆。亢陽即曳高齒木屐。市橋上豎膝而眠。水潦則繫濕草屨。人以此驗知。以天復（901-903）中終於奉川，鄉邑共埋之。後有他州見此公，亦荷布袋行。江浙之間多圖畫其像焉。[123]

此後，幾乎所有的彌勒佛像都被塑成一副笑口常開且坦露大肚模樣，從「江浙之間多圖畫其像焉」可知其親切隨和形象[124]在民間廣受歡

---

121 （元）宗寶編：《六祖大師法寶壇經》，《大正新脩大藏經》第48冊，No.2008，卷1，頁351中。

122 （唐）釋法海，丁福保註：〈般若品第二〉，《六祖壇經箋註》（臺北市：文津出版社公司，1998年），頁125。

123 （宋）贊寧：《宋高僧傳》，《大正新脩大藏經》第50冊，No.2061，卷21，頁848中。

124 據《佛祖統紀》記載四明奉化布袋和尚「常以拄杖荷布袋遊化塵市，見物則乞，所得之物悉入袋中。有十六群兒譁逐之，爭掣其袋。」顯其親切隨和形象。（宋）志磐：《佛祖統紀》，《大正新脩大藏經》第49冊，No.2035，卷42，頁390下。

迎，而應化、示現傳說盛傳。彌勒佛在中國成了布袋和尚且約定俗成，成了「笑」與「容」的典範，此與印度彌勒佛的形象「短髮捲曲，眼瞼下垂，表情嚴肅，凝神入定，妙相莊嚴」相去甚遠。[125]但不論彌勒佛的形象如何，最重要是彌勒佛是洞開可笑之人的心眼，催熟人們的機緣，洞開追逐名利、權勢而勞碌奔波執迷不悟的眾生，而黃仲則作客王昶幕中時，與署中眾人格格不入，月下夜裡在佛門清淨之地，見彌勒佛塑像有感而發。星雲大師曾在「何謂禪心」一文解釋「禪心」[126]，而彌勒佛有著休戚與共「你我一體的心」；「有無一如的心」隨喜自在；忍辱寬容「包容一致的心」，「氣度蓋人，方能容人；氣度蓋世，方能容世；氣度蓋天地，方能容天地」與對眾生無計較、慈悲「普利一切的心」。對比之下，自己與署中眾人不合，會有紛爭，就是因「你、我」關係不協調，若能互換立場，將心比心，榮辱與共，甚至能包容人，就能共創普利一切。仲則在彌勒佛尊前捫心自問，唯有破我執才能參透禪機，如此一來，無需遠跡，不必刻意遠離名利，躲至深山，有無一如，而彌勒未來成佛還很遙遠，也是對未來有著美好的嚮往與期許。

「一臥維摩室，閑身耐寂寥」詩中出現「維摩」是居士，「以一切眾生病，是故我病」[127]而示疾，能超越病苦生死之懼，善引眾生面對苦痛給予正向想法，即「如是不入煩惱大海，則不能得一切智寶。」[128]

---

125 熊召政：〈彌勒佛笑什麼〉，《歷史月刊》205期（2005年2月），頁24。
126 星雲大師曾以「你我一體的心」、「有無一如的心」、「包容一致的心」、「普利一切的心」四者稱為禪心。詳參星雲大師：〈何謂禪心〉，見釋星雲：《180星雲法語》第3冊，《星雲大師全集》第五類文叢，（高雄市：佛光文化事業公司，2017年），頁98。
127 （姚秦）鳩摩羅什譯：《維摩詰所說經》，《大正新脩大藏經》第14冊，No.0475，卷2，頁544中。
128 （姚秦）鳩摩羅什譯：《維摩詰所說經》，《大正新脩大藏經》第14冊，No.0475，卷2，頁544下。

並先從文殊菩薩的詢問病因「居士是疾,何所因起?其生久如?當云何滅?」[129]說到疾病的疾程與何時痊癒?並由維摩詰居士找出疾病的根源與主因:「今我此病,皆從前世妄想顛倒諸煩惱生」[130]、「從癡、有愛,則我病生」[131]、「又此病起,皆由著我」[132]、「何謂病本?謂有攀緣。從有攀緣,則為病本。」[133],維摩詰不因自己患病而起煩惱,並能與疾病共處,以至療癒眾生疾病,如「以己之疾,愍於彼疾;當識宿世無數劫苦,當念饒益一切眾生;憶所修福,念於淨命,勿生憂惱,常起精進;當作醫王,療治眾病。」[134],甚至認為己身與疾病是一而不二,「身不離病,病不離身,是病是身」[135]學習與疾病共存,並視疾病是人生導師,轉化病痛生死的煩惱苦難為「身心不二」的心態,宇宙萬物沒有獨立存在的,身體是四大假合,皆依「緣起」,表面雖獨立,但內在卻有著複雜的連繫,維摩詰沒有否定外在身體對人的價值與作用,而是扭轉我們對外在身體的錯誤認識與執著,若內心充滿煩惱,外在身體、環境必然汙染混亂;若內心清淨,外在身體、環境才能清淨。這是對苦難人生的作者給予精神與生命的療癒的方法途徑。

---

129 (姚秦)鳩摩羅什譯:《維摩詰所說經》,《大正新脩大藏經》第14冊,No.0475,卷2,頁544中。

130 同前註。

131 同前註。

132 (姚秦)鳩摩羅什譯:《維摩詰所說經》,《大正新脩大藏經》第14冊,No.0475,卷2,頁544下。

133 (姚秦)鳩摩羅什譯:《維摩詰所說經》,《大正新脩大藏經》第14冊,No.0475,卷2,頁545上。

134 (姚秦)鳩摩羅什譯:《維摩詰所說經》,《大正新脩大藏經》第14冊,No.0475,卷2,頁544下。

135 (姚秦)鳩摩羅什譯:《維摩詰所說經》,《大正新脩大藏經》第14冊,No.0475,卷2,頁545上。

德國醫師山姆‧赫尼曼（Samuel Hahnemann, 1755-1843）說：「所有疾病都是人體不協調導致的，真正需要治療的是人，而不是某個疾病。」[136]認為「疾病」是外來及內生傷害讓身體處於元氣耗損的狀態，因此人的精神和情緒是影響身心重要的因素。生命是一種身心活動的組合，當人身心的活動離開大自然的活動，便是病痛與煩惱的開始。童稚時是無憂無慮純真的大自然生命狀態，但隨著思想成熟，貪瞋癡生起，心有執著、罣礙，攀緣心生起，無法滿足便積累成人身體的陰性能量，形成陰性體質而汙染身心，醞釀成病氣。黃仲則自幼體羸，四歲喪父，家貧孤露，二十一歲時，自傷貧困之作[137]，已俯拾即是。因貧困引起煩惱與痛苦，導致身心元氣耗損外，更在十九歲開始四處遊歷，為求生計，俯仰由人。二十一歲時為王昶幕客，但傲岸性格，與署中眾人格格不入，不斷壓抑內心憤悶之氣，在閒暇時獨遊名勝排遣愁緒。此二詩中「彌勒」與「維摩」正是作者生命療癒的力量，「宇宙有一種無所不在的能量，稱之為生命能量，積聚而來的能量具有巨大療癒力。」[138]人的心識、意念有著強力的力量，可以自我療癒生命，正如阿賴耶能變一切法，萬事萬物都是自性所生、所現，作者來至僧舍、僧齋在夜裡靜心沉思「彌勒」的寬容忍辱精神心識與「維摩」轉化病痛生死的煩惱苦難為「身心不二」的心念，來面對人生中的苦難與病痛，從憂苦泥淖中超拔出來，解脫痛苦的逼惱與煎熬，明白「遠跡鄰虎豹」、「定心問魚龍」、「避縛捐劍」、「逃聲棄瓢」

---

[136] 陳瑋：《微妙的力量：大自然生命療癒法則》（臺北市：華志出版社，2014年），頁1。

[137] 自傷貧困之作，如：〈曉雪〉：「壓篷大雪苦無飲，至今典卻相如裝」、〈錢塘舟次〉：「風雪衣單知歲晚，江湖酒病與年深」、〈野望〉：「貧病孤身好，天南息鼓鼙」見（清）黃景仁：《兩當軒集》，卷1、卷2，頁16、29、34。

[138] 淨空老法師講述，華藏講記組恭敬整理：〈念力治療〉，《慧炬雜誌》586期（2014年2月），頁26。

都是攀緣心,一切唯心造,生命療癒的力量終究得靠自己的心。

　　獨處可享受一個人的風景與擦身而過的美好,眾聲喧譁反而是看不見「雲影爭月」,聽不見「松濤受風」,在月夜之中,心沈澱下來,即可療癒生命,遇見幸福。〈僧舍月夜〉一詩道出作者為了遠離塵世煩擾來到這寂靜僧舍,為了遠跡,忍鄰虎豹;是否心定,就得受到外在呼風喚雨的魚龍考驗。在「彌勒」佛像尊前捫心自問,期許自己能如彌勒菩薩的寬容、忍辱,笑看貧病苦難人生,然而歲月催人老,清明的心亦如佛前琉璃燈座的焰光,已不再那麼鮮紅清明。夜裡望著雲影爭月,坐聽松濤,任其隨緣縱意,動靜無心,無論真焰與琉璃焰皆無礙於心,笑是面對逆境的利器、人生百病的良藥,以彌勒的笑顏療癒身心。〈僧齋夜詠〉一詩作者以臥於維摩室中,聯想到維摩居士能以身困而道不困,對病苦的超越,將此視為生命成長課題,找出病苦(生命痛苦)的根源,轉化病痛生死煩惱苦難為「身心不二」的心態,消解二元思考的分別執取,不須避縛捐劍,也毋須逃聲棄瓢,從心上解脫,在風雨蕭騷之中,佛響深夜,保持清明不染之心,面對生命中各種磨難,漸漸緩解身心疾苦,療癒生命。

三　遊歷名山佛寺

　　黃仲則命運多舛,浪遊海內名山大川,其「年甫狀歲,蹤跡所至,九州歷其八,五嶽登其一,望其三」,遊歷其間創作了〈登千佛巖遇雨〉、〈游白沙庵僧舍〉、〈山寺〉、〈訪曹以南五明寺〉、〈題橘洲僧樓〉、〈尋三元洞因登妙遠閣〉、〈水西和對巖韻〉、〈西巖石佛像〉、〈龍興寺〉、〈登石甕山〉、〈黃龍洞〉、〈大佛石〉、〈雲棲寺〉、〈偕邵元直毛保之遊虞山破山寺遂達天龍庵尋桃源澗四首〉、〈十月一日獨遊臥佛寺逢吳次升陳菊人因之夕照寺萬柳堂得詩六首〉、〈入山至戒壇〉、〈登千

佛閣〉、〈戒壇四松歌〉、〈足跡不得登極樂峰〉、〈夜從慈光寺步至茅蓬菴再浴湯泉〉、〈由慈光寺至老人峯〉、〈偶遊僧舍見有題惡詩於壁者姓名與予同戲作〉等。黃仲則一生遊歷最廣的是安徽，八年之中足跡遍及安徽大江南北、淮河兩岸，甚至在遊歷黃山、九華期間，寫下有關佛寺的詩歌達二十多首。在此本節探討〈訪曹以南五明寺〉、〈題橘洲僧樓〉兩首與其他遊歷之作截然不同，以下分別析論之。

（一）道書縱復橫

> 一路是修竹，到門惟鳥聲。幽人正眠覺，稚子解將迎。香縷斷還續，道書縱復橫。昨宵雷雨急，可有毒龍驚？（64〈訪曹以南五明寺〉）[139]

此詩是五言律詩，詩題「曹以南」，「曹以南名學詩，歙縣舉人，晚任廣東某縣知縣，以廉直著名。強項令未幾致仕山居養痾。」[140]左輔〈黃縣丞狀〉言其：「狂傲少諧，獨與詩人曹以南交，餘不通一語」[141]由上可知曹以南當時山居五明寺，故黃仲則訪之。

首聯「一路是修竹，到門惟鳥聲」描繪詩人所經之路兩旁皆是挺拔修長竹子。竹在中國傳統文化中象徵堅韌不屈與清高，表現詩人所在之地清幽與空靈。次句描述當詩人走至門口時，只聽見鳥鳴聲，顯得寧靜又富生氣。鳥鳴聲是自然界最簡單、最純粹聲音之一，予人一種幽靜、清新感。通過描寫周圍環境景象，表達詩人對自然親近與內心寧靜。修竹存在象徵著清新、堅韌的自然，而鳥鳴則帶來一種生命

---

139 （清）黃景仁：《兩當軒集》，卷1，頁21。
140 （清）胡承譜：《隻塵譚》卷下9「曹以南還魂」，《叢書集成新編》第89冊（臺北市：新文豐出版公司，1984年），頁344。
141 （清）黃景仁：《兩當軒集》，卷5，頁607。

力氣息。沒有人聲雜音,只有竹林與鳥鳴,凸顯一個人與自然和諧相處環境。藉由「修竹」與「鳥聲」描述,詩人創造一種寧靜、清幽自然氛圍,也在此境中感受內心平靜與放鬆。竹與鳥聲皆自然界中靜謐元素,運用此景象傳達一種隱逸、超脫塵世之情,也表達對紛繁世界的逃避,體現其對佛寺清淨生活之嚮往。

頷聯「幽人正眠覺,稚子解將迎」詩中「幽人」指生活在山林中、遠離塵世之人,指隱士或追求寧靜生活之人。「正眠覺」表示詩人在一個安靜環境中,享受難得寧靜時光,暗示詩人處於一種極為寧靜、無擾狀態,彷彿與外界喧囂完全隔絕。「稚子解將迎」中「稚子」可能是侍者或山中孩童。「解將迎」是稚子知道詩人要醒來,準備迎接他。「解」字反映孩子天真與純樸,與成人寧靜心境形成鮮明對比。二句描繪一個隱逸、寧靜山林生活場景。詩人在此境中休憩,享受屬於自己平靜與安寧,而周圍生活也有序溫馨進行。雖然詩人處於安逸睡眠中,但周圍卻有孩童天真與親切,他們會在他醒來時迎接他。整個場景呈現人與自然、人與人之間和諧共處狀態。藉由「幽人正眠覺」表現自己遠離塵囂、追求內心平靜之佛寺生活狀態。此「幽人」並非孤獨,而是與自然和諧相處,享受獨特寧靜與自在。「稚子解將迎」則體現生活溫馨與和諧。孩子天真單純,不僅讓環境更加親切,也給人一種溫暖與安定感。詩人所描述佛寺生活不是孤寂的,而是充滿自然與人情和諧。藉由簡練語言,呈現一個隱居佛寺山林詩人生活場景,反映其追求寧靜、超脫塵世心境。同時,詩人通過孩子天真與自然環境和諧美,傳達出人與自然、人與人之間的和諧共生,表達詩人對於理想生活嚮往,山中佛寺生活既有寧靜,也有溫馨。

頸聯「香縷斷還續,道書縱復橫」詩中「香縷」是細微香氣,指幽靜、清新環境。「斷還續」意味香氣時斷時續,似乎是在山林空氣中隱隱可聞。此香氣可能來自山中花草、樹木,或是香爐煙霧,給人

一種幽遠、恍若隔世之感。藉由「香縷斷還續」，表現秋天山中氣息變化無常，給人帶來一種寧靜而又不確定感，彷彿自然界一切都在無聲地流動與變遷。「道書縱復橫」中「道書」指佛經經典，象徵詩人心中哲理。「縱復橫」形容此道書文字或哲理，可能時而條理清晰，時而又顯得雜亂無章，彷彿在心中流動。通過「道書」表現思維自由與散漫，表達詩人對於生活、自然與心境感悟，似乎在無拘無束佛學哲理探索中，感受自在心態。藉由「香氣」與「道書」展現詩人內心自在與寧靜。香氣時斷時續，像是詩人心中悠然思緒，而「道書縱復橫」則揭示詩人心靈無拘束與對佛學哲理隨性領悟。在此無強烈外部衝突與緊張感，反而通過這些細膩描寫，令人感受山中佛寺溫和、悠閒心境，於此詩人並無急功近利欲望，而是在靜默中品味生命意義與自然奧祕。此種自由思考，與香氣時斷時續感相呼應，表達心靈上從容與淡泊。

尾聯「昨宵雷雨急，可有毒龍驚」句中直接描述「昨宵」天氣情況，雷聲轟鳴，雨勢猛烈。藉由「急」字凸顯暴風雨之急促與強烈，予人一種自然力量暴烈感。「可有毒龍驚」中「毒龍」是傳統文化中對一些猛獸或災難的象徵，指代雷電或其他自然災難。此「毒龍」被形容為一種可怕存在，予人一種驚恐與威脅之感。而「驚」字表現對此威脅之驚惶與害怕。二句描繪一場急促且猛烈雷雨，表現雷雨中的威脅與危險。此雷電可能會令人產生一種對自然力量恐懼與敬畏。雷雨交加情景令人聯想不祥預兆，彷彿「大自然」本身亦有其不可控制之力量。「毒龍」作為暴風雨象徵，表現自然強大與人類在自然面前之脆弱與無力感。詩人藉由此形象，展現其對自然威力深刻感知，流露對自然不可預測之敬畏與思索。

（二）淼淼煙波獨倚樓

> 搴裳涉芳洲，澤國草萋碧。湘柳搖青春，湘花照顏色。淼淼煙波獨倚樓，楚天望斷木蘭舟。此間自古多離別，日暮江空我欲愁。（100〈題橘洲僧樓〉）[142]

此詩在乾隆三十四年，作者二十一歲遊於湖南長沙時所作。「橘洲」在湖南長沙，是湘江中長島，四面環水，南北綿延十多里長。最早見於南朝詩人鮑照（約414-466）〈紹古辭〉：「橘生湘水側，菲陋人莫傳。逢君金華宴，得在玉幾前」[143]詩句。晚唐詩僧齊己曾在〈謝橘洲人寄橘〉詩曰：「霜霪露蒸千樹熟，浪圍風撼一洲香」[144]。描寫洲上千樹橘子成熟之時，風撼一洲香。又據《山堂肆考》卷二十四記載：「橘洲在長沙府善化縣西，上多美橘，故名。又湘江中有四洲，曰橘洲，曰直洲，曰誓洲，曰白小洲，夏月水泛，惟橘洲不沒，諺云：昭潭無底橘洲浮。」[145]可見橘洲得名，是因洲上多種橘之故。

首聯「搴裳涉芳洲，澤國草萋碧」詩中「搴裳」是提起衣裙要涉水走過溼地，詩人以「搴裳」動作來表達自己即將走進一片芳香四溢、充滿生機之地。此「芳洲」是有芳香草木溼地，即橘州。「澤國草萋碧」中「澤國」是溼地、沼澤地，形容生機勃勃、草木茂盛溼地環境。「草萋碧」指草木生長茂盛，綠意盎然。「萋」字本義為草木叢

---

142 （清）黃景仁：《兩當軒集》，卷2，頁34。
143 （清）沈德潛：《古詩源》卷11，光緒18年夏湖南（1892年）務本書局重刊善本，頁14。
144 （清）康熙聖祖仁皇帝：《御定全唐詩》卷845，收入《摛藻堂四庫全書薈要》，（臺北市：臺灣世界書局，1985年），頁88。
145 （明）彭大翼：《山堂肆考》卷24，收入《景印文淵閣四庫全書》974冊（臺北市：臺灣商務印書館，1983年），頁401。

生，草地上綠色一片，景象十分宜人。詩人透過細膩描寫自己在溼地上行走情景，將一個芳香四溢、綠意盎然溼地呈現在讀者面前，展現自然界美麗與生機，意境悠遠清新，對自然景色讚美。藉由「寒裳」與「澤國草萋碧」，令人感受親近自然、融入自然之情。透過「芳洲」與「草萋碧」描寫，傳達生機盎然景象，草木繁盛場景令人感受清新、舒適氛圍，象徵生命蓬勃與活力。

　　頷聯「湘柳搖青春，湘花照顏色」中「湘柳」是生長在湘江一帶柳樹。柳樹在中國文化中象徵柔美與生命力，而「搖青春」表現柳樹在風中輕輕搖擺姿態，予人一種柔美、生命力旺盛感。「柳樹搖曳」與「青春」相聯繫，象徵春天生機、年輕氣息，或一個人正值青春年華、充滿朝氣。「湘花照顏色」中「湘花」是生長在湘江地區花朵，指荊楚大地上常見花卉，如湘妃竹花、杜鵑等。此「照顏色」描寫花朵鮮豔顏色在陽光下反射出美麗景象。花色彩明麗，映照一個生動、絢麗自然世界。二句將大自然美景與青春活力相組合，通過描寫湘江地區柳樹與花朵，呈現一種朝氣蓬勃自然氛圍。「搖青春」與「照顏色」強調生動、繁榮與美麗，呈展一種充滿生命力景象，彷彿自然界景色與人的青春活力互相呼應。詩中「搖青春」不僅是描寫自然景象，亦暗示青春活力與自然界生生不息。此生命力的碰撞予人一種清新、舒適、充滿希望感。仲則將自然景象與青春氣息結合，顯示人與自然之間和諧關係。自然界中美麗景象，不僅在視覺上引人入勝，同時也激發內心情感與對美好事物追求。二句極具詩意描寫湘江地區自然景色美麗，柳樹搖曳與花朵絢麗色彩象徵青春與生命旺盛，帶有濃厚江南水鄉文化氛圍，帶給人一種充滿活力與美好感覺，通過細膩景象，表達詩人對自然美與青春氣息熱愛。

　　頸聯「淼淼煙波獨倚樓，楚天望斷木蘭舟」詩中「淼淼」形容水面廣闊遼遠，予人無垠之感。「煙波」是薄霧與水波相互交織景象，

顯得迷濛神祕。「獨倚樓」描繪詩人獨自倚在樓上，遙望遠方景象，傳達一種孤獨、寧靜氛圍。詩人描繪自身孤獨依靠在樓上，望著遠方迷濛水面，予人一種蒼茫空曠之感。此非但是自然景色描寫，亦是內心情感映射，展現寂寞與思索。「楚天望斷木蘭舟」中「楚天」即楚地天空，指長江流域遼闊天空，予人廣闊視覺印象。「望斷」代表眼睛看不見遠方的盡頭，暗示詩人心中的渴望與離別感。「木蘭舟」是古代江南常見船隻，用於江水上航行，是詩人對離別之象徵，亦或對遠方某旅途追憶。通過描寫楚地廣闊天空與眼前木蘭舟，體現一種遠望之孤獨感，象徵人生離別、無法抵達之渴望。二句藉由景象描寫傳達詩人內心孤獨與憂傷。孤獨倚樓，望著遠處煙波浩渺水面，心中或有離愁，亦或是對某種無法觸及的理想、目標之渴望。此情感通過自然景色描寫得以昇華。水面遼闊，天空廣袤，但眼前卻是無限寂寞與不捨。藉由「獨倚樓」與「望斷木蘭舟」表達自己在寂寞中遠望情感，此孤獨感讓人產生對遠方、對未來的渴望與追求，同時也充滿離別與不捨。仲則描寫水天一色遼闊場景令人感受自然界無限廣闊，同時也映射人生命與情感之無窮盡。無論是對人生理想之追求，亦或對自然美景之嚮往，皆無時無刻不引發人內心深處反思。詩人藉由描寫煙波浩渺景象與詩人孤獨站立姿態，傳達內心孤寂與對遠方嚮往，生動描繪水天一色景象，充滿寂寞、遠望情感，在自然景色映襯下，展現詩人內心情感波動與自然景色互動。

尾聯「此間自古多離別，日暮江空我欲愁」說明橘洲這江南水鄉自古以來即是一個充滿離別之地，或象徵「離別」之地。詩人借此感慨時空流逝，揭示人生無常，提醒人所有聚散離合皆命運安排。「日暮江空我欲愁」中「日暮」象徵一天結束與黑夜到來。「江空」指江面空無一物，傳遞一種寂靜氛圍。此時詩人站於江邊，見黃昏景象，內心生愁緒，似乎也與周圍景象相呼應，進一步強化離愁別緒之情。

二句通過描寫自然景色與心情互動，傳達詩人對離別感傷以及日暮時分孤獨感。「離別」是此詩主線主題之一，而「日暮」與「江空」是此情感自然寫照。日暮時分，江水空曠，詩人感受孤獨與愁緒更加深沉。此場景與情感交織，使整首詩瀰漫一股淒涼與憂愁。藉由「自古多離別」與「我欲愁」此二句，表達離別帶來深深憂愁。離別是人生常態，然每次離別時帶來愁緒卻如江水般無法抑制，洶湧而來。「日暮江空」象徵時間流逝與人生無常，日暮意味一天結束，而「江空」予人空虛感，似乎一切皆在消逝，無法挽回。仲則通過對江南水鄉黃昏景象描寫，表達內心對離別愁緒。日暮時分，江水空蕩，情感與自然景象交織，呈展人生短暫與無常。詩人在寂靜江邊，感受是無法言表之愁苦與離愁，滲透對生活之深刻反思。

四　結緣佛寺高僧

　　黃仲則在佛寺的接觸中，與高僧結緣，寫下題僧壁詩，如〈題黃荊榻寺壁〉、〈偶題齋壁〉；贈僧詩，如〈李繡川招集廣住庵看桂並贈叢輝上人〉二首、〈偕伯扶上雲遊崇效寺即贈寧上人〉；別僧詩，如〈別松上人〉；題僧畫詩，如〈題曉山上人畫幅〉；謁僧詩，如〈訪曹以南五明寺〉、〈黃山尋益然和尚塔不得偕邵二雲作〉。在本小節筆者針對〈偕伯扶上雲遊崇效寺即贈寧上人〉與〈題曉山上人畫幅〉兩首分別析論之。

（一）老僧喜過客

　　　　春雲開積陰，三五挈遊袂。病餘散腰腳，討春得春意。遠松車蓋形，徑造松下寺。寺古無丹青，地僻匙車騎。棗花錫唐名，田盤印初記。留詠多前賢，展卷墨香醉。頗怪竹坨翁，舊聞闕

編次。老僧喜客過,高談足清思。支郎既該覽,惠公亦強識。千花繙大乘,五家闡精義。獨於南頓宗,別樹一旗幟。孰云成象龍,而必離文字。夕陽轉空廊,竹柏影滿地。欲別淹勝賞,彌留愧塵累。送客齋磬涼,泠然出空翠。(1013〈偕伯扶少雲遊崇效寺即贈寧上人〉)[146]

此首五言古詩,全詩三十句,共一百五十字。作於乾隆四十六年,作者三十三歲。筆者依詩意分成四段來論述之。

第一段八句,首聯「春雲開積陰,三五挈遊袂」開首描寫春天雲彩不同於其他季節,帶有生氣與希望。「開積陰」描寫春雲打開原本積壓的陰霾,象徵春天帶來明朗、清新,驅散冬季的寒冷與黑暗。此變化代表季節輪替,也象徵希望到來,或負面情緒消散。「三五」是三五個人,在春天氣息中,仲則偕友一起外出遊玩。「挈遊袂」中的「挈」是攜帶、引領之意,「遊袂」是衣袂飄揚,表現作者在春天輕鬆愉快外出遊玩,衣袂飄揚,身姿輕盈。此描寫展現一種自在、悠然心情,詩人在春光中漫步,隨著步伐輕快,衣袂飄動,顯得生動而輕盈。二句表達對春天喜愛與對自然景色欣賞。春雲的開散象徵新生與希望,而仲則偕友遊玩展示輕鬆與自在。藉由春景與人物舉止,傳達春天帶來的心境上釋放與愉悅。在漫長的陰霾過後,新的希望與生機總會到來,應放下負擔,順應自然,享受當下美好。

三、四句「病餘散腰腳,討春得春意」詩中「病餘」指病情痊癒或康復之後,詩人通過「散腰腳」表達身體恢復後逐漸放鬆狀態,指身體僵硬部分開始放鬆,恢復自由活動的能力。「散」字具鬆弛、輕鬆之意,象徵病後逐漸恢復的舒暢感受。「討春」表示尋找追求春

---

146 (清)黃景仁:《兩當軒集》,卷15,頁375。

天，詩人經過一段時間病痛折磨後，渴望重新感受春天氣息，重新融入自然生命力。而「得春意」意味詩人終於獲得春天的生機與溫暖，身心從病痛陰霾中走出來，感受春天氣息與大自然恢復力。「春意」是春天的溫暖、陽光，或春天給人帶來新的希望與活力。藉由「病餘散腰腳」與「討春得春意」此二意象，表達身體從病痛中恢復過來的過程，以及心境隨之回升、迎接春天到來，通過感知身體放鬆與春天氣息，感受一種從困境到復甦轉變，藉由與春天的對比，反映病後身體與心靈的雙重恢復。二句蘊含對生命力感悟與對自然變遷的反思。春天象徵著重生、希望與新生，藉由描寫病後的恢復與春天到來，展現生命的頑強與自然的輪迴，不僅表達身體恢復，更傳達即使在人生低谷逆境中，新希望與力量終究會到來，具濃厚生命感悟。

　　五、六句「遠松車蓋形，徑造松下寺」二句描寫遠處松樹勾畫出一種空靈、清遠的意境。而「車蓋形」是描述松樹枝葉的形狀。松樹枝繁葉茂，形成一種像車蓋一樣形狀，象徵松樹遮蔽著四周，提供靜謐、安全庇護感。沿著小路走向松樹下的寺廟。「松下寺」應是依松樹而建的寺廟，或松樹旁邊的廟宇。松常與寺廟、禪宗聯繫在一起，象徵清淨、靜謐的修行環境，故此描寫通過「松」與「寺」結合，傳達詩人尋求內心寧靜與對禪宗智慧的嚮往。「松」代表堅韌、清幽，不僅是自然界象徵，其堅定生命力也反映禪宗追求內心平靜、無所執著的精神，而「松下寺」作為精神歸宿，象徵清淨、無為與超脫。仲則描述自己走向松下寺的場景，表達其追求禪意的哲理，渴望在靜謐中尋求內心安寧，逃離塵世紛擾，回歸自然與精神之寧靜。

　　七、八句「寺古無丹青，地僻趁車騎」詩中「寺古」指此座寺廟歷史悠久，具古老氣息。「無丹青」表明此寺廟無華麗裝飾、色彩斑斕的壁畫，予人一種樸素、簡潔之感，此為禪宗的精神，摒棄繁華，追求內心寧靜與純粹。「地僻」指寺廟所在偏遠，遠離喧囂市集，屬於

一個僻靜角落。「尠」是「難」之意,「尠車騎」表明此處交通非常不便,僅少數有意尋訪之人才能到達。以此地理環境強化寺廟的孤獨與清幽,凸顯其與世隔絕的特點。二句描寫此寺的古老、簡樸與偏僻,傳達詩人對寧靜生活之嚮往。寺廟樸素無華與偏遠之地,意味遠離塵世繁華與喧囂,是精神上淨土,呈展一種清淨、孤寂的精神追求,體現禪宗追求簡樸、內心寧靜與自我超脫,簡樸、回歸本真的精神內涵。藉由對寺廟「古無丹青」與「地僻尠車騎」描寫,展現一種寧靜、簡樸、與世隔絕的生活態度。寺廟的簡樸與偏僻,正是禪宗所言回歸本真、超越浮華的象徵,二句表現對寧靜、超脫與禪意的嚮往。

第二段從「棗花錫唐名,田盤印初記。留詠多前賢,展卷墨香醉。頗怪竹垞翁,舊聞闕編次。老僧喜客過,高談足清思」八句,開始進入主題介紹崇效寺名稱由來,「棗花錫唐名,田盤印初記」詩中「棗花」指棗樹花朵,棗樹是常見果樹,棗樹開花一般比較普通,但有其獨特香氣與美麗,在唐代是田園農村樹種。「崇效寺」唐時所建,舊名「棗花寺」,以花卉著名京城,清代初期以棗花出名。此語意旨崇效寺以棗花出名。「田盤」指田地的歷史記錄,「印初記」指初次記錄、標記的印記,或是某事物的首次記載。二句合觀意味「棗花」與「崇效寺」有高度相關的歷史文化痕跡。通過「棗花」與「田盤」兩個意象,表達詩人對傳統、歷史與文化關注。從一個看似平凡的自然景象(棗花)與歷史記載(田盤)中,傳達詩人對地方文化、歷史遺存與傳統的敬重。崇效寺的棗花不僅是自然象徵,更是從唐代以來文化傳承的象徵,而田盤的初始記載,也代表歷史積澱與延續。詩人在此通過這些具象描述,表達對時間流逝與文化傳承的深刻感悟。

「留詠多前賢,展卷墨香醉」詩中「留詠」意味這些前人詩篇仍被傳頌,且對後代產生深遠影響。詩人對這些古人詩歌、思想的推崇與讚美,通過這些作品來汲取智慧與力量。藉由「展卷」,詩人進入

前人詩文世界，感受其中智慧與情感。「墨香」代表書法或文學作品氣息。此「醉」指陶醉、沉浸於詩文中那種愉悅、忘我狀態。詩人通過「展卷」進入了古人智慧世界，沉浸在「墨香醉」之中，體會精神上愉悅與陶醉，與古人心靈產生共鳴。此陶醉並非來自世俗享樂，而是來自於精神世界的充實與滋養，體現對文學、歷史與文化積澱的熱愛。

「頗怪竹垞翁，舊聞闕編次」詩中「竹垞翁」指明末清初的朱彝尊（1629-1709），號竹垞，有《日下舊聞》一書四十二卷，「日下」指京城（北京），是記載當時關於北京歷史、地理、城坊、宮殿、名勝等方面的古籍反映了詩人對於時間流逝中知識和記憶遺失的遺憾，對「竹垞翁」朱彝尊著述《日下舊聞》書中對於「崇效寺」相關舊聞缺失，未能被完整記錄下來的歷史或人物事蹟的遺憾與困惑，在高申〈存疑的隋唐寺廟傳說〉一文記載：

> 朱彝尊的《日下舊聞》中，曾提到崇效寺是在「唐貞觀元年（627年）所建佛寺舊址」重新建造的。之所以認定崇效寺建造於這一年，只因清代中葉尚留存的一通古碑。這通古碑由明代嘉靖年間鄖陽府知府夏子開所撰，文中寫道：神京之宣武門外，古剎一座，創自唐貞觀元年，宋元末因罹兵火，日就傾頹。至正初為好善者重葺，賜額曰崇效。[147]

由上可知朱彝尊的《日下舊聞》有記載到崇效寺創唐貞觀元年，宋元末因兵火而傾頹，至正初重葺，才有崇效寺之名。仲則通過此二句反

---

147 高申：〈存疑的隋唐寺廟傳說〉發表於二○二三年五月二十四日「北京晚報」網址：https://www.beijing.gov.cn/gate/big5/www.beijing.gov.cn/renwen/lsfm/202305/t20230524_3111775.html（查詢日期：二○二四年十月三日）

映對於歷史遺失的痛惜,同時也傳達對那段記憶渴望被完整記錄下來的情感。

「老僧喜客過,高談足清思」詩中「老僧」指寧上人,「喜」意味寧上人對於仲則這些人的到來感到歡迎與愉快。詩中「高談」不僅一般對話,而是指一種超脫於世俗、充滿智慧與思索的對話,有深度哲理的討論。通過此種深入交流,能激發出清淨與高遠思考。二句描寫老僧與仲則之間的交流,老僧歡迎仲則的到來,因他們的高談讓他能夠深入思考,觸發更高層次的思維與清淨心境。通過此情景表達通過高品質的交流來獲得智慧、啟迪與心靈的淨化。體現一種恬淡、寧靜心境,表現老僧的內心世界。詩中的「老僧」與「客人」之間的互動表現禪意的高遠,溫馨且充滿智慧,流露超脫世俗氣質。通過「高談」與「清思」傳達人與人之間通過智慧交流而帶來心靈上的滿足與昇華,呈顯詩人對清淨與超脫世俗的生活態度的嚮往。

第三段從「支郎既該覽,惠公亦強識。千花繙大乘,五家闡精義。獨於南頓宗,別樹一旗幟。孰云成象龍,而必離文字。」八句開始介紹佛教高僧、禪宗思想。「支郎既該覽,惠公亦強識」詩中「支郎」是三國時期高僧支謙,據明代心泰編《佛法金湯編》中引《弘明集·釋教錄》記載曰:

> 謙。字恭明。月氏國人。為優婆塞。獻帝末避地歸吳。權召見。高其才。拜為博士。固辭不受。謙博覽經籍。通六國語。為人頎瘠而黑。眼白瞳黃。時人語曰。支郎眼中黃。形軀雖小是智囊。謙受業於支亮字紀明。亮受業於支讖。世稱之曰。天下博知。無出三支。謙譯經八十八部(弘明集·釋教錄)。[148]

---

148 (明)心泰編:《佛法金湯編》卷1,《卍新纂大日本續藏經》第87冊,No.1628,頁30。

由上可知支謙博覽經籍，仲則引支郎來讚美寧上人的博覽經籍。而「惠公亦強識」詩中「惠公」指禪宗六祖惠能（慧能），唐初期高僧。自幼砍柴為生，終生不識一字，不會寫字。其唯一著作《六祖壇經》是由門人弟子對其生前言論記錄。然在中國佛教著作中，唯有六祖惠能《壇經》被尊稱為「經」，其他人著作只能稱「論」，足見其在中國佛教史上地位崇高。「強識」是具有非常強識見，不僅具備良好智慧，還能進行獨立思考與判斷。「惠公」具有強大識見，能識別事物本質，具卓越見識與智慧。二句傳達對「支郎」與「惠公」兩位人物尊敬，尤其是對「惠公」強大智慧之讚美。通過對此兩位人物描寫，表達對寧上人欽佩，並強調「見識」與「識見」的重要性。藉由此二位高僧揭示人應當具備知識與智慧。無論是「支郎」的博覽見識，還是「惠公」的強大識見，都體現知識與智慧在人生中的重要作用，尤其是在面對複雜人事時，智慧的判斷尤為關鍵。

「千花繙大乘，五家闡精義」詩中「千花」是萬象多樣的形態，代表多種多樣的佛教思想教義，而「大乘」是大乘佛教，佛教一個重要流派，強調普渡眾生的菩薩道與普遍解脫。「繙」有翻轉、展開之意，表示這些眾多教義與思想最終匯聚成大乘佛教的理念，眾多佛法之花最終開花結果，皆歸於大乘佛法的核心教義。「五家」指禪宗五大宗派，是唐代五家禪宗派系：曹洞宗、臨濟宗、雲門宗、法眼宗和馬祖宗。「闡精義」即對五家禪宗的深刻闡述，揭示其核心思想與精髓。表達了大乘佛教教義的廣泛傳播與五家禪宗的精義被闡發與傳承的情景。詩人通過「千花繙大乘」表現佛教思想的多樣性和廣泛性，而「五家闡精義」則強調禪宗各派對佛法深刻的理解與傳承。二句體現佛教思想中「眾生平等」觀念，表現大乘佛教包容多樣的教義，同時也強調各個禪宗流派在精義傳承上的重要性。可見佛法無所不包，具包容性與廣闊性，每個流派教義皆能共同指向智慧與解脫的最終目

標。此詩對佛教教義,尤其是大乘佛法與禪宗教義的深刻敬仰與推崇,並傳達佛法包容萬象、引導眾生解脫之哲理。

「獨於南頓宗,別樹一旗幟」詩中「南頓宗」是禪宗的「南宗」,由惠能(慧能)大師所創立的南宗禪。惠能的禪學理論提倡頓悟,認為人人皆可成佛,不需依賴複雜的經文與繁瑣的修行儀式,強調直觀的頓悟體驗。「獨於」是表示南宗禪在眾多禪宗流派中具有獨立性與獨特性,凸顯其在禪宗中特殊地位。「別樹一旗幟」象徵著獨特與獨立的立場學說,南宗禪在禪宗的發展中,在惠能帶領下,形成不同於其他宗派的修行方法,特別是強調「頓悟」,此頓悟即是直接的、立即的智慧啟發,不依賴於文字教義的修習,而是注重心靈的直接體驗與覺悟,追求即刻真理與自由的哲學思想,試圖擺脫一切外在形式的束縛,直接接觸內在的真理,標榜自己特色理念,與其他宗派教義有所區別,具獨立思想方法,獨樹一幟,仲則對南宗禪的讚揚與肯定。

「孰云成象龍,而必離文字」二句深刻反映禪宗思想中關於「言語道斷,心行處滅」理念,強調超越語言文字,直接體驗與領悟真理的思想。詩中「象龍」中「龍」作為一種象徵,代表某種深遠智慧、力量或超凡脫俗境界。「成象龍」指成就形象的龍。詩中「象」有「形象、顯現」之意,而此句中的「孰云」是反問語氣,意指誰說可以通過某種方式來成就這種象徵性的龍(智慧或覺悟)?暗示某種誤解或不完全的觀念,可能是在懷疑通過文字和言語的表達就能夠達到真正的覺悟和智慧。「離文字」是禪宗中一個核心思想,指超越語言和文字的束縛,直接觸及心靈與真理的本質。禪宗提倡「不立文字,教外別傳」,即認為語言與文字是無法完全傳達佛法的真諦,必須通過直觀的體悟與內心的覺悟來達到真正的理解。禪宗強調的是「以心印心」的傳遞,而非依賴於文字的形式。二句表達禪宗對語言與文字局限性的深刻思考,強調只有超越語言和文字的束縛,才能真正「成

象龍」,即達到智慧境界。仲則在此探討禪宗「無文字」思想。禪宗認為,所有的文字和語言最終都只是指向真理的工具,而不是最終的真理本身。真理、智慧、覺悟都是無法完全通過語言表達的,必須通過內心的直接體驗去領悟,說明禪宗主張通過直接的心靈體驗和頓悟來感知真理,而不是通過言語的表達與知識的積累,質疑那些認為可以通過文字來成就覺悟的觀點,強調超越文字與概念的真正自由。

最後一段六句從「夕陽轉空廊,竹柏影滿地。欲別淹勝賞,彌留愧塵累。送客齋磬涼,泠然出空翠」開始別僧準備歸程。「夕陽轉空廊,竹柏影滿地」描寫一種傍晚氛圍,夕陽照射到空曠走廊,光線慢慢變化,帶有寧靜氛圍,以及竹柏樹影在地面上延展的畫面,竹影細長而輕盈,柏影較挺拔莊重,影子交織給畫面增添層次感,表現寧靜、和諧自然景象,呈現安靜、溫暖黃昏時刻,暗示時間流逝、自然輪迴與內心平靜。而夕陽光輝與竹柏影子映襯出一種柔和而沉靜氛圍,予人一種平和與安慰感受。夕陽象徵生命流逝、時間無常,而竹柏影子代表自然的恆久與堅韌。整個畫面展示時間與自然的對比,給人以思索與沉澱的空間。充滿詩意,也富哲學意味,提醒我們珍惜當下,感悟時間與自然的流動。

「欲別淹勝賞,彌留愧塵累」詩中「欲別」是「想要離開」或「準備離開」。「淹」在這裡表示「延遲」,指詩人在離開之前因某種原因而停留,可能是因為捨不得離開眼前美景。「勝賞」指賞心悅目景色。「欲別淹」表明詩人原準備離去,卻因景色吸引而停留片刻。「塵累」指塵世煩惱與束縛。詩人因為沉浸於美景,而不由自主地延遲離去,心中感到愧疚,因他意識到自己應該脫離塵世紛擾,而不應被這種短暫美景所困擾。二句描述詩人在面對美麗景色時的矛盾心理,雖欲離去,卻因不捨而停留,而此停留又令其產生對自己被塵世煩惱束縛的愧疚與自省。詩中透露出一種對於美好景致的眷戀,以及

對世俗煩惱和自我放縱的深深反思，流露一種對自我約束的內心掙扎。揭示人在享受美好事物時常面臨道德或精神上的矛盾：一方面，沉浸於眼前享樂；另一方面，卻感到內心不安與愧疚，因為知道自己應該擺脫塵世誘惑，追求更高遠目標。仲則反映人類對美好事物的嚮往與對塵世束縛的反思，同時也探討享樂與責任、瞬間與永恆之間的哲理衝突。

尾聯「送客齋磬涼，泠然出空翠」詩中「齋磬」是指寺院中法器磬，用以表示禪宗或僧侶生活。磬聲清涼、空靈，於宗教場合，帶有安撫心神作用。「涼」是清涼的感覺，引申為心境清涼與平靜。整體而言描繪一個寧靜、清涼的送別場景，傳達和諧、平靜之情感氛圍。「泠然」形容聲音清脆、清冷，亦指空靈、清雅氣氛。「空翠」是空曠中透出的山中翠綠景象，形容空靈、清冷環境，其中的聲音與景象皆具靜謐與遠離塵囂之特質。通過送別的場景，表現一種寧靜、清涼的氛圍。送別時，寺院中的磬聲清涼悠揚，周圍的自然景色也顯得空曠而翠綠，傳遞出一種禪宗的安寧與清幽。這種環境讓人心境平和，彷彿一切煩惱都在這一瞬間消散。傳遞一種深深的寧靜和安慰。送別的場面並不悲傷或沉重，而是充滿了清涼、清雅的氛圍，似乎通過禪宗的力量達到了內心的平和與超脫。它既有送別的溫馨，也充滿了對自然的感悟與與世無爭的禪意。體現了禪宗中的「空靈」與「寧靜」思想，表達禪宗追求內心清淨、超脫塵世紛擾的精神境界。寺院的磬聲象徵著超越塵世的聲音，翠綠的自然景色象徵著自然的純淨和無私。整句詩表達離開塵世追求，強調在自然中尋求寧靜與清明，同時也體現禪宗中「心靜如水」境界。以寧靜、清涼的場景描繪送別，傳達禪宗中對心境平和與自然寧靜的追求。「磬聲」與「翠綠景象」相互交織，形成一種空靈、超脫氛圍，提醒人們在紛擾世界中尋找內心的清淨與寧靜，體現深厚的禪宗思想。

(二)披圖忽忽感前塵

夙昔煙霞意最親，披圖忽忽感前塵。雲林如此真幽絕，可有讀書長嘯人？（191〈題曉山上人畫幅〉）[149]

「夙昔煙霞意最親，披圖忽忽感前塵」詩中「意最親」意味與此山水景色有著深厚感情與親近感。描寫詩人回憶起過去，似乎那些山水景色是他最親密朋友，予其帶來安慰與寄託。「披圖忽忽感前塵」中「披圖」指翻開地圖、畫卷等，在回顧舊時景象、歷史。藉由「忽忽」一詞，詩人表現回憶之突如其來以及隨之而來的情感波動。「感前塵」中「前塵」指過去塵事、往事，詩人看著此幅圖，忽然感受往昔種種事物，思緒回到那些已過去時光。二句表達對往昔時光的回憶懷念與感慨。回望過去歲月，那些美麗自然景色，似乎是其心靈寄託。藉由「煙霞」此意象，詩人表達對自然景色親近，同時亦隱含其對過去時光之留戀與不捨，回憶中的「煙霞」景色成為其心靈寄託，而「披圖」又觸發其對過往歲月之深情回望。「披圖忽忽感前塵」表達時光流逝，往事如煙，看著圖畫，過去影像、記憶與生活點滴，像是突然湧上心頭，帶來一絲難以言說之感傷。此情感揭示人與時光間之無奈與感傷，過去種種，早已成「前塵」。藉由「煙霞」與「前塵」二意象，表達對自然景色喜愛與對過去生活眷戀，同時亦揭示時間流逝令人產生感傷與無奈之情。

「雲林如此真幽絕，可有讀書長嘯人」詩中「雲林」是雲霧繚繞、深邃幽靜的山林，是隱逸者理想居所。「真幽絕」中「真」加強「幽絕」之意，意味此地非常幽靜、與世隔絕，超凡脫俗。此「雲林」不僅代表自然景色，亦象徵詩人追求寧靜與理想隱居生活。「可

---

149 （清）黃景仁：《兩當軒集》，卷3，頁64。

有讀書長嘯人」詩中「長嘯」指長時間的呼嘯或長聲歎息，即對人生態度之表達，指詩人對讀書人或士人的自我修養與思考。在如此幽靜雲林中，是否有人像我一般，能忘卻塵世喧囂，專心讀書，且高聲長吟、抒發心志？仲則通過描繪雲林幽靜，表達對理想中隱居生活嚮往。山林不僅是避世棲息地，更是一個能靜心讀書、獨立思考處。「可有讀書長嘯人」，是對隱士生活嚮往，也是在問自己是否能夠超脫塵世，像那些讀書求知者般，保持心境寧靜與清高。仲則提出此問題，也可視作是對自己孤獨反思。在那喧囂時代，追求寧靜、安逸與知識之讀書人變得稀少，或許在感慨，是否還存在能在這片寧靜雲林中尋求智慧者，故此句亦有一種孤獨感，表達詩人對理想境界嚮往，以及對現實環境中士人生活不易。二句詩既描繪自然靜謐，亦表達對讀書人理想生活之讚美與渴望。「雲林幽靜」與「讀書長嘯」的問句，構成一種理想與現實之間的對比，反映詩人對山林隱逸生活之追求，以及對塵世紛擾之厭倦。

　　黃仲則無論是特地前往佛寺中養病，或生活困窘行旅中借宿佛寺，或遊歷名山佛寺，或與佛寺中高僧結緣，皆留下不少與佛禪書寫相關詩歌，可見黃仲則對於生命無非是苦，無論是因病特地前往「寺中養病」，或長年在外行旅因「困窘旅宿佛寺」、或獨行或偕友「遊歷名山佛寺」，或因訪寺而「結緣佛寺高僧」，故有大量主體性的參與佛寺、有機緣飽覽佛家經典，甚至禪坐禪修，如此感染讀者相信詩人是有高度自覺的，企圖想達究竟圓滿覺悟，消滅身心貧病之苦。

第二節　人性化關懷

　　詩歌的抒情精神是一縷神聖之音，是一種苦厄中懷著希望之情。黃仲則詩歌中除個人小我情愛外，更可見大量至死不忘憂國憂民、匡

時濟世之社會關懷詩篇，尤其在佛禪書寫詩篇中出現有如人間菩薩的精神。黃仲則禪宗思維是承襲六祖惠能南禪法脈而來。六祖惠能（638-713年），亦作慧能，生於唐代嶺南道新州（今廣東新興縣），由禪宗五祖弘忍親授衣缽，世稱禪宗六祖。惠能始創漢傳佛教禪宗南宗，是為曹溪禪。惠能將佛教以前所有經典，全歸於自性中「一念」由迷轉悟，是佛教從印度傳入中國四百年後，一大轉變的關鍵代表人物，是中國人文本位精神的代表者。錢穆先生說：「中國思想史裏的神，卻永遠是人生的。」[150]可見中國人的主體精神是「人」，不是「神」。錢穆先生又說：

> 禪宗只就人的本心本性指點，就生命之有情處下種，教人頓悟成佛。此種教義，遠從生公以來，是中國思想裏的人文本位精神滲透到佛教裏去以後所轉化表現出來的一種特色與奇采。若我們講禪宗，必要從達摩祖師講起，那將把捉不到中國思想之固有的特殊精神。但此種精神，也必然要輪到一位蠻荒偏陬不識字人的身上，纔始能十足表現。[151]

上述所言錢穆先生雖認為「直指人心」、「頓悟成佛」教義是從竺道生而來，但六祖惠能是能將佛教的宗教崇拜性與出世性，一轉成平等性與入世性，將中國人的傳統精神完全從佛教裏解放，正如其《中國思想史·慧能》一文所說：

---

150 錢穆：《中國思想史·慧能》，《錢賓四先生全集》(24)（臺北市：聯經出版事業公司，1998年），頁151。
151 錢穆：《中國思想史·慧能》，《錢賓四先生全集》(24)（臺北市：聯經出版事業公司，1998年），頁151-152。

六祖只把人心的知見，完全從外在、他在的對象中越離，而全體回歸到內在、自在的純粹知見即心本體上來。此一心本體，卻是絕對平等的。宗教必然帶有崇拜性，到六祖始說成絕對平等。宗教必然帶有出世性，而六祖卻說成不待出世。知見只是在此世中的知見，只不著於此知見而已。六祖這些說法，已把佛學大大轉一彎，開始轉向中國人的傳統精神，即平等的，即入世的。即完全是現世人文的精神。也可說，到六祖，中國人的傳統精神完全從佛教裏解放。[152]

錢穆先生相當推崇六祖將佛學大大轉一彎，絕對平等，宗教不待出世，是現世人文的精神。乾隆時期政治威嚴，文字獄嚴酷程度達到中國歷史高峰，如此高壓的政策下，知識分子多專注於考據、音韻、訓詁之學。清史研究學者蕭一山言：「有民族思想的學者，在異族的鉗制政策下，不甘心作無恥的應聲蟲，又不敢作激烈的革命黨，自由研究學目，也怕橫攖文網，那還有什麼辦法？只好明哲保身，尚友古人，向故紙裡去鑽了」[153]。然而對於宗教政策相對寬鬆，廢除度牒制度，允許僧尼自由出家，成為「文人精神」避世之所，黃仲則與為數不多的知交頻頻招集於佛寺僧齋的一個緣由，其盛世悲音披上一層佛教的慈悲。正如龍樹《大智度論》卷二十七所言：「慈、悲是佛道之根本」[154]，「慈」是愛護眾生，「慈念眾生，猶如赤子」[155]；「悲」是憐

---

152 錢穆：《中國思想史‧慧能》，《錢賓四先生全集》（24）（臺北市：聯經出版事業公司，1998年），頁159-160。

153 劉金同、馬良洪、高玉婷等：《中國傳統文化》（天津市：天津大學出版社，2009年），頁210。

154 （印度）龍樹造，（姚秦）鳩摩羅什譯：《大智度論》，《大正新脩大藏經》第25冊，No.1509，卷27，頁256下。

155 （姚秦）鳩摩羅什譯，張新民、龔妮麗注譯：《法華經今譯》（北京市：中國社會科學出版社，1994年），頁350。

憫眾生,拔除苦難,「以大悲法化眾生」[156],為世除憂之悲心體現。

乾隆時號稱盛世,社會表面上繁榮景象,實際上卻暗藏危機,尤其後期旱災、蝗災連年不斷,救濟災民的賑款被貪官侵吞,災民流離失所,如〈鄧家墳寫望〉:「浸城獻三版,徙宅空千村。頻年苦蝗旱,此患匪所云。但見途路旁,野哭多流民。」[157]、〈春穀道中〉:「人因地瘠多飢色,鳥為天空有去心」[158]、〈渦水舟夜〉云:「但見流民滿淮北,更無餘笑落陽城」[159],以及〈車中雜詩二首其二〉:「何乃塗路間,雁戶紛成群。扶攜雜老稚,負擔兼瓶盆。奔號乞一錢,遮攀礙雙輪。人飽爾獨飢,歲富爾亦貧。」[160]仲則在車中所見路旁景象,豐年亦有人乞食。黃仲則對下層人民之苦的心境有著深切同情,甚至自己無奈長飢,但面對新僕卻能仁義相待,因她也是人家父母骨肉,如〈新僕〉云:「新買孤雛瘠不肥,未來先為製寒衣。桀驁野性馴猶苦,嚅囁方音聽總非。爾輩何求惟一飽,主人無奈亦長飢。憐渠骨肉猶人子,詎忍輕施夏楚威?」[161]新買的小僕是飢寒交迫,吃不飽又沒寒衣,然而詩人也是衣食不周的,對這個孩子卻能充滿同情,雖然他野性難馴,也不忍責打,心中並無階級觀念,眾生平等,對新僕尚且如此,何況老僕,在〈老僕〉一詩云:「飄零應識主人心,仗爾鋤園守故林。數載相隨今舍去,江湖從此斷鄉音。」[162]相隨數載,詩人信任老僕,家中事務全託付老僕,視為自己親人。又〈入市〉曰:「前

---

[156] (姚秦)鳩摩羅什譯,幼存、道生注譯:《維摩詰經今譯》(北京市:中國社會科學出版社,1994年),頁94。
[157] (清)黃景仁:《兩當軒集》,卷11,頁270。
[158] (清)黃景仁:《兩當軒集》,卷4,頁102。
[159] (清)黃景仁:《兩當軒集》,卷11,頁281。
[160] (清)黃景仁:《兩當軒集》,卷15,頁372。
[161] (清)黃景仁:《兩當軒集》,卷11,頁273。
[162] (清)黃景仁:《兩當軒集》,卷3,頁69。

途且語車中人,但逢小兒莫怒嗔,家中各有堂上親」[163],雖然自身很少得到溫情,但對比他更需要幫助的人卻懷有一種人道主義情懷。此外,面對社會中貧富不均的現象有著深切的感受,如〈驟寒作〉云:「富人一歲獨苦暑,寠人四時惟畏涼」[164]、〈春城〉云:「共此日光裏,哀樂胡不均?……若語東西家,哀樂稍可勻。」[165]雖自己身處窮困,卻進而更加同情苦難中的黎民百姓,正如〈鋪海〉一詩所言:「我欲雲門峯,化為并州刀。持登天都最高頂,亂剪白雲鋪絮袍。無聲無響空中拋,被遍寒士無寒號。」[166]仲則親身體驗下層寒士飢寒交迫的痛苦生活,真切感悟芸芸眾生苦境,詩人有著美好的願望,希望將雲剪裁作狐裘,讓天下窮人都能穿上寒衣,推己及人如〈驟寒作〉曰:

秦歲首後七日夜,五更不周風發狂。殷山萬竅拉枯木,壓地徑寸堆酸霜。千門蝟縮盡嗟息,聲薄冷圭成白光。去冬途中敝黑貂,今秋江上典鸊鵜。多年衣絮凍欲折,氣候有爾自不防。富人一歲獨苦暑,寠人四時惟畏涼。漸愁空牆日色暮,豫恐北牖寒宵長。誰將彤雲變孤白,無聲被遍茅簷客。[167]

「秦歲首後七日夜,五更不周風發狂」詩中秦曆即中國傳統歲曆,「七日」是農曆年初的一周後。「五更」是從午夜到清晨的時段,此時狂風突如其來,表示風猛烈、不可預測。開首二句寫出寒害發生時間,在農曆新年的第七天夜晚,五更時分,突然刮起狂風,形容外

---

163 (清)黃景仁:《兩當軒集》,卷6,頁151。
164 (清)黃景仁:《兩當軒集》,卷2,頁58。
165 (清)黃景仁:《兩當軒集》,卷5,頁121。
166 (清)黃景仁:《兩當軒集》,卷5,頁135。
167 (清)黃景仁:《兩當軒集》,卷2,頁58。

在環境氣候劇烈波動。「殷山萬竅拉枯木,壓地徑寸堆酸霜」詩中「殷山」是象徵荒涼之地。「萬竅」指山中的裂縫、溝壑,象徵極度的荒廢與破敗。「拉枯木」形容殷山中荒廢與破敗景象,極其枯萎,無生氣。「壓地」是壓迫沉重狀態,「徑寸」是非常短距離,強調壓迫的沉重程度,「酸霜」象徵冰冷、嚴寒與荒涼,象徵苦難悲傷。接續二句描繪一種強烈、無情的自然力,它壓迫大地與生命,帶來苦難與不安。

「千門蜎縮盡嗟息,聲薄冷圭成白光」詩中「千門」象徵成千上萬的家庭,「蜎縮」形容人們在困境中陷入恐懼、無助,退縮不前狀態。「盡嗟息」指每個家庭都在歎息,聲音瀰漫,感到無比絕望,歎息聲遍地,象徵全社會的苦難與無奈,表現出社會困苦、百姓恐懼與無助。「聲薄」指聲音很微弱,幾乎聽不見,在此指人民的吶喊聲消失無聞。「冷圭」指冷漠、冰冷的法律與權威,象徵朝廷失去權威與溫暖的庇護,人民的疾苦得不到回應。儘管有聲音,但那些聲音變得微弱無力,彷彿冷冰冰的權力與法律早已失去人性,只剩下空洞白光。反映社會中的壓迫與冷漠,政府已無法給予人民任何希望與安慰,以強烈象徵手法,揭示百姓的無助。「去冬途中敝黑貂,今秋江上典鷫鸘」二句表達仲則在去年冬天途中生活的艱難與貧困,穿著破舊衣物,象徵個人在困境中的艱辛,對自己生活的自嘲感慨。而仲則到了今年秋天不得不賣掉自己的東西以維持生計。「多年衣絮凍欲折,氣候有爾自不防」通過衣服的「凍欲折」來表現仲則漂泊在外期間的貧困和困苦,長時間無適當的補給,身上衣服早已無法抵禦嚴寒,形成一種非常無奈困境。天氣如此寒冷,仲則在外生涯中並未能提前防備,由於處於極端困境之中,無足夠資源與能力以應對此突如其來的嚴寒,表現其生活不安與無助。不僅面臨外部的嚴寒與貧困,而且對此突如其來的不幸與困境感到難以控制,除了反映個人生活艱

難外,更隱喻百姓的苦難。

「富人一歲獨苦暑,窶人四時惟畏涼」二句描寫富人一年四季過得很舒適,唯一困擾就是夏天的酷熱。「獨苦暑」有對比之意,暗示雖然富人沒有貧困帶來的實際困擾,但也有季節性的困擾。而貧窮的人四季都生活在寒冷威脅中,全年都在懼怕寒冷的侵襲,寒冷是他們生存的最大挑戰,反映仲則對百姓疾苦的深切同情與關注。「漸愁空牆日色暮,豫恐北牖寒宵長」詩中藉由「漸愁空牆」與「日色暮」表達詩人內心逐漸升起的憂愁與孤獨感。隨白天結束,心情也越加沉重,周圍環境的荒涼使得此情感愈加明顯。甚至詩人預感到即將到來的寒冷夜晚,心中對漫長冬夜的憂慮愈加深刻,「北牖寒宵長」構成更孤寂與困境的象徵。

「誰將彤雲變孤白,無聲被遍茅簷客」末聯通過「彤雲變孤白」來表達情感的變化,原本象徵溫暖與希望的「彤雲」逐漸變成孤單的白雲,暗示一種失落或失去的情感狀態,以此變化比喻心境的轉變,從充滿希望到孤寂無望,然而下句轉成,這些無聲的白雲悄然覆蓋整個貧困者茅屋的屋簷,在失望中又保留一線生機,流露出慈悲心懷。全詩通過細膩的自然描寫與生活感悟,反映秋夜冷清與寂寞,以及貧苦百姓對寒冷的無力應對。仲則在描述個人感受的同時,也對社會貧富差距進行深刻反思。整體氛圍淒涼而深沉,道出百姓貧寒生活困境,末句一轉,用悲憫慈愛心懷讓悲慘世界留有一線希望。

此詩雖非佛禪書寫的詩歌,但詩中「誰將彤雲變孤白,無聲被遍茅簷客。」此與詩聖杜甫〈茅屋為秋風所破歌〉曰:「安得廣廈千萬間,大庇天下寒士俱歡顏」[168]一樣有著慈悲眾生心,非只關心一己貧困,更是念及蒼生百姓,有著佛家寬廣慈悲胸懷。「心靈反映出整個

---

168 (清)楊倫:《杜詩鏡銓》(臺北市:天工書局,1994年),頁364。

世界的人，在某種意義上，和世界一樣偉大。」[169]人世間有太多貧苦眾生，有著冷漠孤獨、汙濁不堪、世態炎涼的社會，心懷濟世之志，胸有錦繡詩句，而心性傲骨的仲則貧病悲憤於此生，徜徉寺院山水林間，欲淨化身心，其詩作更是呈顯出佛家悲憫精神，更是人格和本心具象化的體現。

　　仲則詠物詩中呈展對自然萬物的同體大悲，仲則慈悲情懷不單對於人類，也遍及一切有情眾生，因窘迫生活與寄人籬下處境，對人情世故感受甚深，在〈啼烏行〉：「我觀此狀淚不止，彼為呼群身更死。明知無益痛繫心，物類相憐有如此。誰歟羅者伊來前，我今售放拌百錢。毛蓬胝縮曳之出，甫一脫手翔飄然。誰知老烏伺牆角，突起追飛羽聲肅。邀之使轉啼市簷，爾縱知恩去宜速。人不如鳥能種情，所恨缺陷難為平。」[170]詩中寫到看到群鳥聚集悲鳴，為一隻落網之鳥不平，群鳥尚能冒著生命危險給同類報信，人不如鳥有情，感慨現實社會人與人之間的冷漠，亦如〈和錢百泉雜感三首其二〉：「手指秋雲向君說，可憐薄不似人情。」[171]乃至從無情草木土石，也感受到遊幕時同是寄人籬下的幕客，並非相互照應，而是爭寵欺凌，如〈牆上蒿〉詩云：「牆上蒿，託身何高高。託身雖高記根孤，主人家有屋上烏。烏飢牆頭啄寒蟲，啄蒿飄飄墮隨風。主人雖愛惜，不能使烏不得食。烏得食，烏高飛，同作寄人活，彼此何用相仇為！」[172]看透了世態炎涼。比起墨家的兼愛，儒家的仁愛，道家的齊物，而佛家的無緣大慈，同體大悲更是大愛。

---

169 （英）羅素（Bertrand Arthur William Russell, 1872-1970）：《羅素論幸福人生》（北京市：世界知識出版社，2007年），頁81。

170 （清）黃景仁：《兩當軒集》，卷5，頁123。

171 （清）黃景仁：《兩當軒集》，卷10，頁241。

172 （清）黃景仁：《兩當軒集》，卷5，頁123。

世界一切是相互依存，人與人，人與萬物之間更是緊密關聯，佛法本不離世間，「不離大慈，不捨大悲，深發一切智心，而不忽忘，教化眾生終不厭倦。……荷負眾生，永使解脫。……行少欲知足，而不捨世法。」[173]仲則詩歌中悲歎不單只是其個體內在情感抒發，同時將自己與百姓的不幸、悲痛、憂國、興寄交織於一爐，將痛苦與哀傷描寫成「旋律與衷曲」，非但為痛苦添上一層新裝扮，更將痛苦內在地轉化，使讀者得以洞觀靈魂深層。[174]然而，這些詩歌基調絕不是消極與頹唐的，而是讓讀者認識到一種嶄新的對世界之感受。[175]以下針對仲則慈悲襟懷之〈鋪海〉一詩以文本細讀方式探討之。

海因雲得名，雲在海亦在。雲空海更空，轉瞬已遷改。甫看膚寸倏滿天，幻境萬萬還千千。須臾千萬合為一，呼仙即仙佛即佛。迷婁寶界三神山，縹緲虛無現旋沒。返照一縷衝波開，彩翠細鏤金銀臺。初疑百萬玉鯨鬭，闌入一道長虹來。玄玄默默坐相對，真宰茫茫竟何在？輕風吹合復吹開，白衣蒼狗須臾態。我欲雲門峯，化為幷州刀。持登天都最高頂，亂剪白雲鋪

---

[173] 鳩摩羅什譯，幼存、道生注譯：《維摩詰經今譯》（北京市：中國社會科學出版社，1994年），頁138。

[174] 德國哲學家恩斯特·卡西勒（Ernst Cassirer, 1874-1945）說：「如果一位抒情詩人能夠成功地把痛苦描寫為一『旋律與曲』，則他實在並不單只在替痛苦添上一層新的裝扮；他其實已經把痛苦內在地轉化了。透過情緒底媒介，抒情詩人使我們得以洞觀靈魂的深層，靈魂的這些深層向度，是詩人自己以及吾人以往一直無法理會和無法接近的。」見（德）恩斯特·卡西勒（Ernst Cassirer, 1874-1945）：《人文科學的邏輯》〈人文科學之對象〉（臺北市：聯經出版事業公司，1986年），頁47。

[175] 德國哲學家恩斯特·卡西勒（Ernst Cassirer, 1874-1945）又說：「藉著把他們的自我傾訴出來的過程，每一個偉大的抒情詩人都讓我們認識到一種嶄新的對世界之感受他們把生命和實在以一種吾人以往所未見的和無法想像的形態顯示出來。」見（德）恩斯特·卡西勒（Ernst Cassirer, 1874-1945）：《人文科學的邏輯》〈人文科學之對象〉（臺北市：聯經出版事業公司，1986年），頁47。

絮袍。無聲無響空中拋，被遍寒士無寒號。英英蒼蒼出山骨，何用漫空作奇譎。(375〈鋪海〉)[176]

此詩於乾隆三十七年，作者時年二十四歲，仲則三入徽州遊黃山時所作。置身雄奇開闊自然美景中，詩境拓展，超越己身苦吟，變哀怨為激越，變抑塞為開拓，此詩既有李白奇特想像，又有杜甫仁者襟懷。以下將全詩分三段論述之：

　　第一段從「海因雲得名，雲在海亦在。雲空海更空，轉瞬已遷改。甫看膚寸倏滿天，幻境萬萬還千千。須臾千萬合為一，呼仙即仙佛即佛。迷婁寶界三神山，縹緲虛無現旋沒」共十句。首聯「海因雲得名，雲在海亦在」二句說明海洋之所以被稱為「海」，是因雲的存在，雲不斷地在海面上空形成、變化，是海水和雲的迴圈作用，雲朵的蒸發形成水蒸氣，最終又回到海洋。強調雲和海之間的相互關係。雲存在於海洋的上空，海的蒸發供給雲的存在，而雲又是海的一部分。這體現自然界中事物相互依賴與迴圈，雲和海之間並非獨立存在的，而是互相交織、相互成就。自然界事物相互聯繫與依賴，雲和海通過一個循環系統互為存在，體現事物之間的統一與和諧。暗示更深哲學理念──事物相互依存與變化無常，萬物之間並無絕對界限與分隔。

　　三、四句「雲空海更空，轉瞬已遷改」二句描寫雲朵消散，海洋也似乎變得更加空曠。雲的消失象徵一時變化，而海的空曠則暗示事物變化不僅是局部的，也會波及到更廣闊的範圍。它反映變化無常與普遍性。轉瞬之間，情況已發生變化。因時間流轉與事物無常，表達瞬息萬變景象。事物在時間推動下，無法停滯不前，時刻在變化、轉移。二句表達時光易逝、變化無常的主題。「雲」與「海」變化都只

---

176 （清）黃景仁：《兩當軒集》，卷5，頁135。

是自然界中一部分,其狀態與形態並非一成不變,隨時間流逝,任何事物都會經歷改變,此為對人生無常的隱喻,提醒人們珍惜當下,因一切都不停變化。強調世界與生命的流動性——沒有什麼是永恆不變,轉瞬即逝的瞬間就已把一切帶走,留下的只是不斷變化景象。此觀點類似於佛教中的「緣起性空」,意味所有的存在都是相對的、無常的,沒有任何事物能永久存在。

　　五、六句「甫看膚寸倏滿天,幻境萬萬還千千」詩中「膚寸」是極其微小的距離或範圍,而「倏滿天」指瞬間擴展至整個天空。藉由此比喻,表達觀察者視野意識在短暫的瞬間,如何從一個極小細節瞬間擴展到無限廣闊境界。代表人類意識的擴展或心境的變化——從看似微不足道的事物中,可感知整個宇宙奧妙。「幻境萬萬還千千」強調幻境的無盡與繁複。「幻境」是虛幻、不真實的世界,表示事物的表象與我們對其感知充滿變化與錯覺。「萬萬還千千」揭示此幻境數不勝數且紛繁複雜,它們是瞬息萬變的,無論是千變萬化還是微小的細節,都是錯綜交織。通過極具表現力的語言,傳達一種對幻象、無常、虛幻的深刻洞察,與佛教中的「諸法無常」理念,即所有的事物與現象都是瞬息萬變、無常不定。藉由「膚寸」與「滿天」之間的對比,以及「幻境」與其千變萬化的描述,表達人的感知與對世界理解在瞬息之間如何發生劇變。正如在某些哲學與宗教思考中所言:現實往往不是我們所看到的那樣,存在許多被幻象所掩蓋的真理。從心理學與哲學角度觀之,此語反映人類意識的深邃與複雜。人在觀察、思考、感知時,往往是從細微的個體感受開始,逐漸擴展至更廣闊的層面。然而所見並非「真相」,而是一個充滿無盡變幻與幻覺世界,最終我們所感知的「現實」不過是一個浮動、不斷變化的幻象。仲則以細膩文字呈現感知的無限擴展及幻象的多變性,揭示人類認知的有限性與幻象的無窮複雜。在哲學、宗教或心靈的層面上,其反映對世

界無常與虛幻的深刻理解。

　　七、八句「須臾千萬合為一，呼仙即仙佛即佛」詩中「須臾」是極短暫時間，即瞬間、剎那。「千萬合為一」雖然看似分散、紛雜的千千萬萬的事物或現象，最終在某一瞬間能夠合一，變得統一。萬象紛繁複雜、變化多端，但在某一剎那，所有事物的差異、分割皆可被消解，呈現一個統一整體。此看似分離的世界，在某種深層次的理解中，實則是一個整體，萬物合而為一，紛繁複雜之中也有某種深刻的統一。顯示在此短暫瞬間中可包含所有萬象。此不僅是指時間短暫，還是對時間與永恆之間界限模糊的感知。通過瞬間覺察，超越表面的流動與分離，能觸及事物本質與永恆。「呼仙即仙佛即佛」表達一種覺悟、超越狀態，強調靈性與存在的即時性。無論是呼喚「仙」還是「佛」，皆能迅速得到回應，揭示超越常規界限的狀態，表明人們在某種狀態下能夠與高層次的精神存在進行直接溝通與互動，甚至進入一個無法分割、無法離析的世界觀中。從佛教、道教的哲學角度觀之，是道教的「道」與佛教的「空」。萬物都是相互聯繫、相互依存的，表面上看似分離、對立的現象，實則在更深的層面上是統一的。在一個瞬間，千千萬萬的事物可消融在一起，進入到一個更為和諧的統一狀態，呈現瞬間與永恆的交織。「呼仙即仙佛即佛」境界，說明通過覺悟或修行，人可直接與仙佛等神聖存在建立溝通。此表述表現不通過語言、儀式的直接靈性體驗，強調通過內心的修煉達到與自然、宇宙、佛或神直接相通的境界。只要心境達到一定層次，即能感應此神聖存在。在佛教中，萬物皆為空，表面上看似獨立的事物，在深入理解之後，會發現它們本質上是沒有固定實質的，所有的差異都是相對的。在一瞬間，萬物可互通、合一。且佛教提倡「即心即佛」，意味當心境達到極致時，任何時刻皆可是佛的顯現。在道教中，「道」是無形無象的，但它存在於萬物之中，且是萬物之源。通

過「無為」達到與道合一的境界,人也可在短暫瞬間感知此宇宙真理。二句在宗教哲學層面上,揭示短暫瞬間中萬象的合一,以及通過心境覺察,人與宇宙、與靈性存在的即時接觸。讓人思考如何在此紛繁複雜世界中,通過內心修煉,超越時間與空間界限,與更高層次存在合一。

九、十句「迷婁寶界三神山,縹緲虛無現旋沒」詩中「迷婁」形容一種迷幻、難以理解境界,帶有神祕虛無色彩。「寶界」是神聖的領域境界,代表超越世俗的精神層次。「三神山」指某種神聖的山脈,象徵著高遠、神祕處,或指古代宗教哲學中一些重要象徵性地點,與修煉、超脫相關。此句描述一個虛無縹緲世界,充滿神祕與難以接觸感覺。三神山象徵「超越」、「神聖」處,然此處並非實際存在,而是一種難以捉摸、虛無的精神空間。「縹緲」是極為模糊、空靈,形容超凡脫俗景象,予人不真實感。「虛無」是空虛無物,形容無形無象的狀態。「縹緲虛無現旋沒」描繪變幻無常的虛空狀態,似乎在不斷變化、旋轉,又不斷消失,表達不可捉摸的虛幻境界,亦暗示世界虛無本質,以及人在面對此神祕現象時之無力感,一種關於生命、宇宙與存在的哲學思考,對「實」與「虛」的探索。二句通過描繪「寶界三神山」的虛無與「旋沒」景象,傳達迷離狀態,表現意識、境界或存在的難以把握,此與道家和佛教的哲理相呼應,尤其是對「虛無」、「空性」以及「無常」的看法。道家認為萬物皆流轉無常,所有表象背後都有虛無的本質;佛教則提到萬物皆空,所有的現象都是無常與虛幻的。此神祕、空靈的場景不僅是描述一個外部的景象,也是對內心世界的一種隱喻。它暗示通過修行、冥想或內省,人能進入一種超越現實、超越物質的狀態,在虛空中找尋真理。「三神山」與「寶界」是對超越、解脫境界的象徵,而其「旋沒」可能代表此解脫的難以捉摸與暫態性。仲則描述「迷婁寶界」與「虛無現旋

沒」景象是在探索人與自然、人與宇宙之間的深層聯繫。在此深邃境界中，時間、空間與自我的界限變得模糊，人不再被束縛於世俗眼界，而是進入一種更高精神境界。以一個虛幻與現實交織的境界，表達神祕、無常世界觀。藉由「迷婁寶界」與「虛無旋沒」的描寫，詩人展示超越世俗的深刻哲理，強調物質世界的虛幻性與精神境界的深邃，提醒人們去思考自身存在的意義，及如何通過修行或內心覺悟，突破現實束縛，達到更高精神境界。

第二段從「返照一縷衝波開，彩翠細鏤金銀臺。初疑百萬玉鯨鬭，闌入一道長虹來。玄玄默默坐相對，真宰茫茫竟何在？輕風吹合復吹開，白衣蒼狗須臾態。」共八句。「返照一縷衝波開，彩翠細鏤金銀臺」詩中「返照」指夕陽、日光的餘輝，或反射光影，意味光明出現，帶有溫暖、明亮之感。「一縷」是某種瞬間輝光。「衝波」比喻光線擴散與衝擊，令人動感。光線如波浪向四周擴散開來，形成激烈卻又柔和光輝，給人極為鮮明視覺印象，尤其是那細膩、漸漸擴展的光輝，就像是夕陽照在波濤上一縷餘暉，光線緩緩擴展，帶來溫暖與寧靜。不僅在視覺上創造美麗場景，也蘊含時間流逝象徵──餘暉象徵日暮時分，也代表過去事物、無法復回的時光。「彩翠」形容色彩斑斕美麗景象。「金銀臺」形容用金銀精緻雕刻的樓臺，表示奢華高貴，在此描繪「海市蜃樓」，據《史記・天官書》曰：「金寶之上皆有氣，不可不察，海旁蜃氣象樓臺。」[177]《唐國史補》卷下：「海上居人，時見飛樓如締構之狀甚麗者。太原以北，晨行則煙靄之中，覩城闕狀如女牆雉堞者，皆天官書所說氣也。」[178]海市蜃樓是一種因光線折射而使眼前呈現景物的幻象，現實中並不真實存在的建築物。「彩

---

[177] （漢）司馬遷：《史記》上冊〈天官書五〉百衲本二十四史（臺北市：臺灣商務印書館，1995年），頁414。

[178] （唐）李肇：《新校唐國史補》（臺北市：世界書局，1959年），頁63。

翠細鏤金銀臺」整體意境顯得非常精緻華麗，呈現一種貴氣與奢華。二句在視覺上充滿光輝色彩，藉由「返照一縷衝波開」，詩人描繪一種溫暖、漸擴光輝景象，象徵時間流逝與事物變化。之後「彩翠細鏤金銀臺」轉向對精緻奢華場景（海市蜃樓）描寫，它們互相交織，形成富有視覺衝擊力意象，傳達一種超越日常生活美景。

「初疑百萬玉鯨鬪，闌入一道長虹來」詩中「初疑」表示在第一眼看見此景時，產生錯覺誤解，表現詩人對景象的困惑與疑惑。「百萬玉鯨」中「玉」指鯨潔白如玉閃光的美麗，「百萬」是誇張數量，表鯨魚巨大與數量之多，象徵著大海的力量、動感。「鬪」字有打鬥、激烈相搏之意，意味鯨魚們正處於激烈搏鬥中。以「百萬玉鯨鬪」暗示某種龐大而猛烈現象。此語傳達詩人對某種龐大、激烈現象的初步誤解，應是詩人看到波濤洶湧、雲層翻滾自然景象，誤以為是鯨魚在搏鬥。「闌」是穿過、穿入之意，暗示某種突如其來的變化，「長虹」是一道美麗且宏偉的光輝弧線，突顯景象壯麗。二句描寫展示景象的轉變，從最初誤解到最後覺察，詩人原以為自己看到巨大鯨魚在激烈搏鬥，然隨後其意識到，那只是遠處一道壯麗彩虹，出現在他面前，令人驚歎。藉由「初疑百萬玉鯨鬥」與「闌入一道長虹來」形成強烈視覺與意象衝突，表達誤認與頓悟的過程。最初，詩人所見波濤洶湧自然現象，予其帶來巨大衝擊與誤解，彷彿見一場激烈鯨魚鬥爭。然隨時間推移，詩人漸意識到，那不過是天空中一道美麗彩虹，象徵自然奇妙與不可捉摸。通過此種視覺誤導手法，既傳達大自然奇幻與變幻莫測，亦表現人在面對自然現象時之驚訝與頓悟，既有宏大震撼力量感，亦有美麗神祕感。

「玄玄默默坐相對，真宰茫茫竟何在？」詩中「玄玄」是哲學性詞語，代表一種深邃、難以捉摸、無法言喻境界。有深奧、玄妙之意，用以形容道理複雜性或宇宙無窮奧祕。「默默」表示內心沉靜，

存在於某種安寧、沒有外界干擾境界。「坐相對」是面對面地坐著，詩人正在進行一種內省、冥想或思考狀態。通過「坐相對」令人聯想禪宗修行中的「對坐」或「對話」，即心與心之間的交流或對話，或指詩人與宇宙、與自己內心對話。表達詩人處於一種深沉狀態，面對此神祕存在，默然不語，像是進行內心探索冥想。「真宰」指「宇宙的主宰」，即存在的本源、天地的主導力量、或某種至高的存在，象徵掌握一切的至高存在。以「茫茫」來形容「真宰」，表明詩人感受真理或宇宙主宰的龐大與難以觸及。詩人通過提問，表達對「真宰」究竟何在的困惑。二句表達詩人對於宇宙本源、生命意義與至高真理的深深思索。在「玄玄默默坐相對」詩人通過靜坐的方式與世界、與宇宙進行面對面的「對話」，進入一種沉靜宗教哲學冥想狀態。在此沉思中，詩人產生對「真宰」疑問，探尋宇宙根源與主宰，表現對真理的追問與對存在的深刻思考，體現人在面對宇宙浩渺、生命深奧時的無力感與疑問。藉由「玄玄默默」與「真宰茫茫」對比，展現詩人對宇宙與生命深奧問題之困惑與思索，表現人在面對浩渺宇宙與無窮真理時的渺小與無知。同時也揭示一種深沉的禪意，詩人通過冥想與內省方式，尋求對生命本質、存在意義的理解。

「輕風吹合復吹開，白衣蒼狗須臾態」詩中「輕風」是微風，暗示細微而不顯眼的力量。「吹合復吹開」中的「合」與「開」表現事物變化，風吹過時，事物可能被合攏，又可能隨風吹開，呈現變化無常狀態，以象徵人生起伏、波動與不可預測性。輕風反復表現無常與變動特質。說明世間事物變化無常，甚至連輕風這樣微小存在也有其不斷變化狀態。詩人藉此自然景象來表現生命變化與不穩定，強調一切事物皆在流動與轉瞬即逝。「白衣」象徵純潔、簡樸或超凡脫俗境界；「蒼狗」象徵老去、變幻，以此比喻表達時光流逝或事物變化與衰老。「蒼狗」在「白衣」之中出現，暗示即使是看似純潔崇高事

物,亦有其變化與衰老一面。「須臾態」強調事物變化之快,即使是白衣(象徵純潔高尚)狀態也只能持續一瞬,隨時間流轉,任何事物皆會發生變化,藉由「白衣蒼狗」此鮮明對比,凸顯無常主題。看似純潔崇高事物,亦會在瞬間發生變化,衰老轉變。此變化是不可避免,亦是生命中普遍存在規律。藉由「輕風變化」與「白衣蒼狗」對比,表達生命無常與事物瞬息萬變的特點。「輕風吹合復吹開」象徵世事無常、變化不定,而「白衣蒼狗須臾態」進一步強調此種無常在所有事物與生命中體現,即一切都在變化,沒有什麼是永恆不變。二句表達人對時光流轉與世事變遷感知,暗示人生短暫與不斷變化本質。即使是最崇高、最純潔事物,亦不能避免變化與衰老,對「無常」此佛教哲學思想的深刻感悟。

　　第三段,從「我欲雲門峯,化為幷州刀。持登天都最高頂,亂剪白雲鋪絮袍。無聲無響空中拋,被遍寒士無寒號。英英蒼蒼出山骨,何用漫空作奇譎。」共八句。「我欲雲門峯,化為幷州刀」詩中「雲門峰」是中國佛教聖地具文化象徵意義山嶽。雲門與禪宗相關,尤其與雲門宗創始人雲門文偃有關,雲門宗強調「頓悟」,提倡直接感悟與心靈啟示。故「雲門峰」不僅是地理上象徵,也有佛學哲理含義。「我欲雲門峯」表述詩人渴望追求一種深刻、超凡脫俗境界,如佛學智慧。「並州」是中國歷史上一個重要行政區,位於今日山西省一帶。「並州刀」指此地區的刀劍,以鋒利、堅硬著稱,象徵力量、勇氣與決斷。「化為並州刀」意味詩人從雲門峰(象徵智慧、超凡)轉化為並州刀(象徵力量、鋒銳、決斷力)。此種轉化是從一種內在、追求智慧境界轉向一種具備實際行動、具備切實力量狀態。二句表達詩人從理想境界(象徵佛教的雲門峰)向實際力量(象徵並州刀)轉化的願望,反映詩人既渴望超凡脫俗、追求心靈智慧,同時也希望能具備現實中的力量與決斷,能在世間有所作為。「雲門峰」與「並州刀」

是兩種截然不同象徵，一個代表超脫與智慧，另一個代表堅韌與實際。此對比反映詩人內心的衝突與追求，想要在追求智慧與實現實際目標之間找到平衡，既不放棄理想，也不回避現實挑戰。藉由「雲門峰」與「並州刀」對比，表達詩人內心雙重追求，對智慧渴望與對力量需求，體現詩人希望既能夠超越世俗、獲得精神上昇華；又能具備實際行動與決斷力，去面對與改變現實世界。此種追求的矛盾與和諧，體現人的複雜性，也表達在不同境界之間轉化的願望。二句表現詩人強烈的自我意識與壯志豪情，更具濃厚的禪宗哲理性與象徵意義。

「持登天都最高頂，亂剪白雲鋪絮袍」詩中「天都」指黃山「天都峰」，是鳥瞰黃山壯麗全景理想處，「最高頂」強調詩人渴望登上極高位置，不僅是地理上高點，更是精神與理想上極致。「天都最高頂」是精神與理想之巔峰，是詩人對至高境界的追求，展現詩人不畏艱難、渴望追求最高目標，代表詩人對某理想、境界之渴望，無論它是精神上超越，還是物質上巔峰。「亂剪白雲」中的「亂剪」有強烈動感，彷彿詩人用手把天上白雲切割成片，表現不拘一格性格以及對自然、世界的主宰之感。「白雲」在傳統文化中是輕盈、自由、變化多端的象徵，詩人以「亂剪」雲彩的方式，似乎要將此自由、變幻莫測的元素掌控於手中，表現超然物外、自在隨心氣質。「鋪絮袍」是用雲朵鋪成的絮袍象徵詩人希望將世界的美好、自由與輕盈包裹身上，以達超脫、優雅境界。二句描繪詩人超越塵世、欲登極高之境的豪情，表現詩人對至高無上理想的追求，通過「亂剪白雲」表現其對自然與自由的控制力，而「鋪絮袍」是透過美麗想像，象徵不拘泥、輕盈自在的精神境界。藉由「天都最高頂」與「亂剪白雲鋪絮袍」對比，表達詩人對理想與自由之追求，渴望在精神高度達至頂峰，同時又不失輕盈自由氣質。仲則語言充滿自信與豪邁情懷，展現一個敢於超越自我、挑戰極限之強烈願望。

「無聲無響空中拋，被遍寒士無寒號」詩中「無聲無響」兩個詞搭配起來，意味完全沒有任何聲音，給人一種靜謐、寂靜感，象徵寧靜無為、超脫世俗境界，表明其行為或境界與世俗的喧囂無關，處於一種不受外界干擾狀態。「空中拋」的「空中」有飄渺意，象徵精神高遠與脫離。將某物拋向空中，是一種輕盈、無拘束行為，是詩人在追求自由與超脫表現。「被遍寒士」中的「被」是「覆蓋」或「籠罩」之意，指寒士被某種東西覆蓋，可能是指寒冷、困苦環境，或是詩人所傳達的某種情感理念。「寒士」象徵那些在困苦中依舊堅持不懈的人。「寒號」是對困境抱怨或痛苦呻吟。這些寒士「無寒號」，意味他們已超越痛苦吶喊，象徵超越物質困境、內心堅強與安寧之境界。二句呈展詩人對世俗超脫與對內心安寧之追求。藉由「無聲無響空中拋」，詩人表達自己放下世事決心，進入一種寧靜、無欲無求境界。而「被遍寒士無寒號」反映那些困苦中的人（社會弱勢群體），在詩人影響下也能保持內心平靜、不再對外界困境抱怨，象徵堅忍不拔、超脫於困境之境地。藉由「無聲無響空中拋」與「被遍寒士無寒號」對比，呈展詩人內心超脫與寧靜，同時暗示即便身處困境、寒冷之中，依然能堅守內心平和與安定，傳達一種無聲力量與堅韌不拔精神。

尾聯「英英蒼蒼出山骨，何用漫空作奇譎」詩中「英英」形容事物氣質、風采、氣吞山河貌，給人一種英勇、偉大印象，暗示出類拔萃品格或非凡存在。「蒼蒼」是深遠、遼闊貌，有歲月久遠、厚重義，表達自然廣袤與時間無窮，給人一種悠遠、深沉感。「出山骨」此形象指代某種從堅實基礎上崛起的力量或品格，詩人認為某種非凡品質或力量應當從沉澱、深遠根基中展現出來。「何用漫空作奇譎」以反問形式開頭，表示對前述事物質疑，「漫空」指廣闊天空，寓意事物無邊無際、變化多端，「奇譎」是奇異、詭譎、令人困惑狀態。詩人通過「作奇譎」以暗示某種浮誇、做作、不自然的行為表現，或

指用不必要的複雜手段去營造表面奇異效果。真正偉大（或非凡品質）不需要依賴過多虛飾與浮誇手段，而應從深厚根基中自然顯現出來。詩人通過「英英蒼蒼出山骨」強調事物應當源自於深沉、真實基礎，表達一種反對虛華、宣導實質觀念。而「何用漫空作奇譎」則通過反問語氣，批判那些依賴外在表象與虛浮技巧來博取眼球或創造奇異效果行為，強調自然、真誠與本質重要性。

〈鋪海〉一詩通過深刻哲理、豐富象徵與流動意境，探討萬象之無常與變化、真理追尋、生命渺小，以及超越現實之精神境界。充滿深奧哲理與豐富想像，展現強烈道家、禪宗思想與意境，以及詩意幻想。在語言與意境上，其探討天地萬象、時間流轉、生命無常與超越物質精神境界，運用充滿幻象語言表達對宇宙生命之深刻理解，既有道家自然無為思想，也融入禪宗心靈解脫理念。仲則寫作上有種驚人張力，力圖平衡心靈痛苦與追求精神超越之間的巨大衝突，把痛苦轉化變成具有理想傾向抒情詩歌。

禪宗說「青青翠竹盡是法身，鬱鬱黃花無非般若」[179]，以翠竹黃花象徵佛身充滿萬事萬物，般若智慧充盈天地之間，「一切眾生皆有佛性」[180]，如此超越倫理價值觀的悲憫情懷，正是禪宗精神。仲則在探討萬象無常變化之際，一句「被遍寒士無寒號」流露出與佛家慈悲為懷精神，更與杜甫「安得廣廈千萬間，大庇天下寒士俱歡顏」一樣在貧困苦境中，仍為天下寒士們設想，其慈悲胸懷廣大，比起怨天尤人，感慨悲嘆者，境界高得許多。〈鋪海〉一詩見其禪宗悲憫情懷，仲則即使是一顆流星，也要將光留在世間，無私宏願，被遍寒士無寒號。

---

179 普濟著，蘇淵雷點校：《五燈會元》（北京市：中華書局，1984年），卷3，頁157。
180 宋先偉主編：《大般涅槃經》（北京市：大眾文藝出版社，2004年），頁536。

第三節　自我實現心靈空間

　　宋代以來，儒、釋、道三教合一，傳統士大夫處順境時，積極入世，以天下為己任；遇挫折時，多退居江湖之遠，以求佛道自慰。黃仲則「六赴鄉試，概報罷」，一次次失利心中鬱積不平之氣日增，長期遊幕，寄人籬下，身世淒苦，一生如風蓬一樣飄零，處世落落寡合，在積極入世遭挫，退居江湖，求佛禪以自慰，因不平之氣難以排解，鍾情佛理禪思以淨化之，找到通往靈魂出口的隧道，抵達心靈理想境界的新天地，正如吳思敬《心理詩學》所言：

> 人生在世，總會對生活抱有這樣那樣的慾望與期待。但由於主觀客觀條件的限制，人的期待往往落空，人的慾望往往得不到滿足，有時甚至還會飛來橫禍，身處逆境，這樣就會使人感到沮喪、失意、痛苦、憂愁……。這種由於預期的目標遇到障礙而不能實現，內心的慾望不能得滿足而產生的消極性情緒狀態，即是通常所稱的心理挫折。[181]

仲則在此種心理挫折下，藉由「佛禪」書寫呈現詩人對理想境的嚮往，詩人在此滌除煩惱、修養身心，成為詩人自我實現的心靈空間。佛家常言出世與西方淨土信仰，但《六祖壇經》打破西方淨土觀念，直指心淨則佛土淨，在《壇經・疑問品》：「所以佛言隨其心淨即佛土淨。」[182]可證之。「宗教既依他力，所蘄嚮必在外。六祖告韋使君：『佛言隨其心淨則佛土淨，使君東方人，但心淨則無罪。雖西方人，

---

[181] 吳思敬：《心理詩學》（北京市：首都師範大學出版社，1996年），頁25。

[182] （唐）釋法海著，丁福保註：〈疑問品第三〉，《六祖壇經箋註》（臺北市：文津出版社公司，1998年），頁131。

心不淨,亦有怨。東方人造罪念佛,求生西方,西方人造罪念佛,求生何國?』如是則皈依蘄嚮,一無所著,西方極樂世界之念可歇。」[183] 如此一反傳統,教外別傳的精神,無論在家或在寺,出世或入世,都是以修心為本,正如「敦煌版」《六祖壇經》云:「善知識!若欲修行,在家亦得,不由在寺。在寺不修,如西方心惡之人,在家若修行,如東方人修善。」[184]。及《壇經・定慧品》:「於一切處行住坐臥,常行一直心也。」[185]禪宗所言「常行直行」、「平常心是道」,不必名山大川,不必清風朗月,不必山居幽林,不必刻意修行模式,佛性是人本具的清淨心,只要隨緣自適,妄心不起,就能無所掛礙。惠能引《淨名經》說:「直心是道場,直心是淨土。」[186]既然直心是道場,對物相不執著,以真心普行於世,淨土與報土無別。

「佛」的梵文 Buddha,譯為「覺」與「悟」。據《大般若涅槃經》卷十八記載:「佛者名覺,既自覺悟,復能覺他。」[187]佛非但自身覺悟,亦教人覺悟。又依《文殊師利所說摩訶般若波羅蜜經》卷二曰:「不生不滅不來不去。非名非相。是名為佛。」[188]、《成實論》卷一

---

[183] 錢穆:〈再見禪宗與理學〉,《中國學術思想史論叢(四)》,《錢賓四先生全集》(19)(臺北市:聯經出版事業公司,1998年),頁323。

[184] 見(唐)法海集:《南宗頓教最上大乘摩訶般若波羅蜜經六祖惠能大師於韶州大梵寺施法壇經》,《大正新修大藏經》第48冊,No.2007,頁341下。

[185] (唐)釋法海著,丁福保註:〈定慧品第四〉,《六祖壇經箋註》(臺北市:文津出版社公司,1998年),頁142。

[186] 原文:「善知識!一行三昧者,於一切處行住坐臥,常行一直心是也。《淨名》云:『直心是道場,直心是淨土』莫心行諂曲,口但說直;口說一行三昧,不行直心。但行直心,於一切法勿有執著。」見宗寶編:《六祖大師法寶壇經》,《大正新脩大藏經》第48冊,No.2008,頁353下。

[187] (北涼)曇無讖譯:《大般若涅槃經》,《大正新脩大藏經》第12冊,No.0374,頁469下。

[188] (梁)曼陀羅仙譯:《文殊師利所說摩訶般若波羅蜜經》,《大正新脩大藏經》第8冊,No.0232,頁728上。

曰：「離一切不善，集一切善，常求利益一切眾生。故名為佛」[189]、《佛說般舟三昧經》曰：「佛從何所來？我為到何所？自念佛無所從來，我亦無所至。自念欲處、色處、無色處，是三處意所作耳。我所念即見，心作佛，心自見，心是佛心，佛心是我身。」[190]、《華嚴經》卷三十五曰：「如來智慧無相，智慧無礙，智慧具足，在於眾生身中，但愚癡眾生顛倒想覆，不知、不見、不生信心。……具見如來智慧在其身內，與佛無異。」[191]、《華嚴經》卷十曰：「心如工畫師，畫種種五陰，一切世界中，無法而不造。如心佛亦爾，如佛眾生然，心佛及眾生，是三無差別。諸佛悉了知，一切從心轉，若能如是解，彼人見真佛。」[192]說明佛陀所說的種種法門目的是為了對治芸芸眾生心，然而心、佛、眾生本是一體。又六祖惠能云：「自性迷即是眾生。自性覺即是佛。」[193]、宗密（780-841）曰：「若頓悟自心本來清淨，元無煩惱，無漏自性本自具足，此心即佛。」[194]故眾生本具佛的智慧，只因心顛倒妄想，為煩惱所逼，若恢復原本自性，無煩惱，自性清淨即是佛。

黃仲則面對無情世俗與絕望環境時，投身在佛寺精舍之中，希冀藉由佛門淨地以消解塵世苦悶，在〈由煙霞嶺至紫雲洞精舍〉及〈晚

---

[189] 訶梨跋摩造，（姚秦）鳩摩羅什譯：《成實論》，《大正新脩大藏經》第32冊，No.1646，頁239中。

[190] （後漢）支婁迦讖譯：《佛說般舟三昧經》，《大正新脩大藏經》第13冊，No.0417，頁899中。

[191] （東晉）佛馱跋陀羅譯：《大方廣佛華嚴經》，《大正新脩大藏經》第9冊，No.0278，頁624上。

[192] （東晉）佛馱跋陀羅譯：《大方廣佛華嚴經》，《大正新脩大藏經》第9冊，No.0278，頁465下-466上。

[193] （元）宗寶編：《六祖大師法寶壇經》，《大正新脩大藏經》第48冊，No.2008，頁352中。

[194] （唐）宗密述：《禪源諸詮集都序》，《大正新脩大藏經》第48冊，No.2015，頁399中。

宿雲門寺〉二詩可見其以佛教禪理化解現實無情、人間苦痛，在自我心靈空間，暫時展現強韌生命力。以下分別析論之。

一　相對我亦忘

> 日出倚湖棹，陰嶺此孤發。叢篠時鉤衣，晞露漸盈襪。已有樵斧聲，丁丁出深樾。欲叩徑所從，尋聲易飄忽。稍稍開停雲，微微辨琳闕。夜梵稍已沈，晨鐘閑將歇。入門見夷光，沈照坐巖窟。洞氣凝古香，雲根抱臞骨。相對我亦忘，焉知境超越。君聽幽澗泉，泠泠幾時竭？（581〈由煙霞嶺至紫雲洞精舍〉）[195]

此詩作於乾隆三十八年，作二十五歲。「精舍」，是梵語「Vihara」的漢譯，又名「伽藍」或「僧伽藍」（Samgharama），英文稱「Monsterises」（僧院）。精舍最早指儒家講學之學社，因是精勤修行者所居，是僧人講道場所，後成為僧人長住之地，之後逐步設置佛像，成了佛寺。後泛指佛寺、道觀。此詩精舍指佛寺之意。

首聯「日出倚湖棹，陰嶺此孤發」描繪清晨日出時，詩人正在湖上泛舟，享受清晨湖面與朝陽，「倚湖棹」描繪詩人倚在湖邊的船槳上那種寧靜、悠閒景象。「陰嶺」指隱蔽或較陰暗的山嶺，遠處山中遮蔽之處，而「此孤發」意味在這片陰嶺之中，有一抹光亮或一個景象從中顯現出來，顯得特別孤獨與清冷。二句描繪一個清晨湖上的寧靜景象，詩人在湖邊船上觀賞日出，發現遠處山嶺中的一處孤立景象，此景給人一種孤獨、寧靜的感覺，表達其對隱逸生活的嚮往，從自然中獲得心靈慰藉。陰嶺的「孤發」是隱喻，象徵詩人內心孤寂與

---

195 （清）黃景仁：《兩當軒集》，卷9，頁220。

獨立或遠離塵囂的理想。藉由「日出」與「陰嶺」形成鮮明對比,既展示大自然的光明與黑暗,也反映詩人對遠離塵囂、尋求內心寧靜的追求。看似獨處,但又感受一種深刻的平和,表達其對理想生活的嚮往與對現實生活困境的反思。

「叢篠時鉤衣,晞露漸盈襪」詩中「叢篠」指茂密竹林、竹叢,「時鉤衣」指詩人的衣服被竹枝偶爾勾住之情景。如此描寫給人一種自然、隨意之感,彷彿詩人在竹林中漫遊,衣服被竹枝輕輕拉住,象徵其與自然的親近與和諧。「晞露」描寫陽光照射下,草葉上的露水慢慢蒸發,「漸盈襪」描寫腳下襪子因接觸潮溼露水而開始變得溼潤。此是清晨時分常見現象,露水在日出後逐漸蒸發,仲則正在晨曦中步行,感受到大自然清新與溼氣。通過具象的景象,展示詩人與自然的親密接觸,描繪清晨竹林中漫步的場景,詩人穿行於竹叢中,衣服被竹枝勾住,腳下的襪子被露水打溼,這些細微的描寫營造恬靜、自然之氛圍,表達其對大自然的融入與心境的平和。

「已有樵斧聲,丁丁出深樾」二句描寫清晨詩人聽到樵夫在深山林中砍伐樹木的聲音,此場景充滿自然氣息與勞作生氣。「丁丁」聲是斧頭伐木時發出敲擊聲的擬聲詞,而「深樾」是密林中的陰影、樹蔭。樵夫在密林的深處砍木,砍伐聲從林間傳出,形成一種獨特自然音景,營造寧靜又有勞動氣息之清晨氛圍。儘管有勞作的聲音,但此種自然勞動與詩人的寧靜心境相融合,令人感受平和與和諧。

「欲叩徑所從,尋聲易飄忽」詩中「欲叩」是想要詢問、尋找,「徑所從」是通往某個地方的道路、小徑。詩人想要找到通向某個地方的道路、小徑,描寫詩人尋找一條隱祕小徑的情景,結果「尋聲易飄忽」暗示詩人內心的困惑與掙扎,尋找聲音的來源,卻「易飄忽」指出聲音很容易飄散、消失,難以捉摸。言外之意道出仲則在尋找某種理想的境界時,感到這種追求是難以捉摸,像飄忽不定聲音,讓人

無法實現。詩人試圖尋找通往理想生活的道路，就像想要聽清楚那若隱若現聲音，但這聲音不易尋覓，像風中音響，隨時可能消失。反映仲則對理想生活的渴望與追求，同時也揭示這一追求的迷茫與無奈，正如他在尋找那條隱祕小徑時，聽到的聲音飄忽不定，無法確定其真實存在。

「稍稍開停雲，微微辨琳闕」二句描繪清晨景象，雲霧稍微散開後，詩人能夠隱約看到遠處美麗景象。「稍稍」是輕微、緩慢的，「開停雲」是雲層輕微開展，雲霧逐漸散開，天氣稍微變得明朗，給人一種清晨靜謐感，象徵迷霧慢慢消散，眼前景色開始變得清晰，如此具象描寫，亦是詩人內心變化如雲霧散開，其心境亦逐漸清晰，開始看見理想光輝與心靈明亮。此「微微辨」過程，象徵對理想生活或心靈安寧的追尋，雖然難以完全捉摸，但仍是可以感知嚮往。「琳闕」指珠寶宮殿的精緻雕飾，是光亮高雅的建築。當雲霧散開後，詩人隱約能見一個美麗、精緻的景象建築，此為一種難得一見的美麗、理想的象徵。二句詩象徵詩人內心對理想生活與心靈平靜的追求，雖如同迷霧中景象般難以觸及，但詩人仍在尋找並感受那一絲絲光明與希望，展現其對清明、安寧生活的深刻嚮往。

「夜梵稍已沈，晨鐘閑將歇」二句表現夜晚與清晨交替之寧靜景象，並將其與詩人內心思緒與心境相連結。詩中「夜梵」是夜晚僧人在寺廟中誦經梵音，「稍已沈」表示梵音漸漸變得低沉，彷彿夜晚的靜謐已經接近尾聲，黎明即將來臨，也暗示夜晚的深沉與寧靜正在消逝，白天的氣息逐漸接近。「晨鐘」是清晨寺廟鐘聲，用以叫僧起床、開啟新的一天。詩中「梵」是指誦經聲，運用早晚「鐘聲」點醒時間變化無常，日出日落，聞鐘警醒自我，身處佛境之中，突然萌生出塵之念與超然世外之感。「閑將歇」指鐘聲逐漸變得悠閒、輕柔，即將停止，表達一種清晨平和氣氛，鐘聲不再急促，而是慢慢減弱，象徵

著一天開始,卻又充滿寧靜。兩句詩刻畫一個夜晚逐漸過去,清晨即將到來場景。夜晚梵音漸消失,晨鐘將停,反映一天過渡,營造寧靜、安詳之氛圍。詩人藉由描寫「梵音」、「鐘聲」這過渡時刻,象徵其對心靈安寧的追求與對現實生活的反思,將鐘聲變化象徵時間流動與內心變化,從夜的沉寂到晨的寧靜,詩人似乎在此寧靜中反思與沉澱。

「入門見夷光,沈照坐巖窟」二句描寫詩人在清晨步入幽靜場所,被柔和舒適晨光所吸引,營造一種深邃、安靜氛圍。詩中「夷光」是清晨日出第一縷陽光,是柔和光線,予人寧靜、清新之感。「沈照」是光線照射進來情景,此光線已經不再是清晨微弱光,而是進一步沉澱下來的光亮,照進「巖窟」指紫雲洞,呈現神祕寧靜之景,仲則於此靜坐,與自然、光線、安寧融為一體。「夷光」與「沈照」不僅是自然光景描寫,還隱喻詩人期許擺脫現實困境,找到寧靜、清新之心境。

「洞氣凝古香,雲根抱臞骨」二句描寫紫雲洞之獨特氛圍,詩中「洞氣」指紫雲洞精舍氛圍,讓人感到與世隔絕之靜謐。「古香」是指古老建築中的草木、木材香氣,與時間長河相接、深遠的香氣。「洞氣凝古香」描寫詩人進入紫雲洞後,所感受寧靜古老之氛圍,彷彿置身於遠離塵囂、充滿歷史感世界中。「雲根」是指雲的源頭,隱喻為自然界幽深之處,予人一種遙遠、寧靜之感。「抱臞骨」是描寫纖弱形體,象徵虛無簡單生命狀態,讓人聯想隱居或出世的狀態,強調身體的簡單與內心的清明。而「雲根抱臞骨」進一步強調此處之超然脫俗,令人感受與世隔絕、回歸自然之境界,強調精神上的自由與身體上的簡單。「洞氣」與「雲根」象徵仲則對遠離塵世之渴望,期許擺脫世俗煩擾,回歸精神清淨。

「相對我亦忘,焉知境超越」二句表達詩人對於超越塵世煩惱、達到心靈平靜之深刻體悟。詩人在描寫自己與外界相對時,能夠進入

忘我境界,達到不受干擾、無所掛念、超然狀態。此「忘」並非單純忘卻,而是能夠放下世間一切牽絆與煩惱,以達心境寧靜與清明。而此境界一旦達成,反而變得無需特意去察覺區分,它已超越常人理解與認知,成為一種自然流露的存在。「我亦忘」與「境超越」揭示詩人對超越世俗、自由自在的生活狀態的嚮往,仲則在困苦時追尋內心解脫。「焉知境超越」中的「境」除了指眼所見之環境色相外,更指心境所遊履和攀緣的境界。「我亦忘」與「境超越」正如《金剛經》所云:「無我相、無人相、無眾生相、無壽者相。」[196]的「四相無我」概念。《金剛經》以四個「相」反映佛教的空性觀念,認為所有事物都沒有固定、實質的自性。強調一切存在都無固定不變的自性,萬物因緣生起、無常變化,無需對任何「自我」或「他人」抱有執著,此為解脫之道。通過認識這些無常現象,可以達到無我、無執著的境界,從而超越痛苦,實現涅槃的智慧。無論生死,皆是無常變化,不能執著於某種「生命」的永恆。

「君聽幽澗泉,泠泠幾時竭」二句以泉水為題材,通過描繪自然景象來表達詩人對無窮變化、永恆生命與時間流逝的思考。詩中「君」是對讀者的呼喚,詩人邀請讀者聆聽「幽澗泉」這隱祕山谷溪流、泉水清澈之聲,描繪一個清幽、靜謐自然景象。詩人反問「幾時竭」,此是一個關於時間流逝與生命長短的哲理性問題,暗示詩人對事物不斷變化的深刻反思,泉水源源不斷地流動,發出清澈的聲音,但它是否會有竭盡的一刻呢?此非但描寫泉水的自然景象,更是一種哲理探索:就像泉水無休止地流動,生命與時間也不斷流逝,然此種流逝是否真的會有終結呢?詩中泉水的聲音與流動象徵不斷生命力與時間推移,也暗指詩人對永恆不息的渴望。因靜心才能用心傾聽、感

---

[196] (明)朱棣集註:《金剛經集註》(臺北市:文津出版社公司,1989年),頁207。

受清澈山泉緩緩流入山澗，清幽而深遠，詩中以「動」表「靜」，達到物我兩忘的靜的境界，如此沁人心脾，而非主客觀情感的轉移，是將主客觀融為一體，對這環境和自身生命本來面認識的喜悅，體悟到自我心性與物象的自適自足，充滿生命活力的蓬勃生機，是靈動且生機盎然。正如僧肇〈涅槃無名論〉卷四云：「然則玄道在於妙悟，妙悟在於即真。即真即有無齊觀，齊觀即彼己莫二。所以天地與我同根，萬物與我一體。」[197]對客觀事物消除有無界限、主客體的對立，達到萬物與我合一的妙悟。而禪宗六祖惠能云：「當起般若觀照，剎那間，妄念俱滅，即是自真正善知識，一悟即知佛也。」[198]妄念俱滅才能心領神會感悟自然的意蘊。

　　宋代嚴羽《滄浪詩話‧詩辯》曰：「大抵禪道惟在妙悟，詩道亦在妙悟。……惟悟乃為當行，乃其本色。」[199]又明代胡應麟曰：「禪則一悟之後，萬法皆空，棒喝怒呵，無非至理；詩則一悟之後，萬象冥會，呻吟咳唾，動觸天真。」[200]仲則此詩創作最後流露出禪悟，「妄念俱滅，放棄所有主觀成見和傳統理性邏輯的思維定勢、敞開心靈隨時接納新鮮思想新鮮氣息之大智，才能源源不絕地啟發出新的『異質思路因數』」[201]。當仲則「相對我亦忘」時，才能徹底擺脫內心煩憂，才能開展悟性，體會禪境之美。

197　（姚秦）僧肇：《肇論》，《大正新脩大藏經》第45冊（臺北市：佛陀教育基金會，1990年），頁159。僧肇：《肇論》，《大正新脩大藏經》第45冊，No.1858，頁159中。
198　郭朋校釋：《壇經校釋》（臺北市：文津出版社公司，1995年），頁60。
199　（宋）嚴羽，郭紹虞校釋：《滄浪詩話校釋》（臺北市：里仁書局，1983年），頁12。
200　（明）胡應麟：《詩藪》內篇卷二（臺北市：廣文書局，1973年），頁92-93。
201　王正：《悟與靈感》（上海市：上海社會科學院出版社，2003年），頁4-5。

二　欲叩無生偈

緣蘿初渡嶺，倚棹更窮溪。坐覺雲山合，悠然物我齊。還來上方宿，臥聽夜猿啼。欲叩無生偈，鐘聲過澗西。（1121〈晚宿雲門寺〉）[202]

雲門寺在廣東，是禪宗。首聯「緣蘿初渡嶺，倚棹更窮溪」描寫詩人沿著藤蘿攀附著山嶺，初次越過山嶺。詩中「緣蘿」是藤蘿，在山林行走，藤蔓成為其攀登依託，營造與自然和諧共生的畫面。而「倚棹」是指詩人依靠船槳劃動，「窮溪」表示其正在探索溪流的盡頭，象徵其在尋求更深層次的寧靜與清幽。詩人乘舟，倚著船槳，逐漸深入幽靜的溪流，探尋更加偏遠、隱祕的山澗，強調其探索自然、尋求幽靜之心境。營造與自然融為一體的寧靜、悠遠氛圍，令人感受到仲則在山水間尋找心靈寄託的情懷。

領聯「坐覺雲山合，悠然物我齊」詩中「覺」有覺察、覺悟之意。二句呈現超越時空的概念，須彌納芥子，芥子納須彌。《涅槃經》以「須彌納於葶藶」、「世界入於毛孔」、「世界置於微塵」等喻象，來表徵「菩薩摩訶薩住大涅槃」時所獲得的小大一如的禪境體驗。禪宗所言的色空無礙、理事無礙、事事無礙，認為「本體必須由現象來呈現，現象與現象均為本體之呈現，因而可以相互呈現，所以不必於現象界之外尋求超現象的世界，不必離現象以求本體，不必於個別外求一般。這就打通了眾生界與佛界、現象與本體、個別與一般的隔絕，而達到圓融無礙。」[203] 佛家的圓融無礙時空觀，「就是我們個人的生命在其深處和宇宙生命融為一體，一朝風月含攝了萬古長

202　（清）黃景仁：《兩當軒集》，卷22補遺，頁512。
203　吳言生：《禪宗思想淵源》（北京市：中華書局，2007年），頁274。

空。」[204]二句描寫當詩人靜坐於山中，感覺雲和山似乎合為一體，心中與外界景色融合之境界。此「合」不僅指景物上的融合，也意指詩人心靈上的寧靜與自然界的和諧。詩人在此自然景色中感到心境寧靜、自在，與周圍的一切萬物達到和諧境界。「物我齊」意指詩人不再分別自己與自然萬象，無我無物，物與我、內心與外界不再有分別，心境空靈而超脫，天地萬物與他融為一體。「物我相忘，萬物齊一」是莊子思想中最精闢者，其主張人與萬物，自我與他者的同等齊觀，人唯有忘卻自我的成心成見，依順萬物天生自然，才能打破人我、物我的藩籬，正如《莊子・齊物論》：「天地與我並生，萬物與我為一。」[205]所言。將清靜靈明的心與外界物我合一，寵辱皆忘，恰如《永嘉證道歌》所言：「幾回生幾回死。生死悠悠無定止。自從頓悟了無生。於諸榮辱何憂喜。」[206]詩人感受到自然景色的靜謐與圓融，並且在這份寧靜中達到了物我合一的境界，感受其對心靈平靜的嚮往。

頸聯「還來上方宿，臥聽夜猿啼」描寫詩人又回到山中的一個高處（「上方」），於此宿營安歇，詩中「還來」暗示詩人對此山林相當熟悉親切，彷彿他經常回到此處，顯示其對此山林生活的熟悉與依戀。詩人夜晚臥床時，聽著遠處猿猴啼叫聲。猿啼聲多在孤獨、幽靜的環境，給人空寂、清冷、悲涼的感覺，然詩人並沒有感到不安、驚恐，而是將此猿啼視為夜晚寂靜山林的一部分，彷彿與其心境相契合，也暗示其身心放鬆對大自然無畏懼的融入，對孤寂與自然景象的寧靜接受。猿啼聲在夜晚中迴蕩也未能打擾詩人，反而成為其心境的一部分，表現其與自然深度融合，反映對山林生活嚮往，在靜寂佛寺山林中獲得心靈安慰。

---

204 吳言生：《禪宗思想淵源》，頁232。
205 莊周著，張耿光譯注：《莊子》（臺北市：臺灣古籍出版公司，1996年），頁36。
206 （唐）玄覺：《永嘉證道歌》，《大正新脩大藏經》第48冊，No.2014，頁396上。

尾聯「欲叩無生偈，鐘聲過澗西」詩中的「叩」意指向禪師請教詢問。「無生偈」是佛教用語，大乘佛教中觀派認為沒有任何現象是真實的，所以一般所謂「生出某東西」的概念，實際上是不存在的。如《中論》卷一曰：「諸法不自生，亦不從他生，不共不無因，是故知無生。」[207]佛法認為宇宙一切都是因緣而來，一切都是緣起，無論好壞，這些境界都是因緣而生的，非自生、非從他生，亦非共同生起，更非無因而生，本體是空，緣起性空，一切都是緣影，不生妄想，即達無生，心淨、把煩惱化掉，才是真正淨土。詩中「無生偈」是「無生法門」禪理，源於《金剛經》的教義，認為「一切法無生，無滅」，即一切現象皆無自性，無所謂的真實存在。「無生法門」是指一種超越生死、超越一切對立的境界，強調萬物本來空無自性，無生無滅。此一思想源於禪宗對「空性」理解，認為所有的現象都無常、無自性，且不應執著於生死、存在與非存在的對立，強調萬象無常，所有事物都處於不斷變化中，強調放下執著，達到超越生死的境界。「無生」即「涅槃之真理，無生滅，故云無生。因而觀無生之理以破生滅之煩惱也。」[208]《解深密經》卷二云：「一切諸法皆無自性，無生無滅，本來寂靜，自性涅槃。」[209]《金光明最勝王經》卷一云：「無生是實，生是虛妄，愚癡之人漂溺生死，如來體實，無有虛妄，名為涅槃。」[210]可知無生與法性、涅槃等含義相同。五祖弘忍曰：「有情來下種，因地果還生。無情既無種，無性亦無生。」[211]當修行

---

207 （印度）龍樹菩薩造，梵志青目釋，（姚秦）三藏鳩摩羅什譯：《中論》，《大正新脩大藏經》第30冊，No.1564，頁1上。

208 丁福保編纂：《佛學大辭典》下冊（臺北市：新文豐出版公司，1985年），頁2150。

209 （唐）玄奘奉詔譯：《解深密經》，《大正新脩大藏經》第16冊，No.0676，頁693下。

210 （唐）義淨奉制譯：《金光明最勝王經》，《大正新脩大藏經》第16冊，No.0665，頁407上。

211 （元）宗寶編：《六祖大師法寶壇經》，《大正新脩大藏經》第48冊，No.2008，頁349上。

者達此境界時,便能超越世俗困擾,體會「一切皆空」智慧,從而獲得內心自由平靜。「偈」是佛教詩歌,是對人生、宇宙及心靈悟道的智慧言語,用以啟發修行者悟性。仲則想要向禪師請教禪理,希望從他那裡得到啟發,此種欲求象徵其內心對禪宗超越生死、追求心靈自由的渴望。

「鐘聲過澗西」描寫詩人聽見遠處傳來寺院鐘聲,穿越了溪澗,傳到澗的西邊。「鐘聲」在佛教中象徵著覺悟與啟示,它迴蕩於大自然的空靈中,彷彿對詩人的問題予以回應。而鐘聲的迴蕩也暗示時空的流轉,聲音穿越山水,傳遞著無言的智慧。詩人雖欲叩問「無生」禪理,但聽到鐘聲迴響的瞬間,似乎獲得啟示解答,無需言語的智慧已經在寧靜山水間與佛教鐘聲中得到體現。鐘聲響過澗西,彷彿傳達一種無言的啟示,猶如智慧之音穿透心靈的迷霧,使仲則不再需要向外尋求解答,反而於此將內心的困惑給化解。二句表達對禪宗「無言而教」哲理、心隨境轉哲思,正如永嘉禪師所言:「體即無生,了本無速。」[212]不假外求。佛陀已超越是非、好惡、取捨二分思惟,在六根、六塵、六識的對境中,一切法皆悉照見、領受,一切法皆是緣起性空,無自性,故無生。正如黃檗斷際禪師《傳心法要》所言:

> 故學道人迷自本心不認為佛。遂向外求覓起功用行。依次第證。歷劫勤求永不成道。不如當下無心。決定知一切法。本無所有亦無所得。無依無住。無能無所。不動妄念便證菩提。[213]

---

212 (元)宗寶編:《六祖大師法寶壇經》,《大正新脩大藏經》第48冊,No.2008,頁355。

213 (唐)裴休集:《黃檗山斷際禪師傳心法要》,《大正新脩大藏經》第48冊,No.2012A,頁379。

說明人迷自本心不認為佛，遂向外求，若能夠「應無所住而生其心」，不著相，不住相，離一切相，就能真正脫離苦海，不為物象所轉之苦。

這些佛禪義理，讓仲則在悲苦人生中，暫時解脫身心苦痛。遠離人群的寺院佛門淨地，在雲煙繚繞的雲山之間，區隔山下的紅塵滾滾，是神聖的標誌，象徵凡與俗的界線。詩人參訪借宿寺院，透過鐘磬、梵音，間接隱含佛理，置身世外桃源，在宗教氛圍下，沈澱俗慮，擺脫世情。

第四節　聖俗對立強化天才之悲

羅馬尼亞宗教史學家米爾恰‧伊利亞德（Mircea Eliade, 1907-1986）在《聖與俗：宗教的本質》書中第一章「神聖空間與建構世界的神聖性」一文提到：

> 對一個信仰者而言，教堂在它所在的地區中，分享一個全然不同的空間。在教堂內部開啟著的門，事實上是要解決由凡俗空間過渡到神聖空間不同質、不連貫的問題，其門檻畫分開了兩種空間，也象徵著凡俗與宗教兩種模式之間的區隔。門檻，是一道界線和分野，這道邊界分隔並面對著兩種世界；而同時，這兩個看似矛盾的世界卻得以相通，使凡俗世界過渡到神聖世界的通道得以相連。……聖殿建構了一道向上方的開口，並確保與眾神世界的共融。[214]

---

214 米爾恰‧伊利亞德（Mircea Eliadc, 1907-1986）著，楊素娥譯，胡國楨校閱：《聖與俗：宗教的本質》（臺北市：桂冠圖書公司，2000年），頁75。

從上述所言西方的教堂就是一個神聖空間,如同東方的佛寺一樣,在神聖的境域之內,凡俗世界被超越了。而朝聖者登至佛寺廟宇,有如神遊至世界中心,會經驗到一股突破性的穿越,由一個層次穿越至另一層面,進入至超越凡俗世界「純境」之中。當人面對佛寺、佛像,就如同由俗諦昇華至聖諦一般,正如〈浮槎山寺〉:「鉛脂洗淨功德水,富貴了寂鐘魚音」[215]所言,借著神聖空間洗淨塵世浮華。而寺廟僧人建構神聖空間的理由,在(羅馬尼亞)米爾恰・伊利亞德(Mircea Eliadc, 1907-1986)《聖與俗:宗教的本質》一書提到:

> 宗教人想要活在神聖中的渴望,實際上就等於是渴望將他的住所建立在真實的實體上,而不要使他被純主觀經驗中從未終止的相對性所麻痺,宗教人要活在一個真實而有效的世界中,而不是活在幻想中。這樣的行為,在宗教人生存的各種層面上被記載下來,而且尤其明顯的是,宗教人渴望只活動於聖化了的世界中,亦即神聖空間中。這就是精心運作各種定向方法的理由,或者更適切地說這就是各種建構神聖空間方法的理由。[216]

由上可知,建構神聖空間是宗教人渴望生存在真實有效的世界,而「聖地與聖殿,一般相信是座在世界的中心上;廟宇,是宇宙山的複製品,因而建構了天與地之間最卓越的連結。」[217]而「聖殿的宇宙性結構,賦予了空間新的宗教價值;聖殿作為眾神的房子,是高於其它

---

215 (清)黃景仁:《兩當軒集》,卷8,頁197。
216 (羅馬尼亞)米爾恰・伊利亞德(Mircea Eliadc, 1907-1986)著;楊素娥譯;胡國楨校閱:《聖與俗:宗教的本質》(臺北市:桂冠圖書公司,2000年),頁78。
217 (羅馬尼亞)米爾恰・伊利亞德(Mircea Eliadc, 1907-1986)著;楊素娥譯;胡國楨校閱:《聖與俗:宗教的本質》(臺北市:桂冠圖書公司,2000年),頁89。

地方之上的聖地,它持續地聖化這世界,因為它同時是這世界、也維護著這世界。……正是透過聖殿的效力,才得使世界的任何部分都能一再地被聖化。無論這世界可能成為如何的不潔,這世界仍持續地被聖殿的神聖所潔淨。」[218]可見中國佛寺廟宇多建築於山中有其原因。

何謂「寺」?據《康熙字典》記載:

> 《說文解字‧寸部》:寺,廷也。有法度者也。《釋名》:寺,嗣也,官治事者相嗣續於其內也。《唐書‧百官表》:漢以太常,光祿,勳衛尉,太僕,廷尉,大鴻臚,宗正,司農,少府為九卿。後魏以來,卿名雖仍舊,而所蒞之局謂之寺,因名九寺。又《漢書註》:凡府廷所在,皆謂之寺。又漢明帝時,攝摩騰自西域白馬駝經來,初止鴻臚寺,遂取寺名,為創立白馬寺。後名浮屠所居皆曰寺。[219]

而林義光《文源》一書中提到,金文「寺」字曰:

> 從又,從之。本義為持。又象手形,手之所之為持也。之亦聲。[220]

由上可知「寺」從「操持」之意,至漢代成了九卿官署名,至東漢時期,天竺僧人馱經來住於鴻臚寺,後此地改建僧舍,取名「白馬寺」,

---

218 (羅馬尼亞)米爾恰‧伊利亞德(Mircea Eliade, 1907-1986)著;楊素娥譯;胡國楨校閱:《聖與俗:宗教的本質》(臺北市:桂冠圖書公司,2000年),頁107-108。
219 (清)張玉書奉敕撰:《康熙字典》,康熙五十五年(1716)武英殿刻本,頁293-294。
220 林義光:《文源》(上海市:中西書局,2012年),頁330。

「寺」從此成為僧人住所通稱。而佛教為脫離塵俗修持，必尋人少之地，故興築山寺。凡各地名山必然是佛教僧尼往建寺之地。筆者考察黃仲則一千一百八十首詩中出現「寺」七十四次，出現「鐘」三十四次，而鐘皆出現於佛寺、山寺之中，甚至「寺鐘」連用，如：〈題畫〉：「半夜未歸鶴，一聲何寺鐘」[221]、〈春夜聞鐘〉：「近郭無僧寺，鐘聲何處風」[222]、〈登衡山看日出用韓韻〉：「猿呼鶴警寺鐘歇，俛視下界方曈曨」[223]、〈二十三夜偕稚存廣心杏莊飲大醉作歌〉：「東方漸白寺鐘響，遠林一髮高天垂」[224]、〈新月〉：「頓鐘林外寺，薄霧水西樓」[225]、〈江口阻風宿僧寺〉：「燈光遠引得蕭寺，如倦鳥獲高枝投。寺鐘漸歇曙鴉起，草草盥漱還登樓」[226]、〈慈光寺前明鄭貴妃賜袈裟歌〉：「昭華寵占六宮冠，十方建寺誰能爭？峆不見，南朝三百六十寺，至今一一荒煙裏」[227]、〈由慈光寺至老人峯〉：「孤發靡有極，出寺鐘送響」[228]、〈張鶴柴招集賦得寒夜四聲四首其四〉：「聲聲殷幃闈，遠寺又撞鐘。（碓聲）」[229]、〈又用前韻題翁覃溪所摹和靖秋涼三君二札〉：「念有期聽煙寺鐘，聯遊遲剪風船燭」[230]、〈柏井驛〉：「煙銷始見峰圍驛，風定方知寺有鐘」[231]，由上可知黃仲則詩歌中出現的「寺鐘」意象，有著清高神聖空間之感，遠遠被梵鐘叫醒在匆匆遊方、在紅塵中詩人。

---

221 （清）黃景仁：《兩當軒集》，卷1，頁10。
222 （清）黃景仁：《兩當軒集》，卷1，頁17。
223 （清）黃景仁：《兩當軒集》，卷2，頁43。
224 （清）黃景仁：《兩當軒集》，卷3，頁62。
225 （清）黃景仁：《兩當軒集》，卷3，頁63。
226 （清）黃景仁：《兩當軒集》，卷3，頁84。
227 （清）黃景仁：《兩當軒集》，卷5，頁130。
228 （清）黃景仁：《兩當軒集》，卷5，頁130。
229 （清）黃景仁：《兩當軒集》，卷14，頁339。
230 （清）黃景仁：《兩當軒集》，卷14，頁351。
231 （清）黃景仁：《兩當軒集》，卷16，頁386。

第四章　黃仲則詩歌佛禪書寫的主題精神 ❖ 353

佛寺中的鐘稱為「梵鐘」。據《百丈清規證義記‧法器》記載：

> 大鐘，叢林號令資始也。曉擊，則破長夜、警睡眠；暮鳴則覺昏衢、疏冥昧。[232]

說明佛寺在清晨擊鐘，目的是喚醒睡夢中的眾生起床修行，以離生死長夜，強調佛寺大鐘的用途。而《敕修百丈清規》記載「叩鐘偈」，說司鐘者於叩鐘前要先祈願：「願此鐘聲超法界，鐵圍幽暗悉皆聞。聞塵清淨證圓通，一切眾生成正覺。」其中「鐵圍」指地獄，表示叩鐘時祈願鐘聲不僅能對世間眾生有所警示，亦期望地獄眾生，能藉由聽到此鐘聲而解脫苦難。[233]佛寺梵鐘隨著每一響鐘聲的迴盪遠傳三千世界，祈福祝禱迷茫的眾生聞聲離苦，開啟智慧與覺醒。

關於黃仲則詩歌中佛禪書寫出現「鐘聲」皆有其意涵哲理，如〈由烟霞嶺至紫雲洞精舍〉：「夜梵悄已沈，晨鐘閑將歇」[234]、〈惱花篇時寓法源寺〉：「遽令禪窟變塵術，曉鐘未打車隆隆」[235]、〈江口阻風宿僧寺〉：「寺鐘漸歌曙鴉起，草草漱盥還登樓」[236]、〈大雨宿青山僧寺〉：「林鳥忽一啼，曉鐘鳴漸闋」[237]、〈張鶴柴招集賦得寒夜四聲

---

232 （清）潤儀：《百丈清規證義記》卷9，《卍新纂大日本續藏經》第63冊，No.1244，頁515。
233 關於聽聞鐘聲能讓地獄受苦者解脫，在《續高僧傳‧釋智興》傳說：「通（已亡）夢其妻曰：吾行從達於彭城，不幸病死，生於地獄，……蒙禪定寺僧智興鳴鐘發聲響，振地獄，同受苦者一時解脫。」見（唐）道宣：《續高僧傳》卷29，《大正新脩大藏經》第50冊，No.2060，頁695。
234 （清）黃景仁：《兩當軒集》，卷9，頁220。
235 （清）黃景仁：《兩當軒集》，卷15，頁377。
236 （清）黃景仁：《兩當軒集》，卷3，頁84。
237 （清）黃景仁：《兩當軒集》，卷4，頁113。

四首其四〉:「聲聲殷幃闥,遠寺又撞鐘」[238]上述寺鐘顯現時間無情推移,更蘊著生命的輪迴,更呈顯出詩人漂泊無依之悲,正如〈言懷二首其二〉所言:「豈意薈騰便到今,一聲鐘動思悁悁」[239],然寺鐘真能解脫人生迷茫?如此聖俗對立,更是強化天才之悲,黃仲則在寂靜沈思中更是了知這「神聖空間」無非是慰藉,正如〈題黃荊榻寺壁〉所言:「鐘聲只和車前鐸,缽水難清陌上塵」[240]、〈龍窩寺〉:「鐘聲不破迷,茗飲聊經倦」[241]。黃仲則面對現實生活的矛盾衝突,經歷人生不如意,產生諸多抑鬱情緒,貧病孤苦的心情,在佛寺的神聖空間散發神聖的能量下,頓時消解,如〈浮槎山寺〉:「鉛脂洗淨功德水,富貴了寂鐘魚音」[242]借著神聖空間洗淨塵世浮華。在本節探討〈龍窩寺〉及〈僧舍上元〉二詩見其在神聖空間下卻無法化解現實苦痛,強化天才之悲,以下分別析論之。

一　鐘聲不破迷

> 眾山如奔湍,忽復作渦旋。疾激得盛怒,盤回若餘眷。其所縈結處,意象百錘鍊。岭岈狀崩城,缺齾肖斷堰。陰崖慘鐵積,陽岫倐霞絢。梵宇蜂房懸,僧寮蟻珠穿。雨溜壁壓簷,風動石當面。愕眙森動搖,獨立訝變眩。名山界衝衢,淨域等郵傳。火地青蓮開,窮海寶山現。鐘聲不破迷,茗飲聊經倦。去去那復留,身如脫弦箭。(1030〈龍窩寺〉)[243]

238　(清)黃景仁:《兩當軒集》,卷14,頁339。
239　(清)黃景仁:《兩當軒集》,卷10,頁258。
240　(清)黃景仁:《兩當軒集》,卷5,頁144。
241　(清)黃景仁:《兩當軒集》,卷16,頁383。
242　(清)黃景仁:《兩當軒集》,卷8,頁197。
243　(清)黃景仁:《兩當軒集》,卷16,頁383。

此五言古詩，全詩二十六句，共一百三十字。此詩作於乾隆四十六年，仲則三十三歲。龍窩寺位於河北省，據清雍正《井陘縣誌》中記載曰：「龍窩，在縣西南二十里。石壁峭立，古柏崖生，梵宇樓台，頗為可觀。傳神龍斷路，貨郎仗劍斬之。至隆慶間，大雨衝出枯骨一窖，約數百斛許。」[244]其寺院建造年代已不可考。

第一段：開首二句「眾山如奔湍，忽復作渦旋」描寫群山像奔騰急流般，形容山脈氣勢洶湧、快速變化，似乎具某種生命力量。這些山脈忽然又像水流形成漩渦一樣旋轉，表現自然景象變幻莫測與巨大力量。通過比喻，將山脈雄壯與急促水流、漩渦相比較，傳達大自然壯麗與強烈動感。借助「奔湍」與「渦旋」比喻，形容山脈氣勢壯觀連綿不絕、景象變化，表現自然界巨大力量與生動形態。「忽復」令人感受自然景象瞬間變化與不可預測性，予人以震撼與不確定之感，富強烈視覺感官效果。三、四句「疾激得盛怒，盤回若餘眷」通過自然景象描寫，將情感波動與自然力互動，體現情感波動與內心複雜，形容水流猛烈且旋轉迴繞，予人一種激烈未盡之感。開首四句以湍水盤旋景象形容山勢，如此震撼人心。接續五、六句「其所縈結處，意象百錘鍊」描寫山迴旋纏繞處如同鐵百次錘鍊堅固，這些山勢經過仲則情感活動而創作出新的藝術形象。運用形象比喻與意象，展現詩人對山勢深刻描繪，充滿藝術張力。七、八句「峆岈狀崩城，缺齾肖斷堰」詩中「岈」是山崖岩石裂縫，表示山崖岩石險峻；「崩城」形容山崖岩石裂開崩塌，給人一種巨大破碎感，像一座城牆崩潰，象徵自然力量動盪。「缺齾」是指缺損或殘缺處，形容破碎痕跡；「斷堰」是斷裂堰壩。二句描寫山峰形狀像崩塌城牆，山的斷缺處像斷裂堰壩，彷彿一旦破裂就無法收回局面，藉由生動自然景象，承上繼續描繪山

---

244 （清）雍正年間吳觀白修，鍾文英纂：《井陘縣志》卷之一古蹟「清雍正庚戌年（1730）本衙藏本」善本，頁13。

勢奇險景象。九、十句「陰崖慘鐵積，陽岫倏霞絢」詩中「陰崖」指被遮蔽山崖不受陽光照射處，帶有寒冷沉寂氣氛；「慘」形容淒涼陰沉景象，傳達一種嚴峻感；「鐵積」形容景象冷硬沉重感，像積累鐵塊一樣堅固沉悶。背光山崖上積累陰冷沉重氣氛，給人一種蒼涼壓迫感。「陽岫」是陽光照射到的山峰，是溫暖、明亮；在陽光照射下，山峰突然間被霞光照亮，展現出絢爛奪目景象。藉由對自然景象陰陽面的對比，展示光與暗、冷與暖之交織，同時賦予自然景象一種強烈情感色彩與動態感。在陰面，山崖顯得冷峻而壓抑；陽面在陽光照射下顯得明亮、溫暖並充滿生氣。通過此對比，表達光明與黑暗、希望與絕望、溫暖與冷酷之間關係，描繪自然界中強烈變化美麗景象，使詩句更具視覺衝擊力，同時也給人帶來深刻情感反思。

　　第二段從第十一、十二句「梵宇蜂房懸，僧寮蟻珠穿」開始進入龍窩寺主體的描寫。詩中「梵宇」是佛寺，「蜂房懸」描寫寺廟如蜂巢狀建築一樣懸掛於高處；「僧寮」指僧人住所，「蟻珠穿」形容僧人日常生活如蟻穿珠一樣細緻有序[245]。二句描寫寺廟如同蜂房，忙碌而有組織，而僧人的寮房則像螞蟻搬運珠子般，充滿忙碌、繁密活動，彷彿一個有組織群體在其中進行自己生活與工作，細小而充滿細膩生活與修行。藉由「蜂房」與「螞蟻」比喻，表現佛教生活中繁忙與寧靜、細微與莊嚴的交織。蜂房象徵寺廟集體與有序，而螞蟻代表僧人日常生活中每一項小事，細膩而充實。此是對僧侶們修行生活的隱喻——他們生活簡單，卻通過日常點滴努力與積累，維持著寺廟秩序與安寧。在此對比中表現宗教修行細緻與充實，傳達在細小事務中能見生活意義與精緻。

---

245 （唐）楊濤〈蟻穿九曲珠賦〉：「蟻為質兮微眇，珠有竅而虛圓，苟一縷之是係，雖九曲而可穿。」見（清）陳元龍奉敕編：《御定歷代賦彙》正集3，《景印文淵閣四庫全書》總1421冊（臺北市：臺灣商務印書館，1986年），卷97，頁161。

接續二句「雨溜壁壓簷，風動石當面」詩中「雨溜」形容雨水沿屋簷流淌樣子；「壓簷」指雨水流到屋簷下方，給屋簷帶來壓迫感。二句描寫雨水沿著牆壁流下，壓迫著屋簷，形容雨水積聚力量，給建築物帶來影響。風吹動石頭，給人一種強烈感受，儘管石頭是沉穩不動的，但在風的作用下，似乎也受到動盪，帶來直接衝擊，展現風雨力量與動感。通過雨水與風的動勢，表現自然界強大與無常。雨水流動與風吹動展現自然界不可控的力量，它們在與建築物、石塊等靜物的互動中，表現動態美與力量。仲則於此表達自然界中看似穩定事物也會受到環境變化的影響，體現天地間無常與力量，象徵人類在自然力量面前的渺小與脆弱。

「愕眙森動搖，獨立訝變眩」詩中「愕眙」是驚視貌。二句描寫詩人因景物突然出現變化而感到震驚，彷彿整個周圍環境也因而動搖，在面對突如其來變化衝擊時，感到震驚，甚至有種無法站穩眩暈感。獨自一人站立，對周圍變化感到驚訝並產生眩暈感。通過形象描寫，展現詩人在面對突發自然景象的強烈反應。用「愕眙」與「動搖」表達對變化震驚與難以接受，而「獨立訝變眩」進一步強調詩人面對此變化時孤立感與無法適應之困惑。此情緒波動，暗示一種對現實或自然界突如其來變化的不安與迷茫，詩人感受到周圍一切似乎都在變動，而自己卻難以把握與適應此變幻。

「名山界衝衢，淨域等郵傳」詩中「衝衢」指交匯處或十字路口，形容一個重要交叉點或交通樞紐，「淨域」原指彌陀所居之淨土，後為寺院別稱，遠離塵囂、清淨安寧空間。二句描寫名山成為一個重要交界處，象徵世俗、超凡兩種領域的碰撞與融合。在名山的交會處，清淨領域等待著精神交流。通過描繪自然與人類活動的交界，暗示名山作為文化與精神交會點，是物理的地理交會，也是思想哲學上的融合與碰撞。通過「淨域」等待郵傳，表達一種心靈上淨化與傳

遞過程，象徵人與自然、人與思想之間的聯繫與交流。

最後一段：「火地青蓮開，窮海寶山現」詩中「火地」指火熱地方；「青蓮」象徵清新純潔、高潔、精神昇華，形容在熾熱極端環境中，依然綻放出一朵青蓮花，寓意在困境、動盪中依然能保持清淨與高尚，或困難環境中呈現超凡脫俗。「窮海」指海盡頭，象徵極限、遠方或未知領域；「寶山」比喻珍貴事物或智慧源泉。二句說明在火熱環境中，依然能開出青蓮；在困境盡頭，出現寶貴的山，此象徵表達在艱難困苦或極端環境中依然能夠發現純潔、珍貴東西，在歷經艱難探索後，最終獲得極為珍貴的發現或智慧。藉由「火地」與「青蓮」對比，表現極端環境中依然能夠誕生高潔與美好事物，表達堅韌、清淨與昇華精神。「窮海」與「寶山」對比，反映人在追尋極限與未知時，最終能夠獲得寶貴智慧或人生頓悟，蘊含在困境中尋找光明與智慧哲思，在不懈追求中終將獲得珍貴成果。此語指智慧之光照耀一切，無論身處何處皆能發現寶藏，在修行者追求覺悟之過程中，能超越種種障礙，如同寶山現於窮海之中。

「鐘聲不破迷，茗飲聊經倦」二句說明即便鐘聲響起，也未能打破心中迷茫困惑。鐘聲雖象徵覺醒，但並未能改變詩人內心迷茫與困惑，反映一種對外界提醒無力感。喝茶雖是暫時消遣，但也因思慮過多而感到疲倦，彷彿已無多餘精力去深思。二句充滿禪意與靜心意境，晨鐘，是一種提醒與警示，可使我們超越煩惱，不被世俗迷惑所困，進入寧靜之境；茶具安定心神之效，飲茶與佛經語可靜心、沈思，使人於繁忙喧囂世界中，保持內心寧靜，用心品味生活。藉由「鐘聲」與「茗飲」對比，反映詩人內心兩種情感：一是鐘聲代表外界的提醒、啟發與警覺，但卻未能打破內心迷茫；二是茶飲代表簡單、安靜享受，但反映詩人對現實倦怠與疲憊。通過兩者結合，反思自身處境，表達無力改變現狀、在日常生活中尋找片刻安慰卻依然感

到內心空虛與疲憊之情。

「去去那復留,身如脫弦箭」詩中「去去」是離開,反復的「去」字強調離開決絕與迅速,此語傳達詩人心情矛盾,一方面想要離開,另一方面又有不捨卻難以停留無奈。藉由「脫弦箭」生動比喻,傳達了詩人內心的急切與決定已下的無法回頭情感。詩人雖然可能內心有所牽掛,但一旦做出決定,他便如同射出的箭那樣,不可能再停下,迅速離去。二句描寫仲則心情精神飛越,急於前行,如脫弦之箭,表現情感決絕與行動果斷,但同時也流露無奈之情。

二　怕聽歌板聽禪板

> 獨夜僧樓強自憑,傳柑時節沍寒凝。怕聽歌板聽禪板,厭看春燈看佛燈。好景笑人常寂寂,春愁泥我漸騰騰。今年准擬捐花事,坐斷蕭齋一榻繩。(101〈僧舍上元〉)[246]

此首七律於乾隆三十五年,黃仲則在湖南長沙,正月十五日所作。

首聯「獨夜僧樓強自憑,傳柑時節沍寒凝」詩中「僧樓」指寺廟中僧房,是僧人修行地方。描寫在孤獨夜晚,詩人獨自待在僧樓中,儘管寒冷難忍,卻仍然強迫自己保持清靜與冷靜。「憑」字表明詩人在夜晚寒冷中仍然努力堅守自己禪修,體現一種內心堅持與忍耐。「傳柑時節沍寒凝」中「傳柑」說明柑是柑橘類水果,是一種秋冬季節常見果實,用以表示秋冬時節。「沍寒凝」中「沍」是寒冷之意,「沍寒」指一種特別嚴寒冷氣;「凝」是寒氣凝聚或凍結,強調寒冷程度。描述在寒冷季節,柑橘正當時節,寒冷氣氛瀰漫而凝固。此不

246　(清)黃景仁:《兩當軒集》,卷2,頁34。

僅是描述外在的冷，還帶有季節與自然氛圍，暗示寒冷與孤獨氛圍。藉由「獨夜」與「強自憑」描繪詩人孤獨在冷寂夜晚勉力守靜情景，表達詩人面對外界寒冷與內心孤獨堅守。同時，詩中「傳柑時節冱寒凝」通過描繪柑橘季節與濃烈寒氣，傳達季節冷峻與僧舍中孤獨、寒冷氛圍。詩人面對此境況，依然選擇堅持與禪修，展現堅定信念與耐心。二句不僅展現環境寒冷，也象徵人在困境與孤獨中依然努力修行、追求內心寧靜與堅持。

　　頷聯「怕聽歌板聽禪板，厭看春燈看佛燈」中「歌板」是歌聲或曲調，歌板常見於宴席聚會中伴奏，用以娛樂與消遣。「禪板」是禪宗法器，是禪修中使用一種敲擊板，用於引導修行節奏，幫助修行者集中注意力，進入冥想狀態。二句描寫詩人厭倦世俗娛樂與歡愉聲音，不想再聽到歌聲、歡笑聲，而對禪宗修行、內心冥想以及精神寧靜更感興趣，寧願聆聽禪宗法器聲，來引導自己思想。表明詩人對俗世喧囂厭倦，寧願沉浸於禪修、寧靜世界中，強調對精神追求嚮往與對世俗享樂反感。「厭看春燈看佛燈」中「春燈」是春天燈光，與節慶、社交場合、家庭聚會等歡樂之場面相關，象徵溫暖、繁華與喧囂，在詩中指上元節花燈。「佛燈」是寺廟、佛堂中佛前燈光，用以供奉佛陀或冥想修行，象徵智慧、清淨與寧靜。描寫詩人對上元節看花燈、溫暖社交場面以及世俗歡樂生活產生厭倦之情，轉而嚮往一種更為寧靜與深沉境界，即佛教中智慧與修行，寧願在佛前靜心，享受精神慰藉與清淨。此句進一步表達詩人對世俗熱鬧、節慶厭煩，轉而更希望追尋一種精神上清靜與寄託，傾向於佛教哲學與禪修，尋找內心平和。二句表達詩人對塵世喧囂、娛樂與熱鬧深深厭倦，轉而對更為寧靜、深刻之精神世界產生濃厚興趣。藉由「歌板」與「禪板」對比，「春燈」與「佛燈」之差異，詩人表露對世俗歡樂厭煩，表現其對修行、內心世界以及佛法嚮往，體現一種超脫於塵世紛擾、追求心

靈安寧之境界。詩中揭示個人在面對外部世界誘惑與嘈雜時，如何選擇內心寧靜與精神超脫，展示精神與物質之對立與追求。

　　頸聯「好景笑人常寂寂，春愁泥我漸騰騰」詩中「好景」指美景，是春光、花開、景色宜人等。「笑人」是這些美好景色似乎能使人心情愉悅，帶來歡笑喜悅。「常寂寂」道出儘管外在環境美好，詩人自己卻感到內心寂寞、空虛孤獨。此「寂寂」是內心孤寂與靜默，與外在美景形成鮮明對比。說明儘管眼前是上元燈節美好景色，能帶來歡樂，但詩人內心卻依然感到寂寞與空虛，無法享受這份美好。此「寂寂」反映詩人心中孤獨與無奈，表達一種無論外界如何美麗，內心寂寞仍難以消除之情。「春愁泥我漸騰騰」中「春愁」寫到春天是萬物復蘇季節，本應充滿希望與生機，但詩人卻感到一股無名愁緒。此愁緒與春天的明媚溫暖形成鮮明反差，呈展詩人內心壓抑與困頓。「泥我」中「泥」是困擾、壓抑之意，像是陷入泥潭無法自拔，表達愁緒在詩人心中之深重與難以脫離。「漸騰騰」指愁緒越來越深、越來越強烈，像是沼澤中泥水漸漸上漲，最後將詩人困住。愁緒在心頭不斷積累，越來越無法控制。描繪詩人無法擺脫愁緒，春天本是一個充滿生機季節，但詩人卻感到自己被春愁所困，內心煩悶、憂慮愈加加重，像是泥潭逐漸將自己吞噬，愁緒蔓延開來。二句藉由「好景」與「春愁」此兩個鮮明對比，表現詩人內心深處矛盾與痛苦。外部環境再美好，但內心空虛與憂愁卻無法消除，此心境令人感到無奈與迷茫。「春愁泥我漸騰騰」強調情感不斷積累，最終讓人無法逃脫。此種矛盾情感：外界美好而內心卻不安，是詩人對人生、情感、孤獨等多重問題真實寫照。詩中充滿哲理與深刻感觸，即使在佳節美景愉悅氛圍中，依然無法擺脫內心憂愁與煩惱，揭示人在面對美好時常會出現無法真正享受之困境。

　　尾聯「今年准擬捐花事，坐斷蕭齋一榻繩」詩中「今年准擬」指

詩人計畫在今年做出某種決定或改變。此「准擬」表現詩人對未來的打算，透露一種主動決心。「捐花事」中「花事」本指與花卉相關之宴會、社交事情，在此指賞花燈。「捐」是放棄、捨棄，即詩人計畫放棄這些世俗的花花草草、繁華事物。首句道出詩人準備放棄賞花燈事務，可能是對這些浮華之事厭倦，或是想要專心於某種更為寧靜與有意義生活方式。「坐斷蕭齋一榻繩」中「坐斷」指坐下並決定做某事，表明詩人是堅定的，「蕭齋」指簡樸、幽靜生活環境。「一榻繩」描寫詩人將自己限制在簡樸齋室內，象徵對世俗生活割捨，以及對安靜與孤獨追求。在此表達詩人決心放棄外界紛擾，選擇在簡樸環境中靜心，可能是為了反思人生，亦或是為了專注禪修。詩人藉由「坐斷」來表現他對世事決斷，而「蕭齋一榻繩」象徵其對寧靜、簡樸生活之渴望與追求。二句表現仲則在面對繁華與浮躁生活時，內心厭倦與反思，藉由「捐花事」與「坐斷蕭齋」來表達其決定放棄一切虛華事務，專心過一種清淨、簡樸、充實生活。此種反思與選擇，既是對內心寧靜追求，也是對世俗紛擾抗拒。

詩中寫到在孤獨、寒冷夜晚，獨自凭欄，浪遊生涯看盡人生百態，竟怕聽歌板、怕看春燈，雖然僧舍孤寂冷清，但聽禪板、看佛燈卻是遠離塵囂的淨土，在佛門清淨之地，逃離現實不如意。「禪板」與「佛燈」皆象徵佛法與智慧，「歌板」與「春燈」代表外界流轉的事物，如何不受外界影響，才能保有一盞永不息滅的明燈智慧。仲則選取世間事物景象作為佛禪的象喻，除了展現「燈」在佛法中的「般若智慧」意象外，更映照出詩人的空寂、孤單之心境。在上元燈節時期，本該是家人團聚溫馨一刻，然仲則卻孤身於僧舍中。據黃逸之《清黃仲則先生景仁年譜》所載，其自十九歲的秋天離家，便長年客居在外，在家鄉時日不多。仲則正當華年時，初離鄉里，未習慣孤身在外生活，〈僧舍上元〉詩中雖無思家、思親之語，然異鄉作客，與

親人離別時間越長,思念越深,沒有閑情逸致賞燈,害怕因此更加牽動思鄉之愁腸。在神聖空間中見到天才之悲,借聽禪板、佛燈來消彌心中思鄉離別之情。

為何黃仲則在「神聖空間」卻無法消解貧病苦痛思鄉等愁腸?反而更看清「人生是苦」,因為其身上肩負著不可御責的重任,無法逃禪。究竟什麼重責大任?為何無法放下?應該是黃仲則少孤,由母親撫養成人,因功名不就而連累母亦遭受貧苦,如〈丁酉正月四日自壽〉:「未了名心為老親」[247]、〈都門秋思〉:「一疏霜冷慈親髮」、「全家都在風聲裏,九月衣裳未剪裁」[248]、〈移家南旋是日報罷〉:「最是難酬親苦節」[249]皆顯出其對母親無法供養之內疚。在朱筠的學生李威在〈從遊記〉中記載黃仲則當時窘況:

> 武進黃景仁,夙負才名,落拓來京師,從先生(朱筠)遊,常以老母在籍,貧不能養為憂。先生乃為區畫舉家入都。既至,於所居之西,賃屋數椽以處之,告諸名士愛才者醵金若干,月餽薪米。歲暮,則為母製寒衣,於是景仁得從容翱翔日下。名益起,及先生再出視學,景仁復飄泊遠遊,老母南歸,家徒四壁如故。[250]

由上可知,即使仲則在佛寺暫時得到心靈昇華解脫,但終究得回歸現實人生,無法逃避現實人生該肩負的重擔。佛寺的神聖空間是詩人心中對理想境界之嚮往,不僅是造訪僧人居住地,更是詩人心靈修行過

---

[247] (清)黃景仁:《兩當軒集》,卷13,頁310。
[248] (清)黃景仁:《兩當軒集》,卷13,頁318。
[249] (清)黃景仁:《兩當軒集》,卷15,頁359。
[250] 黃葆樹:《黃仲則研究資料》(上海市:上海古籍出版社,1986年),頁124。

程的連結,應是一個自我實現的心靈空間。然而仲則面對人生窘況時,身上肩負重擔容不得他放下一切,必然回歸紅塵苦難中繼續咬牙前進。在神聖空間下更感受到聖俗對立,更加強化天才之悲,始終無法出離人生苦海,鐘聲不破迷。

第五章
結論

　　天才詩人黃仲則如慧星劃過夜空，在短暫的生命中，創造出剎那的永恆，於乾隆詩壇上獨占鰲頭，獲得論詩者推為第一的讚譽，甚至歷來評論黃仲則「詩天才超逸似太白，而靈氣幽光，窈渺無極」、「天下幾人學太白，黃子仲則今仙才」、「君才直逼李青蓮」皆予其極高評價，然如此奇才卻處於一身襟抱未曾開的悲劇性際遇。歷來學界對於清詩研究多聚焦於明末清初的遺民詩歌，如顧炎武、王夫之；清初的錢謙益、吳偉業等研究；或晚清的龔自珍、鄭燮等研究；對乾嘉詩壇，多關注沈德潛格調、王士禎神韻、袁枚性靈、翁方綱肌理等四大詩學，忽略最能看出清代由盛轉衰的乾嘉詩歌是常州詩人黃仲則。

　　黃仲則一生最大逆境來自仕途不順遂，空有滿腹經綸、政治抱負，殊勝才情，卻自幼而孤，身弱罹患肺疾，貧病苦痛不時攪擾，馱著生命重擔，行走於坎坷旅程中，漂泊如寄的人生，飽嘗人情冷暖，化不開鄉思離愁，用盡畢生力氣，以詩歌紓解生命壓力，其詩歌有詩仙李白的奇幻飄逸；有詩鬼李賀的新奇怪誕；有詩聖杜甫的憂國憂民之音，卻因不合時宜的個性，加上清朝盛世走向式微，生逢盛世卻別無選擇做流民，在盛世中落拓悲慘，深入世間，憂時傷世，世俗隆汙，民生疾苦，因其悲天憫人，而發出不平之鳴，如此重重現實困境產生悲傷憂鬱情緒，無時無刻攪擾仲則心靈。

　　筆者細察黃仲則並無刻意學李白，詩歌相近乃因性情相近所致，都是大膽的想像、新奇與創新思維，詩歌涉及「神」、「仙」、「佛」、「禪」必然不少，筆者運用電腦搜尋統計方式統計出佛教相關詞彙比

神仙道教相關詞彙多，甚至發覺其神仙道教作品不及李白境界，可說是延續李白仙道作品而已，反而佛禪作品與遊歷借宿佛寺機緣甚多，是可觀之處，故研究清代黃仲則詩歌的「佛禪書寫」是一個全新視角，新領域，本文是首創，具開創之功。

　　本論文研究宗旨，以「黃仲則詩歌佛禪書寫」為研究重點，以「黃仲則一千一百八十首詩」為文本，細究「佛禪」相關詞彙使用情況，就黃仲則詩歌中佛禪書寫的內容為探討重點，將佛禪書寫的詩歌概分為四大類型：一、「禪跡詩」，二、「禪典詩」，三、「禪理詩」，四、「禪趣詩」，從中審視其藉由佛禪力量超越內心矛盾與痛苦，也呈現清代乾隆盛世下社會實況，並建構自我空間的精神世界。

一　綜覽歷來「黃仲則」、「佛禪與詩學」研究方式與成果

　　在本論文首章，筆者分別針對歷來研究「黃仲則（黃景仁）」、「黃仲則（黃景仁）詩歌」、「『清詩』、『佛禪』相關」、「佛禪與詩學關係」、「佛禪與清代以前專家詩作關係」、「佛教宗派、經典與詩學關係」等六個主題的相關論文研究在此概分為二大類，作一考察述評。

　　關於「黃仲則詩歌」研究，筆者檢索兩岸學位論文、期刊論文發現：臺灣、大陸兩岸歷來學界對此研究多著墨於山水紀遊詩、諷諭詩、感遇詩、愛情詩、親情詩、夜暮詩、感懷詩、詠懷詩、交遊考、詩歌意象、感憤、貧病、孤獨、幽苦悲劇等主題，並未探究黃仲則佛禪詩歌。連蔣寅在清詩研究成果甚高，對黃仲則詩歌也有研究，但並未觸及佛教，甚至宗教思想背景也無相關論述。

　　關於「佛禪與詩學、專家詩、清代以前專家詩作關係」研究，筆者檢索兩岸學位論文、期刊論文發現：臺灣、大陸兩岸歷來學界多探討專家詩中禪理、佛理、禪意與理趣，如陶淵明、謝靈運、六朝詩

人、錢起、孟浩然、王維、杜甫、李白、白居易、柳宗元、劉禹錫、李商隱、杜牧、杜荀鶴、寒山、皎然、齊己、蘇軾、王安石、黃庭堅、朱熹、歐陽修、梅堯臣、袁宏道等人外，大陸學者研究比臺灣出現罕見詩人，如李頎、張祜、李之儀、毛滂等，兩岸對於清代詩人、詩作與佛禪相關研究甚少，臺灣僅四篇、大陸五篇探析如：晚清吳嵩梁、魏源、清末民初高僧八指頭陀、清初臨濟宗三峰派第三代仁山寂震外，較少涉及清代詩人，本論文是跳脫歷來兩岸研究範疇，是首創清代以前專家詩與佛禪關係研究。

　　藉由綜覽二大類相關研究文獻，筆者界定黃仲則詩歌共有一千一百八十首，詩歌中出現「佛禪」相關詞彙有一百四十四首為本論文研究文本，由於文學創作的複雜性，任何一界定標準皆不可能絕對，但依此為據，不致造成漫無邊際之問題。

二　明晰盛世寒士淒涼一生

　　以詩證史，有裨於知人論世。黃仲則成長背景「家世生平」、時代背景「乾隆盛世真實狀況」、詩壇派系「毗陵文人性格」、乾隆時期佛禪宗教思想「佛禪的影響」等生命歷程深遠影響其詩歌佛禪書寫的內容意蘊、主題精神，從佛禪書寫的詩歌發現仲則已從小我、小愛擴展至群體更大關懷，從抒寫個人生命史歷程擴大至描繪整個大時代社會環境變化。

　　仲則九歲已顯詩才，賦詩太白樓一舉成名，然身世飄零，四歲父亡，十二歲祖導君卒，十三歲祖母呂孺人卒，十六歲兄庚齡卒，數年之間親人相繼過世，體會生命無常，惟寡母二人相依為命，生活困窘，受盡委屈。短暫一生多與病為伍，陷溺於多愁，加速生命的萎頓，十九歲自嘆早衰，二十歲言「我曾大小數十病，雖脫鬼手生則

殘」(〈病愈作歌〉),二十二歲「百病成一慵」(〈從雲溪歸偶作〉),二十四歲皮膚病因客瘴溼之地更加嚴重,「遍體瘡潰流黃膏」(〈答和維衍二首其二〉),二十七歲已日薄西山,至三十二歲肺病加重,「肺病秋翻劇」(〈濟南病中雜詩〉),至三十五歲去世前轉住於法源寺養病三年,因病弱之軀與佛寺結緣更深。

　　黃仲則生逢乾隆盛世卻不得溫飽,見清代貪官侵吞賑災銀糧,卻別無選擇作流民,對盛世社會現實灰暗實況感到失望,〈圈虎行〉更是諷刺又憐惜同情甘為奴的士子,為天下寒士發出不平之鳴,正符合毗陵文人詩風性格,貧困坎坷際遇,疏放狂狷性格,直率抒寫貧困百姓生活,反應社會底層文人生存樣貌,放浪不羈追求真性情,對「生死」的思考、生命終極關懷甚深。仲則一生漂泊不定,遍遊佛寺,借宿禪院,結交僧侶,其詩歌中流露不少佛禪經典理念,試圖藉由習禪念佛擺脫塵世苦痛,安頓困境中的生命,如《金剛經》:「應無所住而生其心」破相、去執;《六祖壇經》:「佛法在世間,不離世間覺,離世覓菩提,恰如求兔角。」;從〈冬夜飲程魚門編修齋觀耶律文正公像〉一詩得知其熟悉華嚴一真法界宇宙觀,夢幻泡影的大乘空觀,蘊含豐厚禪悟內涵,並深受《維摩詰所說經》影響,詩中汲引天女散花、維摩室,而維摩詰居士遊戲人間,調和出世與入世衝突,可見仲則希冀理想與現實並容世界,更期許得到《心經》功德受用,「照見五蘊皆空,度一切苦厄」,而寒士淒涼一生所幸有著佛寺、佛經短暫的安頓其身心。

三　探究黃仲則詩歌佛禪書寫之類型

　　本文主要研究黃仲則詩歌的佛禪書寫,藉由「禪跡詩」、「禪典詩」、「禪理詩」、「禪趣詩」等四大類型詩歌以「文本細讀法」仔細探

析文本深意，見其生命安頓的智慧，對於身處逆境的仲則發揮了一些彌合創傷的作用，黃仲則汲取佛禪義理，度過困頓歲月，短暫達到超脫自在境界，從這些詩作可知佛禪給予身處逆境的黃仲則起了一些生命安頓與超越作用。

筆者在第三章細分為四節探討四大類型：

一、「禪跡詩」中以七首典型禪跡詩呈展黃仲則禪跡詩的風格：（一）「快哉今日觀，橫寫百憂積」（〈登千佛巖遇雨〉）道出當下覽觀自然勝景，心中愉悅，將鬱積於內心中的憂慮全釋放而出。（二）「漱罷水泉冷，聽沈山磬涼」（〈游白沙庵僧舍〉）描寫在清涼泉水中漱口，聆聽磬聲，感受心靈的釋放與放空，以觸覺、聽覺描寫置身山林間感受清涼寧靜，一洗塵俗煩惱。（三）「十年懷刺侯門下，不及山僧有送迎」（〈山寺偶題〉）將官場憤懷與山僧人情溫暖對比，對山僧「送迎」給予高度評價，此種接待方式遠比世俗生活中的虛華應酬來得真切與純粹，更嚮往山中之純樸恬淡溫情。（四）「相失名山去，塵緣愧我深」（〈別松上人〉）呈展與心嚮往之地分離的遺憾無奈之情，又得回歸現實煩擾世界之感傷，同時對自己未能徹底脫離世俗牽絆，有愧疚之感。（五）「面面圍錦障，陰陰藏淨域」（〈偕邵元直毛保之遊虞山破山寺遂天龍庵尋桃源澗四首其一〉）展現遊虞山破山寺那樣寧靜隱蔽與世隔絕之地的美好，描繪此地被美麗自然景觀圍繞，被陰涼、清淨的環境所包圍，有如世外桃源之境。（六）「每坐不忍移，撫之輒生溫」（〈偕邵元直毛保之遊虞山破山寺遂天龍庵尋桃源澗四首其三〉）傳達仲則對遊虞山破山寺的景物、人事深切依戀，對靜謐的依戀與對當下生活的滿足，不想打破此份美麗與寧靜，心靈上甚感溫暖；（七）「未窺山全面，佳處吞八九」（〈偕邵元直毛保之遊虞山破山寺遂天龍庵尋桃源澗四首其四〉）仲則表達對自然景象觀察，雖未窺全貌，但已被山寺美景的深邃給震撼、陶醉，感受自然景觀的無窮魅力。

二、「禪典詩」中以八首典型禪典詩呈展黃仲則禪典詩風格：（一）「不禮金仙禮玉晨，人間差覺敝精神」（〈丁酉正月四日自壽二首其二〉）以金仙指代佛陀，出自宋徽宗時嘗詔改佛陀為大覺金仙之故，並非後世所貶於道流之意。（二）「虛涼佛地盡諸相，恍見天女空中拈」（〈清明後七日雨中宿浮槎寺階下紫牡丹一本開盛有二百餘頭筍河夫子作歌命和其韻〉）以「天女空中拈」典出《維摩詰經》中天女散華於諸菩薩及舍利佛等，而花不著於諸菩薩，僅著於舍利佛，乃因尚未泯絕思慮之故。（三）「古壁呼燈照，天然金粟裝」（〈西巖石佛像〉）中「金粟」典出《淨名玄論》言淨名文殊，皆往古如來，現為菩薩，其中又記載《發跡經》言淨名即金粟如來。（四）「欲叩恆河沙數劫，人間除是法王知」（〈龍興寺二首其一〉）中「恆河沙數」典出《金剛經・無為福勝分第十一》言但諸恆河尚多無數，何況其沙，形容數量極多不可勝數，以「沙數劫」形容無盡時間跨度。「法王」典出《佛說無量壽經》說佛為法王，以及《維摩義記》說佛於諸法得勝自在，故名法王。（五）〈黃龍洞〉一詩因黃龍洞刻有慧開大師石像，仲則「無門窺法藏，有地立雲蹤」、「慧公如可作，應許叩玄宗」二聯詩句點出慧開大師的《無門關》一書佛法深奧，呈顯向臨濟宗求禪法之心。（六）「山靈亦解滄桑恨，遣化西方丈六仙」（〈大佛石〉）詩中「丈六仙」指佛身，「西方」是淨土意象詞彙，阿彌陀佛淨土是指西方極樂世界，據《佛說阿彌陀經》記載西方過十萬億佛土有世界名曰極樂，其土有佛，號阿彌陀。（七）〈虎跑泉〉一詩運用「虎跑泉」來歷典故來行文，「龍象一怗然，天人共歡喜」道出「龍象」指性公高僧，以虎跑泉神奇典故，象徵祥瑞，天人共喜。（八）「分明金粟全身現，和合旃檀一味香」（〈李繡川招集廣住庵看桂並贈叢輝上人二首其一〉）詩中「金粟」指「金粟如來」，象徵佛陀智慧法力；「和合旃檀一味香」象徵佛法純淨與精神洗禮。

三、「禪理詩」（即「禪悟詩」）中以八首典型禪理詩呈展黃仲則禪理詩風格：（一）「等為過客且休歎，暫就古佛同跏趺」（〈尋三元洞因登妙遠閣〉）仲則了悟人生如過客，暫時放下執著，如同佛陀般禪定，尋求內心寧靜與對生命的超越。（二）「提心一趺坐，萬態何沈沈」（〈小心坡〉）仲則以提心、趺坐的禪修將心靈完全集中於當下，放下對世間事物的執著，從而達到一種深沉的寧靜與清明的境界。在這種狀態下，萬物的變化、外界的喧囂與內心的波動皆不再影響他，只有無限的平靜與自在，同於禪宗「心如止水」之理想境界，進入深沈的禪定狀態。（三）〈車中口占〉一詩出現「雲煙付生滅」、「轉念林泉佳」兩句禪理、禪悟之語，「雲煙付生滅」仲則表明人應接受生滅無常，呈現超脫心境，對生命無常與事物變遷的深刻反思，藉由雲煙來表達一切皆在生滅之間，唯有放下對此變化的執著後，人才能達到內心的平靜與自在。此為禪宗思想中核心觀念，提醒人在無常中找到永恆的內在平靜；「轉念林泉佳」說明當心境發生「轉念」時，往往是對內心世界的一種調整與反思。此轉變能夠幫助人擺脫內心的煩惱與困惑，並重新回歸到自然懷抱。當人放下執念，將自己心境從煩躁中轉換到對自然的領悟與欣賞時，便能感受到心靈的和諧與美好，此是一種內心深處的寧靜。此與禪宗思想相契合，調整內心，轉換視角，回歸自然，最終實現心靈平靜。（四）〈題余少雲蕭寺吟秋圖〉一詩中「優鉢香中共佛燈，摩尼燄上分僧供」營造理想修行環境，「優鉢香火」、「佛燈」與「摩尼珠」象徵意境表達仲則通過對佛法的虔誠，最終達到內心的清明和智慧的光照。每個元素都在指向一種精神層面的昇華，描繪佛法的光明如何照亮仲則內心，達到一種心靈的和諧與昇華，仲則流露對佛法敬仰與心靈淨化追求，但緊接下句「百年聚散只須臾，此景他年不可摹」道出時間流逝與人生短暫無常，承上人生亦如火燄般，當下此情此景也將是過往雲煙，何況人之聚散離

合,充滿禪理。(五)〈龍井五首其三〉一詩中「面久無留影,捫多已有痕」仲則表達雖然想要像天衣義懷禪師學習水無留影之心,保持淡然不執著之心,然而人生路上凡走過必留下痕跡,最後以「更憐幽草碧,趺坐每生溫」表達透過禪修靜思感受內心平靜之理,揭示仲則在禪修過程中逐漸達到心靈溫暖與澄澈。此心靈溫暖來自於心境的平靜與對當下的完全融入,正如幽草在清晨的陽光中散發出溫和氣息。(六)「寂寂諸天雨,寥寥此夜禪」(〈龍井五首其五〉)詩中「寂寂」與「寥寥」傳達心境之清澈與空靈。禪宗講心如止水,通過觀察世界的變化,進入禪境,雨水細微聲音與夜晚寧靜,恰如心靈的平靜與禪定。(七)「沙洲行復別伊去,明歲水生無我住」(〈沙洲行〉)仲則藉由「水」的象徵,表達對時間流逝、生命無常的哲理思考。我們每一個生命的存在都是暫時的,隨時間推移,我們所熟悉的場所與情境也會發生變化,最終無法再回到曾經的狀態。此是對人生如過客般體悟,也是對禪宗「隨緣」思想的詮釋,傳遞放下執念、順應流變的智慧,正如《金剛經》所言「應無所住而生其心」。(八)「一榻重嵐裏,酣眠即道心」(〈山閣曉起〉)點出此詩核心在於通過描寫「酣眠」與「道心」的關聯,表達禪宗思想:放下心中的煩憂與執念,達到心境自然流動與安寧。酣睡的狀態不僅是肉體休息,也是心靈沉澱,無所執著、無所求的心態便是達到道心的關鍵。此種禪意強調「無為」的修行,在無意識狀態下(如深睡中)其實也是處於一種與道合一的境界。真正的「道」並不是刻意追求的,而是在順應自然、放下執著的過程中自然而然流露。

四、「禪趣詩」(即「禪境詩」)中以七首典型禪趣詩呈展黃仲則禪趣詩風格:(一)「半夜未歸鶴,一聲何寺鐘」(〈題畫〉)以一個簡單自然景象:半夜未歸的鶴與遠處寺廟的鐘聲,以呈展內心世界,以夜晚的寧靜與孤寂為背景,表現仲則對離別與時間流逝之感慨。「鶴

未歸」代表著未盡的事情與情感,「寺鐘聲」則是一種提醒對人生無常的領悟與釋放,而鐘聲的響起,帶有一種靜謐而深遠的意境。(二)「嗒爾忘言說,鐘聲滿翠微」(〈山寺〉)通過鐘聲迴蕩在遠山中,響徹在這片清幽的景色之中的描寫,不僅是聲音的傳播,更是強調鐘聲的安靜與深遠,與自然環境的和諧共鳴,詮釋仲則此心心靈與自然合一的禪宗境界。(三)「高處何所聞,嘹嘹雁相語」(〈偕邵元直毛保之遊虞山破山寺遂天龍庵尋桃源澗四首其二〉)仲則在高處聆聽自然聲音,此非但是身處高處,亦指精神層面一種超越,從塵世的喧囂中抽離,進入一種清靜境界。此境界能聽到大自然中的純粹聲音,而不被外界的事物所干擾。然而仲則聽到的並非人類的言語,而是大自然中雁群清亮的叫聲。雁的叫聲並非無意義的,它是大自然的「對話」。「相語」暗示天地萬物之間無言的交流,雁群之間的溝通就像是詩人心靈的對話,此無需語言理解,是對自然本源的心靈感應,如禪宗無言之境界。(四)「千花真有藏,我欲叩南宗」(〈張鶴柴招集賦得寒夜四聲四首其三〉)仲則以「千花」指生命中美好景色、事物,而「藏」表達自然界這些奧祕不顯眼,但卻真實存在,等待著有心人去發掘,以此反映禪宗思想,即真理是隱藏在日常事物中,只有心境清明、達到一種領悟狀態,才能洞察其中真意,禪境在其中。(五)「試聽十二芙蓉漏,一入空宵分外長」(〈僧舍客感〉)通過聆聽「芙蓉漏」的時間聲音與描寫漫長夜晚,表達對時間流逝的深刻感受。夜晚的漫長,不僅反映時間無情流轉,也可視為仲則內心的寂寞與孤獨。在此寧靜中,感受一種超越世俗的心靈空靈之境。(六)「頓鐘林外寺,薄霧水西樓」(〈新月〉)以林外寺的遙遠「鐘聲」與「薄霧」營造一種時間與空間相對之感。於此境界中,時間似乎不再流逝,空間變得模糊,因此能感知更深層次的平靜與智慧。(七)「欲借伊蒲供,飽聽鐘磬聲」(〈題上方寺〉)仲則表達能帶來心靈充實的,是來自寺

院的鐘磬聲,此聲音象徵禪宗「清靜」之心境,非但是聽覺享受,亦是精神上之充實與清靜,禪趣之音。

四 確立黃仲則詩歌佛禪書寫之主題精神

佛禪是心靈港岸,為突破困境,佛禪思想是其安頓身心之妙方,黃仲則養病寺中,接觸佛禪使其心緒暫時平穩、思想蛻化。透過親身造訪佛寺,與禪師交往,或吟詩以表慕仰,或彼此酬和,在書寫佛寺過程中,對佛禪思想從自我覺察到佛理體悟,以佛禪思維觀照自身遭遇,對佛教素材運用信手拈來,建構自己的精神世界。筆者在第四章細分為四節探討佛禪書寫之主題精神:

一、「詩人主體參與」在此節之下依其主體參與佛寺原因又細分四小節:(一)「寺中養病」以「章法學」角度切入探析〈惱花篇時寓法源寺〉之生命安頓之道,緊扣病苦與病程所對治之自我治療,見其如何達至「生命安頓之道」,從「煩惱之生起與伏滅」至「境隨心轉,轉識成智」之開悟,窺探對疾病威脅的恐懼,是心靈探索與生命書寫的禪悟詩。(二)「困窘旅宿佛寺」以「文本細讀法」角度切入探析〈僧舍夜月〉與〈僧齋夜詠〉二首詩之禪心療癒,期許自身能如「彌勒」笑看貧苦人生,臥於「維摩」室中聯想身困道不困,佛響深夜,以清明之心面對人生苦難,療癒身心。(三)「遊歷名山佛寺」探析兩篇訪寺詩,一篇從遊寺中感受佛理,一篇濃厚離鄉之情如:1、「香縷斷還續,道書縱復橫」(〈訪曹以南五明寺〉)藉由「香縷」、「道書」感受山寺自由悠閒心境,萬物循環無常,生滅不斷輪迴,品味生命自然奧祕。2、「淼淼煙波獨倚樓,楚天望斷木蘭舟」(〈題橘洲僧樓〉)藉煙波浩渺景象與隻身遠遊在外,傳達內心孤寂與對遠方無盡思念與無奈,空曠寂靜景象強化離愁之感慨。(四)「結緣佛寺高

僧」分別探析贈僧詩與題僧畫詩，如：1、「老僧喜過客，高談足清思」（〈偕伯扶少雲遊崇效寺即贈寧上人〉）強調高深的思想交流能助心靈得到清淨與提升，與過客對話不僅是知識交流，更是心靈交融，藉此老僧內心變得更加清澈。表面寫老僧，實際仲則寫自身，交談讓其達到心境清明，思維深遠。2、「夙昔煙霞意最親，披圖忽忽感前塵」（〈題曉山上人畫幅〉）通過欣賞畫作回望往昔，對過去時光感慨與懷舊之情。煙霞景緻是詩人心靈深處的一種理想化的存在，而此圖是一扇窗，讓他回到從前，感受時光流逝無常與歷史變遷。

二、「人性化關懷」一節見乾隆盛世，表面上繁榮景象，後期旱災、蝗災連年不斷，救災賑款被貪官侵吞，災民流離失所，仲則詩中屢屢呈現對下層苦難，也親身體驗下層寒士飢寒交迫之苦，「誰將彤雲變孤白，無聲被遍茅簷客」（〈驟寒作〉）探析仲則〈鋪海〉一詩中「遍披寒士無寒號」與杜甫〈茅屋為秋風所破歌〉：「安得廣廈千萬間，大庇天下寒士俱歡顏」同樣有著悲天憫人，佛家慈悲胸懷。

三、「自我實現心靈空間」探析二首於佛寺精舍中消解塵世苦悶，在自我心靈空間展現生命的強韌，如：（一）「相對我亦忘，焉知境超越」（〈由煙霞嶺至紫雲洞精舍〉）正如《金剛經》：「無我相、無人相、無眾生相、無壽者相」之概念，表達忘我融入自然的心境，揭示禪宗思想中的放下自我、忘卻萬象，從而達到與世界合一，獲得一種精神上超越。（二）「欲叩無生偈，鐘聲過潤西」（〈晚宿雲門寺〉）說明萬物本無自性，無生無滅，鐘聲過潤西的回響，是一種無言的禪意，令其內心逐漸明澈，禪理不在言語中，而是心靈的領悟，正如永嘉禪師所言：「體即無生，了本無速」，在山水寺鐘中體現心靈自由。

四、「聖俗對立強化天才之悲」以米爾恰‧伊利亞德《聖與俗：宗教的本質》中「神聖空間」切入中國的神聖空間「佛寺」，及佛寺中的「寺鐘」以洗淨塵世浮華，化解現實苦痛，本節探析〈龍窩

寺〉、〈僧舍上元〉見其二詩在神聖空間下卻無法化解現實苦痛，強化天才之悲。(一)「鐘聲不破迷，茗飲聊經倦」(〈龍窩寺〉)儘管寺鐘與茗飲等清靜、心境的調養，仲則依然未能突破心中煩擾，內心困頓使其無法獲得精神昇華。(二)「怕聽歌板聽禪板，厭看春燈看佛燈」(〈僧舍上元〉)表面上看似表達一種對現世繁華的反感，以及對禪宗修行的嚮往，希望脫離塵世喧囂，回歸到更為簡樸、寧靜精神生活中，在神聖空間中尋求內心的清明與解脫。但深究此詩於上元節無賞燈更怕鄉愁之情、內心始終肩負養家重擔的攪擾，「怕」、「厭」字更見在神聖空間天才之悲，感受聖俗對立。

　　黃仲則有著強烈的儒家入世性格，「一身未了地上事，親在詎敢逃空虛」(〈尋三元洞因登妙遠閣〉)，眷戀世間，知其不可而為之，在困境中執著於政治與道德人格的理想界域，未曾放棄政治理想、養家重擔，時時愧對累母遭受貧苦。然而佛教隨緣任運，認為世間萬物皆因緣和合而成；禪宗反照自性，當下安頓，不離世間覺。仲則在遍遊於名山佛寺中，藉由寺廟中閉門讀佛經，在寺院僧齋焚香趺坐，與禪師僧人交遊酬唱、論畫等，如此參禪習釋，濡染心靈，消解內心衝突。在寺院中當下領悟禪理，獲得暫時超越，佛禪義理對橫逆中的仲則有著生命困境安頓作用，在其詩歌中流露出佛禪的生命智慧。

參考文獻

一　傳統文獻

（周）列禦寇：《列子》，《景印文淵閣四庫全書》第1055冊，臺北市：臺灣商務印書館，1983年。

（吳）天竺沙門維祇難等譯：《法句經》，《大正新脩大藏經》第4冊，No.0210，東京市：株式會社國書刊行會，1988年。

（漢）司馬遷：《史記》，臺北市：大申書局，1978年，再版。

（漢）司馬遷：《史記》，《景印文淵閣四庫全書》第243冊，臺北市：臺灣商務印書館，1983年。

（漢）司馬遷：《史記》上冊，收入《百衲本二十四史》，臺北市：臺灣商務印書館，1995年。

（漢）班　固：《前漢書》，收入《景印文淵閣四庫全書》251冊，臺北市：臺灣商務印書館，1983年。

（後漢）安世高譯：《佛說八大人覺經》，《大正新脩大藏經》第17冊，No.0779，東京市：株式會社國書刊行會，1988年。

（漢）蔡邕撰，（清）孫星衍校輯：《琴操》，《續修四庫全書》1092冊，上海市：上海古籍出版社，2002年，華東師範大學圖書館藏嘉慶十一年刊平津館叢書本。

（東漢）辛氏撰，劉慶柱輯注：《三秦記輯注》，西安市：三秦出版社，2006年。

（後漢）支婁迦讖譯：《佛說般舟三昧經》，《大正新脩大藏經》第13冊，No.0417，東京市：株式會社國書刊行會，1988年。

（曹魏）康僧鎧譯：《佛說無量壽經》，《大正新脩大藏經》第51冊，No.2088，東京市：株式會社國書刊行會，1988年。

（曹魏）康僧鎧譯：《佛說無量壽經》，《大正新脩大藏經》第12冊，No.0360，東京市：株式會社國書刊行會，1988年。

（印度）龍樹菩薩造，（姚秦）鳩摩羅什譯：《大智度論》，《大正新脩大藏經》第25冊，No.1509，東京市：株式會社國書刊行會，1988年。

（印度）龍樹菩薩造，梵志青目釋，（姚秦）三藏鳩摩羅什譯：《中論》，《大正新脩大藏經》第30冊，No.1564，東京市：株式會社國書刊行會，1988年。

（印度）龍樹菩薩造，青目菩薩釋，鳩摩羅什譯：《中論》，臺北市：大乘精舍印經會，1997年。

（印度）訶梨跋摩造，（姚秦）鳩摩羅什譯：《成實論》，《大正新脩大藏經》第32冊，No.1646，東京市：株式會社國書刊行會，1988年。

（晉）郭璞撰，（清）郝懿行箋疏：《山海經箋疏》，臺北市：藝文印書館公司，1958年。

（姚秦）鳩摩羅什譯：《金剛般若波羅蜜經》，《大正新脩大藏經》第8冊，No.0235，東京市：株式會社國書刊行會，1988年。

（姚秦）鳩摩羅什譯：《維摩詰所說經》，《大正新脩大藏經》第14冊，No.0475，東京市：株式會社國書刊行會，1988年。

（姚秦）鳩摩羅什譯：《大智度論》，《大正新脩大藏經》第25冊，No.1509東京市：株式會社國書刊行會，1988年。

（姚秦）鳩摩羅什譯：《佛說阿彌陀經》，《大正新脩大藏經》第12冊，No.0366，東京市：株式會社國書刊行會，1988年。

（姚秦）竺佛念譯：《長阿含經》，《大正新脩大藏經》第1冊，No.0001，東京市：株式會社國書刊行會，1988年。

（東晉）佛馱跋陀羅譯：《大方廣佛華嚴經》，《大正新脩大藏經》第9冊，No.0278，東京市：株式會社國書刊行會，1988年。

（姚秦）僧肇：《肇論》，《大正新脩大藏經》第45冊，臺北市：佛陀教育基金會，1990年。

（東晉）罽賓三藏瞿曇僧伽提婆譯：《中阿含經》，《大正新脩大藏經》第1冊，No.0026，東京市：株式會社國書刊行會，1988年。

（北涼）曇無讖譯：《大般若涅槃經》，《大正新脩大藏經》第12冊，No.0374，東京市：株式會社國書刊行會，1988年。

（南朝劉宋）范曄：《後漢書・李杜列傳》，《景印文淵閣四庫全書》253冊，臺北市：臺灣商務印書館，1983年。

（劉宋）求那跋陀羅譯：《雜阿含經》，《大正新脩大藏經》第2冊，No.0099，東京市：株式會社國書刊行會，1988年。

（劉宋）沮渠京聲譯：《佛說觀彌勒菩薩上生兜率天經》，《大正新脩大藏經》第14冊，No.452，東京市：株式會社國書刊行會，1988年。

（後魏）酈道元：《水經注》，收入《景印文淵閣四庫全書》573冊，臺北市：臺灣商務印書館，1983年。

（梁）曼陀羅仙譯：《文殊師利所說摩訶般若波羅蜜經》，《大正新脩大藏經》第8冊，No.0232，東京市：株式會社國書刊行會，1988年。

（元魏）天竺三藏菩提留支譯：《入楞伽經》，《大正新脩大藏經》第16冊，No.0671，東京市：株式會社國書刊行會，1988年。

（北齊）魏收奉敕撰：《魏書》，《景印文淵閣四庫全書》262冊，臺北市：臺灣商務印書館，1983年。

（隋）慧　遠：《大乘義章》，《大正新脩大藏經》第44冊，No.1851，東京市：株式會社國書刊行會，1988年。

（隋）慧　遠：《維摩義記》，《大正新脩大藏經》第38冊，No.1776，東京市：株式會社國書刊行會，1988年。
（隋）智者大師：《法界次第初門》，《大正新脩大藏經》第46冊，No.1925，東京市：株式會社國書刊行會，1988年。
（隋）吉藏法師造：《淨名玄論》，《大正新脩大藏經》第38冊，No.1780，東京市：株式會社國書刊行會，1988年。
（唐）法海集：《南宗頓教最上大乘摩訶般若波羅蜜經六祖惠能大師於韶州大梵寺施法壇經》，《大正新脩大藏經》第48冊，No.2007，東京市：株式會社國書刊行會，1988年。
（唐）釋道宣：《廣弘明集》，《大正新脩大藏經》第52冊，臺北市：佛陀教育基金會，1990年。
（唐）釋道宣：《續高僧傳》，《大正新脩大藏經》第50冊，No.2060，東京市：株式會社國書刊行會，1988年。
（唐）釋道宣：《釋迦方志》，《大正新脩大藏經》第51冊，No.2088，東京市：株式會社國書刊行會，1988年。
（唐）玄奘譯：《般若波羅蜜多心經》，《大正新脩大藏經》第48冊，No.0251，東京市：株式會社國書刊行會，1988年。
（唐）玄奘奉詔譯：《成唯識論》，《大正新脩大藏經》第31冊，No.1585，東京市：株式會社國書刊行會，1988年。
（唐）玄奘奉詔譯：《解深密經》，《大正新脩大藏經》第16冊，No.0676，東京市：株式會社國書刊行會，1988年。
（唐）地婆訶羅譯：《大方廣佛華嚴經入法界品》，《大正新脩大藏經》第10冊，No.295，東京市：株式會社國書刊行會，1988年。
（唐）義淨奉詔譯：《金光明最勝王經》，《大正新脩大藏經》第16冊，No.0665，東京市：株式會社國書刊行會，1988年。
（唐）於闐國三藏實叉難陀奉制譯：《大方廣佛華嚴經》，《大正新脩

大藏經》第10冊，No.0279，東京市：株式會社國書刊行會，1988年。

（唐）實叉難陀奉制譯：《大方廣佛華嚴經》，《大正新脩大藏經》第10冊，No.0279，東京市：株式會社國書刊行會，1988年。

（唐）玄　覺：《永嘉證道歌》，《大正新脩大藏經》第48冊，No.2014，東京市：株式會社國書刊行會，1988年。

（唐）淨覺集：《楞伽師資記》，《大正新脩大藏經》第85冊，No.2837，東京市：株式會社國書刊行會，1988年。

（唐）佛陀多羅譯：《大方廣圓覺修多羅了義經》，《大正新脩大藏經》第17冊，No.0842，東京市：株式會社國書刊行會，1988年。

（唐）天竺沙門般剌密帝譯：《大佛頂如來密因修證了義諸菩薩萬行首楞嚴經》，《大正新脩大藏經》第19冊，No.0945，東京市：株式會社國書刊行會，1988年。

（唐）天竺沙門般剌密諦譯：《大佛頂如來密因修證了義諸菩薩萬行首楞嚴經合論》，《卍新纂大日本續藏經》第22冊，No.0272，東京市：國書刊行會，1975-1989年。

（唐）罽賓國三藏般若奉詔譯：《大乘本生心地觀經》，《大正新脩大藏經》第3冊，No.159，東京市：株式會社國書刊行會，1988年。

（唐）宗密述：《禪源諸詮集都序》，《大正新脩大藏經》第48冊，No.2015，東京市：株式會社國書刊行會，1988年。

（唐）寶華山弘戒比丘讀體彙集：《毗尼日用切要》，《卍新纂大日本續藏經》第60冊，No.1115，東京市：國書刊行會，1975-1989年。

（唐）李　肇：《新校唐國史補》，臺北市：世界書局，1959年。

（唐）裴休集：《黃檗山斷際禪師傳心法要》，《大正新脩大藏經》第48冊，No.2012A，東京市：株式會社國書刊行會，1988年。

（唐末五代）慧日永明寺主智覺禪師延壽集：《宗鏡錄》，《大正新脩大藏經》第48冊，No.2016，東京市：株式會社國書刊行會，1988年。
（宋）贊　寧：《宋高僧傳》，《大正新脩大藏經》第50冊，No.2061，東京市：株式會社國書刊行會，1988年。
（宋）樂　史：《太平寰宇記》，收入《景印文淵閣四庫全書》469冊，臺北市：臺灣商務印書館，1983年。
（宋）釋惠洪：《林間錄》，收入《景印文淵閣四庫全書》子部，卷上，臺北市：臺灣商務印書館，1986年。
（宋）潛說友原纂修，（清）汪遠孫校補：《咸淳臨安志》卷79，見陳訓正、馬瀛等纂修：《中國方志叢書‧華中地方》第49號，臺北市：臺灣成文出版公司，1970年。
（宋）志　磐：《佛祖統紀》，《大正新脩大藏經》第49冊，No.2035，東京市：株式會社國書刊行會，1988年。
（宋）釋道原：《景德傳燈錄》，《大正新脩大藏經》第51冊，No.2076，東京市：株式會社國書刊行會，1988年。
（宋）釋道原編著：《景德傳燈錄》，臺北市：新文豐出版公司，1986年，三版。
（宋）嚴羽、郭紹虞校釋：《滄浪詩話校釋》，臺北市：里仁書局，1983年。
（宋）普濟注著：《五燈會元》（上），臺北市：文津出版社公司，1991年。
（南宋）普濟編，蘇淵雷點校：《五燈會元》北京市：中華書局，1984年。
（南宋）普濟編：《五燈會元》，《卍新纂大日本續藏經》第80冊，No.1565，東京市：株式會社國書刊行會，1975-1989年。

（南宋）施　諤：《淳祐臨安志》,《南宋臨安兩志》, 杭州市：浙江人民出版社, 1983年。

（宋末元初）方回選評,（清）紀昀批點：《瀛奎律髓》, 合肥市：黃山書社, 1994年, 諸偉奇等點校本。

（元）宗寶編：《六祖大師法寶壇經》,《大正新脩大藏經》第48冊, No.2008, 東京市：株式會社國書刊行會, 1988年。

（元）宗寶編：《六祖大師法寶壇經》,《大正新脩大藏經》第17冊, No.0842, 東京市：株式會社國書刊行會, 1988年。

（元）陶宗儀：《南村輟耕錄》卷23, 張元濟等編：《四部叢刊三編·子部》第378冊, 吳潘氏滂憙齋藏元刊本。

（元）僧德煇奉勅重編：《敕修百丈清規》,《大正新脩大藏經》第48冊, No.2025, 東京市：株式會社國書刊行會, 1988年。

（明）朱棣集註：《金剛經集註》, 臺北市：文津出版社公司, 1989年。

（明）明河傳：《續補高僧傳》,《大正新脩大藏經》第77冊, No.1524, 東京市：株式會社國書刊行會, 1988年。

（明）田汝成：《西湖遊覽志》, 收入（清）丁丙輯：《武林掌故叢編》第10冊, 臺北市：臺聯國風出版社, 1967年。

（明）瞿汝稷編集：《指月錄》, 臺北市：新文豐出版公司, 1970年。

（明）大佑集：《淨土指歸集》,《卍新纂大日本續藏經》第61冊, No.1154, 東京市：國書刊行會, 1975-1989年。

（明）胡應麟：《詩藪》, 臺北市：廣文書局, 1973年。

（明）彭大翼：《山堂肆考》, 收入《景印文淵閣四庫全書》974冊, 臺北市：臺灣商務印書館, 1983年。

（明）心泰編：《佛法金湯編》,《卍新纂大日本續藏經》第87冊, No.1628, 東京：株式會社國書刊行會, 1975-1989年。

（清）吳　喬：《圍爐詩話》,《續修四庫全書》1697冊, 上海市：上海古籍出版社, 1999年。

（清）張玉書奉敕撰：《康熙字典》，康熙五十五年（1716年）武英殿刻本。
（清）康熙聖祖仁皇帝：《御定全唐詩》卷845，收入《摛藻堂四庫全書薈要》，臺北市：臺灣世界書局，1985年。
（清）沈德潛：《古詩源》卷11，光緒18年夏湖南（1892年）務本書局重刊善本。
（清）沈德潛：《說詩晬語》，《續修四庫全書》1701冊，上海市：上海古籍出版社，1995年。
（清）陳元龍奉敕編：《御定歷代賦彙》，《景印文淵閣四庫全書》總1421冊，臺北市：臺灣商務印書館，1986年。
（清）雍正年間吳觀白修，鍾文英纂：《井陘縣志》卷之一古蹟「清雍正庚戌年（1730）本衙藏本」善本。
（清）袁　枚：《小倉山房詩集》，上海市：上海古籍出版社，1988年。
《清實錄》乾隆三年十月戊申，北京市：中華書局，1985年。
（清）邵齊燾：《玉芝堂詩文集》，《四庫全書存目叢書》，臺南市：莊嚴文化事業公司，1997年。
（清）胡承譜：《隻塵譚》，《叢書集成新編》第89冊，臺北市：新文豐出版公司，1984年。
（清）段玉裁：《說文解字注》，臺北市：藝文印書館公司，1999年，七版二刷。
（清）章學誠：《文史通義》，臺北市：史學出版社，1974年4月。
（清）洪亮吉：《洪亮吉集》，北京市：中華書局，2001年。
（清）洪亮吉：《洪北江詩話》，上海市：掃葉山房石印本，1925年。
（清）洪亮吉著，楊家駱主編：《洪北江詩文集》，臺北市：世界書局，1964年。
（清）楊　倫：《杜詩鏡銓》，臺北市：天工書局，1994年。

（清）黃景仁著，李國章標點：《兩當軒集》，上海市：上海古籍出版社，1983年。

（清）黃景仁：《悔存詩鈔》，《四庫未收書輯刊》，北京市：北京出版社，2000年。

（清）阮元校勘：《十三經注疏・周禮三》，臺北市：藝文印書館公司，2001年初版十四刷。

（清）釋律然：《息影齋詩鈔》，收錄於《延綠閣集》，收錄於《清代詩文集彙編》，上海市：上海古籍出版社，2011年。

（清）包世臣撰，李星點校：《包世臣全集》，合肥市：黃山書社，1997年。

（清）包世臣：《齊民四術》，北京市：中華書局，2001年。

（清）劉熙載：《藝概》，臺北市：廣文書局，1969年。

（清）古杭昭慶萬壽戒壇傳律比丘書玉箋記：《毗尼日用切要香乳記》，《卍新纂大日本續藏經》第60冊，No.1116，東京市：株式會社國書刊行會，1975-1989年。

（清）潤　儀：《百丈清規證義記》卷9，《卍新纂大日本續藏經》第63冊，No.1244，東京市：株式會社國書刊行會，1975-1989年。

（清）趙爾巽：《清史稿》第19冊，臺北市：洪氏出版社，1981年。

（清）毛慶善、季錫疇纂《黃仲則先生年譜》，見（清）黃景仁著，李國章標點：《兩當軒集》，上海市：上海古籍出版社，1983年。

二　近人論著

（一）專書

丁福保編纂：《佛學大辭典》，臺北市：新文豐出版公司，1985年。

丁福保註：《六祖壇經箋註》，臺北市：文津出版社公司，1998年。
王　易：《詞曲史》，臺北市：廣文書局，1960年。
王德昭：《清代科舉制度研究》，北京市：中華書局，1984年。
王　正：《悟與靈感》，上海市：上海社會科學院出版社，2003年。
羊　琪、羊漢編注：《常州詩詞》，北京市：中國文史出版社，2003年。
朱光潛：《文藝心理學》，臺北市：臺灣開明書局，1980年。
朱則杰：《清詩史》，南京市：江蘇古籍出版社，2000年。
李澤厚：《李澤厚哲學與美學文選》，臺北市：谷風出版社，1987年。
李申釋譯：《六祖壇經》，高雄縣：佛光文化事業公司，1997年。
呂正惠：《抒情傳統與政治現實》，臺北市：大安出版社，1989年。
杜松柏：《禪學與唐宋詩學》，臺北市：新文豐出版公司，2008年。
吳公正：《中國文學美學》，南京市：江蘇教育出版社，2001年。
吳言生：《禪宗詩歌境界》，北京市：中華書局，2002年。
吳言生：《禪宗思想淵源》，北京市：中華書局，2007年。
吳思敬：《心理詩學》，北京市：首都師範大學出版社，1996年。
宋先偉主編：《大般涅槃經》，北京市：大眾文藝出版社，2004年。
余照春亭編輯，周基校訂，朱明祥編寫：《增廣詩韻集成》，高雄市：高雄復文圖書公司，2011年。
余照春亭編：《增廣詩韻集成》，香港：文光書局，1949年再版。
宗白華：《美學與意境》，臺北市：淑馨出版社，1989年。
周　濟：《宋詞四家選》，臺北市：藝文印書館公司，1967年。
金兆豐：《清史大綱》，臺北市：海燕出版社，1964年。
金玉滿堂編輯小組：《098金玉滿堂》第5冊，高雄市：佛光文化事業公司，2014年。
林義光：《文源》上海市：中西書局，2012年。
周裕鍇：《中國禪宗與詩歌》，上海市：上海人民出版社，2000年。

周裕鍇：《中國禪宗與詩歌》，高雄市：麗文文化事業公司，1994年。
周駿富：《清史列傳》，《清代傳記叢刊》第9冊，臺北市：明文書局，1985年。
周駿富編：《清代傳記叢刊‧綜錄類10》，臺北市：明文書局，未出版年月。
周佳榮、丁潔：《天下名士有部落——常州人物與文化群體》，香港：三聯書店（香港）公司，2013年。
柳詒徵：《中國文化史》下冊，臺北市：正中書局，1964年。
胡應麟：《詩藪》，上海市：上海古籍出版社，1979年。
胡奇光：《中國文禍史》，上海市：上海人民出版社，2006年。
高友工：《美典：中國文學研究論集》，北京市：三聯書店，2008年。
唐君毅：《哲學論集》，臺北市：臺灣學生書局，1991年。
張節末：《禪宗美學》，杭州市：浙江人民出版社，1999年。
張耿光譯注：《莊子》臺北市：臺灣古籍出版公司，1996年。
陳滿銘：《篇章結構學》，臺北市：萬卷樓圖書公司，2005年。
陳　瑋：《微妙的力量：大自然生命療癒法則》，臺北市：華志文化事業公司，2014年。
陳德中：《正念領導力》，臺北市：悅知文化精誠資訊公司，2020年。
陳定家、汪正龍等譯：《虛構與想像——文學人類學疆界》，長春市：吉林人民出版社，2003年。
郭成康、林鐵均：《清朝文字獄》，北京市：群眾出版社，1990年。
郭　朋：《明清佛教》，福州市：福建人民出版社公司，1985年，二刷。
郭　朋校釋：《壇經校釋》，臺北市：文津出版社公司，1995年。
章衣萍：《黃仲則評傳》，廣州市：北新書局，1930年。
張新民、龔妮麗注譯：《法華經今譯》，北京市：中國社會科學出版社，1994年。

黃逸之：《清黃仲則先生景仁年譜》，臺北市：臺灣商務印書館，1970年。
黃葆樹：《黃仲則研究資料》，上海市：上海古籍出版社，1986年。
黃葆樹、陳弼、章谷編：《黃仲則研究資料》，上海市：上海古籍出版社，1986年。
程亞林：《詩與禪》，南昌市：江西人民出版社，1998年，二版。
黑格爾，朱光潛譯：《美學》第1卷，北京市：商務印書館，1979年。
聖嚴法師：《正信的佛教》，臺北市：法鼓文化，2015年。
鳩摩羅什譯，幼存、道生注譯：《維摩詰經今譯》，北京市：中國社會科學出版社，1994年。
楊鴻烈：《歷史研究法》，臺北市：華世出版社，1975年。
慈怡主編：《佛光大辭典》，高雄縣：佛光文化事業公司，1988年。
慈怡主編：《佛光大辭典》，北京市：北京圖書館出版社，1990年。
滁州市地方誌編纂委員會編：《安徽省地方誌叢書・滁州市志中》，北京市：方誌出版社，2013年。
趙一凡、張中載、李德恩主編：《西方文論關鍵詞》，北京市：外語教學與研究出版社，2007年。
劉金同、馬良洪、高玉婷等：《中國傳統文化》，天津市：天津大學出版社，2009年。
劉世南：《清詩流派史》，北京市：人民文學出版社，2004年。
霍有明：《清代詩歌發展史》，臺北市：文津出版社公司，1994年。
賴永海釋譯：《維摩詰經》，臺北市：佛光文化事業公司，1997年。
錢　穆：《中國思想史・慧能》，《錢賓四先生全集》（24），臺北市：聯經出版事業公司，1998年。
錢鍾書：《魂聚詩存》，北京市：生活・讀書・新知三聯書店，2001年。
戴　逸：《乾隆帝及其時代》，北京市：中國人民大學出版社，2008年。

蕭一山：《清代通史》卷中，北京市：中華書局，1986年。

釋星雲：《180星雲法語》第3冊，《星雲大師全集》第五類文叢，高雄市：佛光文化事業公司，2017年。

嚴迪昌：《清詩史》，北京市：北京人民出版社，2011年。

（美）薛愛華（Schafer, Edward Hetzel, 1913-1991）著，吳玉貴譯：《撒馬爾罕的金桃：唐代舶來品研究》，北京市：社會科學文獻出版社，2016年。

（西藏）東杜法王（Tulku Thondup, 1939-2023），丁乃竺譯：《無盡的療癒：身心覺察的禪定練習》，臺北市：心靈工坊文化事業公司，2001年。

（英）羅素（Bertrand Arthur William Russell, 1872-1970）：《羅素論幸福人生》，北京市：世界知識出版社，2007年。

（德）恩斯特・卡西勒（Ernst Cassirer, 1874-1945）：《人文科學的邏輯》，臺北市：聯經出版事業公司，1986年。

（德）叔本華（Arthur Schopenhauer, 1788-1860），李瑜青主編：《叔本華哲理美文集》，臺北市：臺灣先智出版事業公司，2002年。

（羅馬尼亞）米爾恰・伊利亞德（Mircea Eliade, 1907-1986）著，楊素娥譯，胡國楨校閱：《聖與俗：宗教的本質》，臺北市：桂冠圖書公司，2000年。

（美）彼得・伯格（Peter L. Berger, 1929- ）：《神聖的帷幕——宗教社會學理論的要素》，臺北市：商周文化事業公司，2003年。

Barthes, R. (1980). *From Work to Test.* In Josv'e V. Harai (Ed.), *Textual Strategies: Perspectives in Post-Structuralist Critisism.* London: Methurn, pp.73-75.

（二）期刊論文

王志楣：〈《維摩詰經》與中國文人、文學、藝術〉，《中國佛學學報》第5期，1992年，頁263-297。

吳言生：〈華嚴帝網印禪心──論《華嚴經》、華嚴宗對禪思禪詩的影響〉，《中國古典文學研究人文雜誌》第2期，2002年，頁85-91。

李澤厚：〈漫述莊禪〉，《中國社會科學》第1期，1985年，頁125-148。

邱高興：〈清代佛教研究現況〉，《普門學報》第16期「學術報導」，2003年7月，頁1-7。

孟　慶：〈叩開法源寺歷史之門〉，《中國宗教》第4期，2003年，頁50-51。

東方喬：〈居士佛教與居士詞論略〉，《文學遺產》第6期，2005年，頁31-40。

周　武：〈論康乾盛世〉，《社會科學》第10期，2001年，頁71-75。

夏春祥：〈文本分析與傳播研究〉，《新聞學研究》第54期，臺北市：國立政治大學，1997年，頁141-166。

張　芸：〈論禪學思想影響下的美學設計──以無錫靈山拈花灣設計為例〉，《美與時代》（上）第6期，2017年，頁14-15。

熊召政：〈彌勒佛笑什麼〉，《歷史月刊》205期，2005年2月，頁24-26。

淨空老法師講述，華藏講記組恭敬整理：〈念力治療〉，《慧炬雜誌》586期，2014年2月，頁22-28。

趙豐梅：〈虞山北麓福興寺〉，《上海房地》2016年1月，頁26。

劉苑如、Harrison Huang 專訪：〈冬訪宇文所安──「漢學」奇才／機構「怪物」的自我剖析〉慶祝宇文所安教授榮退專輯《中國文哲研究通訊》第28卷第1期，頁5、14-15。

鄧偉仁：〈佛教現代主義的審視：佛教禪修與身心療癒〉專題演講，見「溫哥華道場：禪修，生命的探討？身心療癒？」由法鼓山溫哥華道場提供，2018年8月29日。

曉　沙：〈北京城內歷史最悠久的古剎法源寺〉，《臺聲》第7期，2007年，頁73-77。

顧　敏：〈破山寺裡一沙門──記常熟興福寺監院慧文法師〉，《佛教文化》，2022年 Z2，頁56-59。

顧祖釗〈簡論意境與禪境之別及其絞纏〉，《社會科學文摘》第4期，2017年，頁107-110。

三　網路資源

〈江蘇常熟市虞山拂水晴岩〉二〇一九年一月十六日由攜程攻略社區發表於文化，網址：https://kknews.cc/culture/j5ak8xq.html（查詢日期：二〇二四年九月二十五日）。

Baidu 百度百科：「三元洞」詞。網址如下：https://baike.baidu.com/item/%E4%B8%89%E5%85%83%E6%B4%9E/22135855（查詢日期：二〇二四年十月二日）。

高　申：〈存疑的隋唐寺廟傳說〉發表於二〇二三年五月二十四日「北京晚報」網址：https://www.beijing.gov.cn/gate/big5/www.beijing.gov.cn/renwen/lsfm/202305/t20230524_3111775.html（查詢日期：二〇二四年十月三日）。

文學研究叢書・古典詩學叢刊 0804032

黃仲則詩歌佛禪書寫研究

作　　者	陳宣諭
責任編輯	丁筱婷
特約校稿	張逸芸

發 行 人	林慶彰
總 經 理	梁錦興
總 編 輯	張晏瑞
編 輯 所	萬卷樓圖書股份有限公司
排　　版	林曉敏
封面設計	黃筠軒
印　　刷	百通科技股份有限公司

發　　行　萬卷樓圖書股份有限公司
　臺北市羅斯福路二段 41 號 6 樓之 3
　電話 (02)23216565
　傳真 (02)23218698
　電郵 SERVICE@WANJUAN.COM.TW
香港經銷　香港聯合書刊物流有限公司
　電話 (852)21502100
　傳真 (852)23560735

ISBN 978-626-386-235-7
2025 年 2 月初版二刷
2025 年 1 月初版一刷
定價：新臺幣 560 元

如何購買本書：
1. 轉帳購書，請透過以下帳戶
　合作金庫銀行 古亭分行
　戶名：萬卷樓圖書股份有限公司
　帳號：0877717092596
2. 網路購書，請透過萬卷樓網站
　網址 WWW.WANJUAN.COM.TW

大量購書，請直接聯繫我們，將有專人為您服務。客服：(02)23216565 分機 610

如有缺頁、破損或裝訂錯誤，請寄回更換
版權所有・翻印必究
Copyright©2025 by WanJuanLou Books CO., Ltd.
All Rights Reserved　　　Printed in Taiwan

國家圖書館出版品預行編目資料

黃仲則詩歌佛禪書寫研究/陳宣諭著. -- 初版.
-- 臺北市：萬卷樓圖書股份有限公司,
2025.01
　面；　公分. -- (文學研究叢書. 古典詩學叢刊 ; 804032)
ISBN 978-626-386-235-7(平裝)
1.CST: (清)黃仲則 2.CST: 詩歌 3.CST: 詩評
4.CST: 禪定
224.513　　　　　　　　　　114000342